日本陆军兴亡史

JAPAN'S IMPERIAL ARMY: ITS RISE AND FALL, 1853-1945

1853—1945

[美]爱德华·德瑞◎著
(Edward J. Drea)

顾 全◎译

新华出版社

图书在版编目（CIP）数据

日本陆军兴亡史：1853—1945 /［美］德瑞著；
顾全译. —北京：新华出版社，2015.04
书名原文：Japan's Imperial Army: Its Rise and Fall, 1853—1945
ISBN 978-7-5166-1660-4

Ⅰ.①日… Ⅱ.①德…②顾… Ⅲ.①陆军—军队史—日本—1853—1945 Ⅳ.①E313.51

中国版本图书馆CIP数据核字（2015）第087684号
著作权合同登记号：图字01-2013-6117号

©2009 by the University Press of Kansas
Japan's Imperial Army: Its Rise and Fall, 1853—1945
Has been translated into Chinese by arrangement with
The University Press of Kansas
All Rights Reserved.
简体中文专有出版权归新华出版社

日本陆军兴亡史：1853—1945
作　者：［美］德瑞
译　者：顾　全
出版发行：新华出版社有限责任公司
　　　　　（北京市石景山区京原路8号　邮编：100040）
印　刷：三河市君旺印务有限公司

成品尺寸：170mm×240mm　1/16	印张：26.5　字数：400千字
版　次：2015年5月第1版	印　次：2025年7月第3次印刷
书　号：ISBN 978-7-5166-1660-4	定　价：89.00元

版权所有·侵权必究
如有印刷、装订问题，本公司负责调换。

微店

视频号小店

抖店

京东旗舰店

扫码添加专属客服

微信公众号

喜马拉雅

小红书

淘宝旗舰店

译 者 序

2013年6月，在新华出版社工作的好友江文军邀请我翻译一本有关旧日本陆军史的英文书。虽然我个人从小就喜好史地和军事类的东西，但当时我正好在东京留学，而且论文以及相关的研究任务的压力已然很大，所以一开始有点犹豫，害怕精力有限，实在难堪重任。另外，我在早稻田大学的研究课题是日本海军史方面的内容，与日本陆军的知识——尤其是战史——交集不大，因此我也担心翻译质量可能会因自己的"孤陋寡闻"而受到影响，并白白毁了一部原本可能堪称"上乘"的佳作。

然而，当我把该书电子文稿粗览一遍后，我却有了不同的想法。与我原初预想不同，身为作者的德瑞先生并没有把狭隘的战史作为写作重点，而是在日本国家应对近代化冲击以及国际局势挑战的大背景下讲述了其内部一个特殊部门——陆军——的成立、建设、演化、分裂、蜕变及最终覆灭的历史。更重要的是，陆军的命运后经证明也与日本二战结束前整个国家的兴衰荣辱息息相关、不可分割。甚至可以说，从19世纪后期到20世纪前半期，陆军的活动实际上在日本这样一个非西方、非白人的边缘性"后发国家"的近代化/现代化历程中扮演了至关重要、举足轻重的角色，并对更广泛的亚太地区乃至世界的国际关系格局与互动造成了深远影响。不难发现，即便在今日，我们熟知——而且也一向热衷谈论——的中日矛盾至少在历史维度上是与旧日本陆军历次侵华战争、暴行和相关"惨痛记忆"直接挂钩的，而这笔绕不开、抹不掉的"历史账"也进一步成了妨碍21世纪中日双边关系发展乃至东亚地区繁荣稳定的绊脚石。由此，作为一名国际关系专业的学生，我对德瑞先生的这部著作产生了浓厚兴趣，也希望通过阅读和翻译能为我自己博士论文的研究与写作提供帮助、指导和启发。

当然，由于在本科学习的是英语专业，我也深知翻译工作的艰苦与枯燥，而且它也确实难免会"侵占"我的本职工作时间。但一想到通过留学和翻译可以同时增进对旧日本陆军、海军乃至日本国家与民族近代化的认识和理解，我就几乎压抑不住获取新知识的渴望。另外，我也不愿轻易放弃一个挑战自我、锻炼能力的机会。就这样，像托尔金先生笔下的霍比特人比尔博·巴金斯一样，在经历了起初的犹豫迟疑后，我抱着"求索知识"和"尽力一搏"的双重动机，最终自愿选择了一场"意外之旅"。

由于课业负担的限制，每天的翻译时间有限，所以我最终经历了一年时间才完成了主要翻译工作。本着严谨负责的态度，我对原本英文书中出现的地名、人物、时间、职衔、官衙名称和其他专业术语和名称都进行了再次校对。经过翻查大量日文资料，我发现原作者在一些地方出现了失误，比如重要人物特定时间点的职衔（主要是军衔）、重要事件的地名和时间（尤其是农历和公历之间的转换）。对于这些瑕疵，我基本上都在译注中做了说明。

全书是按时间顺序展开论述的。每一章涉及特定时期旧日本陆军的发展、演变和行动。而在每一章内部的组织上，作者也遵循了一定的"体例"，即首先介绍该时期的日本国内和国际背景，然后阐述该时期旧日本陆军在组织、制度、战略、学说、人员、训练、

译者序

教育、装备上的变化情况。如遇重大战争，作者定会先以极度浓缩和概括性的方式泛泛谈论战史经过，然后把主要精力用于评论旧日本陆军的战场表现和经验得失。而对于我这个译者而言，最艰难的部分就在于翻译涉及陆军编制、教育、兵械等内容上。由于相关领域知识储备不足，翻译过程对我来说也是全新的"学习过程"。另外，考虑到把英文"还原"成日文汉字更便利于中国读者阅读，我始终致力于按日文汉字和单词的习惯翻译书中出现的专有名词，例如对于Commander这个词，我根据具体情况翻译成了"司令官"或者"师团/旅团长"，而不是直译成"指挥官"。但德瑞先生在将日文翻译成英文的过程中所遵循的不同方法却给我的工作增添了难度，因为他时而根据日语发音"音译"成罗马字母组成的特殊单词，例如Tondenhei，时而根据日语意思"意译"成英语词组，例如NCO Academy。第一种情况难度较小，因为我可以根据读音和借助电脑上的日语输入法来"破译"。而第二种情况就麻烦不少。除了直接去找资料核实，别无他法。NCO Academy（直译的话是"下士官学校"，但在日文资料中却无对应单位）该怎么翻直到翻译完稿最后一刻才弄清楚。当然，随着类似的翻译难题一个个被解决和攻克，我也无数次品尝到了"成功时刻"的激动和喜悦，因为我认为世界上没有比艰辛刻苦的努力最终得到回报更美妙、更珍贵的事情了。

最后我要感谢好友江文军自始至终对我翻译工作的信任、照顾和支持。我在军事方面的"良师益友"何岸也给我提供了很多宝贵的帮助，并为我讲解了很多旧日本陆军兵器、组织和战史方面的知识。没有他及时和高效的援助，恐怕全书的翻译工作又会耽搁很久。我还要感谢北京大学国际关系学院的梅然和于铁军两位老师，他们都在翻译工作的不同阶段给了我很多指导和建议，使我受益匪浅。最后，我要向新华出版社相关图书编辑和校对人员致谢，他们的辛勤劳动是这部中文译本得以最终出版面世的重要推动力量。

当然，囿于本人才疏学浅，最终译文仍可能出现种种不妥和疏漏，还望广大读者和学友多多批评指正。

顾 全

2015年4月

于北京大学畅春新园

前　言

本书是关于日本第一支现代陆军的简史，涵盖了从19世纪50年代至1945年的重要事件。基于有关的二手资料——其中大部分是日语文献，我将它们整合成了这部导论性的作品。虽然我也参考了很多关于日本陆军的优秀英文专著，但我还是更倚重日文材料。这是因为在过去20年里，日本军事史研究已相当精深，令人印象深刻，而且也变得日益多样化。日本史学家对旧日本陆军的话题不再只是泛泛而谈。相反，他们对原始文献进行了广泛研究，利用了新近发现的证据，并对陆军在日本社会中所扮演的更大角色进行了新颖解读。这一切颠覆了那种"标准"看法，即旧陆军天生喜好侵略。所以，我写这本书的目的之一就是把这类日本军事史研究的新成果呈现给英语世界的读者。

我仅对重大军事战役作一下简述，而主要关注那些在塑造陆军战略、理论学说和价值观的冲突中所产生的组织制度问题。这些话题在近代日本史的专家中都是众所周知的东西，但按时序展开、有关日本陆军的平和公允的英文描述却依然匮乏。如果人们要对日本陆军做一番概览，往往容易侧重其在20世纪——尤其是在第二次世界大战——中的事迹，从而留下一种失衡的印象，即日本陆军是一支秉性独特的军队。而本书则在划分年代的基础上，大体上兼顾了陆军在19世纪80年代和二战这两个时期的故事。对于日本陆军的演变来说，这种方法能提供一种较为平衡的视角。而且对于一支最终以不光彩的自我毁灭而谢幕的军队来说，上述方法也有助于说明它行动作为的缘由。

日本陆军最初是临时拼凑起来的队伍。但后来却变成了这个国家最具权势的部门。在国家刚刚统一的背景下，陆军的领导者们需要明确这支军队的作用，并且赋予它一种使命和一套价值准则。在一个转型的社会中，日本陆军为了满足不断变化的军事和文化需要，必须对自身进行革新。因此，其思想基础也会随之发生变迁。换言之，虽然从表面上看，陆军在1895年和1925年两个时期几乎是一个样，但本质上却大为不同。

这并不仅是学习西方技术或者模仿西方现代化模式的过程。日本努力培育了一支一流陆军，并辅之以高效的军事教育体系、组织良好的现役和后备部队以及一支着眼应对区域威胁的职业军官团队伍。它的士兵吃苦耐劳、训练有素、装备精良。日本陆军在社会中的地位受如下因素影响：社会与政治思想的变迁、个人间的竞争、战争观念的革新、军事学说的演化、区域地理环境的制约以及潜在敌友的界定。自始至终，旧日本陆军都需要乞灵于真实或想象的"陈年旧事"来明确其核心价值，并愈益仰赖一套以天皇为中心的意识形态，而这也成为它在日本国家政体中占据特殊地位的重要因素。

士兵们甘于牺牲、慷慨赴死；在作战中，军方强调无形因素——或者说，精神因素——的作用；部队也惊人地狂热，决意战斗至死。以上这些都成了旧日本陆军的标志。但如果过于强调这些特点，就会歪曲人们对战略、高层政策以及陆军——尤其是1941年以前陆军——演变过程的理解。我认为是各种历史条件塑造了日本的第一支现代陆军。而国际压力如果并未最终支配陆军的命运，那么至少也限制了它的选择自由。为了应付国难，陆军将传统价值改

前 言

造成值得追求的理想。虽然那些传统价值中很多都是想象出来的东西，但它们终究提供了一种日本多数民众能够理解和分享的愿景。日本陆军幼年期的故事有时仿佛就像一场粗俗的B级武士影片，并充斥着下述情节：穷街陋巷中的刀光剑影，防不胜防的刺杀，以及各种因陆军的前途之争而产生的血仇。这些耸人听闻、血腥残暴的事件，就像后来各种军事政变、屠戮以及自杀式"万岁冲锋"一样使我们想到了那支横冲直撞的陆军——盲目效忠天皇的狂热分子率领着部下杀气腾腾、屡犯暴行。陆军的管辖和活动范围后来不断扩张，并在战略学说以及其他方面持续发展。上述内容虽然并非人尽皆知，但这一组织过程却在勾勒20世纪30年代中期陆军的轮廓方面具有决定性意义。也就是这支队伍后来打遍了整个亚太地区。

70多年里，日本式的"战争模式"抑或"作战风格"一直在演化。军中后辈对晚近人事的追忆浸染着古老武士的传奇色彩。而陆军的自我印象也因之不断刷新。这些往事与传统日积月累。到了1941年，它们最终奠定了陆军的根基。当然，一些戏剧性事件影响了陆军的轨迹。但最关键的仍是那些沉淀累积的种种过往。是它们塑造了陆军，压缩了其选择空间，影响了其决策，并把它变成了那个曾征服了大半个亚洲的军事部门。

很多日本和美国友人都慷慨地向我提供帮助。我对此深怀感激。庆应大学的赤木完尔（Akagi Kanji）教授对我提问的回应不仅迅速而且精确。防卫大学的户部良一（Tobe Ryoichi）教授带我考察了最近日本军事史的编集情况。秦郁彦（Hata Ikuhiko）教授作为日本军事史界老前辈则在讲解战前日本陆军的细节方面给了我很多有益的帮助。我同样受惠于日本防卫省防卫研究所以及战史部各位教职和工作人员数年来持续不断的支持和帮助。

日本陆军兴亡史：1853—1945

美国陆军高级军事研究学院的罗伯特·H.柏林（Robert H. Berlin）博士（名誉退休）、华盛顿与李大学的罗杰·吉恩斯（Roger Jeans）教授（名誉退休）以及斯坦利·L.福尔克（Stanley L. Falk）博士在我写作的各个阶段审读了手稿。他们建设性的批评意见、历史专业知识以及见解深刻的评论让终稿增色良多，并使我避免了很多错误。斯坦福大学沃尔特·舒思深亚太研究中心的马克·R.皮迪（Mark R. Peattie）教授审阅了我的草稿并提出了很多有益的建议。在制图和电脑技术方面极具天赋的戴维·伦尼（David Rennie）为本书绘制了地图。

另外，斯坦福大学出版社的阿瑞安·德·普里-加菲兹（Ariane De Pree-Kajfez）允许我使用在即将出版的《中国之战：中日战争军事史文集》（*The Battle for China: Essays on the Military History of the Sino-Japanese War*）中出现的材料。对此我要表示感谢。我还必须感谢华盛顿特区五角大楼图书馆的职员们。他们总是对我很友好，并向我提供帮助。此外，凯瑟琳·海因瑟（Kathleen Heincer）、琳达·麦克圭尔（Linda McGuire）、尤兰达·米勒（Yolanda Millier）、约翰·米尔斯（John Mills）、黛比·里德（Debbie Reed）以及芭芭拉·里瑟（Barbara Risser）都在幕后为本书的研究做出了贡献。

最后，我谨向堪萨斯大学出版社的总编迈克尔·布里格斯（Michael Briggs）致谢。他一直给予我鼓励并且工作耐心。当我们在数年前讨论这项研究计划的时候，我有点不知天高地厚，并夸口说三年时间就可以完成。但很快我就明白，由于新研究堆积成山，新材料不断出现，同时日美两国编史工作的推进，这项工程比我想象的要艰巨得多。我也一并要向协助我且工作水平一流的各位编辑人员表示感谢。

目录

译者序 / 1

前言 / 1

1. 维新的序幕 / 1

2. 内战与新军 / 14

3. 对付武士 / 50

4. 明治陆军 / 66

5. 进军亚洲：中日甲午战争 / 101

6. 回师大陆：日俄战争 / 141

7. 国家军事战略的制度化 / 182

8. 短期战还是总体战？/ 212

9. 密谋、政变与陆军的蜕变 / 237

10. 关键之年（1937—1941年）/ 279

11. 亚洲—太平洋战争 / 326

12. 结　语 / 373

附录一　历代陆军大臣和陆军参谋总长名录 / 387

附录二　日本陆军在华司令部之变动：1937—1939年 / 392

参考文献 / 394

1. 维新的序幕

1853年，马修·佩里（Matthew Perry）准将及其"黑船"的到来粉碎了日本自主实施的闭关锁国政策。而幕府——也就是当时统治日本的德川家将军的政府——却无力有效应付外国势力的侵入。尽管国内抗议声浪高涨，幕府还是在五年内与外强缔结了一份通商条约。条约规定开放八个通商口岸，并设定了单边有利的关税税率，而且还建立了治外法权。但幕府的软弱却诱使它的敌人蠢蠢欲动。于是，为了收揽民心，幕府的首席参议官（译者注：即"老中"堀田正睦）打破传统做法，寻求让当时在京都的孝明天皇（Emperor Komei）批准条约。[1] 但天皇拒绝了这项请求。这让幕府和朝廷双方陷入分裂对立，并开始了长达十年的动乱。其间伴有各种阴谋、暴力、恐吓以及谈判。最终，幕府政权崩溃了。在那动荡喧嚣的十年间，尊皇的中低级武士阶层是推翻幕府运动的排头兵。其中很多人排外仇外，但在欧美强大的军事威力面前，无论是高傲自负的武士还是幕府官员都不得不冷静下来，接受现实。

1860年，北京惨遭英法联军蹂躏。而俄国在对马岛地区开展的考察也近在眼前。有鉴于此，幕府建立了可以生产青铜炮的兵工厂，从荷兰订购了一艘蒸汽动力战舰，并进口了数以万计的轻武器。它还从西方——主要是法国——招揽军事和技术专家，以便把自己的军队改造成近代的陆海军。[2] 及至1862年，幕府得以重振军力，并优先投资海军，以控制那些严重受到外国军事力量侵扰的港口和海岸。为数不多的小型护卫舰（Frigate）和巡防舰（Corvette）则控制着濑户内海的航运线，使幕府能迅速将部队移动到潜藏危机的地点。但重组后的幕府陆军则境遇欠佳，因为它是由各藩藩主挑选的武士组成的。此外，幕府还通过不得人心的强制配额来填充行伍。无论在什么情况下，各藩都不一定会把自己的精兵强将送给将军，而将军也无力随心所欲地推行军事改革。而且很多武士对新奇的西式锁步（Lock-step）训练不屑一顾，并对火器和刺刀嗤之以鼻。他们还是钟爱传统的日本刀和长枪。但他们抗拒变革的表现则首次预示着武士阶层即将失去对军事力量的垄断权。[3]

京都现在成为全国政治的中心。在这里，主张"尊王攘夷"的西南长州藩尊王派和朝廷显贵谋求击败幕府的温和派官员、南方九州萨摩藩的武士以及宣扬"公武合体"的贵族。1863年1月，在激进改革派的压力下，孝明天皇命令幕府必须最迟于6月将西方蛮夷逐出日本。但说起来容易，做起来难。有件事特别能说明问题，那就是外强后来并没有找幕府的麻烦，而是狠狠教训了那些主动挑衅的地方强藩。

幕府领导集团的温和派清楚西方军事技术和火枪大炮的厉害，明白自己无力抗衡，所以更希望采取一种消极抵抗政策。但6月末，在本州岛南端，长州极端分子为了执行圣令，袭击了穿行于狭窄下关海峡的外国商船，并炮击了一艘法国军舰，而且后来还伤及一艘荷兰商船。7月26日，列强的报复行动开始了。美国炮舰"怀俄明"号（Wyoming）在长州老旧大炮的射程外，击沉、击伤各一艘长州舰船，随后还摧毁了几门岸防大炮。[4]数天后，法国军舰首先轰炸了长州城堡，其后又派遣一支部队登岸破坏大炮，夺取来复枪和战刀，并烧毁了附近几处房屋。这是19世纪列强典型的海外征讨行动。它让那些胆敢对抗西方权力的人认识到，如果不知悔改，接下来等待他们的会是什么。

约一个月之后，正值8月中旬，英国舰队出现在九州鹿儿岛海滨，逼迫

1. 维新的序幕

萨摩藩兑现幕府答应过的赔款，并交出一名肇事武士，因为一个英国人去年就死在这位武士的刀下。英国舰队刚到就遇到了一场台风。尽管当时狂风肆虐、暴雨倾盆，英国旗舰指挥官仍坚持开战。然而他却不经意间将舰队领到了萨摩炮台的射程内，从而为训练有素的日本炮手提供了上好的活靶子。正当英舰队在樱岛火山和鹿儿岛城之间狂风怒号的海上苦苦挣扎时，10组总计83门萨摩岸炮突然一齐开火，造成英方66人伤亡。但鹿儿岛在英舰的还击下损失更大。相比萨摩的岸炮，英国的重炮在射程上更胜一筹，并将前者摧毁殆尽。由于当时风势强劲，英国燃烧火箭在落入城中后威力大增，焚毁了大片木质住房。[5] 战斗最后不分胜负，英国舰队扬帆而去，而日本武士则忙着浇水灭火。

尽管对外夷痛恨得咬牙切齿，但像长州和萨摩这样的藩国为了强化对抗幕府的军力，从19世纪40年代起就开始演练西式大炮，并与西方保持不即不离的关系。[6] 所以，这样看来，下面这件事就一点也不稀奇了：萨摩藩在尝到苦头后即通过英国驻日外交官雇用英国军事顾问，企图重整军队。萨摩武士很快就从他们的外国顾问那里学会了新型散兵战法，而抛弃了传统集群进攻队形。萨摩的领导人们也修改了政策。1863年9月，为了操控朝政，他们一面与日本东北的会津藩武士结盟，一面让更多温和派显贵在京都复职。

面对战败，长州藩的应对措施是组建武士与平民混编的来复枪队，而队长是当时24岁的高杉晋作（Takasugi Shinsaku）。他是个攘夷极端分子，曾因纵火焚烧英国领事馆而被罚以流放。但后被召回整顿藩军。19世纪50年代晚期，高杉是尊王派领袖和思想家吉田松阴（Yoshida Shoin）的门徒，并通过他结识了其他激进的年轻武士，比如前原一诚（Maebara Issei，时年25岁）、伊藤博文（Ito Hirobumi，时年18岁）和山县有朋（Yamagata Aritomo，时年21岁）。高杉胆识过人，对激进改革事业投入了极大热情。但他纤弱的身板以及风流、酗酒的名声往往掩盖了其真实的一面。

日本陆军兴亡史：1853—1945

高杉远不仅是一名雇佣兵。他机敏聪慧、精通西式兵法，而且曾哀叹世袭武士胆小怯懦、不愿为维新而战。为了表达对自身阶层的鄙夷，他曾做出了一个戏剧性的惊人举动——削除发髻（武士地位的象征）。到1863年中期，为了替换那些畏缩不前、踌躇不定的武士，高杉组建了由武士、农民和商贩组成的、凡是有志者均可参加的"奇兵队"（Kiheitai）。"奇兵"得名于中国古代军事思想家孙子的训诫"以正合、以奇胜"，也就是说让常规部队（正兵）在正面吸引住敌人，并另派一支部队（奇兵）从其他方向出其不意地袭击对手，打他个措手不及。[7] 奇兵队的民兵队伍起初被当作长州武士正规军的支援力量，其士兵装备低劣，配以各式陈旧的滑膛枪和火绳枪，而其任务通常是巡视长州地区的海岸线。

长州极端派的激进主义最终惊动了朝廷。在萨摩与会津联手发动政变（译者注：即"文久政变"，发生于1863年9月30日，也就是文久三年8月18日。）后，长州分子逃离了京都。但由于拿不出对付外患的有效策略，幕府不得不继续推行安抚政策。然而，幕府对外卑躬屈膝却助长了长州藩的激进势力。1864年8月中旬，他们向京都进军以扶正天皇。但萨摩和会津的一支联合部队挡住了他们的路，于是双方在禁门（进入皇宫的数个通道之一）前爆发了战斗。

在一天的战斗中，会津武士的传统白刃格斗技巧以及萨摩的近代炮兵彻底击败了包括奇兵队在内的长州义军。轰鸣的大炮、爆炸以及纵火摧毁了京都上千栋住房。大火肆虐了三天。昔日的住所化为焦土，河岸边则挤满了难民。他们背负着任何可以携带的财物离开家园。16名长州军头目及其副手在首都郊外自杀。那些激进的朝廷显贵慌忙从京都出逃，而朝廷则命令幕府将军讨伐长州。

9月4日，长州再遭败绩。一支联军舰队（英、法、美、荷）开进了下关海峡。它包括18艘战舰，载有逾5000士兵和近300门火炮。在次日的浓雾中，舰队不经意间驶入了奇兵队炮台的射程范围。一位名叫山县有朋的年轻武士点火开炮，击伤了联军旗舰。舰队也立刻开火还击。中午时分，约2000人的西方军队成功登陆并驱散了长州守军。接下来的两天里，外国军队夺取了所有岸防阵地，破坏了大炮并将剩余弹药倾倒入海。在被攻占的炮台上摄影留念后，登陆部队把那些刀剑、盔甲以及武士头盔当作战利品一并带走了。[8]

同时，幕府将军得到了天皇下达的讨逆命令，于1864年下半年发动了第一场长州征伐战。但实际上根本没发生旷日持久的战斗。单单15万讨伐联军压倒性的声威就足以让长州藩赶走了那些名誉扫地且孤立无援的激进尊王派。幕府将军后来把保守派官僚安插进来填补空缺。在处分了那些怂恿尊王派的长州高官并执行了其他惩罚措施后，将军最终于1865年1月中旬解散了讨逆军。

长州的青年改革人士在被驱离京都后总结认为，禁门前的失败并非"奇兵队"的理念有误，而是因为武器不如人。他们严正抵制长州新藩府解散奇兵队的计划，并指责温和派领导人不仅压制了激进派的改革事业，还竟然屈从于幕府羞辱性的要求。他们还看不起那些固守传统战法的武士，并鼓励建立更多平民与武士混编、使用西式战术和武器的志愿军队。

正当尊王派的事业止步不前时，高杉扩充了奇兵队的农民民兵和来复枪队，并用秘密运抵长州的近代兵器武装他们。这些武器是由萨摩代理人从上海的英国军火商那里购得的。高杉厉行军纪。通过处决反对者和脱逃者，奇兵队得到了整肃。长州还有另一位精力充沛的年轻长州军事改革家，名叫大村益次郎（Omura Masujiro），他用西式近代散兵战术来训练奇兵队的来复枪队。大村是一位自学成才的战术家。他利用荷兰军事手册的译本为奇兵队发展了一套游击战的战术理论。由此，奇兵队就可以支援常规部队的作战。[9] 1865年初，高杉的奇兵队突袭了下关的藩地首府，从而使长州陷入了内战。

武士和平民混编的奇兵队在运用新式武器方面展示了极高的战术技巧，因此很快就成了革新的武装先锋。及至1865年3月，高杉已控制了下关地区，并击退了前来讨伐的政府军。他随后还赶走了站在幕府一边的长州保守人士。正当此时，他却因感染了肺结核而一病不起，最终逝于1867年。由于高杉的体质每况愈下，长州藩遂任命大村益次郎来重整军队。大村精通军事，而且他没那么排外，在思想意识上更倾向于"尊王"。这一点使他深受长州新领导层的赏识，因为当时藩府正试图以更温和的姿态与朝廷和幕府打交道。

大村就这样成了部队改革的指导者。他变卖武士铠甲与头盔，从而为购置近代轻武器积累了资金。他还进一步训练奇兵队的来复枪队。提供给新兵的装备是新式米尼埃来复枪，而密集队形的刺刀操练则代替了传统刀法的演习。到1865年中期，大村已集结了一支4000人的步兵队伍，其中武士和平民各占一半。在听闻大村的军事创新后，幕府方面大为警觉，并再次下令讨伐长州。但各藩却对此番劳师动众的价值持不同看法，它们担心野心勃勃的幕府会东山再起。暗中协助长州重整军备的萨摩领袖随后与长州缔结了秘密军事盟约。萨摩还利用自身显著的影响力淡化了其他藩国对"二次长州征伐战"的热情。[10]

1866年6月，尽管已势不如前，幕府的远征军仍迈出了向长州进军的步伐。它企图包围长州藩境并进而沿外线发动进攻。由于萨摩拒绝加入，所以此次"征长联盟"并没那么强大。而且联军拖沓的进军速度也给了大村益次郎强化防御的准备时间。大村统领的部队沿长州北部边界布防。它们运用的战法是"侧翼进攻"或"后方袭击"（大村将把这套战术叫作"打兔子"），其目的是驱散阵地里（所谓"兔洞"）的敌军。依靠这种具有高度机动性的步兵战术，奇兵队得以弥补了自身在人数和火炮上的劣势。

一份幕府战争日志描述了一支幕府军纵队与两排奇兵队来复枪兵的遭遇

战。在相距400至500码的位置，奇兵队士兵隔着一条小河向对岸的幕府军射击。队形密集的幕府军面对这种恼人的火力不得不做出选择，要么以牺牲战术控制为代价而四下疏散士兵，要么因挤在一起而蒙受惨重损失。但无论怎么做，幕府军都会丧失一部分作战能力。那天晚些时候，藏在暗处的长州散兵（Skirmisher）从村落屋顶、树林边缘或灌木丛等位置四下狙击幕府纵队。这些长州兵很少恋战，基本上是打一发就跑。但即便如此，他们还是打乱了整个幕府军的行进纵队。[11] 因此，近代轻型武器加上游击战法遏制了幕府的进军。那些半心半意的幕府盟军不断被奇兵队伏击、迂回和包围，因为它们还是排成传统密集队形作战，而且武器也相当陈旧，净是些老式火枪、长枪和刀。到了10月份，大村展开反击，并成功击溃了已然军心涣散的幕府军队。

  与此同时，在南线，高杉和副将山县有朋率领奇兵队横渡下关海峡。奇兵队的突袭部队向幕府控制的港口发动了两栖进攻，焚毁了码头和补给品。小而灵活的长州炮艇和舢板则不断袭扰幕府的大型军舰。幕府的大船在狭窄水域行动不便，不久就被迫弃守海峡。由于得不到萨摩的军事支持，幕府只好把几个小藩的武士军队投入战场。但那些部队都装备不足、士气低落，而且还得不到幕府的增援和补给。于是，幕府军的士气完全垮了。士兵们垂头丧气，纷纷逃向长崎。[12] 高杉富有创意的游击式陆战和海战战术消除了长州的南翼威胁，并让激进派控制了下关海峡。

  但最激烈的战斗还是在长州的北部边界，因为那里聚集着幕府军主力。沿着边界，双方展开了惨烈的拉锯战。奇兵队扼守着群山高地，并顺势伏击那些穿过隘口或密林地带的幕府军队。农民们则用竹枪或长刃锄头袭扰幕府军。一位幕府军指挥官在目睹了当地妇孺举着竹枪向正在撤退的队伍发起袭击的情景后大为惊愕。到了9月份，幕府军的副指挥官断定，由于自己的部队粮饷接济困难、武器落后，再加上当地平民和农夫的坚决抵抗，这场战争已几无胜算。[13] 该月月末，在讨伐失利成为定局的背景下，幕府将军的亡故提供了一个体面收场的上好理由。

大村奇兵队的战绩让像木户孝允和山县有朋这样前途无量的长州军官确信,平民也能成为好士兵。但奇兵队在与经过西式战术训练并使用火炮的藩军(比如会津藩军)作战时则表现欠佳。[14] 根据这些经验,大村认为,来复枪和刺刀还是不能轻易攻克精心守卫的防御工事。于是他开始埋头钻研最新的炮兵战法。

在最后一场战役中,高杉的结核病复发。虽然高杉的主要副手是山县有朋,而且山县本人也极具组织才干,但高杉在1867年4月病逝前还是让大村继承了他的位置。比起山县,大村不太关心政治和意识形态,而且他的技术和战术经验也让他完全有资格领导新的长州军队。[15] 幕府此时则想利用外国援助走出失败阴霾、重整旗鼓。1867年1月,法国军事顾问为幕府建立了两个步兵大队(营)和两支炮队。幕府及其对手谁也没有松懈,都在奋力厉兵秣马。于是,双方之间的大决战看来是不可避免了。

戊辰战争

孝明天皇于1867年初期辞世后,由其14岁的儿子睦仁(Mutsuhito,也就是后来的明治天皇)继位。这为萨摩和长州提供了一个反叛幕府的光明正大的理由。当年11月,新任将军同意隐退,将大权归还天皇,并把政府军从京都撤到大阪。而尊王派的军队——包括很多来自萨长两藩的武装——则尾随其后,不久即进驻京都。这些初来乍到的部队很快就举行了一场阅兵。就在新天皇从皇家包厢透过竹帘向外张望的时候,170名鼓手列队穿过首都大街,引领着后方身着制服的萨摩藩军。这些部队相继演练了英式军队操法,并组织了战术演习。[16] 由于获得了皇室莅临观摩的殊荣,新军由此具备了一种正当的名分。而在公众面前舞刀弄枪、耀武扬威也是在间接警示幕府:要打就打,咱们尊王派的军队可不是吃素的。

1. 维新的序幕

在朝廷激进派的鼓动下，萨摩和长州的领导人随后获得了一份由年幼天皇下达的指令，受命推翻幕府政权。由于有圣旨在手，长州和萨摩的部队在1868年1月3日控制了京都皇宫，宣布施行维新，同时命令将军"辞官纳地"。由于无法接受这种侮辱性条件，将军迅速从大阪调遣军队，企图捣毁叛军的据点。于是在1月27日清晨，约5000人的尊王派军队——主要是长州军，另外还有萨摩和土佐的盟军——排开了阵势，挡住了幕府武士军队进军的道路。幕府军在人数上是尊王派部队的三倍，当时正聚集在伏见。那是京都南方的一个小型商港和行政中心。[17]

萨摩军的首领是西乡隆盛，一名极富魅力的尊王派人士，也是一位重要的萨摩领袖。他的军队负责设卡防守从伏见通往京都的两条主要道路。沿着鸟羽大道行军的一长串幕府军纵队眼见前有路障，遂要求打开关卡，以便开进京都。他们在被拒绝后就撤退了。但到了下午晚些时候他们再次要求获准通过，萨摩军这次的回答是一通火炮齐射。于是手握长枪、大刀的幕府武士则向坚固的防御工事发起了冲锋，但致命的炮火和步兵狙击战术让黑压压一片的攻击部队损失惨重。由于缺乏集中指挥和控制，幕府军鲜有战术配合，其士兵大多是在单打独斗。最终，幕府军撤退了。[18]

火枪和大炮的隆隆声响也向东传到了附近的伏见。在那儿，长州、萨摩和土佐军队也挡住了幕府纵队的进路。当拥幕派的会津藩部队试图沿伏见大道强行推进的时候，尊王派大炮和来复枪的火力阻挡了会津长枪兵的进攻并把他们赶回了伏见。在其他拥幕派部队的增援下，会津武士与尊王派军队在伏见的大街小巷展开了激战。双方都纵火焚烧房屋以便把敌人赶到街上。炮火和爆炸也摧毁了无数家宅和仓库，并让幕府在当地的行政建筑群化作一片火海。子时过后，大火冲天，夜空通红，德川军撤出了战斗，厮杀声遂渐渐平息下来。[19]

与此同时，沿着鸟羽大道溃退的幕府军匆忙组织了一道临时防线。在用酒桶、榻榻米草席和木门搭成的掩体后，他们竟成功抵挡住了穷追不舍的萨摩军，并给予对手重创。战场形势的逆转鼓舞了幕府军士气，于是其指挥官打算在次日清晨彻底打垮萨摩军。西乡和其他主要军官意识到眼下形势堪忧，成败悬于一线。他们打算万一战局不利，就挟持年幼的天皇转移到山中的安全要塞。只要天皇还在手里，他们就能继续理直气壮地与幕府军作战。不管是事实上还是在名义上握有天皇都对这支新军至关重要。因为他们不想给外界留下如此印象：萨长两藩只因和幕府有私怨就发动了战争。[20]

1月28日拂晓，尊王派伏击了一支试图沿乌羽大道前进的幕府军纵队。幕府长枪兵在狭窄的土路上想从行军队列换成战术队形，但结果却相互推挤、混乱不堪。枪炮声四下大作，惊得军马脱缰乱窜。藏身灌木丛的散兵不断射击，让人误以为到处都是尊王派的军队。好几名幕府指挥官被精准的米尼埃步枪子弹击倒，幕府纵队变得群龙无首，只好仓皇撤退。但他们很快重新集结，并向人数明显处于下风的萨摩守军发起了进攻。

值此千钧一发之际，21岁的仁和寺宫嘉彰亲王率领一支增援部队从京都南面的大本营赶来。亲王配有一把由天皇授予的最高司令官战刀，所以他也成了新军与朝廷团结一致的化身。他把皇家锦旗展开，让前方部队远远就能看到。尊王派一望见皇家大旗，士气顿时高涨，因为这面旗帜象征着他们的事业高于区区藩国利益，而且天皇也是站在他们一边的。[21] 在打退进攻后，尊王派开始追击溃退的幕府军，并从侧翼用火炮和来复枪不断展开袭扰。

伏见周围没有爆发大战，因为人数不多的萨摩军不愿主动挑起战端。他们仅仅烧毁了部分城镇，留下部分兵力牵制拥幕派的军队，随后就转而增援鸟羽方面的战事。幕府军本来希望先迂回到伏见尊王军的后方，然后再发起奇袭。但幕府军指挥官两天前就撇下部队、逃之夭夭了，所以幕府军在没有统帅的情况下尽管掀起了数次进攻，但都无功而返，最后只能垂头丧气地撤退了。

自始至终，各支幕府军都缺乏统一领导。尽管分别沿着两条平行公路前进，但鸟羽大道上的幕府军根本不顾邻近友军的死活。每支拥幕派藩军都按自己特有的战术作战，而且两支藩军之间毫无协调，各军也不考虑自身的后卫问题。幕府军没有从侧翼迂回包围人数不多的尊王军，而是让部队沿着大路挤成长长一队，因此白白浪费了自身的数量优势。在一系列毫无协调的进攻战中，幕府武士付出了惨重牺牲，而幸存者们则孤力难撑，稍不留神就成了伏击的目标。面对一败涂地的战局，幕府领导人同意交出大阪城，但在交接过程中，一颗不知来源的神秘火星引燃了军火库，造成了大爆炸，从而让一切化为了废墟。

四天的战斗中，约有300名萨摩或长州士兵丧生。而幕府军损失更重，是前者的两倍有余。桐野利秋率领的一支萨摩突击队表现突出。每当尊王派发起进攻，他们总是冲杀在第一线。而正因为如此，他原本40人的部队后来仅剩12人。萨摩和长州的战时伤亡数字仅仅比幕府军伤亡总数的25%多一点。[22]

但尊王派相对轻微的伤亡代价掩盖了这场战役的重大意义。如果尊王军首战即败，就会让皇室威名扫地，从而减弱天皇在日本近代史上的影响。而如果战局陷入僵持、幕府得以复兴，日本的政治统一进程也将被迫推迟。这样一来，面对外强的干涉，日本只会更加无力招架。但最终尊王军以天皇的名义成功击败了幕府军，并在天皇与日本第一支现代陆军之间铸就了一条经久不衰的纽带。

[注释]

1. I have omitted macrons in the case of major Japanese cities. Unless otherwise noted, all Japanese-language secondary sources were published in Tokyo.

2. Fujiwara Akira, *Nihon gendaishi taikei* [An outline of contemporary Japanese history], *Gunjishi* [Military history] (Tōyō keizai shinpōsha, 1961), 6—8.

3. Hōya Tōru, Sensō no Nishonshi [Warfare in Japanese history] 18, *Boshin sensō* [The

Boshin war] (Yoshikawa kōbunkan, 2007), 44; Kaneko Tsunenori, *Heiki to senjutsu no Nihon-shi* [A history of weapons and tactics in Japan] (Hara shobō, 1982), 142—143.

4. Japan adopted the Julian calendar in 1873. I have converted earlier dates from the Japanese lunar calendar to the Julian calendar according to the table in appendix 3 of Reki-shigaku kenkyūkai,ed., *Nihonshi nenpyō* [A chronological table of Japanese history] (Iwanami shinsho, 1966).

5. Konishi Shirō, *Nihon no rekishi* [A history of Japan] 19, Kaikoku to jōi [Open the country and expel the barbarians] (Chūō kōron, 1966), 274—276,283—286.

6. Kaneko, *Heiki to senjutsu*, 142.

7. See Noguchi Takehiko, *Chōshū sensō* [The Chōshū wars] (Chūkō shinsho, 2006), 44; Sun I'zu, *The Art of War*, translated by Samuel B. Griffith (London: Oxford University Press, 1963), and nl.

8. Noguchi, *Chōshū sensō*, 74—76.

9. Fujiwara, *Gunjishi*, 12.

10. Ibid., 10; Roger F. Hackett, *Yamaagata Aritomo in the Rise of Modern Japan*, 1838—1922 (Cambridge, Mass.: Harvard University Press, 1971), 38, 40—41.

11. Noguchi, *Chōshū sensō*, 187.

12. Ibid., 204—215.

13. Ibid., 167—168; Konishi, *Kaikoku to jōi*, 414.

14. Kaneko, *Heiki to senjutsu*, 144—145.

15. Hata Ikuhiko, *Tōsuiken to teikoku rikukaigun no jidai* [Supreme command in the age of the imperial army and navy] (Heibonsha shinsho, 2006),101;Takemoto Tomoyuki, "Ōmura M.isujirō ni okeru Yōshiki heihōron no keisei" [Western-style warfare in Ōmura Masujirō's formulations], *Gunji shigaku* 38:2 (September 2002), 22—23, 31—32.

16. Hōya, *Boshin sensō*, 46—47. Rumors persisted that Kōmei was poisoned to make way lor the more pliable boy-emperor Meiji. In 1990, however, definitive evidence appeared that Komei suffered from purpura and died from hemorrhaging associated with the disease.

17. Inoue Kiyoshi, *Nihon no rekishi* [A history of Japan] 20, *Meiji ishin* [The Meijirestoration] (Chūō kōronsha, 1966), 54; Hoshikawa Takeo, gen. ed., *Rekishi gunzō shirizū tōkubetsu genshū* [Illustrated historical series special edition], *Kettai han, zusetsu bakumatsu Boshin Seinan sensō* [The definitive volume, the illustrated account of the bakumatsu, Boshin, and Satsuma wars] (Gakken kenkyūsha, 2006), 98—103; Fujioka Kenjirō, ed., *Nihon rekishi chimei jiten* [Geographical dictionary of Japanese history] (Tokyoto shuppan, 1981), 357.

18. Hirao Michio, *Boshin sensōshi* [A history of the Boshin war] (Misaki shobō, 1971), 11; Charles D. Sheldon, "The Politics of the Civil War of 1868," in W. G. Beasley, ed., *Modern Japan: Aspects of History, Literature, and Society* (Rudand, VT: Charles E.Tutde, 1976), 35; Sasaki Suguru, *Boshin sensō* [The Boshin war] (Chūkō shinsho, 1977), 24.

19. Hoshikawa, Kettai han, zusetsu bakumatsu Boshin Seinan senso, 102—103; Hirao, Boshm sensdshi, 11; Sheldon, "Civil War," 35.

20. Hōya, *Boshin sensō*, 62, 67; Inoue, *Meiji Ishin*, 58; Sheldon, "Civil War," 35. On possession of the emperor's person, see John Whitney Hall, "A Monarch for Modern Japan," in Robert E. Ward, ed., *Political Development in Modern Japan* (Princeton, NJ: Princeton University Press, 1968), 44.

21. Hōya, *Boshin sensō*, 68. Ninnaji was born as Prince Yoshiaki but entered the Buddhist priesthood at age 12, taking the tide Ninnaji no miya. He returned to secular life in 1867 as a junior councilor at the court. He was the nephew of Prince Arisugawa.

22. Sasaki, *Boshin sensō*, 28; Inoue, *Meiji ishin*, 54—59; Sheldon, "Civil War," 37—39;Hirao,*Boshin sensōshi*, 20; Fujiwara, *Gunjishi*, 17; Hoshikawa, *Kettai han, zusetsu bakumatsu Boshin Seinan sensō*, 102—103; Hōya, *Boshin sensō*, 80, 287.

2. 内战与新军

鸟羽-伏见之战是戊辰（龙年）战争的首场战役。戊辰即1868年，得名于中国传统天干地支的循环纪年法。尊王派的新军是临时组织起来的，所以缺乏明确的统制体系，也没有可靠的兵源基础。有一个矛盾是，武士与奇兵队虽然以天皇的名义作战，但同时又不归天皇统辖。为了纠正这一奇怪现象，同时也为了保卫正与幕府对峙的朝廷，1868年3月初，新近宣告成立的全国政府创设了多个行政部门，其中包括一个负责军事的军防事务局。在接下来的一个月，政府又组织了一支约400至500人的皇家卫队"御亲兵"。它由萨摩和长州的军队组成，并进一步囊括了鸟羽-伏见战役的老兵、自耕农以及其他几个藩国的无主武士。这批部队直接听命于朝廷。随后，朝廷晓谕各藩，令其限制各自的藩军规模。除此之外，各藩还必须出资赞助京都的一所面向全国的军官培训学校。[1]

但数月内，低效的军防事务局和那支缺乏先进武器装备的"御亲兵"就被政府解散了。取而代之的是政府于6月设置的"军务官"，下辖陆军局和海军局。军务官起草了一部有关陆军组织的法案。它规定各藩必须向中央提供一定数量的兵员。而这个数量是与各藩年产稻米量挂钩的。[2] 这支靠征兵而组建的军队整合了来自各藩的武士和平民。

由于戊辰战争仍在进行，新设立的军务官希望能从比较富裕的藩国征集人手、组织军队。1868年6月，陆军的组织方案被最终敲定了。至少在理论上，它要求各藩每收获1万石粮食就必须向京都遣送10名兵员。[3] 这项政策使政府和藩国在募集军队的问题上形成竞争关系。这个矛盾直到1869年4月政府明令禁止各藩征兵才告消除。但这项征兵配额体制从未达到预期的满意效果，因此它在次年就被当局废除了。

同时，1868年3月中旬，在有栖川宫炽仁亲王的统领下，尊王军各部组成"东征军"，沿三条主要道路向幕府的首府江户（今天的东京）进军。在随后的数次小规模战斗中，敌对双方分别动用了数百名士兵。最终，幕府军的抵抗瓦解了，东征军各部于是迅速汇集到了江户城下。行军途中，新军不断向天下昭示其与皇室密不可分的联系。这样做一是为了显得出师有名；二是为了让幕府蒙上"大逆不道"的污名，因为只要谁与政府为敌，谁就是反叛朝廷；三是为了收揽民心。[4]

政府军沿着三条主要道路设置了一连串后勤中转站，以提供食物、给养、军马和武器。这些小型补给站中的物资一部分是由当地支持政府的藩国提供，其他部分则是从幕府机构、旧政权的高官以及一切反对新政府的人那里收缴来的。陆军常常会驱使当地村民为军队充当脚夫或组建搬运队以便在补给站和前线之间运输军需品。日本最大的几个商业家族也向新军捐钱捐物。例如，为了确保自己的货栈免受拥幕派纵火犯——或许还包括政府军——的侵扰，三井在江户的一些分店掌柜就捐赠了25000两（折合25000美元）的保护费。[5]

随军行动的官方宣传队则为新政府大唱赞歌，而且为了吸引追随者，许诺任何归顺政府的人均可马上获得粮食税减半的优待。作为宣传行动的补充，政府军还发布了规范行为举止的条例。军中人员不论军阶高低，一律有饭同食，有房同住，平等劳动；一旦发现有人散布谣言、扰乱军心，部队就会立刻检举告发；军营内禁止争吵斗殴；严禁袭击外国人；司令官应防止出现由于士兵纵火、抢劫、奸淫而玷污新政府形象的事件。[6] 以上努力的成效参差不齐。如果当地民众愿意配合，他们一般都会得到善待。这也就是说部队会劝服老百姓加入军事运输队或劳工队，而各村庄也会向军队提供食物，并答应与政府军合作。但四处游荡的几群幕府支持者经常会用"打了就跑"的战术袭扰政府军。对此，政府军惯常的应对手段是烧毁周边地区的房屋、实行坚壁清野，从而消灭游击分子的藏身地。另外，通敌的嫌疑犯会被就地处决。

当政府军推进到幕府的根据地时，强硬的铁腕就取代了温和的劝诱。士兵到处征粮，没收武器、财物和现金，并强迫村民劳动。虽然政府明令禁止纵火，但它毕竟是战时的一种有效战术，而且有助于肃清敌对势力。拒绝合作的村庄要冒被彻底烧成平地的危险。也许，士兵们明白，住户最害怕的报复措施就是自家的房子被烧掉。在一些极端情况下，比如在最后的东北战役中，政府军焚毁了秋田藩超过三分之一的房屋。为避免此类厄运，行军道路两旁的村民们都乖乖地向政府军指挥官提供食物、给养以及情报。[7]但这类合作不过是通过敲诈勒索才实现的，所以并非表明民众突然间就转而效忠新政府了。

当政府军主力在5月初开抵江户的时候，幕府代表已与西乡隆盛达成了和平献城的协议。此时幕府内部已分裂为两大阵营：强硬派和其他那些赞成与新政府媾和的人。时年41岁的西乡身高6英尺，体重约250磅。按当时日本人的标准看，他算得上是个大块头了。西乡曾当过十年的低级地方官，后于1854年来到江户，推动实施萨摩式的改良政策。但四年后，一批反对变革的幕府官员却把他逼走了，于是他逃往了萨摩。之后他又遭流放，直到1864年才被赦免。萨摩官员此后派西乡去了京都，让他代表萨摩参与全国政事。

没人会否认西乡的才干，但他却又是个谜一般的人物。他能在长时间内保持沉默，不说一句话。当然，人们既可以说这是他精于深思熟虑、老于世故、智慧过人的表现，也可以推断他或许是一个愚不可及的人。西乡不仅对功名利禄毫不动心，而且极富个人魅力和人文关怀。由此，在明治早期的日本，西乡是最受公众景仰的人物。[8] 然而他与幕府的交易却让2000多名忠于幕府的武士成功逃离了江户。同时也由于这些残党继续反对新政府，打起了游击战，故而周边的乡野村落不免饱受摧残。

在江户的北方，宇都宫要塞依然掌握在拥幕派手里。6月初，在宇都宫和江户之间的地带，政府军与幕府军发生了一系列小规模战斗，并最终击败了后者。随后，政府军又成功抵挡了幕府军的反扑。在获得进一步的增援后，政府军成功占领了宇都宫，从而控制了江户的北方通道。落败的幕府残部遂逃往日本北方地区。

在此期间，政府军进占江户的过程相当顺利，未遇抵抗。但那些从地方上来的士兵却被大城市纸醉金迷、声色犬马的氛围蒙蔽了双眼，于是军队的效能和斗志渐渐地瓦解了。鉴于军队战力日趋低下，西乡担心那些实际控制江户的拥幕派死硬分子会趁机图谋不轨。"彰义队"是这些死硬派中实力最强大的团体。它组建于1868年2月，总共招募了约2000名武士，他们人人都誓言要铲除一名萨摩"叛贼"。

四处游荡的犯罪团伙往往把夜晚的江户变成了一个抢劫、谋杀和强取豪夺的地方。而以上野地区总部为中心，彰义队队员会出面选择性地制裁、镇压那些罪犯。除了惩罚不法分子，他们还到处搜寻萨摩告密者以及支持朝廷的探子。就在政府军慢慢松弛懈怠之际，彰义队加紧在上野山周围构筑工事要塞。北方战事还在持续，但江户的局势却在不断恶化，因此人们开始觉得新政府实际上无力控制地处战略要冲的江户地区。当时，很多反映江户局势堪忧的报告如雪片般纷纷涌向京都政府。于是，大久保利通（从1864年起与西乡都是萨摩的核心领导人）、木户孝允（1865年起与高杉都是长州的领袖）以及岩仓具视（地位显赫的宫廷权贵）决定派大村益次郎前往江户，以

地图1 戊辰战争的战役：1868—1869年（单位：英里）

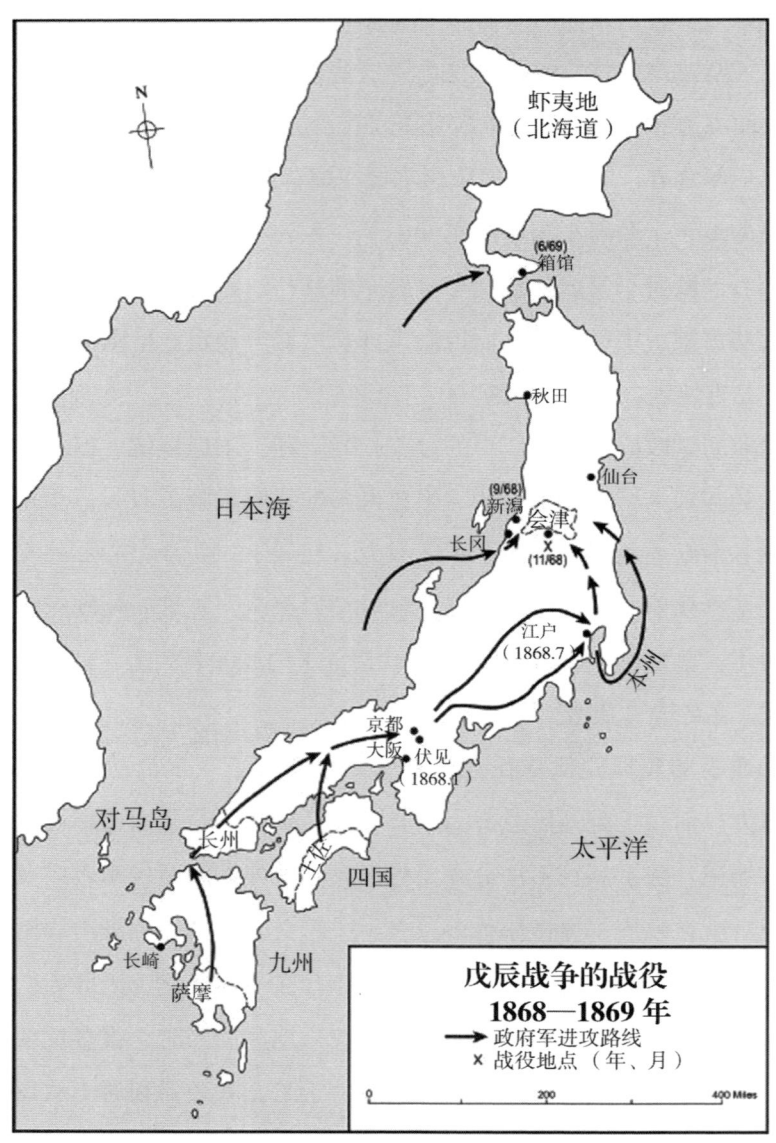

2. 内战与新军

图恢复新政府对该市的控制,并根除彰义队的势力影响。[9]

和西乡比起来,大村的体态显得有些笨拙。而且,不像喜欢交际的西乡,大村性格内向,面容阴郁,所以朋友很少,更别说有什么仰慕者了。西乡采取的"静观其变"政策以及审慎的交涉技巧使政府军看起来消极无力,而彰义队则得以在江户不断煽起反政府暴乱。关于这一切,大村感到很愤怒,所以他要求立即采取积极措施。但西乡却不愿将这个城市化为一片战场,而这是他一直对幕府代表采取仁慈宽大态度的主要原因。

京都方面许诺,增援部队和资金会立即到位。有了这样的保证,大村及其副手江藤新平决心主动出击。他们认为彰义队势单力薄,成不了大气候。因此,虽然萨摩的军官要求增派部队来维持城市治安,但在大村和江藤看来这些提议却无足轻重。[10]而且,大村确信他的炮兵会打垮拥幕派的武装。唯一让他顾虑的因素是天气,所以进攻最后被推迟了,直到雨季来临。因为如果在旱季炮击城市,江户的木质建筑会很快烧成一片,后果不堪设想。

7月4日,大村召见西乡,命其立即进攻彰义队的上野据点。西乡有异议,但大村只是轻轻摆了一下手中的扇子以示西乡只管按命令行事。但正如西乡及其手下军官所预料的那样,彰义队早就摆好阵势、以逸待劳了,因为他们事前就通过萨摩的脱逃者知道了政府军即将发起的进攻。虽然在人数上以1:2居于劣势,但这约1000人的彰义队凭借精心构筑的防御工事进行了顽强抵抗。他们的左翼是一个小湖,右翼是一片密林,因此政府军只能从正面实施突破。[11]

大村原以为,炮火会逼迫彰义队逃出掩体,然后变成西乡步兵的活靶子。从江户城望去,远远可以看见翻腾的硝烟,还能听到隆隆的爆炸声。由此,大村觉得此番计划已大获成功。然而火炮不久就出现了故障,而那几门成功开火的大炮,准星也极其糟糕,虽然声光效果不错,但却压根儿没有真正放倒几个敌人。桐野利秋率领西乡军的先锋径直冲进了彰义队的防御阵地，但也付出了伤亡至少120人的代价。彰义队方面的阵亡数字大概是前者的两倍，还有许多人是在逃离上野后被抓获的。[12]

这场胜利为新政府赢得了对江户的控制权。势力最大、行动最激进的一支反政府团体终于被击垮了。政府军通过进一步北伐也重新获得了能量。这场胜利还证明，拥幕派军队是不可能战胜天皇军队的。就此，那些担心内战会久拖不决的疑虑渐渐平息了下来。尽管大村的炮兵表现很差，政府军方面损失也不小，但他依然成了一个英雄。他在近代军事科学方面的技艺因而被大加吹捧。但西乡却很懊恼，因为他在这次事件中颜面扫地。[13] 在日本北方地区，反对派的抵抗仍很激烈。但由于控制了江户，政府军已转危为安。一个月之后，为了表明幕府统治大势已去，日本的首都从京都迁往了江户。在过去的250年间，江户一直是日本事实上的政治中心。9月3日，江户被正式重新命名为"东京"。一个月后，天皇睦仁取"明治"为年号，并自此被尊为"明治天皇"。

北方战役

1868年6月10日，两名会津藩武士在福岛的一家妓院袭击了一位长州高官。这名绝望的长州人慌不择路，直接从二楼的窗户往外跳，结果脸朝下，跌落在楼下的一条石板路上。但他还是被袭击者抓住，后遭处决。人们在这名死者的个人物品中，发现了一份政府欲图降服北方诸藩的绝密计划，其中包括幕府势力在该地区的主要据点——会津藩。针对这个威胁，本州岛北方的25个拥幕藩国组成了联盟来对抗萨摩—长州（萨长）政府——以区别于皇室朝廷。[14] 为了打败反叛联军，大村益次郎策划了一个复杂的军事计划。他想先占领位于东海岸（太平洋方向）的仙台，接着集合兵力南下，从背后攻击会津叛军在若松城的据点。另外，政府军还将在西海岸（日本海方向）实施一次登陆行动，并对主要隘口予以试探性进攻，从而牢牢牵制住守敌。

2. 内战与新军

7月下旬，山县有朋率领12000多人的政府军在西海岸登陆，并迅速占领长冈城。但之后他便踟蹰不前了，即便他手下能征善战的队伍（包括1000人左右的奇兵队和萨摩武士）以3∶1的人数优势远胜叛军。山县将他的部队布置在50英里长的防线上。但如此一来，他手上也就没剩下什么预备队了。他把炮兵分散部署。结果，虽然每支部队都有几门大炮可用，但其火力都不足以攻破叛军的工事。山县试图把守敌逐出山区的战略隘口，但政府军在实际行动中却屡次受挫。随后，由于雨季到来，溪川河流都变得难以通行，从而限制了作战行动。当时，山县与他的副官——黑田清隆——的关系并不怎么样。黑田是一位久经历练的萨摩指挥官。但在本场战役中，他大部分时间都在自己的营帐里生闷气。[15]

就这样，两支军队在位于长冈北方6英里处对峙着，其西侧是一条河，而东侧则是一大片人迹罕至的沼泽地。由于总被困在阴冷潮湿的壕沟里，政府军的士气一落千丈。更让人心烦的是，叛军整晚都在念诵佛教丧葬仪式上的经文。同时，经过战争磨炼、斗志昂扬的拥幕军指挥官们也并未消极避战，相反，他们执行了一套积极防御策略。叛军不断派部队袭扰、劫掠对手的哨站，并把政府军的后方供应地区搅得鸡犬不宁。[16]

在东海岸，作战行动起初挺顺利的。政府军主力从江户出发，经由陆路，向白川城进发。白川扼守着一处通往会津的战略性山地隘口。到6月中旬时，在其他围城部队的配合下，政府军凭借一次正面进攻夺取了白川。政府军的大炮摧毁了叛军预先构筑的防御工事，并击垮了2500名守军的抵抗。听闻此事后，反叛联盟里的好几个小藩立刻不战而降。但会津藩的守军则坚持抵抗，他们撤入了依凭崎岖山地修建的主阵地。由于山县有朋的西路军止步不前，所以会津的后方安然无恙，这样叛军就可以集中兵力对付政府军的东部攻势。京都的最高统帅部于是派西乡隆盛率军增援山县的部队，以图恢复西线作战的活力。[17]

考虑到无法从南部进攻会津的若松城,板垣退助和伊地知正治于是率领政府军沿大路向北方实施机动,并于10月中旬占领了那些保卫会津后方的北部据点。他们随后转而通过山区向西进军,并使用一种战术接连打败了好几支会津部队。该战术的要点是,首先集中使用炮火压制守军,同时几支来复枪小队从侧翼迂回攻击守军的防线。当叛军调遣兵力去保护薄弱的侧翼时,政府军主力立刻上前冲垮叛军在山脊上守备空虚的防线。到10月下旬的时候,板垣和伊地知的部队离若松城只有不到5英里的距离了。

几乎与此同时,西乡军夺取了长冈城以北40英里、位于日本海沿岸的一处重要港口——新潟城。该港易手后,叛军就无法再从外国进口武器了,同时政府军也截断了一条从新潟到会津若松的主要补给线。但就在新潟陷落的那一天,更远的南部地区的叛军利用熟知当地地形的优势,成功穿越了那块看上去无法通行的沼泽地。随后他们就包抄了政府军主防线的侧翼,并以优势兵力制服了长冈城人数不多的政府军的守备部队。鉴于政府军的兵力当时四下分散,而且交通线也朝不保夕,所以山县有朋急着想逃命。据称,由于走得匆忙,他把自己的军刀和装备都丢掉了。西乡闻讯后立刻掉转枪口南下,于5日后重夺长冈城。但山县却没能阻断叛军后撤的退路,因此西线战局重归僵持。[18]

政府军不仅在西线屡屡受挫,东线进展也十分缓慢。京都的政府领导人于是开始怀疑陆军能否在冬季前结束战役,因为此后日本东北的大雪会阻断一切后续军事行动。另外,作为陆军骨干的萨摩部队来自日本南方,其士兵既不适应冬季作战,也没有相关的必要装备。政府新军"战无不胜"的名声来之不易,大村益次郎不愿以此为赌注而冒险,因此他下令在东线中止对会津的作战行动,等到来年开春再说。[19]

但板垣和伊地知置此命令于不顾,独自向会津的主要据点进攻。会津军寡不敌众,不得不投入全部预备队。其中有一支叫"白虎队"的部队。它由数百名16至17岁的少年组成，并在随后的战斗中死伤惨重。在向若松城退却的时候，16位幸存者错把附近城镇里的黑烟和火光当作是若松城已经沦陷的信号。陷入彻底绝望后，他们自杀了。在日本人看来，如此真诚之举已为这些少年洗刷了反叛的罪名。由此，白虎队被老百姓尊奉起来并予以神化，成为忠勇无私的象征，并在民间影响极大。

会津主防线一崩溃，剩余的那些叛军小据点很快就被政府军一一荡平，而残余的叛党则逃往若松城。虽然政府军的火炮无法击破若松城厚实的城墙，但守军也没有做好应对冬季围困战的准备，于是在11月初就投降了。拥幕军在整个战役期间阵亡了约2700人。日本北部的零星战斗一直持续到12月中旬。这时，反叛联盟终于放弃抵抗，其领导人则因战败而按传统习惯引咎自杀了。[20]

在德川时代，因过错或战败而自杀是武士阶层中公认的文化准则。在戊辰战争中，就那些已倒地负伤的敌人或俘虏而言，武士的行为规范也同样促使他们在战场上自杀。双方军队一般都会砍下死者或受伤敌兵的首级以便确认身份或作为一种仪式来提振部队士气。有一次，一名幕府领袖的首级被带到京都示众。这种可怕的做法在日本相当普遍。据当时在日本工作的西方医生讲，他们很少能看到敌人的伤兵。很明显，这是由日本在斩首和投降方面特殊的文化习惯造成的。

日本人也认可投降，但条件是双方能就此达成协议。在戊辰战争的早期阶段，即将被俘的人一般都会被处死，因为敌方推测投降的人都是些胆小鼠辈（投降可耻的观念），或是由于他们身为逆贼和官军作战而负伤，所以死有余辜。被怀疑是间谍或幕府特务的人也会被立即处以极刑。所以，很多在上野被俘的彰义队队员很快就被斩首了，因为他们的情况符合上述所有死刑条件。[21]而在战争后期，政府军也渐渐认可了拥幕军投降的权利，因为新政府意识到要想统一全国，有必要采取一种和解的姿态。

但这种和解态度并未延伸到战殁者的处置问题。新政府为自己的阵亡官兵举行了特殊的仪式，大村后来将其制度化，于1869年6月建立了"招魂社"，并把它作为纪念政府军战殁者的官方神社。他希望官方纪念战争死难者的仪式能把"为国捐躯"——而不是在一场私人仇杀中丧命——变成一种神圣观念，从而激发一种大众化的国家意识。

但敌方的战殁者却被当作叛贼，因此没资格进入国家神社。他们被斩首后的遗体仍被留在原处，而当地村民会偷偷地将其埋葬。但明治政府领导人明令禁止掩埋会津战士的遗体，并任其在荒郊野外慢慢腐烂。这一方面是由于会津武士的抵抗极其顽强，另一方面也因为会津藩与长州藩长久以来就是死对头。[22]

1868年年末，拥幕派仍控制着虾夷地（北海道）。1868年10月，从仙台出发的幕府陆海军部队在北海道南部海岸登陆，并打败了势单力孤的政府军守军。残余的政府军部队放弃了这个岛屿，纷纷逃往附近本州岛上的安全地带。1869年春，经过重组和加强的政府军陆海军卷土重来，并向叛军的主要据点——箱馆——聚集。寡不敌众的拥幕派叛军向后退却，并在5月上旬的时候准备依凭箱馆五角形的堡垒作最后的抵抗。

幕府于1857年至1864年间主持修建了箱馆堡垒，起初是为了保护虾夷地不受俄国的威胁。它是日本第一座西式要塞，护卫着箱馆的海港，而三艘残存的幕府战舰就藏身于此。在5月11日的海战中，一艘政府军的船只由于一发炮弹引爆了它的火药库而沉没，但两艘幕府战舰也不慎搁浅，而第三艘则早已损坏。随后争夺堡垒的战斗虽然打得很热闹，动静不小，但却并不血腥。政府军的上千发炮弹射向了城堡，最后只造成了敌方三人伤亡。政府军方面也只有2人死亡，21人负伤。然而围城战却让叛军濒临粮草匮乏、饥饿难耐的边缘。5月25日，叛军被迫投降。

箱馆城堡陷落后，政府军在北海道留下了一支部队，但它的职责不过是维护箱馆的当地治安。1870年，为了应对与俄国在萨哈林岛日益增多的摩擦，负责殖民事务的北海道开拓使将一部分武士家族从东京迁往北海道，创建了一系列自给自足的、以农民部队为中心的军事群落。西乡隆盛热心地支持这项计划，并在1873年把更多无家可归的武士迁往北海道以增强当地守军的实力。同时，这也能给那些失业的武士提供工作岗位，并为北海道打开发展的大门。[23] 阿伊努人（原住民）的一次暴动促使一些人呼吁在北海道设置永久驻军。但由于那里人烟稀少，明治政府无法从当地征集足量部队以满足兵力需求。

黑田清隆中将——同时也是开拓使的次官——推动的"屯田兵"体制成了政府的选择。从1875年5月开始，每个来到北海道的定居者（前武士以及陆军后备役人员）都能得到政府分配的一小块土地。如果他在这块地上经营满三年，那么这块地就变成了他的个人财产。在37处"屯田兵"定居点中，有大部分都位于一块从札幌向北延伸、长达120英里的地界上。它们守护着北海道的西北边疆。黑田的理想是塑造一群"亦农亦兵"的人，他们可以随时拿起武器保卫自己的土地和家人。但即便如此，日本的武士并不是做农活的料，而且他们也没几个人愿意移民到遥远的北海道。迟至1905年，在北海道也只有约4000人的正规军和约1000人的后备部队。[24]

评　　价

在整个北方战役期间（1868年至1869年），政府军不仅在兵力上超过反叛军，而且享有压倒性的物资与技术优势。是加农炮和来复枪——而不是武士刀与长矛——决定了戊辰战争的结局。或许，火力已让传统武士兵器一文不值，与废品无异，但看似矛盾的是，德川幕府的军队仍始终如一地展现了高昂的士气与战斗精神，并以集体自杀来为战败赎罪。简言之，叛军的英勇表现和旺盛斗志给明治政府留下了深刻印象，因为几乎没有新军士兵能具备

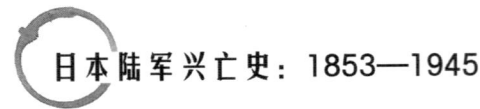

那样的素质。

本次战役也突出暴露了战地指挥官与中央司令部之间的重大分歧。远在京都的陆军总部常会提出一些不合当地情况的计划。随着紧张关系的加剧，前线军官纷纷无视中央的指示而偏爱自行其是。由于在中央没有一个足以保证命令得到执行的强势参谋部，陆军的统驭与指挥流于分散，任凭指挥官个人意志的摆布。与之相似，陆军也没有一份统一的战术条令。什么样的战术和原则才适合日本陆军呢？就该问题，前方军官与后方总部争执不下。结果，各部队就按指挥官本人喜欢的战术作战。此外，陆军高级职位当时统统是由朝廷显贵以及长州、萨摩的武士把持的，因此军中不满情绪与日俱增。在行伍里，新军的兵员构成——尤其是大量起用平民的做法——也招致了一些士兵的愤恨，因为他们都有武士血统。虽然维新战争的历史以后被披上了浪漫色彩，充斥着各种声名显赫的武士的故事，但新军在戊辰战争中的军事胜利也制造了埋藏隐患的遗产：残存的武士满腹牢骚、平民百姓的子弟遭到排挤、社会结构趋于断裂。[25]

重组陆军

西乡隆盛、大村益次郎、大久保利通和其他参与维新的军事领导人对新式陆军的组织方案看法不一。西乡的态度不甚明朗，因为他一面领导着新军，一面又与自己在日本南部的地方根据地保有紧密的军事联系。大村想以地方藩国的利益为代价建设一个强势的中央政府，并建议通过在全国实行征兵来打造一支直属新政府的常备军。他还提议对新式陆军进行欧式改革，取消传统武士阶层的特权——例如佩刀。作为新政权里最具实力的领导人之一，大久保则想组建一支武士军队。他十分厌恶下述两项提议：让平民和农夫加入国家军队、消除武士特权。

但大村与大久保实际上也深怀忧虑，因为他们不知道自己一手打造的新政府能否站稳脚跟。危险似乎随处可见，新社会依然动荡，充斥着各种煽动言论与背逆行为。譬如，1869年1月初，在京都的一条主干道上，六名攘夷派的持刀刺客于光天化日之下杀害了一位高级参事。暴乱与农民起义加剧了农村动荡局势，心怀不满的武士也是靠不住的，而外国势力可能会像打败中国一样击垮日本。当局首先想控制那些保守武士，因为他们的武装力量是新政府的直接威胁。由此，政府也针锋相对建立一个军事组织，它以征兵为基础，并向士兵反复灌输效忠政府和天皇的观念。

为了教育低级军官，朝廷和太政官于1868年在京都的原法国训练场上建起了一所兵学校。起初，招生对象仅限于贵族和官宦子弟。翌年，为了准备入侵朝鲜，政府把原幕府时代的横滨外国语学校变成了一所法式陆军军官学校以训练长州和其他地方的武士。但在1869年7月，政府把"军务官"改组为"兵部省"。仁和寺宫嘉彰亲王是该省名义上的首脑，而大村益次郎任兵部大辅，负责训练和组织方面的事务。[26]

大村拒绝让武士继续垄断战争事务。首先，他将兵学校划入兵部省的管辖范围，之后又在9月将其从京都迁往日本的陆海交通枢纽——大阪。大阪在战略上的中心位置让政府军可以向任一方向快速机动、镇压反政府叛乱。该决定也使日本的军事重心西移以抑制萨摩日渐增长的影响力。大村接下来为长州的一个大队修建了一处法式演习场和兵营。此外，他还建起了一所重要的兵工厂。大村的五年计划抱负远大：征兵系统应得到改进；武器装备要标准化；广设陆军学校，培训下士官，开展职业军官教育；陆军军力结构也应更新。[27]

在陆军的制度改革不断推进的背景下，大村于1869年9月赴京都视察新学校，并在附近一处客栈下榻。当时正值京都夏末时节。一天傍晚，两名刺客闯进了那所两层楼的木质客栈，之后发生了激烈的白刃格斗。其间，大村受了重伤。他的两名副手虽然从格状纸窗跳出，但在楼下的巷道中被早已埋伏好的匪徒砍倒。刺客们相信在鲜血直流的受害人中必有一位是大村益次郎，于是逃离了现场。而大村最终伤重不治，11月初在大阪的一所医院辞世。[28]

20年后，即1893年，日本陆军在靖国神社举行了正式典礼，为大村益次郎树立了一座雕像。该雕像是大村身着武士服饰、携配两把武士刀的模样。它是日本建造的第一座西式青铜艺术品，至今仍矗立在靖国神社的入口处。但关于他的介绍文字却没能准确表述大村的雄心壮志与丰功伟绩。他决意建立一支平民和农民的军队，并推动废除武士特权，包括武士佩刀的权利。但在某一方面，这座雕像是尊重史实的，因为"大村"如今仍遥望着上野公园。就在那里，他赢得了一生中最伟大的军事胜利，而明治日本的崛起也由此奠定。

陷入混乱的陆军

大村遇袭事件震动了羽翼未丰的明治政府。警方在全国加强戒备后，迅速逮捕了凶犯。经调查证实，这伙人里既有来自日本北方的保守武士，也有原"奇兵队"中的不满分子。[29] 大村之死使陆军领导层陷入混乱，并对陆军的未来造成了重大影响。前原一诚接替了大村的职位，但木户孝允强硬镇压"奇兵队"叛军的决定让他甚为不满，因而发生了争吵。此后不久，他就辞职了（随后，前原于1870年9月彻底退出政府，其原因将于后文讲述）。有人提名让板垣退助来填补空缺，但板垣与大久保利通合不来，而大久保也反对板垣担当此职。山县有朋在戊辰战争期间的死对头黑田清隆也无法出任，因为他已于1870年离开陆军去督导北海道的开发事业了。这样就只剩下山县有朋这一个人选了。山县在闻讯大村遇袭后立即结束了欧洲的考察行程，返回日本。1870年8月，太政官终于任命山县为兵部大辅，而该职位已空缺了近一年时间。

山县在军内仍有一些竞争者，其中一位是时任兵部大丞的山田显义少将。此人又以"小拿破仑"而闻名,因为他在担任戊辰战争东征军参谋时善于运筹帷幄、决胜千里。但批评他的人则轻蔑地认为他只不过是个装腔作势之辈。[30] 就在山县接管陆军后不久,山田参加了于1871年11月离日赴美欧进行长期考察的岩仓使团。该使团网罗了日本最有名的政治家。[31] 对于山县来说,最后两位有实力的对手是板垣退助和西乡隆盛,但他们因征韩问题的争议于1873年退出了政府。板垣后来卷入了自由民权运动,而西乡作为陆军将领和近卫兵都督——同时还是一位政府高级参议——则吸引了那些愤愤不平的武士前来投靠。

由于主要竞争对手都不在了,山县就成了陆军的主导者。他培养了一批出身长州的军官集团来巩固其权力基础。所以到1888年时,在42名陆军将官中,有16人属于长州派系。如果排除皇室成员,日本陆军的高层职位一直是由萨摩和长州人士霸占的。这一局面一直维持到了1907年。在山县的门徒中,像桂太郎、川上操六、儿玉源太郎以及寺内正毅这些人以后都成了陆军的新一代领导人,而且还会在文官内阁里担任高级职务。[32] 山县一方面消灭了那些有可能危及中央权威的乡土集团,另一方面也创造了以他为中心的地区权力基础。

在维新战争年代,基于地域和个人的纽带与联系曾是促使政府军团结一致的黏合剂。而如今在山县地位日趋稳固的时候,它们却成了妨碍新政府统一全国的可疑因素。中央当局为了建设一支国家军队,很快就解散了好几支藩军,但陆军后继领导人的选拔和培训却仍受"地域主义"与"派系主义"这两大成规的支配。

通过征兵配额制度,政府从很多藩国吸收了兵员。但在1869年,政府表面上以财政原因压缩了军队规模。中央当局怀疑征集来的士兵可能不大可靠,而各藩国的领袖也不愿让手下的部队脱离自己的掌控,长期在外服役。[33] 同年12月,作为整个陆军重组工作的一部分,政府裁撤了长州奇兵队以

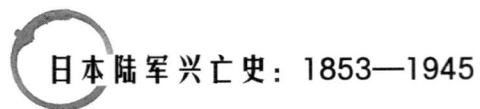

及其他类似的部队。

在陆军让那些年过四十或身体条件不佳的老兵退役后,年轻的新兵就填补了进来。陆军当局一方面提高了军官的待遇,另一方面为了省钱却压低了无数普通士兵的薪水。退伍的老兵们曾冲杀在戊辰战争的第一线,如今却惨遭抛弃。他们并未因服役而受到任何奖赏,只得到了一点微薄的抚恤金。政府计划把4000人的奇兵队削减一半,并在相关领域实施改革。对此,奇兵队的老兵们——尤其是那些出身农村和乡镇的人——纷纷掀起了激烈的反对声浪。

极端保守的反动分子趁机拿这些委屈和不满情绪做文章,在长州鼓动武装叛乱。暴动人士反对解散志愿部队,抵制西洋武器装备,拒不服从长官命令。1870年1月,约1800名满腹怨气的原奇兵队队员——其中逾70%曾是农民——攻击了山口城,包围了政府行政机构,并在短时间内夺取了权力。苦于歉收和通货膨胀失控的农民与商贩也加入了那些前政府军士兵的队伍,一起洗劫了政府官衙和仓库。更糟糕的是,附近区域也先后爆发了农民起义。面对严峻局势,木户孝允(当时是一位资深政府参议,另两位是西乡隆盛和大久保利通)被迫于1870年2月初调集长州和其他各地忠于政府的部队去镇压起义。在战斗中,双方共有约200人伤亡,但政府还处决了130名造反人士。对叛乱分子施以严刑峻法主要不是针对那些积怨难平的武士,而是想吓阻一场可能出现的农民起义。木户担心这类事件一旦爆发就会迅速席卷日本全国。[34]

建设新式陆军

大多数新政府领导人都赞成实行某种形式的国民征兵制,以建立一支能维持国内秩序的军事力量。但一个根本性问题是:谁才有资格到军队服役?大村益次郎去世后,在军中还有一批他的长州支持者。山田显义起初与这些人一起阻挠大久保、黑田以及其他萨摩领导人建立职业化军人阶层的计划。1870年3月，政府制定了一个基于稻米产量的新征兵体制，规定各藩的可耕地每生产1万石粮食就要供养60名士兵。1871年8月末，政府在下令废藩置县的同时也把征兵体制的管理基础一扫而空，但提供兵员的定额依然有效。对于新设置的县级区域，其可耕地每收获1万石粮食，就要从20至30岁的各色人等中挑选5人服役。[35]

同时，1871年3月，山县、岩仓、西乡与木户把三个最具实力的"尊王"藩（长州、萨摩、土佐）的武士编成"御亲兵"（Imperial Guard）以保卫天皇，并取代式微的国家军队。天皇捐赠了10万两钱财以资助这支朝廷直辖的新部队。6200人的御亲兵由步兵、炮兵单位以及一些骑兵队组成，同时它也承担国家军队的职能。日本现代军事制度由此发端。[36]

更多的制度变革紧随而至。1871年7月，政府重组了兵部省。8月29日，在颁布废藩置县的法令时，太政官还命令各藩领主解散私家军队，并将武器上交给中央的政府军。虽然山县把外患——尤其是俄国南下扩张——作为维持一支国家军队的理由，但当时政府最在意的危险是国内暴乱。因此，8月31日，在征得朝廷同意后，兵部省将全国划分为四个军事辖区，各辖区都由各自的驻军（或称"镇台"）来对付农民起义或心怀不满的武士们的叛乱。御亲兵组成了"东京镇台"，而从民间征集的部队则构成了大阪、熊本和仙台这三个镇台。四个镇台共约8000人，其中大多数是步兵，但也有数百人的炮兵和工兵。规模稍小的部队则负责驻守鹿儿岛、伏见、名古屋、广岛以及其余几处哨站。[37]

直到1871年12月末，"陆军的现代化革新"和"海岸防御"是兵部省关注的两个首要问题。山县及其副手为陆军制订了一些长远计划。据此，陆军应维护国内治安、保卫具有战略意义的海岸、训导陆海军军官、建立兵工厂以及补给站。虽然"外患"一直是山县此前大谈特谈的话题，但日本并没有认真构思过针对俄国的计划。

1872年2月，兵部省被撤销。此后，日本分别建立了独立的陆军省和海军省。[38] 作为皇家卫队的御亲兵（后改为"近卫兵"）也经历了几次重组。1874年1月，山县成为近卫兵都督并兼任陆军卿（译者注：原文为vice army minister）。虽然创设御亲兵的目的是抵御外敌入侵、守护本土，但这支精英部队的首要任务是保卫天皇。为此，它要镇压国内武士反叛、农民起义以及反政府的示威游行。[39]

然而，以定额摊派和平民士兵为基础的镇台体制却并不被时人看好。到1871年夏时，陆军征集起了一支1500人左右的部队，但后来发现25%的士兵的身体条件都不符合服役标准。[40] 余下的约1100人则被分到了各个兵种——步兵、骑兵、炮兵、工程兵以及一个军号团。他们合起来以"大阪军"而闻名。

这些士兵发现自己周围是一个崭新的、愈益西方化的世界。虽然当局禁止配携日式军刀，但士兵却可以把西式刺刀系在制服腰带上。日本人过去是以大米和蔬菜为传统主食的，但部队的新式伙食让士兵们接触到了肉类菜肴。然而这个变化也让某些士兵患上了消化不良以及其他一些更严重的病症。按理说，士兵应统一着装，但当时的一份报纸却描述说士兵们的装束是五花八门，有的穿着木屐，其他人则穿着草鞋，而上衣也是各式各样、杂乱不堪。更令人头疼的是，一些士兵在执勤时要么谈天说笑，要么不务正业乱翻书看。一位高级军官后来在回忆自己视察部队的经历时透露，士兵们虽然衣着光鲜，但却都光着脚。简言之，各镇台都缺少武器、资金、威信以及人手。[41]

军事训练与教育

1874年初，经法国人指导，陆军把轻武器射击靶场搬到了另外一个地方，那里曾是一位幕府官员的宅邸。在这个户山步兵学校（始建于1873年）的新址，低级军官要学习小战术（minor tactics）、射击术（marksmanship）、

2. 内战与新军

刺刀拼杀以及体能训练,从而为未来的指挥工作打下基础。为期八个月的课程学习最终使全军的步兵理论学说与军官训练实现了标准化[42];与此同时,陆军还在东京为兵器、军事工程、高爆炸药等专业建立了一系列由兵器局管辖的技术学校。此外,陆军还设置了兽医、蹄铁和骑兵学校。每所学校都有约30名学生,而且到1875年时,在东京还运行着很多法国人设计的训练设施、射击靶场以及专门学校。

陆军在军官和下士官(NCO)教育方面投入了重金。重组后的兵学寮于1870年1月开学,有57名学员参加了低级军官或下士官课程的学习。同年,政府命令每个县依其各自稻米的产量比重向该校输送一定数量的学员。这样一来,平均每年都有约100名学生入学。1870年,横滨的教学机构也迁往大阪。[43]

大阪兵学寮于1871年11月更名为陆军兵学寮(Army Military Science School),并在1872年初迁往东京。此后,在陆军主导的重组工作中,它被临时划分为三个部门:一所具备中学课程项目以及西方语言教育的预备学校,实际上也就是一个初级的军官候补生学校;一所教授各种专门技能的军事学校;还有一个陆军教导团(NCO academy),它于次年从军官候补生学校分离出来。1874年10月,军官学校正式成为陆军士官学校,而次年5月,预备学校也成为陆军幼年学校。兵学寮则被废止。1877年1月,陆军幼年学校并入陆军士官学校。[44]

陆军士官学校起初招收两种军官候补生,常规生(幼年学校的毕业生或者那些考试达标的人)和预备生(陆军教导团的毕业生或者年龄在27岁以下、经过挑选产生的下士官志愿者)。前一类学员要上3年的课程,而后一类学员的课程年限虽然仅是前者的一半,但两者最终都会被授予正规军的军衔。全部课程涵盖了军械武器、骑术、射击术、体质训练、外语(法语)以及档案管理等内容。一开始,几乎所有学生都出身于武士家庭。在1872年那一级学员中,有719人是武士的后代,而平民子弟仅有13人。山县有朋在接掌兵部省后的第一项决定就是使兵学寮向平民开放。于是到1881年时，平民学员的数量（258人）已超过了那些武士家族的子弟（158人）。[45]

　　武士出身的士兵与农民家庭的士兵一样很难适应新军规。当兵学寮禁止候补军官佩刀，并且鼓励学员们（绝大多数来自武士阶层）剪掉传统的发髻时，很多人都选择退学了。那些留下的人则不得不去适应西式服装。在这方面，他们与普通士兵一样感到很不舒适。紧身裤往往擦伤皮肤，而靴子和鞋则易引发水疱。总之，这身"洋行头"穿起来就是很难受。[46]

　　甚至时间也变了，因为陆军士官学校采用西式"分""时"计时法来管理课表与日程安排。所以，刚毕业的新军官也用这套新的计时法来训练手下的士兵，而士兵们则进一步把这种时间观念带回各自的村庄、工厂或官衙。到19世纪70年代初，高级军官要随身携带怀表，因为他们都承认不论是协调部队行动还是制订训练计划和时间表都需要用到计时器，它在技术上已成了军事生活的组成部分。[47]

　　陆军士官学校的目标是向军官教授西方的兵学和战术，但日本缺乏能教外语、西式教学法或自然科学的学校。1872年的教育改革建立了四年制的小学教育和三年制的中学教育的体制，但入学不是强制的，而且很少有人能从小学毕业。所以，在陆军幼年学校的第一批学员毕业之前，陆军士官学校暂时处于过渡阶段。在三年时间里，临时学校要教导那些前武士学习法国的军事学说，包括营级单位的编队机动、军事操练、分队（Squad，相当于"班"）的管理条例以及野战工事的基础知识。[48]对青年人进行专业化的军事训练，即便万事皆顺也要花上十年的时间，而眼下的情况并不如人意。

　　1875年1月，搬迁后的陆军士官学校在市谷（东京一处前大名的官邸）重新开设，由陆军省直辖。总共有158名学员，他们一部分人上两年期的课程（步兵科与骑兵科），另一部分上三年期的课程（技术上更精密复杂的炮兵科和工兵科）。学员一毕业就被授予少尉军衔。有13名法国教员（其中有11

名军官）为学员们讲授法语、战术、军事组织以及辩论技巧。陆军之所以采纳法国的陆军学说和战术思想是因为日本自幕府时代就聘用了很多法国军事教官，而且日本军官通过上横滨语言学校都通晓法语，另外他们也比较熟悉法式的军事体制。在1877年以前，日本陆军完全依赖法国军事顾问的帮助。1875年，法国驻日军事顾问的人数达到了43人之多。[49]

进入陆军教导团的学员在上完12个月（后来延长为15个月）的课程后即毕业成为伍长（Corporal），并有资格参加陆军士官学校竞争性的入学考试。起初，有志者对陆军教导团和陆军幼年学校之间的区别不甚了解，所以出现了有人同时到两所学校入学或者放弃陆军教导团而改读陆军幼年学校之类的案例。很多人选择了后一个案例的做法，其中就包括三位后来荣升至大将军衔（Full General）的人。其他人则接受了下士官的军衔，他们与自己的同学一起将成为新国家军队的骨干和小部队的指挥官。[50]

改组后的陆军教导团专门为候补下士官（NCO candidate）提供了为期两年的教学课程。普通士兵也可以志愿申请入学，但需要得到其联队长的举荐。一旦毕业，他们就晋升为下士官。陆军在1889年（译者注：实际应为1899年）关闭了这所学校，因为它不仅吸引不到什么生源，而且还不惜引诱那些并无参军资格的人入学，此外其毕业生质量也不高。还有一条成为下士官的途径，那就是普通士兵在三年服役期满后自愿继续留军服役。他们的申请必须得到各自联队长的同意。从1889年到1927年改革的时期内，有可能在步兵科里成为下士官的人通过联队里的在职培训以及观摩、聆听资深下士官的言传身教来学习技能、磨炼本领。[51]其他兵种的下士官能继续在各自的技术学校里得到培训和指导。

陆军士官学校里的法国教官会预先设置好一些战术问题，然后在演习和训练中依靠详细解说——而非创新性思维——来完成教学任务。作战规则往往严格地将部队划分为散兵、主力和预备队三个部分。军官们通过在各级单位的实践来了解自身肩负的特殊职责。实现教学目标的战术单位是大队（Battalion，约800人，相当于"营"），所以很少有人关注大兵团的作战问题。法国顾问对技术素质十分强调，因此他们教日本人如何组织、训练和指挥从中队（Company，相当于"连"）到旅团（Brigade，相当于"旅"）这几个级别的部队。但由于教学仅限于小战术而对战略问题避而不谈，所以他们实际上还是看不起自己的徒弟。[52]

陆军士官学校的核心课程以军事科学、数学和自然科学为主。科目包括战术、军事组织、武器、军事地理和工程学。1883年，德语被引入了课程，而此前法语是教学时使用的唯一一门外语。后来，中文和英语分别于1884年和1894年进入了教学范围。1877年后，日本政府留用了几位法国顾问来充当语言教师和军械技师。[53]

从美国引进的军事教材在军官中很受欢迎，因为当时的评论家们都把美国内战看成是第一场现代战争。立志高远的日本军官也读了法国战略家安托万·亨利·德·约米尼（Antoine Henri de Jomini）的著作，并觉得约米尼公式化的战争原则循序渐进、逻辑清晰，所以很容易理解。卡尔·冯·克劳塞维茨（Karl von Clausewitz）的作品在19世纪50年代晚期被译成了日文，但日本人还是认为这位普鲁士战略家的理论过于复杂难懂。[54]

在法国人的指导下，陆军户山步兵学校成了射击训练中心，而村田经芳少佐于1876年中期从欧洲考察回国后更强化了这一势头。村田本是一名戊辰战争的老兵，当过御亲兵的大队长。他的欧洲之行是为了考察普鲁士和法国的兵器和军火设施。村田很快就把他的欧洲见闻在日本付诸实践。他设计的靶场不仅加长了射击距离，而且还配有移动靶以及能突然弹出的靶标。他也成了陆军内顶尖的轻武器设计师。到了1880年，村田在东京兵工厂制造了他的第一支步枪。该枪的重新设计方案包括加装了一款能装载八发子弹的弹匣，这样不仅让装弹变得更容易，而且增加了火力。1889年，全体现役士兵都领到了村田步枪。村田步枪直到1910年都是陆军的标准装备。后备军人则继续使用老式的斯奈德步枪（Snider rifle）。⁵⁵

普法战争（1870年）中使用的现代火炮给当时的军事观察员大山岩少将留下了深刻印象。他从欧洲归国后坚信，日本如果没有一个独立的军火产业，就永远不会成为一个真正的主权国家。在他的建议下，1871年7月，兵部省设立了枪炮局（Army Artillery Bureau）来管理军械器材的事宜，包括轻武器、火炮以及弹药的生产。同年，一家兵工厂开始生产一款当时已经过时的法国青铜山炮，并配备给了每一支镇台部队。19世纪70年代中期，近卫兵从德国克虏伯工厂进口了上等的钢制火炮部件。这种做法一直延续了下去，因为日本本土缺乏铁矿以及具备铸造能力的钢铁厂。1879年，大阪兵工厂开始用意大利工艺生产火炮，并于1885年把青铜炮推广到了全军。⁵⁶ 除了这些兵工厂，日本政府还控制着其他一些战略性企业，例如造船厂、机械工厂和毛纺厂（为军队生产制服）。新兴的战略性企业是吸收和传播现代生产工艺的中心，而这些新工艺则促进了日本民族资本的形成。⁵⁷

新征兵法令

之前，政府曾两次试图在全国推行征兵制，但都归于失败。为此而进行的第三次努力显得更雄心勃勃、更激进，也更具有争议性——尤其在后备部队的规模上。关于征兵体制问题，众人意见不一。例如，山田在从海外回国后就改变了立场，开始鼓吹建立类似于他在瑞士和美国看到的那种民兵体制（Militia System）。其他官员希望组建一支武士——而不是平民——的军队。山县有朋推崇普鲁士的征兵模式。其他人——包括曾接受法式训练、任东京卫戍部队司令官的三浦梧楼少将——则希望确立一种法国式的体制。⁵⁸

但山县明白，"国民征兵制"还蕴含着更广泛的含义。他不信任武士阶层，并认为这一群体中的某些人明显是国家的祸患。所以，仅依靠武士去保卫政府的想法是荒谬的。于是，山县就利用征兵制来摆脱对武士志愿军的依赖，并限制武士阶层，同时极力宣扬一种"为天皇和国家参军服役"的思想观念。为了消除武士志愿兵所享受的特惠待遇，山县一边设法削弱武士的独立地位，一边试图推动全国对天皇的忠诚感。山县的方法是重新在社会上散布那些远古天皇的神话传说以及在很大程度上幻想杜撰出来的传统——即"为皇室服役尽忠"。另外，征兵制也可瓦解旧秩序的封建习惯，推进维新改革的目标，并通过在平时锻造足以保家卫国的精兵强将，以备内忧外患之需。[59] 进一步讲，陆军的思想教育能让入伍士兵摆脱各种乡土情结，并转而信奉一种忠君爱国的理念。而当这些士兵作为老兵退伍还乡之后，他们也会将陆军的优良品质、现代化观念以及质朴的民族主义情感带回乡间邻里。简言之，这是一种"好兵即良民"的逻辑。

1873年1月10日的征兵令是以法国模式为基础的，规定了军事服役期为七年：现役期三年，而预备役则是四年。该法令有开明的一面，从而使某些人可免服兵役。这些人既包括一些很明显的人群——罪犯、家境贫困的人以及体质不合格者，也包括那些不大容易想到的例子——一家之长或家中的继承人、学生、政府官僚和教师。如果有士兵想找人代服兵役，那么他得掏270日元的代役金。这是笔不小的数目，所以该特权只有富人才能享受得到。[60] 有一项习俗虽然并非显而易见，但却持久不衰，那就是对长子身份权利的重视。虽然它最终被废除了，但仍对士兵队伍造成了深远的影响。[61] 基于1873年的新征兵令而组建的军队主要吸收了贫苦农民家庭的次子或三子。这些人组成了地方守备部队，而近卫兵和东京卫戍部队则由前武士掌控。由此形成的长期效应是，陆军一般不鼓励家中长子以参军为业。

由于陆军本身规模不大，加上很多人被免除了兵役，所以相对来说只有很少的年轻人真的应征进入现役部队，履行三年兵役的义务。1873年，陆军约有17900人（总人口是3500万人）；到了1875年，陆军人数翻了一倍，达到

33000人左右。[62] 在1876年，可供筛选的20岁男性约有30万人，而陆军认为只有53226人适合参军服役。试想，由于三年兵役期满，有三分之一的士兵需要更替，那么陆军每年就要征召13000名新兵，而这个数字只占那些通过严格体检的人数的四分之一，也就是说每年真正能入伍的士兵只占全部适龄男性人口的4%。在19世纪80年代的征兵制改革以前，入伍新兵占适龄人群的比例一般在3%到6%之间波动，从而使参军服役的门槛变得很高（见表2.1）。[63]

表2.1 明治时期陆军现役部队人数

1871	14841	1876	39439	1881	43419	1886	59009
1872	17901	1877	40078	1882	46363	1887	64689
1873	17462	1878	41933	1883	47504	1888	65015
1874	32923	1879	44150	1884	49642	1889	66744
1875	33096	1880	42530	1885	54124	1890	69000

来源：陸戦学会/編，《近代戦争史概説資料集》（陸戦学会，1984），第39页，表2-1-12。

一个人被征召入伍的概率也因地而异。1876年，在东京和大阪地区，超过85%的应征者在体检环节被淘汰了。在日本东北部，70%的应征者被淘汰了。即便体质合格的人到最后也不一定能加入现役部队。

不论每年应征入伍的人有多么少，征兵制还是把每个阶层都得罪了。那些原先是武士的人对征兵大加反对。他们认为这是破坏等级身份的诡计，因为如此一来，他们原先拥有的作为封建精英武装卫士的特权就不复存在了。在农民眼里，军事服役和德川政权时期强加的徭役制度没什么两样，所以也对新一轮的征兵运动予以抵制。其他人认为征兵打破了他们的安稳日子。虽然征兵法规包含了很多豁免条款，但得利的主要是富裕家庭。有些满足入伍条件的年轻人会逃避兵役，方法是主动选择背井离乡，去遥远的北海道或冲绳地区（在1898年前，冲绳多不属于征兵地区）。一些出版商兜售一些小册子，教人逃避兵役方法。某些家庭的第二个或第三个儿子会被其他家庭收养，从而成为继承人或一家之主，这样一些人被叫作"被领养的士兵"。[64] 但不论怎么说，比起1873年发生的大规模反抗征兵的暴动，上面这些旁门左道已算温和的反应了。

那年的反征兵暴乱还伴随着其他事件：福冈地区因不满米价飙升而发生的大规模骚乱，以及因反对征收新的海产品消费税、反对解禁基督教而爆发的游行示威。1873年5月，冈山县的上万农民发动了暴乱，纵火焚烧了富人的住宅、学校、部落民（不可接触的阶层）的住所，并杀害了政府官员以及学校教师，结果有400栋房屋和其他建筑被毁，另有十多个人伤亡。暴民提出的要求包括取消征兵、废除义务教育、不再强行实施剃发。大阪镇台的部队缺乏人员装备，无力对付这场大规模示威，所以政府只好仓促招募了300名前武士去镇压起义。

等待暴民的是严刑峻法，这包括将12名示威者斩首，其余数百人遭关押。尽管如此，示威活动还是迅速蔓延到了邻近的鸟取县。6月中旬，那儿有22000人进行了五天的抗议运动，要求结束征兵、取消义务教育，并废除最近采用的西式历法。到了月末，香川县的上万农民也揭竿而起。最后，当地政府处决了几名领头人，并对参与骚乱的17000人征收了罚金。陆军再一次因独力难支而要求引入外援。最后，50名前武士应邀介入，平定了示威运动。[65]

示威者反对的是"血税"（Blood Tax）。这个词是民间对征兵体制的称呼，因为有些谣言传得很离谱，说军队会把榨干的士兵的血，最后拿去给西洋人酿酒。很多农民听闻此言，就按字面意思信以为真了。但从根本上讲，大规模的抗议是要求降低由于失控的通货膨胀而一路攀升的米价，并废除小学和西式历法。面对四下蔓延的骚乱，山田显义宣称推行国民征兵制还为时过早，并提议推迟十年左右的时间再予实施。在此期间，政府要用新国家的价值思想来教育人民，而这能使民众最终接受征兵制。同时，一支由职业军官统率的民兵队伍可以保卫国家。此后不久，山田就离开陆军改而致力于法律事业了。他随后成了司法卿（Justice Minister）。[66] 然而在接下来的20年里，他对于民兵体制和一支小型常备军的看法将继续在有影响力的军官中产生共鸣。

陆军与天皇

明治新政府领导人在构想日本国家的价值理念时，需要设法在历史与现实之间建立联系。由此，他们非常依赖天皇制度。为了培养部队的忠诚感，陆军特别强调了自身与天皇之间的关联。1870年2月3日，一份皇室发布的纪念文书宣称，天皇是神性的化身；天照大神（the Sun Goddess）创建了神圣的皇位，并且自此传承万世、绵延不绝，直至今日。1872年，兵部省颁布了一份包含八项条款的皇家训令（Tokuho），为新式陆军设置了行为准则。它明确规定，一名士兵的职责要以下述原则为本：效忠天皇、服从命令、尊重上级、严禁作乱。后来，每当新兵们第一次进兵营时都会有一个欢迎仪式，其中一个环节就是由长官大声地把那份训令念给他们听。这种做法一直延续到1934年。[67]

除了发布纪念文书，天皇还主持了各种军事典礼仪式。第一次是在1870年2月，正逢兵器局刚刚成立，天皇在皇家场地检阅了4000人的部队。1871年10月，天皇冒着大暴雨，观看了由新组建的御亲兵进行的操练。翌年，天皇为御亲兵的新步兵联队颁授队旗，从此开创了一个直到二战结束的传统。1873年4月，他在东京出席了军事演习，并带领近卫兵骑兵部队实行了场域机动。[68]

1874年的一张照片。一群背景各异、应征参军的人被集合到一块儿,准备接受入伍前体检。他们对自己的体质是否合格表示怀疑。(承蒙《每日新闻》提供图片)

1878年7月,明治天皇还主持了陆军士官学校的首次毕业典礼,公开确定了陆军军官团与皇室的纽带关系。尽管自14世纪的战争起,在日本的现役部队中就找不到皇室成员的身影,但现在为了进一步强化军队与天皇的联系,皇室成员习惯上也会从军服役。他们无须走一般的征召程序,也不必参加体检和笔试,授衔只要一纸皇家指令就行了。在创制贵族等级和名号的一年后,即1885年,一批年轻的贵族子弟从贵族学校转至陆军士官学校。他们来自23个刚被赐封为贵族的家族。入学后,在同年级的108人中,他们的人数占12%。[69] 天皇还推动了社会变革。在1873年,1月4日成了举国欢庆的节日,即天长节(天皇的生日)。那年3月,他按西洋的样式理了发。在6月份,他又身着西式陆军制服出席了一次军事演习。

2. 内战与新军

新军的战术

直到1870年,日本的所谓"现代"步兵战术只能在一本荷兰战术手册的1829年日译版中才能找到。后来在建立新式征兵体制的同时,陆军采用了法国的战术学说。日本陆军1873年的步兵操典(Infantry Manuel)是法国1869年版本的日文译本。训练时,以分队为单位,由一名伍长统管。新兵要接受为期6个月的基本教育,其课程包括以下内容:体能训练、小队(Platoon)和中队(Company)的编队、分散机动、射击、刺刀拼杀、基本卫生知识以及军营习惯和礼仪。野战训练则由以下内容组成:规定的操练、按兵器教范进行实际演练、死记硬背那些设置好的战术问题、小部队的指挥与控制。教官依靠事先严格编制好的训练规范、不断重复演练科目以及铁一般的纪律来获得训练成果。按1873年4月颁布的《陆军刑律》(*Penal Code*)规定,如有违抗上级或密谋反对政府的行为,将会被施以严惩。1874年,以《陆军刑律》的法条为依据,有70名士兵被审讯,次年则有530人接受了审判。[70]

1874年10月,陆军创建了以演习和训练为目的的"伍长分队"(Corporal's Group, Squad-Size Unit),由士官或低级军官督导。该体制将最终演变成规范军营中训练、纪律和士兵生活的部队。起初,分队队长们只处理训练事务,但1880年修改后的章程给下士官分配了更多管理部队日常活动的职责。然而,行政管理方面仍显薄弱。各镇台部队的训练规范各不相同,因为根本就没有一套标准的训练计划,而且操练条令也变动不居,同时编制表(Tables of Organization)也不正规,再加上指挥官和下士官各自都有不同的个性与兴趣。陆军第一份标准化的编制表出现于1877年,规定一个步兵中队含160名士兵和8名下士官,每个下士官负责一个20人的队伍。

从周一到周五,士兵们每天清晨五点钟起床参加操练,另外下午还有训练环节。周六早晨的操练后,他们还要整理打点兵营,迎接下午四点钟的检查。检查后,士兵们能在周六晚上洗个澡。周日一天放假。虽然陆军从社会各阶层征召士兵,但其军官和下士官主要还是来自前武士阶层,并且武士与农民的传统等级关系依然留存了下来。原先是武士的人成为下士官后,一般通过打骂或体罚的方法在农民士兵中建立纪律,并确保他们服从命令。在这种条件下,开小差的现象就比较盛行。来自某地的50名士兵中,后来有一半都跑掉了,其中一人是在四次不同的情形下逃离了部队。[71] 近卫兵在训练和装备上的条件确实更好,但也经常不加判断、囫囵吞枣地模仿西式的战术操练。这是因为日本陆军没有一个足够干练的职业化军官团,从而也就无法设计出更相称的方法。

维新五年后,新政府从零开始创设了一支国家军队,打了一场内战,确立了国内秩序。它还建立了征兵制、军事学校以及训练设施,并开始统一装备和训练。陆军规模很小,并仰赖征兵制。之所以实行征兵,既出于政治考虑(消灭武士的影响力),也受到了社会(平等化的手段)和经济(能负担得起)因素的影响。但关于陆军本质的理解依然有分歧。军队的部署能力即便往好处说也不大可靠,人员素质同样未经检验,领导层则处于分裂状态。标准化的训练和装备还没建立起来,并且军事学校的教育成效到目前还很难下定论。陆军没有广泛的支持基础,征兵制深受怨恨,而武士团伙则掀起一股股武装叛乱。从积极方面看,明治领导人已为一支国家军队设立了框架机制。这支军队仰赖天皇象征性的军事统帅权,但明治领导人为了防止天皇直接干预军事事务,保护陆军不受外来影响,也建立了一套约束天皇权力的体制。这样,天皇就鲜有机会单凭个人意志决断任何事项。[72] 在基础尚欠牢靠的情况下,日本新式陆军艰难地一步步前进,其未来命运扑朔迷离、险象环生。

2. 内战与新军

[注释]

1. Kumagai Tadasu [Kumagai Mikahisa], *Teikoku rikukaigun no kisō chishiki* [A basic knowledge of the imperial army and navy] (Kōjinsha NF bunko, 2007), 156; Hackett, *Yamagata*, 56.

2. Ikuda Makoto, *Nihon rikugunshi* [A history of Japan's army] (Kyōikusha, 1980), 20—21.

3. One *koku* equaled about five U.S. bushels. Fujiwara, *Gunjishi*, 24—25; Kumagai Mikahisa, *Nihongun to jinteki seidō to mondai ten no kenkyū* [Research about the personnel system of the Japanese military and problem areas] (Kokusho kyōin, 1995), 24; Ichisaka Tarō, *Chōshū kiheitai* [The Chōshū kiheitai] (Chūkō shinsho, 2002), 195—197.

4. Bōeicho bōei senshishitsu, ed. [Japan, defense agency, military history department]. *Senshi sōsho* [Official military history] 8, *Daihon'ei rikugunbu* [Imperial general headquarters army department] (Asagumo shimbunsha, 1967), part I, 4; Fujiwara, *Gunjishi*, 19.

5. Hōya, *Boshin sensō*, 127,171. One *ryō* was the equivalent of one U.S. dollar. In June 1871 the Japanese government announced the New Currency Ordinance that created the yen. which was equivalent to US$1.Toshiki Tomita,"Government Bonds in the Meiji Restoration Period," Nōmura Research Institute, NHI Papers No. 87, March 1, 2005, 5. The yen steadily depreciated to $0.50 by 1894 and stabilized there until 1932, when it sunk to $0.28; by 1941 it was worth $0.23. Kyoto daigaku bungakubu, kokushi kenkyūshitsu, ed., *Nihon kindaishi jiten* [*Dictionary of modern Japanese history*] (Tōyō keizai shinpōsha, 1976 ed.), table 49,899.

6. Hōya, *Boshin sensō*, 46—47; Sheldon, "Civil War," 47.

7. Hōya, *Boshin sensō*, 235,257; Sasaki, *Boshin sensō*, 147.

8. See Ivan Morris, *The Nobility of Failure: Tragic Heroes in the History of Japan* (New York: Holt, Rinehart, and Winston, 1975), 229—230.

9. Sasaki Suguru, *Boshin sensō*, 60; Hōya, *Boshin sensō*, 164—166; M. William Steele, "The Rise and Fall of the Shōgitai: A Social Drama," in Tetsuo Najita and J. Victor Koschmann, eds., *Conflict in Modern Japanese History :The Neglected Tradition* (Princeton, NJ: Princeton University Press, 1982), 133,137.

10. Sasaki, *Boshin sensō*, 62.

11. Fujiwara, *Cunjishi*, 20; Hirao, *Boshin sensōshi*, 57—58; Hoshikawa, gen. ed., *Zusetsu ba-kumatsu Boshin Seinan sensō*, 112—115.

12. Sasaki, *Boshin sensō*, 63; Hirao, *Boshin sensōshi*, 60,62.

13. Inoue, *Meiji ishin*, 110—111; Steele, "Rise and Fall of the Shōgitai," 141, 144; Sheldon, "Civil War," 44.

14. Sasaki, *Boshin sensō*, 108. The league was later joined by six other domains and allied itself with Aizu.

15. Harold Bolitho,"The Eichigo War, 1868," *Monumentica Nipponica* 34:3 (Autumn 1979), 262,265; Kaneko, *Heiki to senjutsu*, 149—152.

16. Bolitho, "Eichigo War," 264.

17. Hirao, *Boshin sensōshi*, 129.

18. Hata, *Tōsuiken to teikoku*, 101; Hirao, *Boshin sensōshi*, 123; Hoshikawa, *Zusetsu bakumatsu Boshin Seinan sensō*, 126—127.

19. Bolitho, "Eichigo War," 265; Hirao, *Boshin sensōshi*, 159.

20. Inoue, *Meiji ishin*, 112—113; Hirao, *Boshin sensōshi*, 167.

21. Hōya, *Boshin sensō*, 226—230.

22. Suzuki Akira, *Shiba Ryōtarō to mitsu no sensō* [Shiba Ryōtarō and three wars] (Asahi shimbunsha, 2004), 22—23; Ōe Shinobu, *Yasukuni jinja* [The Yasukuni shrine] (Iwanami shoten, 1984), 118—119; Hōya, *Boshin sensō*, 226; Ichisaka, *Chōshū kiheitai*, 180.

23. Hara Kiyoshi, *Boshin sensō* [The Boshin war] (Hanawa shobō, 1963), 52—53.

24. Ibid., map 184; Matsushita Yoshio, *Meiji no guntai* [The military of the Meiji era] (Shibundō, 1963), 42—45. Kuroda was a wife beater, and in March 1878 during a drunken rage he stabbed his wife to death. Home Minister Ōkubo declared that Kuroda was not that type of person, and a subsequent police investigation exhumed the corpse only to conclude that there was insufficient evidence of murder. The case was buried in silence. Irogawa Daisuke, *Nihon no rekishi* [A history of Japan] 21, *Kindai kokka no shuppatsu* [The starting point of the modern nation] (Chūō kōronsha, 1966), 13—14.

25. Asakawa Michio,"Ishin kengunki ni okeru Nihon rikugun no yōhei shisō" [Strategic and tactical thought in the Japanese army during the restoration] *Cunji shigaku* 38:2 (September 2002), 11.

26. Mōri Toshihiko, *Taiwan shuppei* [The Taiwan expedition] (Chūkō shinsho, 1996), 157; Rikusen gakkai, eds., *Kindai sensōshi gaisetsu* [An overview of modern war history] jo (Rikusen gakkai, 1984), 12.

27. Ikuda, *Nihon rikugunshi*, 21—22.

28. Wagatsuma Hideki, ed., *Nihon seiji saiban shiroku, Meij—zen* [A historical record of Japan's political trials—the early Meiji period] (Dai ichi hōki shuppan kabushiki kaisha, 1968), 102—110.

29. Wagatsuma, *Nihon seiji saiban shiroku*, 102—110.

30. Hata, *Tdsuiken to teikoku*, 104—105.

31. Headed by Iwakura Tomomi, the most important court noble in the Meiji government, the mission returned in September 1873.

32. Hata, *Tdsuiken to teikoku*, 114; Ikuda, *Nihon rikugunshi*, 15.

33. Yui Masaomi, "Meiji shoki no kengun kōsō" [Plans for building the army during the early Meiji period], in Yui Masaomi, Fujiwara Akira, and Yoshida Yutaka, eds., *Nihon kindai shisō taikei* 4 [An oudine of modern Japanese thought], *Guntai to heishi* [The military and the soldiery] (Iwanami shoten, 1989), 426.

34. Inoue, *Meiji ishin*, 176—177.

35. Yui, "Meiji shoki," 436; Inoue, *Meiji ishin*, 168; Kumagai Tadasu, *Teikokurikukaigun kisō chishiki*, 113, 157; Kumagai Mikahisa, *Nihongun to jinteki seidō to mondai ten no kenkyū*, 24—25: Fujiwara, *Gunjishi*, 24.

36. Ikuda, *Nihon rikugunshi*, 26—27; Matsushita, *Meiji no guntai*, 12.

37. Hara Takeshi, *Meijiki kokudo bōeishi* [A history of homeland defense during the Meiji period] (Kinseisha, 2002), 26; Fujiwara, *Gunjishi*, 23—25; Matsushita, *Meiji no guntai*, 12; Ikuda. *Nihon rikugunshi*, 26; Tobe Ryōichi, *Nihon no kindai* [A history of modern Japan] 9, *Gyaku-setsu no guntai* [The military paradox] (Chūō kōronsha, 1998), 34.

38. Ikuda, *Nihon rikugunshi*, 27; *Daihon'ei rikugunbu* part 1, 5, 9.

39. Yui, "Meiji shoki," 452—454.

40. Hara Takeshi, *Meijiki kokudo*, 16.

41. Kumagai Tadasu, *Teikokurikukaigun kisō chishiki*, 114; Yoshida Yutaka, *Nihon no guntai* [The Japanese military] (Iwanami shinsho, 2002), 36—37, 46; Stewart Lone, *Army, Empire and Politics in Meiji Japan* (London: St. Martin's, 2000), 16; Kumagai Mikahisa, *Nihongun to jinteki seidō*, 24—25.

42. Ikuda, *Nihon rikugunshi*, 23—25; Kumagai Mikahisa, *Nihongun to jinteki seidō*, 30. 40; Nishioka Koshoku, "Kanbu kyōiku seidō no sōsetsu to hatten" [The establishment and development of the officer education system], in Okumura Fusao and Kuwada Etsu, eds., *Kindai Nihon sensōshi* [A history of modern Japan's wars] 1, *Nisshin Nichi-Rō sensō* [The Sino-Japanese and the Russo-Japanese wars] (Dōdai keizai konwakai, 1996), 61.

43. Nishioka, "Kanbu kyōiku seidō," 58.

44. Rikusen gakkai, *Kindai sensōshi gaisetsu*, 12. The army abolished the NCO academy in

1899.

45. Nishioka, "Kanbu kyōiku seidō," 60; Ikuda, *Nihon rikugunshi*, 24; Endō Yoshinobu, *Kindai Nihon guntai kyōikushi kenkyū* [A study of the history of modern Japanese military education] (Aoki shoten, 1994), table 314, 92—93;Tobe, *Gyakusetsu*, 31.

46. Tobe, *Gyakusetsu*, 56;Yoshida Yutaka, *Nihon no guntai*, 36—37,46; Lone, *Army, Empire*. 16.

47.Yoshida Yutaka, *Nihon no guntai*, 20.

48. Nishioka, "Kanbu kyōiku seidō," 57; Tanaka Keimi, *Rikugun jinji seidō gaisetsu, zenkan* [An outline of the army's personnel system, pt. 1], Bōeicho bōei senshibu kenkyū shiryō 80 RO-1H [Japan, self-defense agency, self-defense military history department, research document 80-1H], mimeo, 1981, 62.

49. Richard Sims, *French Policy towards the Bakufu and Meiji Japan*, 1854—1895 (Surrey: Cur-zon, 1998), 241—242; Nishioka, "Kanbu kyōiku seidō," 64; Kumagai Mikahisa, *Nihongun no jinjiteki seidō*, 57. The academy would move to Zama, about 25 miles southwest of Tokyo,in 1937.

50. Kumagai Tadasu, *Kiso chishiki*, 214;Tobe, Gyakusetsu, 91—92.

51. Kumagai Tadasu, *Kisō chishiki*, 126—127, 248. The three generals were Tanaka Giichi, who also became prime minister;Yamanishi Hanzō; and Mutō Shingi.

52. Endō, *Kindai Nihon guntai kyōikushi kenkyū*, 92—93; see also Ernst L. Presseisen, *Before Aggression: Europeans Prepare the Japanese Army* (Tucson: University of Arizona Press, 1965).67; Sims, *French Policy towards the Bakufu*, 195.

53. Kumagai Mikahisa, *Nihongun no jinjiteki seidō*, 56, 65—66.

54. Asakawa, "Ishin kengunki," 5.

55. Kumagai Mikahisa, *Nihongun to jinteki seidō*, 40—41; Ikuda, *Nihon rikugunshi*, 53.

56. Heiyama Kanki, "Nihon rikugun ni okeru sakusen jō no yōkyū to kenkyū kaihatsu no kankei: yasenhō wo shūtai toshite" [The relationship of developmental research and operational requirements in the Japanese army, mainly for artillery], *Bōeicho bōei senshibu kenkyū shiryō*, 85 RO-2H, mimeo, 1985, 3—4, 6.

57. Janet E. Hunter, *The Emergence of Modern Japan: An Introductory History since* 1833 (London: Longman Group UK, 1989), 111; Mikiso Hane, *Modem Japan: A Historical Survey* (Boulder, CO; Westview, 1986), 141—142.

58. Kumagai Mikahisa, *Nihongun to jinteki seidō*, 55—56;Yui,"Meiji shoki no kengun kōsō," 439—440.

59. Yui, "Meiji shoki no kengun kōsō," 440; Ikuda, *Nihon rikugunshi*, 27.

60. Hackett, *Yamagata*, 66. The standard work is Katō Yōko, *Choheisei to kindai Nihon 1868—1943* [The conscription system and modern Japan, 1868—1945] (Yoshikawa Kōbunkan, 1996); Rikusen gakkai, *Kindai sensōshi gaisetsu*, 6.

61. Tobe, *Gyakusetsu*, 46; see also Hackett, *Yamagata*, 66.

62. Ikuda, *Nihon rikugunshi*, 28; Yui, "Meiji shoki no kengun kōsō," 459; Tobe, *Gyakusetsu*, 108.

63. Fujiwara, *Gunjishi*, chart 34; Kawano Hitoshi, *"Gyōkusai" no guntai—"seikan" no guntai* [An annihilated army—an army returning alive] (Kōdansha, 2001), 28—29.

64. Tobe, *Gyakusetsu*, 41—42, 45—46; Hackett, *Yamagata*, 67.

65. Hara Takeshi, *Meijiki kokudo bōeishi*, 45; Tobe, *Gyakusetsu*, 42—43, 50.

66. Mikiso Hane, *Peasants, Rebels, and Outcasts: The Underside of Modern Japan* (New York: Pantheon, 1982),18; Kumagai Tadasu, *Kisō chishiki*, 26—27; Hara Takeshi, *Meijiki kokudo*, 16; Hackett, *Yamagata*, 62; Tobe, Gyakusetsu, 31; Hata, *Tosuiken to teikoku*, 105—106. Yamada would return to active duty in 1877 to command a brigade with distinction during the Satsuma Rebellion and later would found Nihon University.

67. Takamae Eiji, *The Allied Occupation of Japan* (New York: Continuum International Publishing Group, 2002), 372; Tobe, *Gyakusetsu*, 58.

68. Tobe, *Gyakusetsu* 140; Kurono Taeru, *Sanbō honbu to rikugun daigaku* [The general staff and the army staff college] (Kōdansha, 2004), 21; Yui, "Meiji shoki no kengun kōsō," 497.

69. Nishioka, "Kanbu kyōiku seidō," 67; Matsushita, *Meiji no guntai*, 109; Fujiwara, *Gunjishi*, 71.

70. Asakawa, "Ishin kengunki," 7; Endō, *Kindai Nihon guntai kyōikushi kenkyū*, 59; Presseisen, *Before Aggression*, 30; Tobe, *Gyakusetsu*, 58.

71. Kumagai Tadasu, *Kisō chishiki*, 116, 119; Asakawa Michio, "Shinbi chōhei ni kansuru hito tsu kenkyū" [Research concerning the 1871 conscription act] *Gunji shigaku* 32:1 (June 1996), 30—32.

72. Kitaoka Shin'ichi, "The Army as Bureaucracy: Japanese Militarism Revisited," *Journal of Military History*, Special Issue, 57:5 (October 1993), 70.

3. 对付武士

在19世纪70年代早期，日本政府为现代国家军队奠定了基础，同时也让武士阶层陷入了混乱和迷茫。虽然日本西南部的武士引领了维新运动，并成为日本的新领导者，但他们仍对自己的武士阶层心怀疑虑。当局在1871年削减了武士的薪俸，并在1873年部分地以一次性付清和债券的形式代为支付，接着又在1876年将薪俸转化成公债。约40万武士失去了收入，因此他们自然将不满的矛头对准了政府吝啬的处置措施。新政府还想打破武士对战争事务的垄断地位。1871年，它允许武士抛弃作为自身地位象征的武士刀，并在五年后立法禁止佩刀。明治领导人面临的矛盾是，一方面需要根除武士阶层的封建意识，另一方面又要给才智平庸的新军官兵灌注武士的价值观。[1]

武士暴动

1873年10月末，经过激烈辩论，日本太政官否决了向朝鲜派遣远征军、以强制手段打开双边贸易的主张。主战派随后立即从政府辞职。身为高级参议并兼任近卫兵都督的西乡隆盛于10月24日离职。次日，板垣退助和四名高级参议也拂袖离去，政府于是陷入了混乱，而且这也撼动了曾推翻德川幕府的脆弱武士联盟。西乡和板垣成了两条反政府路线的化身。前者率领着一帮心怀不满的武士，从而增加了武装叛乱的危险。而后者成了广大武士与平民同盟的领袖，并要求实施代议制选举、分享政治权力。[2] 政治动荡让很多萨摩

3. 对付武士

出身的近卫兵官兵面临一项抉择：是效忠某个人还是效忠一个国家。

10月25日，一份面向近卫兵军官的皇家文告首先认可了西乡对维新事业立下的诸多功绩，但随后便提醒他们：西乡只是国军里的一位将领而已，而你们应该效忠的是国家军队。但几名近卫兵的萨摩司令官还是无视文告和天皇的两次呼吁而选择辞职，以示对西乡的同情。另有约100多名萨摩军官也加入了辞职的队伍。几百名士兵抛弃了部队，并逃往了鹿儿岛。大规模人员出逃的情况不仅威胁到了近卫兵的战备水平，而且也让政府处于无人保卫的境地。陆军领导人于是紧急从地方镇台中挑选部队增援中央，以填补叛变士兵留下的空缺。对于那些被选中的地方部队，这项决定很不受欢迎，因为被选派参加近卫兵意味着原先在地方作为义务兵的三年服役期将延长至五年。新军本来就力量不足，而现在正逢国内动荡之时，其士气也一落千丈。[3]

1874年1月中旬，一名政府的高级官员在东京被心怀叛意的武士袭击并受伤。警方随后在全国展开拉网式搜查，并迅速拘捕了九名参与袭击的嫌犯。这些人以前是土佐藩的武士，其中包括一位前近卫兵中尉以及其手下的几个下士官。[4] 2月4日，一群鼓吹"征韩论"的失意分子和仇外势力在位于九州岛西北部的佐贺县发动叛乱。在佐贺人口中，武士所占的比例高得异乎寻常。当时佐贺县由于粮食歉收，粮价疯涨，全县怨声载道。佐贺2500名叛乱分子的头领是江藤新平。

江藤出身于一个贫寒的武士家庭。19世纪50年代，他认为在海外发展商业会纾解乡间的困苦。在戊辰内战里，他出色的作战领导能力使他在新政府中获得了高级参议的职位。他确信，政府和军内占支配地位的地方小集团会催生出一个"新幕府"。因此，他认为日本如果能向亚洲大陆扩张，就能实现一轮大众翘首以盼的"二次维新"。[5] 由于反感政府应对朝鲜问题的决议，他也选择了辞职。

江藤举事两天后，太政官决定对台湾实施远征讨伐。1871年11月，54名

51

琉球失事船员被台湾原住民杀害。作为回应，日本决定远征的政策可谓姗姗来迟。私下里，太政官的意图是把武士们的精力转到他处，并挫其锐气。陆军当局故意把九州岛南部的鹿儿岛军队当作此次远征的主力，以便削弱西乡的主要据点，同时弄走那些可能支持江藤叛乱的人。陆军随后还从九州岛北部的熊本镇台抽调士兵增援远征军，以制衡鹿儿岛的部队，从而确保后者能服从政府的命令。[6]

2月中旬，江藤的武士叛军已控制了佐贺的当地政府，起义势头似乎愈加强劲。但告密者提醒内务卿（Home Minister）大久保利通注意叛军的计划。于是太政官让身为文职大臣的大久保全权负责军事和司法事务以扑灭起义。大久保立即命令忠于政府的广岛镇台和大阪镇台出兵剿灭叛军。另外，由于鹿儿岛守军已去讨伐台湾，所以政府只得从附近地区雇用逾4000名前武士充当增援部队。

2月18日，江藤的部队占领了佐贺城，但很快就被包围。大久保利通和野津镇雄少将想出了一个作战方案，但后来作为文官的大久保却带领军队深入佐贺境内，并于十天后收复了佐贺城。佐贺叛军反复发动奇袭，企图引诱政府军接近伏击区。但政府军士兵在小战术方面训练有素，足以抵挡正面攻击，并随后向叛军侧翼发动反攻，绕过伏击地点，最后迫使江藤的残兵败将后撤。叛军还是依赖使用大刀、长枪的传统白刃近战战术，很少有人领教过政府军轻武器的火力或大炮致命的杀伤效果。政府军和叛军的人员损失持平，共达700人左右。人多势众的政府军经得起这样的伤亡代价，但叛军却没这个能力。在争夺佐贺城的战斗中，江藤没与手下一起死战到底，而是逃之夭夭。这决定性地扭转了民意，使舆论开始反对他的事业。江藤向西乡隆盛求援，而西乡却不予理睬，因为后者认为江藤"是那种能置3000人部队的死活于不顾而溜之大吉的人"。[7]

尽管打了胜仗，但陆军自上到下都对由大久保这样的文官来统率军队的做法耿耿于怀，并对临时的指挥控制安排大发责难。天皇形式上从东京指挥着这场战役，并于2月23日授予他的军事侍从官仁和寺宫嘉彰亲王以野战司令官的头衔。陆军卿山县有朋成了东京大本营的皇家军事顾问，但他对文官统军的做法甚为恼火。于是他将陆军省第六局（Army Ministry's Sixth Bureau）改组为一个粗具雏形的小型参谋机关，让其负责指挥军事作战。这标志着陆军开始强调自身的独特地位，并坚持最高统帅权独立以不受文官政府的干涉。[8] 山县随后辞去了陆军卿的职位，自任改组后的第六局负责人，同时他还兼任近卫兵都督。他率领近卫兵前往佐贺，但当他到达目的地时，主要战斗已经结束，部队正在展开搜捕江藤的工作。

名誉扫地的江藤最后于4月13日被当局抓获。在大久保的主持下，经过仓促审判，江藤被斩首处决。他的首级被当街示众以警告天下：谁如果敢犯上作乱，那么这就将是他的下场。当局利用最新的摄影技术，让日本各地的官衙都张贴江藤首级的照片。山县的近卫兵希望通过展示政府军的优势军力来吓阻其他怀有叛意的农民以及民权运动的鼓动者，尤其是西乡和他的萨摩集团。江藤短促的叛乱被扑灭后，嘉彰亲王回到东京，天皇给他连升六级，衔至少将。山县则于六月复任陆军卿。[9]

在搜捕江藤期间，大久保任命西乡隆盛的弟弟西乡从道来组织并统领台湾远征军。4月6日，几艘商船载着3000名士兵驶离东京湾去往长崎。在那儿将装运更多部队和给养上船。但美国新任驻日公使后来迫使大久保下令推迟了船队从长崎出发的时间。可是西乡从道却没理会大久保的指示，声称将优先执行天皇的命令，并于当晚率领船队驶向台湾。西乡从道抗命的做法暗示了陆军与天皇的特殊关系是凌驾于文官权力之上的。

台湾战事的实际进展比预想的要艰难。直到六月初，台湾本地的游击队仍然控制着深山里的据点。虽然日军的战斗伤亡可以忽略不计（12人阵亡、17人负伤），但疟疾大暴发、其他热带疾病的折磨、糟糕的后勤支持以及不合标准的医疗保障却造成了流行病的蔓延，560名日军士兵因此死亡。

天皇得知这些糟糕的情况后，派他的私人德国医师亲赴前线监管医疗工作。这种做法以实际行动体现了天皇的恩惠仁慈，从而进一步强化了君主与陆军之间的特殊纽带。在中国政府付出一定的赔款，并实际承认日本对琉球群岛（Ryukyu Islands）提出的要求后，日本才从台湾撤军。1879年，琉球更名为冲绳县（Okinawa Prefecture）。

1876年3月末，江藤起义被镇压后，政府正式下令除了警察和军人，任何人禁止佩刀。警察和军人携带的也不是传统的、带一定弧度的日本刀，而是西洋军刀或马刀。对于这项新法令，武士们——尤其是日本西南部的武士们——怨愤情绪高涨。当年10月，200名怀有排外情绪的武士在熊本掀起了一次起义。当地的镇台司令官在叛乱者的袭击下身负重伤。几名政府官员也遭杀害。熊本镇台的部队平定了这场"神风连之乱"（Jimpuren revolt），附近的小仓驻军也镇压了另一场稍小规模的起义。该月月末，在萩这个地方，约200名愤愤不平的武士攻击了政府官衙，随后在11月初与政府军展开了四天的激战。最新爆发的反政府起义是由前原一诚领导的。他曾是政府高级参议，并在大村遇刺后短暂掌管过陆军。

前原的动机混杂着两种情绪：一是武士阶层一直以来对征兵令的蔑视，二是对政府的朝鲜政策感到失望。武士以其率直、诚实和感性的特征而闻名。前原的极端思想可以追溯到他于19世纪50年代与吉田松阴的交往。但他反复无常的性格使其情绪大起大落，同时他对上级命令也充耳不闻、无动于衷。前原离开政府后，表面上是去照顾他年迈的双亲，但他极易冲动的个性和狂热的信念吸引了很多武士阶层的极端分子。他的追随者拼死战斗，从而使陆军为了击败他们不得不从大阪镇台调遣援军。前原被俘，随后即遭处决。

日本西南部武士叛乱的参与者基本上仅限于武士，很少有平民与他们并肩作战。作为武士，他们受制于铁一般的纪律，从而促使他们往往不畏艰难、力战至死。对于政府军来说，幸运的是，武士们坚持地方本位理念，并固守过时的战术，以至于他们的起义往往孤掌难鸣，无从发展成全国范围的反叛运动。

除了怨气难平的武士，日本中部的上万农民也加入了激烈抗议米价飙升和增加土地税的游行示威活动。由于大阪和名古屋的军队忙于镇压熊本的武士起义而无暇他顾，政府再次于当年12月招募局外人入伍，雇用了1200名前武士去消灭充斥着暴力的农民起义。这些小规模起义往往是自发的，而且缺乏配合，因此，政府军及其辅助部队能依次击溃它们。[10] 叛乱的地理分布态势也对政府军有利。农民起义局限于日本中部。武士叛乱则集中在西南部，那里是西乡隆盛——政府在军事上面临的最严峻威胁——的主要势力基地。

自从辞职后，西乡和他的副手一直通过鹿儿岛城的私立军校网络（未得到中央政府的批准）来培植一批骨干型的军士和低级军官。他们都接受了现代步兵战术训练。在学校里训练的来复枪队士兵大多曾经是近卫兵部队的成员，而他们的长官也同样是他们过去在近卫兵部队的上司，这些军官是在1873年离开近卫兵的。炮兵学校的学员也是如此。[11] 到1876年初，西乡已聚集了一支约13000人的部队，其中包括一批久经沙场的前武士，后者大多数是近30岁或30岁出头、参加过维新和戊辰战争的老兵。有他们在，可以加强部队的战斗力。西乡的军官们也有类似的战场经历，有几人还在戊辰战争时统领过大兵团。这支私人军队囤积了大量的轻武器弹药、兵器以及装备。

由于"神风连之乱"和前原的暴动，西乡经过审慎斟酌，决定推迟原定于1876年11月3日，即天皇生日那一天发动的起义。一些更激进的军官——比如桐野利秋——认为政府太腐败了，所以杀两三个大臣就足以使其崩溃。一名政府官员在严刑逼供下承认有阴谋杀害西乡的计划。另外，政府还决定从鹿儿岛仓库运走武器弹药。这些情报都激怒了鲁莽的军校学员。他们袭击了弹药库，没收了军械。走到这一步，就无路可退了。[12]

西乡隆盛私立学校的消息传开后，吸引了其他心怀不满的武士前来投靠。当他在1877年年初揭竿而起的时候，他的军队有3万人左右，其中约6000人负责给养运输工作。虽然他们缺乏火炮,受过训练的军械技师也不足,但他们希望在占领北方100英里处的熊本官府军火库后能获得更多重武器。在"新政厚德"(Respect Virtue:Reform the Government)的大旗下,前锋部队于2月15日从鹿儿岛出发。两天后,西乡冒着纷纷大雪,率领后卫部队以及指挥部启程上路。此情此景造成了一种戏剧化效果,为西乡此次远征披上了一层无私奉公和英雄主义的色彩。于是有更多新兵加入了他的队伍。最高峰时,西乡的手下大概有42000人之众。[13] 西乡及其追随者将自己扮成天皇的忠仆,而他们的敌人是天皇周围已然背叛维新大业的奸臣。这样一种给叛变开脱的理由也会在今后不断被陆军用来为自己不服从、抗命以及兵变的行为做辩解。

在所谓的"西南战争"或萨摩叛乱之初,政府军有2万镇台部队,外加5000近卫兵部队。在战争中,陆军最后扩充到了5万人,这主要是通过临时招募13000名前武士入伍的方式实现的,而那些人表面上是被分配到东京市警察部队的。除了这些数字,陆军每日还仓促雇用约9万名百姓来装运和配发军需品。战场在遥远的九州岛,因此陆军不得不在一条漫长的海运交通线的末端作战。这条交通线从东京开始,依靠几十条跨海运输船和小型炮舰将部队以及物资源源不断地送到日本西南部。由于缺乏补给站和一支保障部队,再加上战场的弹药和装备消耗大大超过了政府的预期以及补给能力,后勤困难的问题严重恶化了。[14]

萨摩军正向熊本进军的消息于2月28日传到了东京。次日,天皇下令镇压叛乱。由于最近与那些唱反调的武士们打过交道,山县与其他人担心西乡的起义会迅速席卷日本的南部和西部。但他们最害怕的事情是板垣的政治联盟也许会和叛乱运动合流,从而使四国陷入敌手。因此,陆军的应对措施就是以近卫兵和其他镇台部队的骨干为中心,仓促组织起了一些临时的混成旅团(当时最大的机动单位),并将这些部队迅速投入了九州岛前线。举个例子,东京和大阪的两支步兵大队在得到东京的后备炮兵和工兵部队的增援后,组成了由野津镇雄少将指挥的第一旅团。这些组织安排并不合规范,装备和人手需要从其他部队调运。如此频繁的部队重组使已然严重的人员短缺问题进一步恶化,导致政府更加依赖前武士的力量。[15]

西乡的首要目标是政府设在熊本的一处重要军械库。在那里防守的有两个步兵联队(3800人),外加两支炮兵部队,司令官是谷干城少将。虽然势单力孤,但政府方面的守军享有火力优势,因为大多数士兵装备的是最新的恩菲尔德或斯奈德步枪。另外,他们还刚刚获得了增援:一支由400人仓促组成的警察部队。他们防守的是一处坚固的阵地,谷干城决意拼死一战,决不后退。2月19日,当萨摩军前锋离熊本只有5英里距离的时候,附近城镇的一处大型仓库突然莫名其妙地起火了。火势迅速蔓延,几乎烧毁了整个城镇以及守军的粮草。对谷干城来说幸运的是,他储备的弹药仍安然无恙。[16]

西乡将主力部队投入对熊本的攻击,其他约13000人的叛军部队则向北方机动,以控制从那里通往熊本城的山隘。经过几轮猛烈进攻后,西乡部队仍未击败装备精良的守军,于是他下令围困熊本城。这项转入阵地战的决定牺牲了叛军轻装部队的速度和机动优势,而他们的对手则凭借坚固防御工事和更先进的武器负隅顽抗。[17]西乡正在没有预备队的情况下发动决战。他距自己仅有的补给基地路途遥远,因此交通线过长,接济不力。

此前,山县在东京2月12日的讨论会上提议在熊本发起一次两栖登陆,以夺取叛军疏于防守的后勤基地,随后再摧毁叛军在整个九州岛的财源。陆军领导人支持山县,但谷干城却不以为意。面对叛军即将开始的进攻,他怀疑手下的士兵是否可靠。于是他电告政府:熊本被围,危在旦夕;倘若陷落,国家危矣。[18]面对这样的局势评估,朝廷和文官们动摇了,从而否决了山县的方案。陆军的战略目标于是变成了为熊本守军解围。

明治天皇任命有栖川宫炽仁亲王为远征军名义上的总督。山县有朋陆军中将统领地面部队,川村纯义海军中将负责指挥海军。他们在2月20日离开东京,并于六天后在福冈建立了大本营。按照计划,政府军将采用钳形攻势。山县有朋在维新战争时的死对头、现在作为一名政府参议的黑田清隆中将带领一个军（Corps，下辖2个旅团），另外一个军由山县统率。他们将从两个方向发动进攻以孤立西乡军，并为熊本解围。随后，川村纯义会在鹿儿岛发起登陆作战，用第三个军切断叛军的交通线。就像当年戊辰战争里的北方战役那样，政府军将分成几个野战部队，各自独立作战，并以最后的决定性会战一锤定音。[19]

地图2　西南战争：1877年

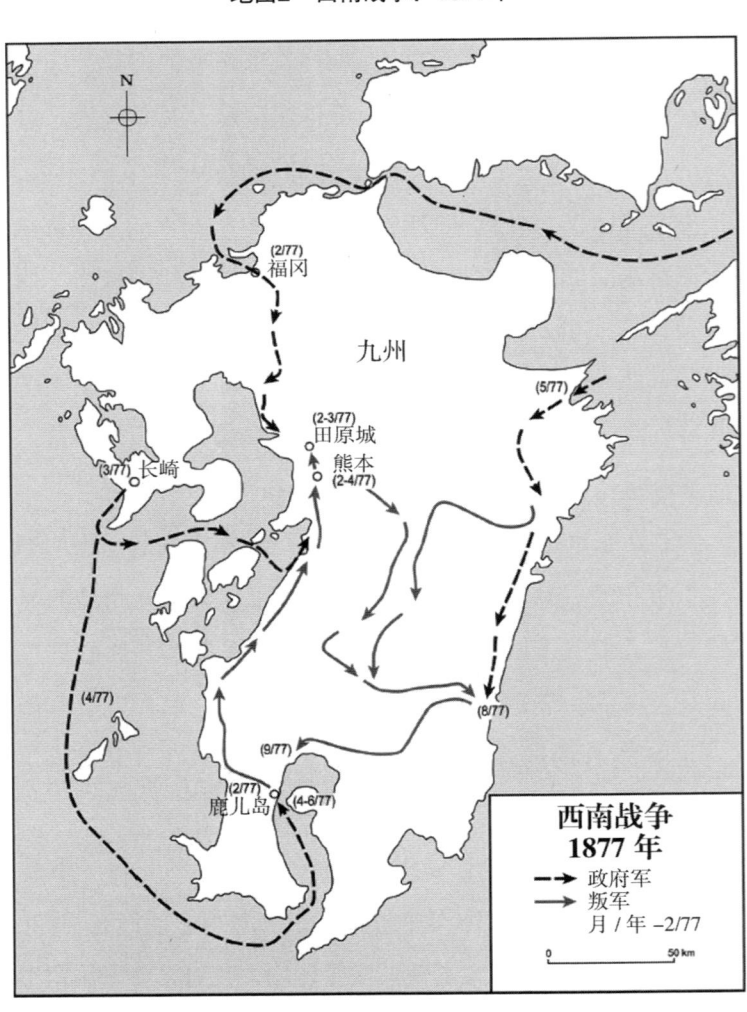

3. 对付武士

由于在遥远的九州岛作战，陆军需要统一的战地司令部来协调部队的钳形运动，并根据战场形势来制订应变方案。不出所料，山县和黑田在整个作战计划上无法达成共识。他们表面上的长官有栖川宫亲王并非训练有素的职业军人，因而无法管理手下莽撞冲动的战地将官。文职和军事领导人也分散在全国各地，进一步加剧了指挥控制工作的困难。天皇和一部分政府机构重新迁往京都，随行的还有一个提供咨询的联络机构。资深文职大臣和其余官僚机关则作为看守政府留在东京。在福冈建立了一个临时战地司令部，由此东京的参谋局就被矮化成了一个小型顾问部门。但参谋局的主官还是赶到大阪的陆军后勤基地，开始发布作战命令。[20]

在作战行动或旅团的层面上，几乎就没有指挥与控制，因为法国人的训练只关注小部队的军事行动。三个军的司令部只是徒有虚名，对旅团和联队级别的战术单位的管控也极其微弱。在更高层面上，没有参谋人员来谋划和统筹作战行动。而山县和黑田则独立谋划，怒目相向，互不买账。所以两人的部队实际上彼此隔绝，各自为战。

山县军于2月中旬从福冈出发，小心翼翼地向南行进，但面对九州的山区却踟蹰不前，因为这种地形是有利于守方的。萨摩军利用这一间歇在田原坂周围加固位于山脊和山顶的野战工事，从而把守着通往熊本的主要通道。

2月23日，第14联队的代理联队长乃木希典少佐率部向熊本北部的萨摩军发起了进攻。由于无法击溃叛军，乃木联队只得后撤，但后被萨摩军从侧翼包围了。在黑暗和大雨中，敌我双方混战一团。乃木联队边打边撤，但当乃木的旗手牺牲后，他失去了自己的联队军旗。尽管乃木个人作战十分英勇，但他的马后来也被击倒。对乃木来说，把天皇亲赐的军旗弄丢实乃大罪过也。于是，终其军旅一生，他都为此懊恼不已，精神上备受折磨。[21]

田原坂之战使山县的两个旅团遭受重创，因此，他暂停行动以等待后续增援。萨摩军的损失同样严重，在五天的战斗中，每天的伤亡数字约达500

日本陆军兴亡史：1853—1945

人。伤员太多，以至于野战医院的绷带也用完了，最后只得撕碎衣服，拿布条处理伤口。[22] 与此同时，山县将整个军部署在一条宽广的战线上，与对面25英里的萨摩军防线几乎一样长。山县想让部队稳扎稳打，有条不紊地前进。但如此慢条斯理的步伐却让政府懊恼不已。当时政府敦促山县，要他立即进军以解熊本之围，不得延误。

这幅图片展示了田原坂之战的惨烈情景，交战双方是政府军和萨摩军。（承蒙熊本市博物馆提供图片）

大山岩少将和三浦梧楼少将率领的旅团前来增援山县。于是在3月初，山县的部队攻入了崎岖的山区，但很快他就中了叛军的圈套，陷入重围。在两周的激战中，山县军损失惨重。3月20日，在增援部队抵达后，山县再次发起进攻。这次，政府军趁着倾盆大雨绕过了田原坂的主阵地。以突袭部队为前锋，政府军奇袭了叛军的后方防区。政府军里有很多精心挑选出来的刀客是以警察的身份从会津地区招募来的。这些前武士曾在戊辰内战里败于萨摩人之手，所

3. 对付武士

以现在想利用这个机会一雪前耻。他们在近距格斗中毫无顾忌、冷酷无情。会津部队的伤亡人数占到全部警察部队伤亡数字的25%，尽管它的总人数还不到所有动员起来的警察的10%。[23] 虽然政府军最终获胜，但山县的部队此时也已精疲力竭。鉴于弹药和补给几乎告罄，山县军不得不就此停下前进的脚步。

就在田原坂之战达到高潮之时，黑田率部乘船于3月19日驶离长崎，在熊本南面约30英里处登陆。一些戊辰战争的老兵被重新召回了部队，从而强化了黑田军的战力。上岸后，黑田立即挥师北上，威胁到了西乡军的后方。叛军遂调转主要兵力与黑田军展开激战。利用此机，山县军重整旗鼓，再次从北面发动了新一轮攻势，并于4月14日成功为熊本城解围。在整个行动中，西乡始终消极处事。他从不去视察前线，而只依靠侦察兵和报纸获取情报。

与政府军相比，萨摩军的人数居于劣势，只有前者的一半。但即便如此，萨摩的武士们却瞧不起政府军征召来的普通士兵。他们只怕三样东西：雨水（它会弄湿老式前装恩菲尔德步枪的底火，致使其无法使用）；"戴红帽子的家伙"（即近卫兵，其中包括一些与萨摩武士具有共同武士道精神的前武士[24]）；炮兵（这是因为炮火的巨大杀伤力）。政府军压倒性的火炮数量优势——相对叛军享有7∶1的优势——确实在整个战役里发挥了决定性作用。由于山炮具备较好的机动部署能力，它对于叛军来说就成了特别致命的武器。450磅山炮经拆解后的组件，用两匹马就可驮运，从而比更沉重的野战炮更易适应九州岛的土路和山地地形。野战炮通常由马匹牵引前进，但在九州这样的复杂地形下，即便付出极大人力，也几乎很难让它进入射击位置。

西乡兵败后撤，政府军横穿九州岛穷追不舍。4月26日，川村纯义的部队在鹿儿岛登陆，夺取了防守空虚的叛军据点，并摧毁了其武器弹药库。到6月份时，已然崩溃瓦解的叛军一分为二。8月，在连续的突袭和围捕下，西乡身边仅剩数百名随从了。绝望之下，在鹿儿岛北部城山（Shiroyama）附近的一处山洞里，西乡自杀了。桐野与其他约40名萨摩指挥官坚持战至最后一人。

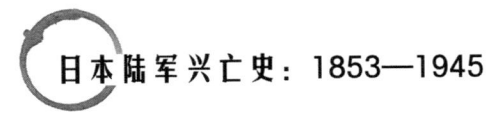

9月24日，曾我佑准少将的旅团攻陷了叛军在城山的最后阵地，桐野等人遂全部战死。

双方的损失都很可怕。政府军里每三名士兵就有一人阵亡或负伤，而西乡叛军里两人中就有一人遭受了类似厄运。但并非所有参与叛乱的武士都誓死不降。西乡自杀后，数千名叛军就投降了。政府随后处决了所有被认为是叛军头目的人，并惩罚了超过2700名西乡军成员。但大多数西乡的低级军官和普通士兵最终被赦免了，当局希望以此来消除一切复仇念头，并在日本现代的军事组织中促进一种崭新的举国团结观念。西乡本人也在1889年被正式恢复了名誉，以认可他对维新伟业的贡献。在逾25000人的捐助下，一座西乡的青铜像于1898年12月在上野公园落成揭幕。莅临出席的名人显贵里包括了山县有朋的身影。而人们也只能猜测在落成典礼上，他脑子里究竟在想什么。[25]

西南战争让粗具雏形的日本陆军不堪重负。为了保障政权安然无虞，陆军投入了所有部队，耗尽了兵力。事实证明，如果没有组织良好的动员能力或可资调用的充足预备兵力，单靠征兵制是无法满足镇压叛乱的人力需求的。另外，应征参军的士兵身上也暴露了很多严重的缺陷。

普通士兵的战场表现让明治领导人深为头疼，因为他们看到自己的士兵在一对一的战斗中根本不是西乡武士的对手。所以，鉴于义务兵人数不足且战斗力不如人意，陆军不得不再次大规模招募前武士入伍。他们不仅组成预备部队并支援正规军的行动，而且也会冲杀在第一线以提振士气，发挥模范带头作用。陆军领导人总结认为，政府军的训练和装备水平或许能更上一层楼，但武士的独门绝技却无法轻易获得，那就是无与伦比的士气和斗志。[26]

西乡军武士不屈不挠、顽强作战的精神让陆军高级军官确信，叛军具有一些无形的品质。正是这些品质——而不是政府军的物质优势——才是决定战争胜负的关键。因此，战后的评估报告认为，必须把那种精神或无形的品质灌输给部队。于是，当局启动了一项高强度的教育计划以给日本陆军注入

3. 对付武士

战斗精神。[27] 随着时间推移，这种信赖无形因素的理念渐渐走向了另一面，即不顾实际，甘心情愿死战到底。一旦这种观念被普遍接受，战死沙场就成了检验战斗精神是否高昂的标尺。无论士兵在战斗中表现得如何英勇，如果他们最后还是活着回来，参谋军官就可能会——或将会——将此看作缺乏斗志的证据，并认为这样一来会殃及部队的整体作战表现。

在战胜西乡叛军的有形因素方面，分析工作却得出了多样的结论。陆军的物质优势——特别是在现代武器的火力方面——让顽敌猛寇也无力回天。而且陆军在指摘西乡的作战策略时也对自己的军事战略表示满意。它还认为宣传工作极其富有成效，因为给西乡军冠以"叛贼"的名声确实削弱了萨摩人的士气。但这一结论似乎又与对叛军战斗精神的溢美之词形成了矛盾。

为了打这场战争，政府的花费超过了4000万日元（在1877年，约合3800万美元，几乎是叛军阵营开销的60倍），其中大多数钱是用来从外国采购武器装备和军需品。鉴于日本的工业能力仍然有限，因此相对于独立研发武器技术而言，掌握外国武器生产技术，并能将外国武器与日本陆军的需要相结合才是更为紧要的事。军队或许终会摆脱这种近乎完全依赖外国武器供应商的局面。但在这一天到来之前，军队领导人相信日本绝不会成为一个真正的主权国家。[28]

武士构成的最后一股重大威胁就这样被消灭了。陆军于是成功确保了国家的统一和稳定，而这也是对外实现民族独立的必备条件。陆军经受了艰苦战争的考验，而与此类似，政府也在整个叛乱动荡时期内表现得沉着镇定。桐野利秋曾信心满满地预言当局将濒临崩溃的边缘，但那件事实际上从来也没发生过。相反，武士特权和地方势力对中央政府的挑战被一扫而空。就在陆军被人们奉为强大国家政府的守护者的同时，陆军当局开始总结吸取平叛时期的经验教训，以图把战后的军队塑造成一支更现代、更职业化的陆军。

[注释]

1. Tobe, *Gyakusetsu*, 10.

2. Hackett, *Yamagata*, 70—71.

3. Mōri, *Taiwan shuppei*, 118—119; Tobe, *Gyakusetsu*, 54, 57.

4. Inoue, *Meiji ishin*, 398.

5. Wagatsuma, *Nihon seiji saibanshi roku*, 339; Ogawara Masamichi, *Seinan senso*: Saigō Taka-mori to Nihon saigo no naisen [The southwest war: Saigo Takamori and Japan s final civil war] (Chūkō shinsho, 2007), 8.

6. Mōri, *Taiwan shuppei*, 124—129. Since the early seventeenth century the Satsuma domain had claimed the Ryūkyūs as a vassal, and the government used this pretext for intervention.

7. Kaneko, *Heiki to senjutsu*, 160; Kojima Keizou, *Boshin sensō kara seinan sensō* e [From the Boshin war to the southwest war] (Chūkō shinsho, 1996), 210—211; Ogawara, *Seinan sensō*, 11.

8. Ōe Shinobu, *Nihon no sanbo honbu* [Japan's general staff headquarters] (Chūko shinsho, 1985), 23.

9. Hata, *Tōsuiken to teikoku*, 107.

10. Hara, *Meijiki kokudo bōeishi*, 45—48; Tobe, *Gyakusetsu*, 50; Matsushita, *Meiji no guntai*, 47.

11. Ogawara, *Seinan sensō*, 8, 17.

12. Ibid, 40, 50. Ikai Toshiaki, *Seinan sensō: sensō no taigi to dōin sareru minshu* [The southwest war: duty and mobilization of the populace for the war] (Yoshikawa kōbunkan, 2008), 7.

13. Kaneko, *Heiki to senjutsu*, 163; Morris, *Nobility of Failure*, 263; James H. Buck, "The Satsuma Rebellion of 1877: From Kagoshima through the Siege of Kumamoto Castle," *Monumenta Nipponica* 28:4 (Winter 1973), 431; Ogawara, *Seinan senso*, 239.

14. Kaneko, *Heiki to senjutsu*, 167.

15. Kuwada Etsu, "Taigai rikugun gunbi no kakuchō" [The expansion of the army's military preparations for overseas (operations)], in Okumura and Kuwada, eds., *Kindai Nihon sensōshi*, 140; Presseisen, *Before Aggression*, 55; Kurono, *Sanbō honbu to rikugun daigaku*, 25; Ogawara, *Seinan sensō*, 65, 68.

16. Ogawara, *Seinan sensō*, 81—83; Buck, "Satsuma Rebellion of 1877," 437.

17. Ōe, *Sanbō*, 27.

18. On Tani's suspicions see Ikai, *Seinan sensō*, 46.

19. Kaneko, *Heiki to senjutsu*, 168,177.

20. Tobe, *Gyakusetsu*, 74; Ōe, *Sanbō*, 25; Kurono, *Sanbō honbu to rikugun daigaku*, 25; Hata. *Tosuiken to teokoku*, 71.

21. Hashimoto Masaki,"Tabaruzaka-gunki sōshitsu zenya" [The batde of Tabaruzaka—on the eve of the loss of the military colors], pt.1, *Rekishi to jimbutsu* (October 1971), 243—245. During the fighting at Kumamoto, the garrison's chief of staff was seriously wounded. Maj. Kodama Gentarō replaced him and believed that Nogi should have committed suicide to atone for losing his colors. The colors were recovered in January 1879, and that May, Kodama ordered Nogi confined to quarters for three days as punishment for the lost standard. Rikusenshi kenkyū fūkyūkai, ed., *Rikusen shishu* [Collected land warfare history], vol. 11, *Ryōjun yōsai kōrakusen* [The reduction of the Port Arthur fortress]. Hara shobō, 1969, 205—206. Ōe, *Sanbō*, 30. Nogi's later rehabilitation seemed to hinge on his pre-Satsuma Rebellion service as Yamagata's confidential agent in Kyūshū. Nogi and his wife committed ritual suicide in September 1912 to follow Emperor Meiji in death. His last will and testament stated that the loss of his regimental standard was the reason for his suicide. Yamamuro Kentoku. *Gunshin* [War gods] (Chūko shinsho, 2007), 108.

22. Ogawara, *Seinan sensō*, 88.

23. Ibid., 121—122.

24. Yamamoto Daisei, *Shōhai no kōzō: Nichi-Ro senshi 0 kagaku suru* [The structure of victory and defeat: thinking scientifically about the Russo-Japanese war] (Hara shobō, 1981), 13; Heiyama, "Nihon rikugun ni okeru sakusenjō," 6. Apparently an April 11, 1877, dispatch by Inukai Ki, a future prime minister, to the *Yūbin hōchi* newspaper first mentioned the three characteristics. See Ogawara, *Seinan sensō*, 125.

25. Inoue, *Meiji ishin*, 448; Hata Ikuhiko, *Nihon no horyo* [Japanese prisoners of war] jō (Hara shobō, 1998), vol. 1, 20; Ogawara, *Seinan sensō*, 226.

26. Tobe,*Gyakusetsu*, 60.

27. Ikuda, *Nihon rikugunshi*, 38.

28. Heiyama, "Nihon rikugun ni oekru sakusenjō," 4; Kurono, *Sanbō honbu to rikugun daigaku*, 24;Yokoyama Hisayuki, "Military Technological Strategy and Armaments Concepts of [the] Japanese Imperial Army—Around the Post-WWI Period," National Institute for Defense Studies (NIDS), *NIDS Security Reports*, No. 2 (March 2001), 118—119.

4. 明治陆军

1878年5月14日早晨，当时日本权势熏天的人物——内务卿大久保利通——独自一人乘马车从东京住所出发去赴约，全程无人护卫。六名持刀的前武士在一条窄巷里把他围住了。乱刀之下，大久保当场毙命。行凶团伙的头目后来承认说，他们怕大久保要搞个人独裁。自从听说西乡自杀后，他们就打算要干掉大久保。一名刺客在被捕后对审讯官开玩笑说，如果人生就像一个舞台，那么他们的行为就可被当作一场廉价的滑稽戏。[1]

除了大久保遇害案以外，部队的忠诚和服从问题依然存在，并成了政府军击败西乡武士军后挥之不去的阴影。平叛后，很多士兵都觉得被政府冷落了，因为政府既未认可他们的功绩，也没有针对他们的战时牺牲给予奖赏。比方说，近卫兵的炮兵队尽管在战时表现突出，但政府的嘉奖令却过了好久才到，而且奖金也比士兵们原先估计得要少。政府的吝啬小气是当时财政紧缩政策的表现。因为如果要偿还巨额的战争开销的话——这包括3000万日元的追加经费（相当于陆军年度预算的五倍）——就不得不施行这样的政策。为了平衡政府预算，1877年12月，太政官指示政府各部把预算全面削减20%。次年5月，陆军把军饷削减了5%，并暂时推迟了标志性的岸防工事建设工程。[2] 上述措施只会让士兵们更为不满。

1878年8月23日晚，驻在东京竹桥附近的约200名近卫兵炮兵大队下士官和士兵发动了兵变，杀害了他们的长官和当天执勤的军官，还胡乱炮击了大藏卿的官邸。他们还要求与天皇直接讲话。陆军省事先得到了消息，于是迅速击溃了叛乱。10月，55名哗变者被军事法庭判处死刑，另外300多人（包括其他部队的帮凶）被罚服刑或流放。虽然参战，但未获奖赏，由此触发了这场所谓的"竹桥兵变"。但审讯结果也表明，有很多士兵在新兴的自由民权运动中很活跃。这个风靡全国的政治运动要求明治政府赋予大众民主权利。但像山县有朋一类的政府领导人却如临大敌，斥之为大逆不道。

山县以浪漫化的手法重新包装了日本的历史传统，并试图用这种方法来让陆军免受叛乱思潮的"感染"。竹桥兵变50天后，陆军当局向各中队指挥官发放了由山县创作的《军人训诫》。它主要是面向军官团的，并强调，严格的军纪和无条件服从上级是军事组织的根本。在山县的笔下，军官成了荣耀的武士传统的继承人。其中，忠诚与英勇铸就了"武士道"（Bushido）。[3]在真正的武士们名誉扫地之后，军官和普通士兵们在当局的教育灌输下立志成为新型"武士"，而这种"武士"是按照政府的喜好予以浪漫化、理想化后的版本。

山县还警告说，抗命的行为会导致军人参与政治活动，并让颠覆性的危险思想在军队里广为传播。为了证明他的观点，山县援引了另一个不可靠的说法：在古代，军队属于天皇所有，因此超然于政治之上。这样，"服从上级"就等于"遵奉君命"了。凭借这种逻辑，山县进一步表示，必须无条件执行上级命令，不论该命令是否合法。[4]总之，山县希望自己支配的陆军远离政治，以防"西南战争"和"竹桥事件"重演。实现这一目标的方法之一就是让军队直接向天皇负责，从而确保皇权掌控陆军。

机构改革

西南战争后的十年间，陆军进行了大刀阔斧的全面改组。虽然这一过程是逐步推进的，但改革本身却是十分激进彻底的。陆军的基本制度——参谋本部、教育总监、陆军大学以及以师团为单位的兵力结构——得以成型并不断发展。实现这一切并非一朝一夕之功，而是经历了激烈的论战。军内亲法的传统派与推崇普鲁士的改革派各执一词，互不相让。

在经历了叛乱、兵变和群众示威等风波后，山县担心反政府政治家会约束陆军的行动自由，或者反政府势力会煽动部队造反以推翻政府。上述顾虑是进行改革，以确保陆军远离政治的动因。至于方法，那就是要把最高统帅权从政治领域中剥离出来。执政集团的诸位寡头人物对此表示赞同，因为他们不愿再看到像西乡隆盛式的人物出现，而这样的人会身兼军政职位，并有可能利用军事力量篡夺文官政府大权。一项可行的对策是创设一个有权直接觐见天皇的参谋机关。该机关能行使天皇的统帅权，且不受文职领导人或军队行政长官议事日程的制约。[5]

当时的理念就是要扩展山县于1874年设置的第六局的权限。同时，来自欧洲的新思想进一步补充了上述规划。桂太郎大尉是山县众多"长州派"门徒的一员。西南战争期间，他自费在普鲁士军事学院留学。1878年归国后，他相信在陆军省行政权限之外另设一个参谋机关是有益的，而且该机构应享有直接觐见天皇的权力。[6] 那年10月，山县明显受到了桂太郎意见的影响，正式向太政官进言，建议把陆军参谋和行政两个职能分开。

1878年12月5日，太政官撤销了参谋局，改而设置了一个参谋本部（General Staff）。它在陆军卿的管辖范围之外，直接对天皇负责。但这个新参谋机构的权限并未得到清晰界定。平时，参谋本部掌控着近卫兵和各地方镇台。参谋本部长由天皇任命，同时也充当天皇的最高军事顾问。战时，参谋本部长协助天皇处理军务，但并无统帅和决策权，因为它们在形式上都是天皇专有的特权。然而，参谋本部长能以天皇的名义发布作战命令。该规定以制度的形式确立了"统帅权（Tosuiken）独立"。天皇作为大元帅（Daigensui），在名义上行使统帅权。[7]

4. 明治陆军

新设的参谋本部下辖两局，分管不同地域。管东局负责东京和仙台两个军管区部队以及北海道、西伯利亚和满洲（译者注：即中国东北地区，包括今天的辽宁省、吉林省、黑龙江省、内蒙古自治区东北部）等地域的任务；管西局监督其他四个地区的部队以及朝鲜、中国内地的事务。[8]每个局都有作战和情报职能。两个稍小的下级机构负责处理行政、地名表的整理、材料翻译以及档案文件等工作。

山县有朋成了参谋本部的第一任参谋本部长。但就在创设该部的几天之内，他又于12月30日在东京另设了一个独立的"监军本部"（Superintendency）。它除了直接向天皇汇报工作，还负责其他几项工作，即协调全军的训练，统一规定战术和装备，确保各部队执行参谋本部的命令，并贯彻陆军规章条例。监军本部不设长官，并且其东京总部的职责也很有限。但它的三个地区监军部长却享有广泛权力，因为他们能绕过参谋本部和陆军省，直达圣听。平时，每个地区监军部长负责两个镇台部队的教育与训练工作。而战时，两个镇台将合成一个下辖两个师级（Division）单位的军级部队（Corps）（译者注：1888年以前，日本陆军没有采用欧式野战师团的编制，而是以国内按地域划分的"镇台"为基础组成临时性的军，即"Corps"，所以这里的"军"有别于1888年以后，以野战师团制为基础而组建的"军"，即"Army"），并由该地区的监军部长统率。

三个地区的监军部长凌驾于现有的镇台系统之上，且均由中将军衔的人担任。谷干城任东部监军部长，野津镇雄任中部监军部长，三浦梧楼任西部监军部长。他们都有权执行参谋本部在征得天皇同意后下达的命令。此轮陆军行政体系改组的成果是设立了一个新的监军本部和独立的参谋本部。它们实际上都是山县有朋和陆军卿大山岩试图巩固权力，并进一步夯实萨摩—长州藩阀对陆军高层职位的垄断权而进行的努力。[9]

西南战争暴露了陆军的缺陷，因而急需一批训练有素的参谋军官来谋划并协调作战行动、制定战略以及弥补在作战计划方面的不足。1882年，陆军共有49名参谋军官：参谋本部有14人，陆军省有5人，而余下的30人则分布在各镇台、近卫兵部队和军管区。同年，陆军开办了陆军大学校以训练和培养未来的参谋军官。19名学员被选中进入为期三年的课程学习。第一年是预备补习阶段，着重学习外语（德语和法语）、数学以及制图（面向将来的工程学和地图绘制工作）。第二年，军官学员将学习军事组织、动员、战术以及道路行军队形等内容。第三年的学业则侧重部队夜间露营的技巧、侦察、战略和军事史等方面。在战术和战略方面的教学起初受到了限制，因为校内缺乏合格的日本教员，而且军内也继续围绕到底是采取法国还是德国的军事学说的问题而争论不休。从一开始，陆军大学校就与天皇维持着密切的联系，具体体现在天皇亲自向优秀毕业生赠赐皇家礼物：前六期毕业生得到的都是一个望远镜，而后来则换成了一把军刀。[10]

另外，还有一件事情也能体现天皇与陆军之间的关系。大村益次郎曾有一个"招魂社"（Shokonsha）的理念，即用一个公共的纪念设施来缅怀那些在戊辰内战里的牺牲者。现在，以这个构思为基础，官方将其改头换面，由国家出资建立了一所神社来提升天皇的神圣地位，并彰显日本民族的特质。1879年6月，"招魂社"被重新命名为"靖国神社"（Yasukuni Shrine），其地位仅次于皇家神社。内务省、陆军以及海军负责神社的运营，但是由陆军支付神社的维修保养费。为了振奋部队士气，陆军当局把那些在西南战争中阵亡的将士转移至靖国神社进行供奉，并宣称这些死难者现在成了佑护这个国家的神灵。但这项措施仅限于那些死于作战的人，在平时牺牲的现役士兵则转至陆军指定的各地方墓地安葬。[11]

宣扬新意识形态

从19世纪70年代中期起，日本就有政治势力鼓动编纂宪法，并建立议会。随后，它又演化升级成了一场争取自由和民权的运动。这起源于昔日武士的不满情绪，而今则有了更广泛的群众基础。到了70年代晚期，农民骚乱的次数也日益增加，这是由于镇压西乡叛乱的军事行动花销甚巨，而政府现在只能通过通货紧缩的财政手段来偿还外债。但财政紧缩导致了稻米和生丝等农民赖以生存的经济作物的市场价格急剧下降，且跌幅超过了整体消费物价下跌的水平。很多农民因此负债累累，不得不借钱来买种子或交地租，且在有些时候无力偿还贷款。怨气难消的农民于是组织起来，要求免除债务。1882年，日本中部纷纷爆发了武装暴乱，而其中有些是由政党在当地的分支成员领导的。[12]

自一开始，民权运动里就有某些士兵活跃的身影。1879年1月，警察就拘捕了几名近卫兵步兵联队的士兵，罪名是阴谋杀害他们的中队队长和高级政府官员。一段时间后，警察又逮捕了一名满腹牢骚的炮兵军官，此人威胁要炮轰皇宫。在论功行赏、授予勋章的问题上，士兵们已经对政府的做法深为不满。此外，他们还对近卫兵部队长达五年的服役期抱怨不止，要求发放特殊薪水和津贴。在军营生活条件方面，士兵们也是苦不堪言，因而也要求当局在政治上解决这一问题。[13]

山县有朋的确发起了改革措施，缩短了近卫兵的服役期，并缓解了薪资待遇不平等的问题。1879年10月的征兵制改革将预备役阶段从四年延展至七年，组成了第一线预备役（三年期）和第二线预备役部队（四年），将代服兵役需缴纳的费用削减了一半，并收紧了暂缓服役的口子。但山县有朋拒绝让士兵享有更大的政治表达权利，因为他害怕这样一来就会削弱军纪。[14] 1880年的一起事件似乎印证了他的担忧。当时一名驻东京的士兵在皇宫前自杀，

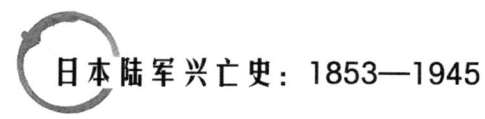

因为政府拒绝接受他要求召开议会的请愿。

陆军内部不满情绪的矛头也对准了政府和山县有朋,尤其是在太政官决定将北海道开拓使的资产低价卖给私人的三菱公司这件事上。据称这是为了抵偿财政紧缩的亏空。在这些批评者里,调门最大,也是最执着的要数四位将官:近卫兵军官鸟尾小弥太中将;陆军士官学校校长和户山步兵学校校长谷干城;西部监军部长三浦梧楼;中部监军部代理部长曾我佑准少将。四人声称他们的行动是基于武士道的准则。他们于1881年9月向天皇请愿,呼吁推翻这笔交易。[15]

这笔交易同样招致了民权运动的批判。因此,将官们的请愿和其他一连串抗议活动汇聚到一起,形成了所谓的"1881年危机"。这场危机在10月份达到高潮,当时天皇下令取消这笔买卖,并允诺在1890年之前召开国民大会。为了筹备这次大会,内阁制将于1886年取代太政官制度(而这次改组实际上在1885年12月就完成了)。

心怀对更大政治机遇的憧憬,政府里的自由派官员纷纷辞职加入了民权运动。那四名将官仍属现役军人之列,并继续把持着重要职位。他们组成了保守阵营,并反对山县有朋重组、统一国家军队的努力。士兵和高级军官纷纷卷入政治活动的事实让参谋本部长山县有朋忧心忡忡。他害怕军队不再安全可靠。

1882年1月4日,山县向陆海军官兵发布了《军人敕谕》,以图纠正军纪松弛和军人参与民权运动等"歪风邪气"。该敕谕针对的是广大普通士兵,其用语措辞也显得比1878年给军官们的那份刻板的训令更加清晰易懂。但两份文书要传达的信息是一样的。山县再次强调了要尊重上级,要有勇敢和牺牲精神,要绝对服从上级,因为上级的命令是天皇直接下达的指示。他写道,众陆海军官兵应效忠他们的大元帅——即天皇,"不为世风所动,不可涉足政治",并且要永远牢记"恪职尽责重于一切、流血牺牲不足挂齿"。

山县再次靠武士价值观向军队传递了一种现代理念,其根本就是要为君主和国家效劳,而不要像过去一样盘算地方利益。而且,他提醒官兵远离政治纷争。这份1882年的指示塑造了一种官方的大众意识形态,促成了为天皇尽责尽忠的观念。[16]

陆军在管控国内骚乱方面发挥的作用在1884年秋的时候达到顶峰。当时,政府军在东京以西的秩父(Chichibu)地区镇压了一场大规模人民起义。那年10月,抗议高利贷且要求减税和免债的农民组成了一支5000人的军队。他们随后袭击了政府官衙和放贷人。11月初,政府军以压倒性兵力恢复了秩序,并粉碎了民权运动。民权运动成员不愿冒险沾染"支持叛乱"的罪名,所以自行选择解散。[17]到那时为止,陆军正忙于重组基本兵力结构以及指挥、控制机制。

向师团制转型

1880年1月,山县有朋提醒天皇要注意两类威胁。其一是俄国正野心勃勃地向远东扩张势力。其二则是当时中国的军事现代化。日本漫长的海岸线尤易遭到来自多个方向的侵袭,或从海上被敌人封锁和孤立。山县有朋想方设法化解上述危险,办法就是在那些近岸小岛上构筑工事,并把它们作为国防第一线。另外,还要继续在东京湾周围完成海岸炮台的建设工程。之前为了给镇压西南战争筹集经费,政府曾暂时搁置了这项工程。山县不断重申一个中心思想:若无强大的军队,日本不可能在欧洲列强环伺的险境里维持主权独立。他曾声称,那些欧洲列强不论贫富都会努力建设陆海军。[18]

陆军1882年的预算方案提出了一个十年计划,目标是部署七个现代化的步兵师团及相应的支援部队,另外还要改善海防,升级武器——尤其是炮兵的装备。这反映了山县注意到了本国与朝鲜和中国的关系日趋紧张,所以似乎有理由建设更大规模的陆军。1877年以来，日本陆军从约40000名军官和士兵的规模开始，缓慢扩张至1882年的46000人的规模。预算也随之增长，从约660万日元（合600万美元）涨至940万日元（合850万美元）。陆军把自己眼中的大陆威胁作为实施扩张政策的借口。这一逻辑与1870年时某些人呼吁远征朝鲜、进行海外开拓的思路是前后一致的。但此事也表明，日本政府担心一个置于外国（而非日本）影响之下的朝鲜会对日本本土构成威胁，而这是不可接受的事情。因此，为了自卫、抵抗入侵，扩军是必需之举。

1882年夏在朝鲜爆发的反日暴力事件在7月份达到顶点。朝鲜新军的日本军事顾问被杀，而日本在汉城的公使馆也遭到袭击。东京方面派遣了两个步兵中队去重建秩序，同时向朝鲜王室提出了补偿要求。另外，在所谓的"壬午事变"期间，日本方面将大量军队部署在与朝鲜隔海相望的九州地区。朝鲜王室立刻向中国清政府寻求援助。随后中国方面派出了5000人的军队，消灭了朝鲜叛军里的亲日分子，并扶植了亲华的朝鲜派别上台，从而恢复了中国在整个半岛的势力影响。[19]

虽然参谋本部曾制订过一个1880年在中国华北发动攻势作战的行动计划，但那实际上是一厢情愿的构思，因为日本当时根本无力对抗中国。在朝鲜危机期间，日本陆军态度消极，害怕对马岛被中国夺占，并成为中国军队进攻九州岛的跳板。一旦那种情况发生，日本海军将通过切断与中国或朝鲜的海上航线来为对马守军提供支援，而陆军也会在九州海岸的战略地点设防。[20]

中国的干涉行动暴露了日本政府和陆军无力保卫日本的在朝利益。1882年8月，山县有朋再次向天皇提出：有必要通过扩军来制衡中国的军事现代化及其在朝鲜的行动。在他看来，这意味着必须使海军拥有48艘战舰，而陆军则要在1885年之前重组为7个师团，外加一支20万人的预备队。[21] 此前，三浦梧楼中将和曾我佑准中将曾共同呼吁天皇干涉北海道的交易问题。现在，他们反对扩大常备军。就像山田显义在19世纪70年代所主张的那样，他们支持建立一支小型常备军，或许也就3万人，并组成一支师级规模的兵力。在紧急时刻，这支军队还可得到本土近卫兵部队的支持。他们的提议也意味着要把目前为期三年的常备军士兵服役时间缩短为仅一年。

但参谋本部的管西局负责人桂太郎大佐坚决要实现一种精简化的现代师团结构，因为在战时，如果把几个镇台的兵力合编起来，反而会造成部队内部混乱不堪，而且难以驾驭，另外还会带来巨额的管理和人力成本。由此造成的后果就是部队过于庞大笨拙而无法迅速机动。山县支持桂太郎的主张，并希望大藏省能征收新的烟草税来为扩军和师团制转型提供经费。但大藏卿松方正义却指出日本的财政状况岌岌可危，根本不可能担负得起额外的军事支出。9月，右大臣岩仓具视提出紧急征收一种特别税来支持扩军和现代化工作。明治天皇采纳了岩仓具视的建议并于11月通告各县知事：扩军攸关国家之生死安危。次月，政府通过了紧急特别税法案来满足"7师团"兵制的人力成本。另外，它也提供了改善海防工事所需要的资金。[22]

约半数的年度额外税收都流进了陆军的口袋（120万日元），其余的则在八年期内一分为二，分别用于海军造船和岸防建设工程。成立于1883年3月的国防会议在陆海军之间协调了岸防任务，把日本国防第一线设在公海，第二线定在了海岸线一带，而第三线——也就是最后一道防线——则放在了日本本土。[23]

扩大常备军的支持者——包括山县有朋、大山岩、桂太郎以及第二近卫步兵旅团长川上操六少将——随后修改了征兵法案以建设更大规模的后备兵力。1883年改革创设了为期四年的第一后备部队和继续服役五年的第二后备部队。新法案也取消了花钱代役的做法，对免服兵役做了更严格的限制，还规定了将招募一年期的志愿兵。[24]

地图3 日本、中国和东北亚：1880年

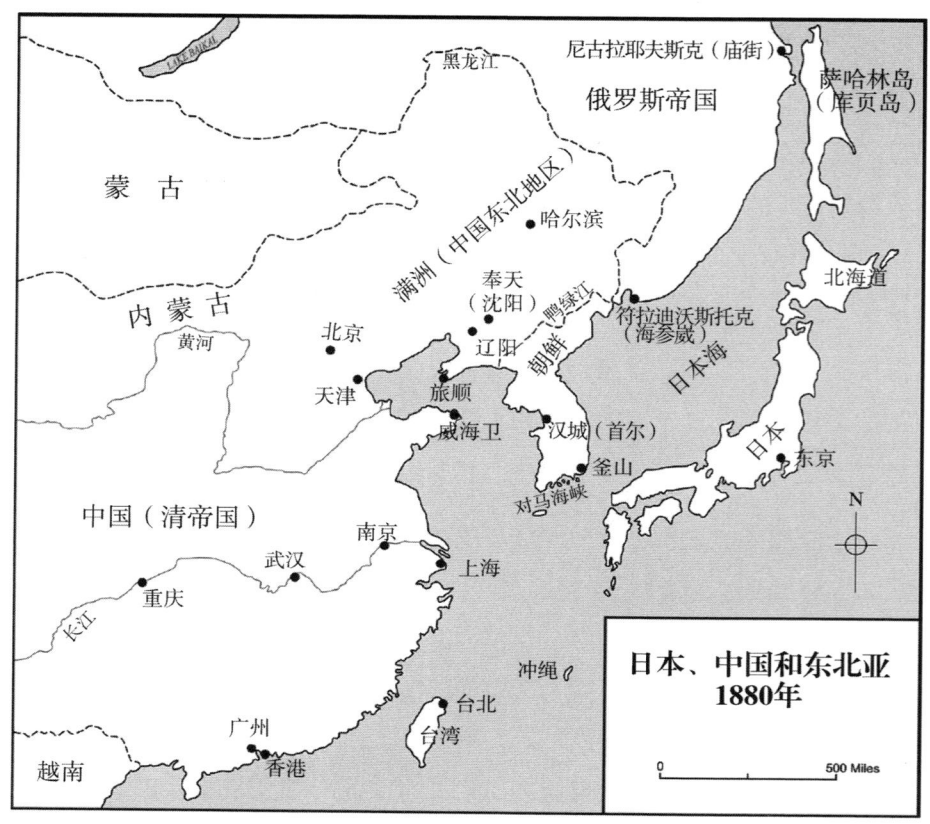

虽然陆军预算在1883年和1884年获得了显著增长，而陆军人数也从1880年时的42300人提高到1885年的54000人，[25] 但师团制的转型工作却落后于原定计划。这是因为购置新武器装备、岸防工程以及海军扩张共同造成了贸易失衡和难以容忍的政府赤字。这些在当时都是极其敏感的问题，因为外务卿井上馨拒绝用政府赤字来为军事现代化埋单。他希望在重新开始的修约谈判中能让西方列强记住一点：日本是一个在财政上负责任的国家。[26] 但同时，他和政府参议伊藤博文也承认为了冲抵中国和西方列强在东北亚地区不断上升的

影响力，有必要壮大军力。法国和英国的海军舰队分别活跃在台湾地区和朝鲜海域。俄国海参崴地区的舰队经常在朝鲜水域开展行动。而中国清政府为了控制黄海，也正对北洋舰队的装备进行现代化升级。

井上馨为了削减开支，打算把陆军裁撤掉2万人，把士兵的服役期缩短6个月，并且还要建立一个联合参谋部。节省下来的资金将用于海军在一定范围内扩大舰队的工作。另外，通过与英国或俄国结盟，日本将能以更低的成本确保国家安全无虞。井上馨获得了来自那些"大陆军"的反对者——诸如三浦梧楼、参谋本部次长曾我佑准、左大臣有栖川宫亲王以及虽已退役但仍颇具影响力的将军谷干城和鸟尾小弥太等人——的支持。山县有朋、陆军卿大山岩和桂太郎坚决反对这项动议。在桂太郎看来，一流国家的标志就是有一支能在国境外作战的陆军。日本如果无法向海外投送兵力，就会让自己沦落至二流边缘国家的地位。[27]

明治天皇当时很关注节省开支的问题，因此他站在了有栖川宫、三浦梧楼和曾我佑准等人一边。内阁总理大臣伊藤博文也支持他们的立场。但大山岩坚持认为，动荡的国际局势让日本身处险境。所以，是否扩军成了决定国家安危的关键。但当他这种顽固的反对态度让萨摩—长州的政治主导联盟濒临破裂之时，井上馨终于还是让步了。[28]

预算中的军事开支的份额大幅增长，从1885年的1500万日元增至次年的2050万日元。陆海军还分别额外获得了220万和350万日元的资金。结果，巨额赤字让井上馨的财政计划灰飞烟灭，并且当修约的正式谈判在1886年开始时，西方列强坚持保留某些特权的要求在日本政界和民间引发了强烈反应，从而阻碍了修约谈判的继续进行。谷干城辞职以抗议拟定的修约条款。三浦梧楼和曾我佑准坚决反对政府在事关民族感情的修约问题上让步，所以后来失去了井上馨和伊藤博文的支持。[29]三浦和曾我两人由此失势，因为在陆军扩军、修订条约和财政紧缩等相互交织的问题上，他们不再能从总理大臣和外务卿那里获得援助和帮衬。这样,由保守将官、皇室和文官大臣组成的反对派联盟分崩离析后,山县有朋和大山岩就能自由实施他们的计划了。在1875年至1882年之间,军费占国家预算的比例通常在14%到19%之间波动。随后,海军建设和陆军的现代化事业(向师团制转型)逐渐将这一比例提高到了1892年的31%。[30]

1886年后期,日本开始强化对马的岸防要塞。次年,天皇以个人名义向陆军工兵部队捐赠30万日元的举动在全国范围内引起了反响。陆军后来从富人们那里筹集了超过230万日元的资金用于雇用更多的劳动力来扩建要塞网络。[31] 同年,陆军把师团番号授予各镇台部队,例如,东京镇台成了第1师团。陆军当时预计整个转型过程要花两年时间。但由于反复出现资金短缺问题,近卫兵部队的改组工作最终被推迟了。然而,陆军还是在1887年5月正式废除了镇台制度,并转而采用师团的兵力编制。经过物色,一批军官被选中来担任新师团的师团长,但他们随后就被送往欧洲去广泛学习军事组织和兵力组织的知识。当整个转型工作在1891年最终完成时,陆军手上掌握了7个现代化师团,并能动员24万人的预备队。[32]

起初,日本陆军1888年的师团编制是按普鲁士山地师为模范的,但日本师团平时的规模更大,官兵人数约有9000人。战时,这一数字将增加一倍,因为陆军会为每个师团增配1个步兵旅团、1个骑兵中队以及若干支持部队。随后,"1893型"的师团是由2个步兵旅团构成,每个旅团又下辖2个步兵联队(即所谓"方块师"),而在战时能达到18500名官兵的规模。这是因为现役部队在逐步扩编,征兵体制得到了改革,而且还设立了志愿兵制度。这些都为在战时迅速扩军提供了骨干和预备人员。[33] 这种新式机动师团与在建的固定岸防要塞相辅相成。由此,部队能快速赶往受威胁的地点或敌军登陆地域增援守军作战。

日本陆军在这一时期的确是逐步转向了师团制结构。但人们往往不假思索就认为这证明了日本抱有进攻大陆的图谋。而它改组军队是为了满足向海外部署兵力、发起侵略的需要。毫无疑问，日本的一些高级军官确实梦想着在亚洲大陆进行帝国扩张。但事实是，直到1900年参谋本部才开始正式制订在大陆实施攻势作战的计划。[34] 与此同时，陆军仍继续强调要防备俄国从海上发起的进攻。日军年度大演习的主题直到1891年为止都是"击退两栖入侵"。

同样，也不能说日本的军事准备不是用来应对外部威胁的。应该说，日军发展攻势作战能力是为一个更大的战略防御政策服务的。该政策旨在让日本免受外国侵略之害。采用师团制的兵力编制并非表明日本将很快投入侵略战争。相反，这是一个经过长久考虑后做出的选择，从而可以让日本与西方最新式的军事组织方法接轨。当时，日本正奋发图强，努力掌握西方成功的秘诀。明治政府此刻优先予以考虑的事项包括修订不平等条约、重建财政和政治体制以及制衡来自北方的俄国威胁。[35] 在那种背景下，师团制的组织形式具有攻守兼备之利。这是因为从进攻方面考虑，如果与中国关系恶化，日本有可能会出兵干涉朝鲜局势；而从防御角度看，俄国在东北亚地区对日本的威胁正与日俱增。

教育改革与雅克布·梅克尔少校的影响

在19世纪80年代中期，对明治政府的寡头统治持批判态度的人越来越多，民权运动的势头正愈演愈烈，而在即将应期召开的国会里，反政府的政党势力也极有可能获得控制权。这一切让山县有朋下决心采取措施让陆军与政治世界隔绝，以防军队落入那些持不同政见者的手里。为此，方法之一就是重组陆军行政体系。

到了19世纪80年代，陆军的思想、训练和教育还是漫无目标、缺乏章法。在1871年至1885年之间，军内至少使用着五种不同的日文版法国陆军手册。日本的军事组织也是以法国为范本的：部队平时通过参加操练和仪式而得到训练，并十分注重军事礼仪，另外军人的制服和武器装备也会得到适当的打理。在战术方面，日本人非常强调低级军官和下士官在领导"小部队"（大队及大队以下级别的部队）方面所承担的责任，但其培养的方式却很死板，靠的是死记硬背，因此缺乏实践中的实用性和原创性。例如，在陆军士官学校的法国教官告诉学员们要准备详细的战术指令，并机械地用规定的队形（由纵队转成散兵线）来解决"小部队"的战术问题。一些高级军官认为，在西南战争中，过于强调小战术和技术专长的习惯阻碍了日军制定大兵团作战战略的能力。日本人经历战火得出的经验表明，外国教官讲授的东西似乎不太实用。1879年，日本政府终止了与法国军事顾问团的合约。但当时欧洲在军事科学和武器方面的确获得了惊人的进步，所以日本人又无法长期对此置之不理。很多日本军官当时十分仰慕新兴的普鲁士军事学说。在1870年的普法战争中，它被证明要优于法国的军事思想。如此一来，日本军官就觉得，普鲁士军事学说更适于指导以旅团和师团为单位的大规模作战。[36]

1884年，陆军卿大山岩中将、现任陆军士官学校校长的三浦梧楼中将、第1近卫步兵联队长川上操六大佐和桂太郎大佐组成了一个代表团，赴欧洲对各国陆军进行了为期一年的考察。除了曾接受法式训练的三浦梧楼以外，代表团其他成员都对普鲁士军事体制赞赏有加。当时，普鲁士军制被广泛认为是现代陆军的典范。三浦梧楼的见解是众人皆知的，而把他加进来也许是为了平衡一个敏感性问题，即代表团成员地域出身的结构。大山岩和川上操六是萨摩人，而桂太郎和三浦梧楼来自长州。但大山岩终究还是不顾三浦梧楼的反对，请求普鲁士陆军大臣保罗·冯·谢伦多夫（Paul von Schellendorff）为日本陆军大学推荐一名高级教官。冯·谢伦多夫一开始举荐的是科尔马·冯·德·戈尔茨少校（Colmar von de Goltz），但普鲁士参谋总长赫尔穆特·冯·毛奇（Helmut von Moltke）却希望戈尔茨去协助重建刚被俄军击

4. 明治陆军

败的土耳其陆军。毛奇随后提名43岁的克莱门斯·威廉·雅克布·梅克尔（Klemens Wilhelm Jakob Meckel）去担任该职。此人不是一名教官，而是一位战术家。[37] 日方代表团于1885年1月回国，而梅克尔则在两个月后抵日。

梅克尔身材高大，仪态威严，有些秃顶，看上去典型就是一个严肃刻板的普鲁士军官。他对待学员确实很严苛，无时无刻不督促他们要尽职尽责，要关注细节。但他并不傲慢自大，目中无人。他喜爱饮酒，待人亲切友好。[38]

法国顾问团规模很大，其在19世纪70年代时的军官人数曾达40位之多。但梅克尔的顾问组却从未超过7人。直到20世纪初，仍有4至5位法国顾问在陆军内继续留任，从事语言教学和军械专家的工作。从1884年到1896年，还有几名意大利军事顾问为日本效劳，因为日本陆军当时正在使用意大利制造的青铜炮。[39]

梅克尔和他的团队把普鲁士军事教育模式带到了日本。结果，日本的军事教育不再仅仅关注技术专业能力的培养，而转向更全面的军事教育。尤其要提的是陆军大学的课业时间被延长到了三年。在梅克尔的主导下，陆军大学改变了日本军官思考战争的方式。并且，他的思想集现代战略和传统军人价值观于一体，因而对日军广大军官来说颇具吸引力。比如，梅克尔训诫道，战争的胜败并非仅和先进武器有关，决定性的因素是高昂的士气。他强调说，战争的心理因素和进攻精神是很重要的。这种战争哲学正好与日本陆军既有的关于"精神"——或曰"战斗精神"——的理念不谋而合。在梅克尔的指导下，除了外语，新课程的重点清一色都是军事艺术和科学的内容：战术、军事史、军械、枪炮、筑垒、通信、地形学、骑术以及医疗卫生。他没怎么关心后勤问题，而是全力讲授作战计划和作战指挥的技巧。即便如此，日本学员还是全盘接受了他的教导。但后果是，日本人在把握行军、装备、给养的筹划和组织问题时表现得很糟糕，而且他们几乎不懂现代军事后勤方面的知识。[40]

梅克尔使用原始材料进行讲授。他还率队实施参谋旅行作业。之所以要使用这些方法是因为他想告诫日军军官要把理论应用到战术实践中去，要注意地形对部队机动和战斗的影响。所以，梅克尔的教学并非空谈军事理论，而是根植于对军事史的讲解。经验教训表明，果断的决策胜过一切，而情报收集工作却可能贻误行动时机。语言不通是个难题，因为在梅克尔的课上，"提问—翻译—解答—翻译"的流程很耗时间，并且枯燥无味。但译成日语后的文字版讲义却被当作学习材料在军官中广为传阅。[41]

经梅克尔指导，日本陆军转而使用德国的《战地手册》（Field Manual）。它注重中队级的单位在战术编队中的作用。与此同时，训练和程序也日趋标准化。1887年以前，每个联队都能自行决定自己的训练安排。但就在1887年，部队的训练规章在全军内得到了统一。为了向普鲁士改革看齐，陆军采纳了所谓的"家庭式训练理念"（Family Training Concept），即要求各中队长负责训练手下士兵。陆军当局希望低级军官能发挥长官和教官的双重作用，并要求他们既精通军事艺术，又能给部队灌输战斗精神。到1889年时，普鲁士1884年《野战勤务条令》（Field Service Regulation）的文稿已被译成日语。两年后，日本陆军完成了从法式向普式训练法的过渡，并根据新的《步兵操典》加紧训导和操练新兵。[42]

人们把梅克尔赞誉为"近代日本军事教育之父"，这是毫不为过的。他对日本陆军的影响不仅显著，而且历时长久。但他最终告别日本时却是愁云惨淡。很明显，某些颇具影响的日本军官怀疑他是个德国间谍。虽然获得了赠礼和嘉奖，但他却不得不在一味坚持后才为自己的嘉奖获得了天皇御玺的印章。另外，他还被授予了一枚等级较低的勋章。可是，无论如何，梅克尔还是一直为他的成就及其日本学员的表现感到骄傲。[43]

随着日本军事教育愈益制度化，想进陆军大学进修深造的军官必须参加竞争性的入学考试（1886年，陆军大学的课业学期被延长至三年）。申请入学的基本条件是，申请人必须至少已获中尉军衔，身体要健康，服役记录良好，并在才智方面有卓越表现。另外还有其他要求：必须有至少两年的部队服役经历，年龄最大不得超过28岁（像炮兵和工兵等特殊兵种的年龄上限提高到了30岁，因为那些兵种都有额外的专业技术学校教育经历的要求），最后还要出具一封由申请人的长官所写的推荐信。辎重兵军官起初并无资格报考，因为当时在参谋本部还没有负责后勤的部门。这再次表明了日本陆军是多么轻视后勤补给工作。

为了参加陆军大学的考试，一名低级军官通常要花两三年的时间来准备。如果报考者能被陆军大学录取，这对他所出身的联队来说也算是件增光添彩的好事儿。所以，随着时间的推移，如果有哪位低级军官在大队或联队里表现出众、看上去前途无量，他的大队长或联队长一般都不给他安排什么重活儿，以便能让他集中心思学习，准备考试。起初，陆军大学学员的班级排名是至关重要的。后来从1887年开始，校长或他的代表会向参谋本部部长汇报学员们的成绩，而本部长则以此来决定学员日后的岗位和晋升安排。进入20世纪，班级名次在军官晋升方面的重要性下降了，或至少可以说，在决定谁有资格荣获将官头衔的时候是如此。而一个人在战场上的英勇表现和实际的军旅经验开始更受重视。[44]

陆军也把那些将来可堪大用的军官送往外国军事院校进行培养。1882年时，有9人在法国学习，另有3人在德国进修。1898年，在法国有3人，在德国则有12人。在整个旧日本陆军时期内，军方都例行派遣军官赴外国军校学习，并且几乎都是去欧洲国家。正如海军的情形一样，陆军高级军官里有海外经验的人比例很高。他们或曾赴外留学，或当过驻外武官，或做过观察员。流行观点认为旧日本海军的军官往往见多识广、经验丰富，并轻率断定陆军军官对西方世界一无所知，是群守旧顽固的乡巴佬。但实际上，陆军经常把最优秀的军官送到欧洲学习，接受职业化训练。

另外，陆军各兵种还建立了专门军校（Branch School）以对各自的军官和部队进行专业教育。陆军省在1885年创建了辎重兵局（transport corps bureau），并于去年颁布了《辎重兵操典》（*Transport Corps Field Manual*）。1871年，陆军建立了自己的医学校。但由于医学培训耗时漫长，并且对教员的技术要求极高，所以陆军在1877年取消了这所学校，改而利用东京大学医学部（Tokyo University Medical School）来培养军医。毕业后，这些学员还要接受军医方面的专业指导。1888年，陆军重建了自己的医学校，以此作为陆军军医的研究生中心。该校为后备军医提供了最新的外科手术技术，并培训医疗护理人员。1894年，它变成了陆军卫生学校（Army Sanitary School）。[45]

普鲁士的影响也改变了陆军士官学校。1890年以后，军官候补生在毕业后不再马上被授衔。陆军转而以普鲁士模式为蓝本，规定学员在进入士官学校前要以军官候补生的身份在部队里服役一年（如果是幼年学校的毕业生，则只需6个月）。之后他们要在士官学校学习19个月。毕业后，他们还要以候补军官的身份在部队里服役6个月。如果候补军官顺利服役期满，则会获得少尉军衔。后来，陆军在1920年对该制度进行了改革。军官候补生在部队服役6个月后，要另花2年时间在士官学校里学习预科课程，之后用22个月的时间修完士官学校的主要课程，最后再以候补军官的身份在部队服役2个月。[46]

1896年，陆军采纳普鲁士体制，将陆军中央幼年学校与地方幼年学校分离开来。13岁的男孩儿先要完成3年学业才有资格进入东京的中央幼年学校进行为期两年的课程学习。除了已故军人或高级官僚的子弟以外，学员到各幼年学校就读都要缴纳学费。这就让贫寒人家的孩子很难成为军官。毕业后，军官候补生要在部队里待6个月，然后才能进陆军士官学校学习。儿玉源太郎少将一直强调，在各幼年学校里进行精神教育是非常重要的。所以从19世纪90年代起，精神教育就成了幼年学校教学的一项标准特色。[47]

4. 明治陆军

监军本部的改组

1885年5月,陆军省修改了镇台条令。每个镇台的长官由此成了一个师团的师团长,而监军部长则指挥两个师团,变成了军(Corps)司令官。[48] 这是陆军把固定镇台转换成更具机动性、更现代的步兵师团的第一个步骤,但这也要求对监军本部进行更彻底的革新。新近晋升的陆军省总务局(General Affairs Bureau)局长桂太郎少将和其他具有类似想法的参谋本部军官在顾问梅克尔的辅佐下,开始了重组监军本部的工作,以使其适于指挥和控制新的师团兵力结构。

基于先行研究,1885年末,桂太郎向山县提议,应废除监军部目前扮演的"作战司令部"的角色,并使之转为负责陆军训练。同时,陆军要引进一个基于竞争考试——而不是资历——的集中式晋升体制,并给现役资格设置年龄上限。陆军也打算修改一些现行条令。它们规定要升任大将(Full General)的人必须在战时指挥过大型部队,后来则改为候选者须有战时指挥经验。这些措施旨在从军官团中扫除那些老朽无用之辈,并通过基于个人能力的竞争考试来推举才华出众的年轻军官。[49]

在得到山县有朋的支持后,1886年3月,桂太郎建立了一个包含19名成员、研究军制的临时委员会来考虑陆军改组的问题。该委员会由儿玉源太郎大佐负责主持。梅克尔向委员会提供建议,并与儿玉源太郎每半月会面一次,讨论兵力结构以及日本陆军的使命等问题。梅克尔还起草了一些意见书,其中一篇讨论了将固定镇台变成机动师团的做法在指挥和控制方面具有何种意义。[50]

梅克尔认为在战时设置军级(Corps Echelon)编制是多此一举,因为日本陆军本身规模不大——只有7个师团,而且其战略是防御性的:击退对日本列岛的入侵。凭借机动性,单个师团能被迅速部署到指定的战时防御地域,并

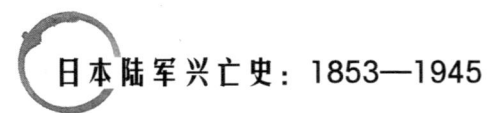

在附属的炮兵和技术部队的支援下,遂行独立作战任务,其角色恰如欧洲陆军的一支小型军(A Small Corps)一样。因此,师团成了日本陆军作战行动的要素。而如果军级单位是多余的话,那么现在的监军部系统也会显得画蛇添足,因为它在战时相当于一个军级部队的指挥机构。在梅克尔看来,监军部在平时可以管辖两个师团,这样可以统一各级部队的训练,但到了战时,它将无用武之地。[51]

从上述研究的思路出发,梅克尔进一步建议创设一个总监部门来督导全军的军事训练和军官教育,并直接对天皇负责。该总监与"参谋本部长"和"陆军大臣"(在新设的内阁体制下代替了"陆军卿"的职位,将在下文论及)平级。最后,他提议设置一个人事部门来管理军官的升迁与职位分配。1886年7月10日,陆军大臣大山岩将梅克尔的建议提交内阁审议。[52]

曾我佑准、三浦梧楼及其同党坚决反对废除现有的监军部,而且也反对让由山县控制的"教育总监"来替代监军部。凭借自己占据的有力职位——三浦梧楼统率着东京镇台,而曾我佑准时任参谋本部次长,他们坚决主张,无论是参谋本部还是陆军省(内阁制确立后,设立于1885年12月)都无权管辖各地区的监军部长,因为监军部长直接对天皇负责,所以如果要动他们的位置就需要发布一个天皇敕令。他们拒绝接受诸如竞争性晋升考试之类的改革。一些军官也支持曾我和三浦的立场,因为这些人的职业生涯是与传统基于资历的晋升体制密切挂钩的。谷干城中将(时任农商务大臣,但仍属陆军现役)和参谋本部长有栖川宫炽仁亲王也反对改革,并特别反感将监军部长的职能划归陆军省,因为他们认为这样一来就会让陆军大臣的权势过大。据当时的谣言说,明治天皇认同他们的意见,并希望任命三浦梧楼为参谋本部长。然而,山县有朋却不顾天皇的喜好而与大山岩密谋削弱三浦梧楼的势力,将三浦调离东京地区部队的指挥岗位。[53]

在1886年7月12日召见有栖川宫亲王之后,明治天皇暂时推迟了由伊藤博文首相出面调解、在一定时间内达成妥协的计划。而伊藤博文设法让有栖川宫亲王和山县有朋同意：步兵军官的晋升由刚刚建立的陆军省来管理，而其他兵种的升迁事务则属于监军部的职权范围。另外，伊藤表示以后会对监军部进行改组。所以，基于这项承诺，有栖川宫和山县也认可了新监军部将由参谋本部来支配的安排。[54] 陆军于是在7月24日撤销了旧的监军部，而以所谓的"新监军部"（New Inspector-General）取而代之，它在行政上隶属于陆军大臣。

由于把监军部的平时职能划给了陆军省，日本陆军也就壮大了陆军大臣的权威，使其能掌控人事升迁政策，并向各地军队长官发布作战命令。这项变革削减了地区监军长官的职权，因为他们过去是下达命令的作战司令，但现在却成了听命于人的训练督头。[55] 1886年的变革举措也带来了以下变化：在晋升将官时不再要求候选人有战时指挥经历；由天皇来挑选和任命大将；晋升不再凭资历长幼，而是靠竞争性的考试成绩。由于继续持反对意见，曾我佑准从参谋本部次长的位置被调到了陆军士官学校当校长，而三浦梧楼则被调到熊本。但三浦梧楼没有接受贬谪，而是选择辞职。尽管如此，他们两人仍是陆军政策的公开批判者。

但这种处理方式并未解决新型师团的兵力组织与地区监军部门之间的关系，因为后者仍然直接对天皇负责，并在战时担任军司令官（Corps Commanders）。在向师团制的过渡阶段，正如伊藤曾许诺的那样，陆军省再次对监军部实施了改革。1887年7月的天皇敕令最终使全军训练工作实现了标准化，并将其置于新监军部的管理之下。监军部仍直属于天皇，负责统筹协调一切军事训练和竞争性考试。[56] 当时担任内务大臣的山县有朋被任命为第一任监军部监军（Inspector-General），但他只在这个位置上待了9个月。此项人事安排显然是为了确保这个新机构能顺利起步，迈上正途。监军部是后来的陆军教育总监部（Inspector-General of Military Education）的前身。后者是依照1893年1月天皇敕令而建立的，其目标是在全军实现专业水平考评的标准化。

参谋本部的改革

按照1885年12月发布的法令，新成立的内阁设置了10个部门。陆军大臣（之前的陆军卿）继续负责陆军的行政工作——年度预算的准备、武器采购、人事安排以及与国会（Diet）相关的事务，并将如上情况向首相汇报。新制度允许参谋本部长在不通知文官内阁成员的情况下直接向天皇汇报军机秘事。尽管有这样的安排，制度设计者还是鼓励陆军大臣向首相通报上述事宜。以前，太政大臣统领众官，并握有军令特权（Military Command Prerogatives），但现在新设立的首相却根本无权过问军事作战或军令事务。[57]

新内阁授权在海军省下设立一个单独的海军参谋部门。由于存在两个参谋机关——一个属于陆军，一个属于海军，军事部门就有必要实施进一步改组。1886年3月，内阁新设置了一个集权化的管理机构以便将军事作战事务与国务政治隔离开来。这个新机构实际上是一个联合参谋部门，负责统筹军事计划，协调军事行动。一个立场不偏不倚的皇族成员——有栖川宫炽仁亲王——出任参谋本部长，由此可以抑制军种间日益升级的冲突与争吵。他有两位参谋次长——一位来自陆军，一位来自海军。这两人负责领导各自的参谋班子。有栖川宫亲王还有一个联合参谋团队来制订联合军事计划，从而为陆海两军快速应对突发情况提供便利。[58]这项重组举措源于太政官时代的安排，反映了陆海两军无力解决各自应该"扮演什么角色""履行什么使命"的问题。因此，双方的妥协方案是让一位无实权的首脑来领导两个独立运作、相互竞争的参谋部门。

由有栖川宫亲王出任参谋本部长是因为有人希望在天皇与陆军之间的直接关系上做文章。事实证明，这个问题重重的组织安排无法让人满意。这部分是由于陆军内部就联合参谋部权威的性质不断发生争执,部分是因为专长各异的陆海军军官很难协调工作,部分也是由于有栖川宫亲王就像当时很多他的老前辈那样缺乏正规的军事教育、专业的军事知识以及技术能力,而这些都是陆海两军在迅速变革的时期所亟须的素质。[59]

为了弥补这些不足,两年后,即1888年5月,陆军再次改组了参谋本部,变其名为陆海军参谋总部(The Army and Navy Staff Directorate),取消了原先参谋次长的职位,取而代之的是分别设立陆军参谋本部和海军参谋本部,两者共同对一个全军的"参军"(Chief of Staff)负责。有栖川宫亲王担任"参军",是天皇有关作战计划和国防事务的军事顾问。但有栖川宫手下并无参谋人员,只有一个副手,并依赖陆海军参谋人员提供建议。[60] 理论上说,"参军"是协调联合计划和大兵团作战的理想机制,但陆海军却互不买账、拒绝合作,因此联合计划并未实现,而试图统一军令权的努力也再告失败。

在1889年2月公布的明治新宪法中,第11条和第12条正式以制度的形式认可了军方在最高统帅权方面的特权。第11条规定天皇是陆海军的最高统帅,而第12条使天皇有权确定其和平时期的兵力组织。宪法学者对此的解读是,前一条使参谋本部能在不理会内阁的情况下协助天皇处理军机要务,实际上也就将陆海两军置于首相的控制之外。这是藩阀寡头们的主要目的,即让陆军远离政治,或换句话说,就是让政党人士和各种政治派系无法掌控陆军。[61]

陆军高级军官还担心在新宪法下,一名将官在理论上能同时支配两个分立的军种参谋部,而这可能会侵犯天皇的统帅特权。为了防止这一可能性出现,同时也为了在军务上保持优势地位,陆军领导人劝说天皇取消"参军"的职位,并将海军参谋部置于海军大臣的管理之下。但陆军的"参谋本部"却独立于新设立的陆军省而享有直达圣听的地位。有栖川宫亲王成了重组后的新"参谋本部"的首脑,即"参谋总长",而原先一直在职的"陆军参谋本部本部长"现在则被移到"参谋次长"的位置上。这套新的变革措施让所谓的"参谋总长"成了事实上的陆军参谋长官（de facto Army Chief of Staff），因为海军参谋部如果要发布命令，必须通过海军大臣才能实现，但后者却并无与天皇直接沟通的制度渠道。[62] 在这样的安排下，日军就没有一个整合性的联合参谋部来管理作战指挥与控制。

像三浦梧楼那样的顽固保守人士痛恨建立一个强大中央政府的想法，因为那种理念已然展现了其腐败本质，而证据就是它推动了陆军内地方派阀主义的兴起。在19世纪80年代，他们花了大量时间试图阻止萨摩、长州两藩势力垄断陆军的职位和改革。正当其时，机构改革在不断推进，兵力结构也得到了更新，参谋本部则被调整重组，并且还建立了一个焕然一新的行政管理体制。但保守人士最后却只是看到了山县有朋、大山岩及其各自藩阀集团在上述过程中强化了对陆军的掌控。[63] 三浦梧楼声称派阀主义已让维新运动步入歧途，而对日本来说，适当的路线应是部署一支专事本土防卫的小型陆军。他与陆军参谋次长曾我佑准、已退役的将军谷干城以及鸟尾小弥太等人一道坚决反对大山岩和山县有朋企图以德国军制为蓝本、建设"大陆军"的计划。

三浦和曾我的盟友是一群反主流的军官，他们以"月曜会"（Getsuyokai）为中心成立了一支组织健全的反对力量。月曜会始建于1881年，是陆军军官的联谊组织，由陆军士官学校的头两届毕业生创办。月曜会起初鼓励会员研究军事科学的最新进展，从而提高陆军军官的专业技能，为国防事业助力，促进对大兵团作战的认识。很快，会员数量就超过了50人。其他专业性的军官组织——从骑兵到兽医等门类——也遍及全军。

1884年，亲法（Francophile）的月曜会会长——同时也是户山步兵学校校长——邀请三浦梧楼、曾我佑准、谷干城（现已退役并出任学习院院长）和鸟尾小弥太（现已退役并出任政府统计局局长）等人担任月曜会顾问。亲法派的三浦和曾我于是主导了月曜会，利用该会的演讲、通信以及后来的会刊——《月曜会记事》——猛烈抨击山县有朋和陆军领导层，公开斥责陆军普鲁士风格的改革，并推动传播"小陆军""反扩张"的理念。在曾我佑准的指导下，《月曜会记事》发表了对高级军官尖锐辛辣的批判文章，嘲讽其虽然打过维新战争，但往后就坐吃功劳簿，现已是一群老朽无用之辈。文章说他们对军事科技的进步根本一无所知，整日就知道坐在办公桌前无所事事，而与此同时真正的军人却在野战演习中排兵布阵、调兵遣将、锻炼才干。

这番嘲讽陆军领导层不懂现代军事技术和思想的言论深深刺痛了那些身居高位的人，于是他们也展开了反击。时任旅团长的乃木希典少将以及刚在德国待过一年后回国的参谋次长川上操六在公开场合并不理会以上的批判之辞，而仅指其是不负责任的幼稚言论，并说那种做法有悖于军法军令，会削弱陆军纪律和军内秩序。但月曜会在整个19世纪80年代仍将是陆军领导层挥之不去的困扰，犹如芒刺在背。

添兵补员

因为绝大多数士兵来自农村，所以军内人员的出身比例严重失衡。例如在1888年，约80%入伍的士兵来自基础产业（农林渔业），而当时从事基础产业的人口差不多占日本全国人口的65%。矿业、制造业和建筑业——第二和第三产业——的从业人员约占总劳动力的35%，但在1888年入伍的士兵中，他们仅占11%。[64]

1887年，陆军采用了普鲁士一年期志愿兵制度，为后备军官储备人才。日本学生中学毕业后不再享受延迟服役的待遇，但他们现在可以不用再走普通征兵的路子，而能志愿申请专门的训练项目以成为后备军官。[65] 候选人以特别身份志愿服役一年，期满时，他们将被授予预备役少尉的军衔。他们可以自行挑选服役兵种，在兵营外居住，而且也无须在营区从事各种例行的杂役苦差。他们的军服佩有特殊徽章，并在6个月后升为上等兵（Superior Private）。以此为基础，在获得其联队长批准，并在6个月后顺利完成资格考试后，他们就成为预备役军官。但以上特殊待遇并不是无偿的。这些志愿者必须自己解决服装、伙食和装备的开销。而且按陆军的核定，他们还应支付60日元（而骑兵则是80日元，因为还有养马费）。这笔费用远远超出了大多数日本人的经济能力。正因为如此，在每年入伍的人里，这种志愿兵只占很小的比例（仅有0.7%）。[66]

在这个项目的第一年，约有100人志愿申报。但到了1897年时，却有超过1000名志愿成为预备役军官的人被该项目录取。人数如此激增部分是由1889年的征兵制改革造成的，下文将论及此事。[67]在现役期后，预备役军官就进入7年的预备役军旅生涯。这比先服役3年，然后再进入预备役待9年的从军方式强多了。但他们每年都要应召转入现役，这是为了保证他们的军事素质不会下降。[68]

从1906年到1916年，在逾35000人的志愿者中，约半数人选择加入步兵科。但还有四分之一的人选择从事辎重运输或行政管理等专业，结果造成了冗员，因为当时这类部门在陆军中的作用很小。随后进行的改革创设了志愿兵的在役训练科目，其时间被缩短，仅为期6个月，从而改变学员总是拖拉延期的现象。于是，随着常备军逐渐从1888年的约65000人增长到1893年时的77000人，陆军也相应建立了一支能随时待命的预备兵力。一旦开始动员，它能使日本陆军的规模在战时翻倍。[69]

1889年，陆军遵循普鲁士模式对征兵法做了重大修改，此举是为了给战时师团提供大量后备兵员。它消除了缓服兵役的可能，并设置了四种兵役类型，即"现役"（Active Duty）、"第一后备役"（First Reserve）、"第二后备役"（Second Reserve）和"国民兵役"（National Militia，即国土守备部队），从而明确了现役和预备役部队之间的区别。[70]

新法令也对参军者的资质进行了划分，即从A级到E级，其中达到A级和B级的人可以入伍。1899年，B级被进一步划分为两组，依据的是体质上的细微差别。入伍前的体检一年举行一次，并将时年20多岁的适龄参军人群按下述方式予以评级：A级，完全达标；B级，总体达标，但有一些不影响服役的小缺陷，例如肌肉组织和骨质较软，有皮疹、伤疤或文身等；C级，身高在4英尺8英寸和5英尺之间，不适合参加前线作战，但能在后方工作；D级，身高不足4英尺8英寸，或经常生病、身体畸形。A级的候选人在入伍后，先在现役部队服役3年，然后自动转入为期4年的预备役，如果遇到战时扩军，他们要重新入役以补充军力。B级人群通常被安排到第一后备役，而C级则去第二后备役。第一后备役在战时动员的作用是充当前线部队的替补兵源，而第二后备役人员则被调往辎重兵部队以增强战时的后勤补给能力。预备役士兵先进行90天的基本训练，随后每年听候征集令，组织一次不超过60天的训练。以上对入伍者分类处理的做法一直延续到了1945年。[71]

按照陆军条令，被征召入伍的士兵在头3年的现役阶段是不能结婚的。为了便于训练，他们被归入几个年龄组（一年兵、二年兵或三年兵）。而每一年又被细分为7个训练时段。新兵先进行6个月的基本训练（第1到第3时段），然后与二年兵和三年兵一起接受6个月的单位和野战训练（第4到第7时段）。相比之下，三年兵其实就不大参加操练和演习了，所以他们的军事能力就随着他们服役时长的增加而退化了。这样一套模式强调士兵要有过硬的技术和武器操控素质，并严格遵守行军纪律，因为只有这样，部队才能快速机动。1889年，陆军开始强调领导能力和战斗中无形精神品质的重要性，同时进一步努力强化军纪。

到19世纪80年代早期的时候，日本陆军已采用西方（主要是法国）的军事法庭法规来处理多种严重犯罪，比如哗变、开小差、抗命、强奸以及虐囚等。通常的惩罚手段是鞭笞犯人的背部或臀部。同时，针对一些小过失，军营也发展出了一套体罚措施。虽然它们并不正规合法，但依然很严酷。扇士兵耳光是家常便饭，结伙斗殴也很普遍，骚扰和欺侮弱者则是万年不变的现象。这么做的目的是保证士兵绝对服从上级命令，并把无条件顺从的思维灌输给士兵，最后形成了一种类似条件反射或习惯式的状态，让士兵一个个都服服帖帖、唯命是从。从此以后，非正式的惩罚手段和正式的军事法庭相辅相成，共同为日本陆军确立了一种斯巴达式的纪律准则。而与此相关的另一种思想，能忍受痛苦、经历磨难是日本民族精神之本。[72]

与1889年征兵法改革并行的做法是：陆军鼓励各地政府与本地城乡社会团体一道，召开送别会以向即将出发的新兵致敬，并举行表彰仪式嘉奖那些退伍还乡的老兵。近卫兵在全国范围内募兵，因此是个特例。除此以外，每个师团都要负责管理四个地区的联队征兵工作（每个联队对应一个地区）。由于每个联队都有自己的兵源地，因此联队士兵都彼此相识。但更重要的是，他们也为自己原先的父老乡亲、街坊邻里和地方当局所熟知，这就无形中给他们增加了人情上的压力，从而迫使他们在部队里好好表现，以免辜负亲友们的期望。

日本陆军在这20年里经历了很大变化。在19世纪70年代时，一支仓促拼凑的军队击溃了大小不一的武士叛乱，并结束了武士们对新政府构成的威胁。这支军队也镇压了农民起义和民权运动，消除了民众暴乱的危机。及至19世纪90年代中期，日本陆军已建成了一套现代的兵力结构，并广泛开展了野战演习以验证军事思想。同时，它还改善了交通通信和后勤支持能力。日军职业军官团熟谙各种战术和作战理念——当然，他们在军事战略方面的能力还是有所欠缺。日军的下士官团队也训练有素、克己自律，从而使基层部队保持了有序、服从的状态。1883年和1889年的征兵改革为战时动员培养了大量受过训练的后备兵力。日本陆军还建成了一个职业化的军事官僚体系，从而在1890年时得以清除了法国人在军内的影响。另外，它还对军事教育和组织机构进行了改革，确立了以个人业绩和能力为评判标准的晋升制度。

但日军在组建参谋本部方面的努力却不太成功。尽管进行了数次重组，但它还是无法协调联合计划，更别提什么联合作战了。此外，虽然新的军事官僚系统在眼下尚能运作顺畅，但这是由于当时的文官和军方领导人目标一致，并尊重非正式的决策机制。然而，在日本，一个职业军官阶层正逐步形成。它虽然推动了制度化的办事程序和行为机制，但却实际上破坏了先前那个人格化的、不成文的决策系统。久而久之，事实证明，这个新兴的军事官僚体制最终会危及长州和萨摩派军官在军内的传统支配地位。之所以如此，是因为个人纽带、乡土感情或历史战绩的重要性在后来日渐下降，而精湛的职业技能和良好的教育背景才是保证个人飞黄腾达的"宝贵资产"。

[注释]

1. Wagatsuma, *Meiji zen*, 441.

2. Tobe, *Gyakusetsu*, 53; Kuwada, "Nisshin sensō mae," 8.

3. Matsushita, *Meiji no guntai*, 67; Kaneko, *Heiki to senjutsu*, 180.

4. Matsushita, *Meiji no guntai*, 67; Ikuda, *Nihon rikugunshi*, 42; Yui Masaomi, "Meiji shoki no kengun kōsō," in *Guntai heishi*, 484—485. Several Japanese military historians claim that Yamagata also intended to stifle military participation in the popular rights movement. Hata Ikuhiko, however, points out there is no supporting documentary evidence for such an interpretation (Hata, *Tōsuiken*, 97), which in any case seems premature in 1878, a time well before the popular movement peaked in the early 1880s.

5. Kurono, *Sanbō honbu to rikugun daigaku*, 6,27,29—30.

6. Katsura followed Ōmura Masujirō's advice to learn about foreign military institutions by studying abroad. Kurono Taeru, *Teikoku rikugun no "kaikaku to teikō"* [Reform and resistance in

the imperial army] (Kōdansha, 2006), 52.

7. Ōe, *Sanbō*, 31, 34—35; Presseisen, *Before Aggression*, 62, 64; Morimatsu Toshio, *Daihon'ei* [Imperial general headquarters] (Kyoikusha rekishi shinsho, 1980), 31.

8. Ōe, *Sanbō*, 35—36.

9. Morimatsu, *Daihon'ei*, 31—33; Kurono, *Kaikaku to teikō*, 29—30; Fujiwara, *Gunjishi*, 77.

10. Tobe, *Gyakusetsu*, 97; Kumagai Mikahisa, "Kyūrikukaigun shōkō no senbetsu to kyō iku" [Officer selection and education in the former army and navy], *Bōeicho bōei senshibu kenkyū shiryō* 80 RO-12H [Japan, self-defense agency, self-defense military history department, research document 80—12H], mimeo, 1980, 60—61; Maebara Toshio, "Nihon rikugun no 'kōbō' ni kakawaru riron to kyōgi" [The Japanese army's theory and doctrine for offensive and defensive operations], *Bdeichō bōei senshibu kenkyū shiryō 86 RO-5H*, mimeo, 1986.

45. The number of prize-winning graduates varied between six and ten students, depending on class size.

11. Suzuki, *Shiba Ryōtarō to mitsu no sensō*, 22—23; Ikuda, *Nihon rikugunshi*, 43; Harada Keiichi, *Kokumingun no shinwa* [The myth of the people's army] (Yoshikawa Kōbunkan, 2001), 213.

12. John K. Fairbank, Edwin O. Reischauer, and Albert M. Craig, *East Asia: The Modern Transformation* (Boston: Houghton Mifflin, 1965), 299; Andrew Gordon, *A Modern History of Japan from Tokugawa Times to the Present* (New York: Oxford University Press, 2003), 87—88.

13. Ōshima Akiko, "Iwayuru Takebashi jihen no 'yoha' ni tsuite" [Concerning the after-effects of the so-called Takebashi incident], *Gunji shigaku* 32:3 (December 1996), 34—35,42,44.

14. Rikusen gakkai, *Kindai... gaisetsu*,6; Tobe, *Gyakusetsu*, 56; Katō, *Chōheisei to kindai Nihon*, table 46—47.

15. Tobe, *Gyakusetsu*, 65. Lt. Gen.Torio Koyata commanded the Imperial Guard in 1881 and became the cabinet statistics institute director. Lt. Gen.Tani Tateki was the commandant of the military academy and concurrendy the Toyama school commandant. He later became agriculture and commerce minister and retired from the army in 1889. Lt. Gen. Miura Gorō commanded the western army district and between 1882 and 1884 was the military academy commandant. In 1884 he was placed on the inactive list; he retired from the army in August 1886. Maj. Gen. Soga Sukenori was the acting central army director in i881. The next year he became vice chief of staff, and in 1885 he commanded the Sendai garrison. He retired in 1886.

16. Tobe, *Gyakusetsu*, 71; Hackett, *Yamagata*, 86; Carol Gluck, *Japan's Modem Myths:*

Ideology in the Late Meiji Period (Princeton, NJ: Princeton University Press, 1985), 53—54.

17. Fujiwara, *Gunjishi*, 68.

18. Yamagata Aritomo,"Shinrinpō heibi ryakuhyō" [Memorial to the throne on the military advances in neighboring China], November 13,1881, in *Guntai-heishi*, 279—287; Kuwada Etsu, "Nisshin senso" [The Sino-Japanese war], *Gunjishi gaku* 119 (December 1994), 8; Kuwada, "Taigai rikugun gunbi no kōchō," 143.

19. Kurono Taeru, *Dai Nihon teikoku no seizon senryaku* [The imperial Japanese empire's strategy for survival] (Kōdansha, 2004), 20.

20. Ibid., 21,23—24.

21. Kuwada, "Nisshin sensō," 9.

22. Kurono, *Daigaku*, 37—38; Kuwada, "Nisshin sensō," 9; Morimatsu, *Daihon'ei*, 38; Kuwada, "Taigai rikugun gunbi no kōchō,"145; Kurono, *Dai Nihon teikoku no seizon senryaku*, 21—22.

23. Morimatsu, *Daihon'ei*, 35; Hara, *Meijiki kokudo bōeishi*, 187; Kuwada, "Taigai rikugun gunbi no kōchō," 147—148.

24. Katō, *Chōheisei to kindai Nihon*, 46—48; Kumagai Tadasu, *Kisō chishiki*, 120—121.

25. Tobe,*Gyakusetsu*, 109.The personnel strength figures are from Rikusen gakkai, ed., *Kindai sensōshi gaisetsu, shiryō hen* [An outline of modern war history: documents appendix] table 2—1—2, 39.

26. Treaties signed with the United States and Great Britain by the *bakufu* in 1858 surrendered tariff autonomy, among other humiliating concessions that made Japan economically subordinate to foreign governments.

27. Kurono, *Kaikaku*, 53; Fujiwara, *Gunjishi*, 78; Kurono, *Daigaku*, 43.

28. Kurono, *Dai Nihon teikoku no seizon senryaku*, 27—28.

29. Gordon, *Japan*, 91. Tani continued to criticize the government and was seconded to the reserves the following year. Further talks on treaty revision occurred in 1890 and 1894. In July 1894 Britain agreed to end extraterritoriality in 1899 and customs control in 1911. Other western powers followed the British lead.

30. Tobe,*Gyakusetsu*, 109.

31. Kuwada,"Nisshin sensō," 10; Morimatsu, *Daihon'ei*, 38; Hara, *Meijiki kokudo*, 110—113.

32. Kurono, *Kaikaku*, 85; Kurono, *Daigaku*, 48; Kurono, *Teikoku*, 25.

33. Ikuda, *Nihon rikugunshi*, 55; Kuwada Etsu and Maebara Toshio, *Nihon no sensō zūkai to dēta* [The wars of Japan—maps and data] (Hara shobō, 1982), plate 5 on type divisions.

34. Yui,"Meiji shoki no kengun kōsō," 499; Hara, *Meijiki kokudo bōeishi*, 8.

35. Kuwada,"Nisshin sensō," 13.

36. Kurono, *Daigaku*, 59, 61—65; Endō, *Kindai Nihon guntai kyōiku*, 92, 98—99; Kumagai Mikahisa, *Nihongun no jinteki seidō*, 58—59; Ikuda, *Nihon rikugunshi*, 52—53.

37. Presseisen, *Before Aggression*, 104—105; Kurono, *Daigaku*, 39—41; Kumagai Tadasu, *Kisō chishiki*, 31.

38. Presseisen, *Before Aggression*, 112.

39. Kumagai Tadasu, *Kisō chishiki*, 65—66. The surge in employing foreign military professionals occurred between 1872 and 1877 when the Japanese hired French personnel exclusively; twenty-five in 1872, twenty-four in 1873, thirty-seven in 1874, forty-three in 1875,thirty-eight in 1876, thirty in 1876, and thirteen in 1877; ibid., 74—75. Japanese officers regarded the French army superior to the German in artillery, musketry, and engineering technical instruction and veterinary sciences while Germany was preeminent in medicine and accounting. Ibid., 67.

40. Tobe, *Gyakusetsu*, 94; Kurono, *Daigaku*, 76—77. Meckel's views reflected a growing trend in mainstream European military thought to emphasize morale as the key ingredient on the batdefield. See Robert A. Doughty, *Pyrrhic Victory: French Strategy and Operations in the Great War* (Cambridge, MA: Belknap Press of Harvard University Press, 2005), 25—27; and Eric Dorn Brose, *The Kaiser's Army: The Politics of Military Technology in Germany during the Machine Age*, 1870—1918 (New York: Oxford University Press, 2001), 70—74.

41. Kurono, *Daigaku*, 75; Kumagai Mikahisa,"Kyūrikukaigun shōkō no senbetsu," 63.

42. Endō, *Guntai kyōiku*, 60—62.

43. Presseisen, *Before Aggression*, 125—126,148.

44. Ōe Shinobu, *Shōwa no rekishi* [A history of the Shōwa era] 3, *Tennō no guntai* [The emperor's army] (Shogakkan, 1982), 95; Kurono, *Daigaku*, 61—66; Kumagai Mikahisa, "Kyūrikukaigun shōkō no senbetsu," 63;Yamaguchi Muneyuki, *Rikugun to kaigun—rikukaigun shōkōshū no kenkyū* [The army and the navy—research on army and navy officers] (Ki-yōbundo shuppan kabushiki kaisha, 2000), 16—22.

45. Nishioka, "Kanbu kyōiku seidō no sōsetsu to hatten," 70;Yamada Ichirō, "Nisshin sensō ni okeru iryō—eisei," in Okumura Fusao and Kuwada Etsu, eds., *Kindai Nihon sensdshi* [A

history of modern Japan's wars] vol. 1, *Nisshin Nichi-Ro sensō* [The Sino-Japanese and Russo-Japanese wars] (Dōdai keizai kodankai, 1995), 233.

46. Kumagai Tadasu, *Kisō chishiki*, 218; Itō Takashi and Momose Takaji, eds.,*Jiten Shōwa senzenki no Nihon seidō to jittai* [Dictionary of Japan's prewar Shōwa period system and essence] (Yoshikawa Kōbunkan, 1990), 319.

47. Tobe,*Gyakusetsu*, 95; Kumagai Tadasu, *Kisō chishiki,* 80—81.

48.Tobe,*Gyakusetsu*, 112.

49. Kurono, *Daigaku*, 45—46; see also Kurono, *Kaikaku*, 70—71. The 1874 regulation as revised in 1881 stipulated the wartime service criterion.

50. Kurono, *Kaikaku*, 56—57; Presseisen, *Before Aggression*, 117—119.

51. Presseisen, *Before Aggression*, 117; Kurono, *Kaikaku*, 58; Stewart Lone, *Army, Empire, and Politics in Meiji Japan* (London: St. Martin's, 2000), 16,19; Hara, *Meijiki kokudo bōeishi*, 154.

52. Presseisen, *Before Aggression*, 117—118; Kurono, *Kaikaku*, 71.

53. Kurono, *Kaikaku*, 73; Hata, *Tosuiken*, 113.

54. Kurono, *Kaikaku*, 74—75.

55. Matsushita, *Meiji no guntai*, 50—51.

56. Endō, *Guntai kyōikushi kenkyū*, 59, 64; Kurono, *Daigaku*, 45—46; Tanaka, *Rikugun jinji seidō gaisetsu, zenkan*, 80 RO-iH, 181.

57. Morimatsu, *Daihon'ei*, 41.

58. Ikuda, *Nihon rikugunshi*, 52.

59. Yui,"Meiji shoki no kengun kōsō," 490—492; Morimatsu, *Daihon'ei*, 45.

60. Morimatsu, *Daihon'ei*, 46—47.

61. Ibid.;Tobe, *Gyakusetsu*, 75—76.

62. Morimatsu, *Daihon'ei*, 43, 45,47—52;Ōe Shinobu, *Gozen kaigi* [The imperial conferences] (Chūkō shinsho, 1991), 139—140.

63. Fujiwara, *Gunjishi*,77. In 1889, of forty-two general officers, sixteen were from Chōshū (Yamagata's clique) and eight from Satsuma (Ōyama's clique), or 57 percent of the total. Of twenty navy admirals, one was from Chōshū and nine from Satsuma. Hata, *Tōsuiken*, 114.

64. Endō, *Guntai kyōiku,* 109; Kumaga, *Kisō chishiki*, 109; Yui, "Meiji shoki no kengun kōsō," 473—474. The figures do not total 100 percent because of rounding. The percentage of conscripts from agriculture was 81.5 in 1882, 80.8 in 1884, and 79.5 in 1888. The percentage

distribution of labor in agriculture was 71.2 in 1882, 67.9 in 1890, 65 in 1900, 64.3 in 1910, 53.6 in 1920, 49.4 in 1930, and 44 in 1940.

 65. Yui, "Meiji shoki no kengun kōsō," 468—469;Tobe, *Gyakusetsu*, 119.

 66. Harada, *Kokumingun no shinwa*, 53—60.

 67. Kumagai Tadasu, *Kisō chishiki*, 74—75* 122;Yui, "Meiji shoki no kengun kōsō," 474.

 68. Yui,"Meiji shoki no kengun kōsō," 467—469.

 69. Harada, *Kokumingun*, 56, 58; Morimatsu, *Daihon'ei*, 38.

 70. Katō, *Chōheisei to Kindai Nihon*, 46—48; Kumagai Tadasu, *Kisō chishiki*, 120—121.

 71. Rikusen gakkai, *Kindai sensōshi gaisetsu*, 6, 33; Kumagai Tadasu, *Kisō chishiki*, 120, 139; Iguchi Kazuki, *Nichi-Ro sensō no jidai* [The Russo-Japanese war era] (Yoshikawa Kōbunkan, 1998), 22; Kawashima [?],"Gundōin no seidō to jissai" [The military mobilization system and its reality], *Bōeicho bōei senshibu kenkyū shiryō* 95 RO-4H, mimeo, 1980, 12, 15.

 72. Ichinose Toshiya, *Meiji, Taishō, Shōwa guntai manyūaru* [Military pamphlets of the Meiji, Taishō, and Shōwa periods] (Kōbunsha, 2004), 8i;Yui,"Meiji shoki no kengun kōsō," 482; Kumagai Tadasu, *Teikoku rikukaigun*, 251—253; Toshio Iritani, *Group Psychology of the Japanese in Wartime* (London: Kegan Paul, I99i),98.

5. 进军亚洲：中日甲午战争

日本军事政策的基础虽然并未言明，但实际上依旧是一种消极的防御战略。然而，19世纪80年代末，俄国和中国的局势发展让山县有朋确信，日本如果无力向海外投送军力的话，就会永远沉沦至二流国家之列。[1] 由于敏锐地意识到了日本的弱点，山县在亚洲大陆推行的外交政策就显得谨慎小心，且以有限扩张为目标。同时，他也重塑了日本陆军，促使其成为一支足以保卫日本国家主权和利益的力量。

1888年1月，日本陆军监军山县有朋宣称，如果列强建成了巴拿马运河、跨西伯利亚铁路以及加拿大—太平洋铁路，那么西方帝国主义的侵略矛头就会从非洲转向东亚。英国和俄国有可能为争夺印度而发生冲突，而朝鲜也是热点地区，因为中国、日本和俄国的利益会在此相遇并导致竞争。如果俄国入侵日本本土，日本陆军会向登陆滩头集中2至3个师团，并最终击退俄军。对此，山县有朋是有信心的，但前提是政府能改善电报和铁路等交通通信基础设施，完成岸防要塞的建设，并为7个步兵师团提供充足的拨款。[2]

退役将军曾我佑准也认为俄国是个威胁，但质疑一种常人之见，即像日本这样的岛国，应依靠强大的海军来组织第一线国防。他觉得，即便花费巨资建设大海军，仍然无法全面地保护日本几千英里的海岸线。他提议，与其这样，还不如建设一支小型陆军（9万人的正规军和6万人的预备役）和众多与公路和铁路网相连的岸防要塞。他认为，即便是俄国，一次性跨海向日本运送的部队也不会超过两个军（Two Corps，3万人）。而这样的话，入侵者在人数上就会居于劣势，因为他们要面对的是日本15万被动员起来的民兵和陆军力量。与此同时，一支小型海军能以沿海岛屿为依托袭扰敌军舰队，破坏其海上交通线。如此双管齐下的话，任何入侵行动都不可能成功。[3] 1889年，三浦梧楼也在一系列报刊文章中发表了类似观点。他主张日本的地貌特点不适于进行欧洲式的、师级规模（Division-echelon）的作战行动。一支敌军能在漫长海岸线的任何地方登陆。所以，政府与其扩充陆军，还不如在战略要点组织和部署民兵部队来击退敌军登陆，这样收效会更好。[4]

月曜会领导人反复发出的批评之声以及该组织所秉持的独立意见触怒了陆军当局。而且，当时其他各类军官组织也在军内蔓延渗透，对此，陆军高层也很不满意。于是，在1887年11月，陆军省命令，所有军队的联谊协会都要团结到"偕行社"（Kaikosha）的旗号下，因为后者是被官方认可的。由此一来，那些在陆军省和参谋本部工作的有名望的军官纷纷离开了月曜会，并敦促、迫使各自的同僚和下属也退会走人。可是，月曜会的领导人却拒绝就此散伙。曾我佑准和三浦梧楼继续大声呼吁，反对日本进行海外扩张。[5] 由于原先在修约问题上得罪了有权势的文官政治家，丧失了重要后盾，所以他们两人现在的地位很脆弱。陆军当局在1888年12月把曾我和三浦降到预备役，从而清除了军内"亲法派"的最后残余势力。次年，谷干城也被贬到预备役。[6]

1889年2月，五名师团长请求陆军大臣大山岩将偕行社和月曜会合并。大山岩照办了，但他的实际做法是解散了月曜会和其他一切职业军官社团，并且禁止在军内组织任何研究小组。后来，偕行社地方分社的数量增加了一倍。它们扮演了军官慈善组织的角色（社员通过给救济基金捐一小笔钱来帮助其他军官的家庭改善生活）。另外，它们还推动传播陆军官方的正统思想，规范军人行为和技能，并在低级军官中物色人才。合格者能获升迁提拔的机会，或被推荐参加学习深造。因此，这些地方分社在决定青年军官的事业前途方面扮演了重要角色。但这不知不觉造成了一个后果，那就是日本陆军非常轻视批判性研究，或者说很少愿意去质疑那些盛行的"金科玉律"的正当性。[7]

1890年，日本第一届国会召开，当时选举产生的很多代表都是地主。会议期间，他们花了大部分时间来谋求降低"土地税"——也就是政府收入的主要来源。因此，虽然内阁为了水利和国防项目提出了一些花销不菲的预算要求，但它们却不断被国会削减或干脆被彻底否决。国会也坚决反对陆军改善全国铁路运输的庞大计划，因为大多数议员都不愿为这个工程立法征税。批评政府的人士包括了像退役将军谷干城这样的人，他现在是贵族院的成员之一。他们这些人打出了"财政责任"的大旗，反对昂贵的铁路建设计划，并推崇三浦梧楼的花费低廉的民兵方案。他们还支持对沿海防御工程进行投资。为了在贵族院获得足够的支持票，现已任首相的山县有朋不得不做出妥协。最终通过了一个缩水的"军备案"，而节省下来的钱被用于战略铁路网的建设资金。[8]

宇品（Ujina）是日本西部广岛（Hiroshima）的一处港口，政府规划的铁路网的主干线就在此交汇。这样一来，不管是进行海岸防御还是海外部署，日本陆军都能快速调动部队行动。虽然窄轨铁路更便宜，也更容易建造，但日本内阁还是选择建设宽轨铁道，因为其运载量更大，而且选用大型车厢的话，以较少的车皮就能输送很多部队。在政府的激励下，日本出现了铁路建设热潮。但这同建造战舰和制造武器一样，都形成了钢材进口需求的不断增长的局面。而这反过来导致了日本对外贸易出现逆差，从而引发了国内严重的通货膨胀。到1893年时，精明的投资者纷纷套现，从而打破了过度膨胀的铁道股票泡沫，并让日本的金融困境雪上加霜。[9]

除了金融基础摇摇欲坠以外，日本新铁路线的军事价值也很成问题。从战略位置上看,这些铁道往往与目前的沿海公路的距离太近。正如梅克尔之前警告的那样,如此布局会让铁路极易遭到敌方海军火力的封锁。参谋本部与兼任"铁道会议"(Railroad Conference Board)议长的参谋次长川上操六中将听从了普鲁士人的建议,想把铁路进一步向内陆迁移。但大山岩坚持认为在崎岖险峻的山区建铁路会碰到更多技术难题,而且更耗时,花费也要远远超过沿海线路的成本。此外,日本不断壮大的海军也能阻止敌方的海军兵力实施沿海炮击和入侵,从而保护海岸地区和沿海铁路。川上操六十分反感此种言论,最后辞去了在铁道会议的职位。[10]

陆军在19世纪80年代期间对战略机动性的追求迅速改变了日本交通基础设施的面貌。陆军的工程师在1885年建成了宇品军港,并在全国范围内对海岸炮台、军港、海军基地以及兵工厂予以升级改造。1894年中期竣工的、联结神户(Kobe)和广岛的新铁路线扫除了日本东西部的交通障碍。陆军还完善、拓宽了通往港口的道路。这样一来,装载重炮以及师团弹药物资的车辆就可以通行了。[11] 现代交通设施打破了过去各地区彼此隔绝的封闭状态,并为商业扩张打开了大门。人们不费什么力气,就能以低廉的价格把纺织品、食品和煤炭运往各地销售或供出口。而实力日渐雄厚的日本陆军也具备了向海外派兵的能力,因为它现在能快速把部队和装备运往各个港口,然后装船出发。

中日甲午战争中的士兵

1893年时的日本陆军有约6000名军官和12000名下士官。士兵则有将近6万人,他们都住在军营里,随自己所属的联队展开训练。为期6个月的基本训练重在反复学习以下内容:从军事礼仪和体操到小部队的队形和射击术。死记硬背和反复操练是很有必要的,因为在军队里有相当多的士兵要么纯粹是文盲,要么是半文盲。

虽然数据还不完整,但迟至1891年都有超过60%的士兵属于上述两类人

5. 进军亚洲：中日甲午战争

（几乎有27%的人完全是文盲）。只有14%的人完成了小学或更高层次的学校教育。即便如此，陆军当局还是认为有24%的人相对来说是具有实践或工作经验的。迷信很盛行，而在那些农民出身的士兵中间尤其如此。他们身处军营，发觉四周都是些新奇古怪的玩意儿。一个经常被引用的例子是，一些农民士兵从没见过烧木柴的火炉，所以就在营房里把它当神一样供起来顶礼膜拜。[12]

在1891年和1903年之间，日本中学（当时仅男性有资格上学）的数量几乎翻了两番，达到了200多所，其中四分之三的学校位于农村地区。入学人数则达到原来的5倍，有约10万名学生。[13] 到1900年时，半文盲的人数已经下降了，但其比例仍超过总人口的30%（完全文盲的人则占16.8%），而且这个比例在20世纪第一个十年里一直保持着稳定。在1920年教育改革建立了基础义务教育制度以前，仍有10%到15%通过入伍体检的年轻人没受过任何正规学校教育。之后，文盲率就渐渐下降到了可以忽略不计的程度——即低于1%，但直到1930年仍有近40%的士兵没能从小学毕业。[14]

陆军也采取措施应对日本教育状况的变革。识字率不断提高的日本大众和士兵成了陆军思想教育的重点目标。陆军鼓吹道，由于皇室血脉万世一系，从未中断，所以日本是独一无二的神国。为了普及这种理念，陆军出资资助出版了一批廉价的、能到处散发的商业化小册子。这些小册子告诉人们：应该如何为部队组织一些简单的公共仪式——比如热情亲切的送别会、欢迎退伍士兵返乡的庆祝会或者各种纪念典礼。陆军的传单还宣传说，所有士兵都应对天皇陛下感恩戴德，因为能有幸在其麾下从军效劳是他们的福分。所以，他们应该不畏牺牲，严格遵从天皇的命令。陆军还用一句话来提醒他们，那就是"花数樱花、人数武士"。[15] 就这样，军队的价值观就源源不断地渗入了日本的大众文化。

尽管已取得了很多重大成就，但19世纪90年代初的日本陆军绝不算一支最优秀的战斗力量。按西方标准来看，它的武备和技术水平都远远滞后。例如，到19世纪80年代末，钢制火炮技术已淘汰了青铜武器。但由于缺乏新的尖端技术，大阪的兵工厂还是继续制造青铜野战炮和山炮。而这反过来阻滞了日本炮兵学校在无烟火药领域的实验进展，因为火药残渣会损坏青铜武器，让它们彻底报废。与之类似的是，日本的有限产能制约了炮弹产量的提高，而陆军也就无从大量储备弹药了。对此，参谋本部采取了补救措施，即基于西南战争中的统计数据编纂了一个弹药消耗表，并希望战时大本营能谨慎地节制战地指挥官的炮弹使用量。叛乱战争时，轻型火炮曾经表现出众，而梅克尔后来的言论则进一步增强了该型火炮的价值。梅克尔宣称，由驮马运载的山炮比由几队挽马牵引的重型野战炮更适于在日本崎岖的地形中作战。陆军考虑用大口径火炮（超过150毫米）作海岸要塞的防御武器。从积极方面看，炮手们不断研习定向和测距技巧，而且在火炮间接瞄准射击方面日渐精熟。[16]

此时，东京兵工厂生产的是"十八年式"村田步枪（Murata Rifle），是一种单发射击武器。更先进的是村田"三十八年式"步枪（译者注：应为"二十二年式"，原文似有误），它有能装填五发子弹的弹仓。但在19世纪90年代中期时，它还不是日本陆军的标准装备，而且只有近卫兵和第4师团起初配有一种原型式的连发步枪。服装和武器也制式化了。野战制服包括一件黑色上衣、一条白色裤子以及一顶软质的平顶军帽。陆军在1889年采用了法式军刀。有些人要求重新使用日本武士刀，但经过五年的研究，军方最终拒绝了这项提议。原因是前述研究结论认为，由于需要双手并用才能挥动武士刀，所以在现代战争里，这种刀并不实用。[17]

陆军的伙食由精白大米、鱼、禽肉、腌菜以及茶组成。日本的医生曾在19世纪90年代初尝试在军队日常配给的食物里加入白面包或一种压缩饼干，但没有成功。然而饼干最后还是成了一种紧急野战食品。士兵每天能吃到略多于2

品脱的白米饭。根据传闻,如果在膳食里减少大米的比重而增加大麦的成分的话,就能防治一种日本明治时期的流行病,也就是"脚气病"(Beriberi)。从1876年到1885年,约有20%的士兵缺乏维生素,并患有脚气病,而在此人群中,又有2%的人最终不治身亡。1885年到1886年进行的临床试验在士兵的大米饭里混入了大麦。之后,脚气病的病例就明显下降了(从每千人近265人降到每千人仅35人)。但当时有关维生素的理论仍是一个未经证实、争论不断的学术假说。而且更重要的是,军官和士兵并不喜欢在米饭里添加别的成分,因为他们觉得这种杂烩饭是给犯人吃的东西(事实上,从1875年以来,此类伙食确实就是"牢饭")。他们认为,忠于天皇陛下的军人如果就吃这种东西是说不过去的。该案例说明,强烈的文化偏见会妨碍疾病防治的成功。[18]

地缘政治

1890年3月,山县有朋作为首相第一次在国会发表演讲。在时长15分钟的讲话中,他概述了一种能保卫日本重要国家利益的地缘政治战略,其基础是"主权线"(Line of Sovereignty)和"利益线"(Line of Interests)。他讲道,一旦跨西伯利亚铁路完工,朝鲜就会落入俄国的掌控。[19]由此,仅沿日本海岸建立基本国防线是无法保证国家安全的。日本必须进一步建立前沿防线以保护自己的海外利益,而这种利益主要集中在朝鲜。日本必须防止俄国利用朝鲜半岛作为入侵日本本土的跳板。据此推断,山县有朋是想要在日本国界以外划出一片缓冲区。但他的讲话表明,日本利益的重点是维护朝鲜的中立地位,而且他把对马岛(Tsushima Island)和"主权线"一起作为第一道国防线。[20]

从19世纪50年代以来,俄国的入侵就一直是困扰日本人的梦魇。但直到19世纪80年代,日本陆军还是太过弱小,难有什么大作为。在梅克尔的指导下,日本陆军进一步完善了抗两栖登陆的作战思想，并于1890年3月在名古屋（Nagoya）附近举行了一次新的联合大演习来检验上述成果。在程式化的战争场景中，人们事先就知道了演习结果（入侵者最终失利），但日本陆军还是展示了想象力和创造力。它用铁路大规模调动部队，而且为了提高指挥和控制能力还测试了野战电报通信。天皇很看重这次演习的开幕式，所以身着陆军军装、亲临现场主持，而且还顶着狂风暴雨观摩了演习的高潮部分。后来，他又出席了10次专门举行的陆军大演习，并且每次都穿着陆军制服。这种做法可以向前追溯到1880年。当时，作为最高统帅的天皇也是一身戎装在公开场合露面。[21]

1890年和1892年的演习实地检验了新的师团机动战术。这代表日本陆军开始摆脱传统的海岸固定防御学说。1893年5月的一场动员演习暴露了预备役下士官和担任小队队长的低级军官素质不佳，根本比不上他们的常备军同僚。于是，陆军省进一步加强了预备役部队的训练。[22]

同年，陆军省把"屯田兵"（Tondenhei，19世纪70年代，在日本当局的指导下，以北海道的武士定居者为基础编成的民兵部队）重组成了一个不满员的师团。这是因为当时北海道可以征去当兵的人太少，所以无法凑够一个满员编制的师团。最后，陆军大臣还修改了战时部队的编制表，具体内容是从"第一后备役"抽调15万精兵强将（另从"第二后备役"抽调12万多人）来补充战时师团的兵力。这样，一个师团在战时就可达到18500人之众（近卫兵的兵力则被定为13000人）。扩编后的"战时师团"就是给原先的每个大队（共12个）增加1个步兵中队，而且进一步增强了骑兵中队和野战炮兵联队，并另增设2个工兵中队和1个辎重兵中队。战时动员需要更多预备役的军官和下士官，于是陆军就扩大了其一年期预备役体制的规模，从而可以训练和培养更多的预备役军官。[23]

5. 进军亚洲：中日甲午战争

一位不知名艺术家的绘画作品，展现的是1890年3月名古屋陆海军大演习的盛况。除了明治天皇，画面左上角的卷轴记录了陆军所有出席反登陆演练的主要领导人的姓名、军衔和职务。（该图为作者收藏）

虽然越来越多的年轻人被征召进了现役部队，但日本全国的人口也在迅速增长，并提供了更大规模的兵源。因此，参军人口占日本总人口的比例仍同以往一样，基本上没有变化。拒服兵役和逃避兵役的案例可以忽略不计——在1882年至1896年之间，还不到每年适龄人口的1%。每年只约有3000名年轻人逃过了年度体检或在体检中迟到。[24] 这说明征兵体制已然制度化了，并被社会上绝大多数人接受（见表5.1）。

1888年的训练改革使陆军将更多时间投入部队操练和野战演习中。陆军希望各中队的中队长在不等上峰命令的情况下能采取主动，抓住战机。但修改后的1891年步兵条令继续沿用了梅克尔主张的、行动不太灵便的大型纵队以及散兵编队。计划人员预计，部队在作战中的战损率在25%到50%之间。

为了在这种条件下继续进攻,陆军希望军官和下士官能在战术行军的过程中维持住军纪。陆军当局大力开展思想教育,突出士气和斗志等无形因素的意义,并希望借此增强士兵们对国家和部队的责任感以及不惜一切代价誓死向前进攻的决心。[25]

表5.1 日本陆军规模与每年参军人数占适龄人口的比例

年 份	日本陆军总兵力	参军人数	适龄人口	比 例
1884	49632	19637	320070	6.1
1885	54124	27389	388389	7.1
1886	59009	17963	421278	4.3
1887	64689	33808	777972	4.3
1888	65015	19685	427846	4.6
1889	66744	18477	360357	5.1
1890	69000	19119	350369	5.5

来源:加藤阳子,《徵兵制と近代日本1868-1945》,第20页。

大本营、计划与日军战时表现

虽然陆海军举行过联合演习,但两大军种间的合作与协调仍显得步履蹒跚,因为陆军决意在日本国防中继续占据主导地位。1886年,海军开始实施第一次军力补充计划,并建立了一个参谋本部的海军部。但海军领导人还是对此不满,觉得海军屈居于陆军之下。海军将领于是想推动成立一个完全独立的海军参谋部门,但却遇到了陆军将领的坚决反对,因为后者认为,战时的军事行动必须基于平时准备好的作战计划,而陆军是唯一有权制订作战计划的军种。[26] 这种意见的鼓吹者反对内阁建立联合参谋部门的努力。他们的理

5. 进军亚洲：中日甲午战争

由是如果这样做的话会牵涉天皇的统帅特权和一系列指挥问题，并影响行政管理的需要。但最根本的辩论还是围绕着陆军的前途展开的，具体涉及其战略角色的定位、兵力结构的形式及其兵力规划的构想。

1893年1月，内阁把关于海军建立一个独立的海军参谋部的提案呈送给天皇。天皇对此持保留意见，并认为如果两个军种的参谋部之间彼此竞争对抗的话，结果可能会对战时的战况造成不良影响。陆军方面同意设立一个独立的海军参谋部，但有个条件，那就是战时大本营（Imperial General Headquarters，IGHQ）的大权必须由陆军的参谋总长（Army Chief of Staff）来统掌。几天后，曾任"参军"的有栖川宫亲王建言，大本营的幕僚长（IGHQ Chief of Staff）应由主要军种——即陆军——的人出任，同时负有辅佐天皇的责任。这样一来既能统一陆海军的计划准备和作战行动，同时也能平息天皇陛下之所虑——即参谋机关各立门户可能会造成严重的协调问题。[27]

1893年5月19日，明治天皇批准成立了一个独立的海军参谋部门（译者注：即"海军军令部"，Navy General Staff），于是就出现了两条平行、彼此独立的指挥链。每个指挥系统的长官平时可直接向天皇汇报情况。同日，明治天皇批准了组建"大本营"（Imperial General Headquarters）的条例。大本营将直属天皇，负责指挥战时的作战行动。大本营幕僚长由一位陆军的将官出任，从而保证了陆军在国防中的显赫地位。幕僚长在战时有权发布经过天皇批准的作战命令，而且陆军参谋次长和海军军令部长也在其手下效力。[28]

作战计划

日本的军事战略就其本身来说即依靠机动师团来保卫本土，同时依托海岸要塞实施定点防御。而在紧急状态下，日军还会采取攻势战略开展对华作战。参谋本部第二局局长小川又次大佐（Col. Ogawa Mataji）指导了对华进攻作战的计划工作。这是日本第一次认真地以中国为目标而进行的计划准备。小川大佐1887年的计划草案的内容是以8个师团（6个常备师团和2个后备师团）的兵力组成远征军夺取北京。其中，6个师团将在位于渤海湾顶端的山海关登陆，随后即进军中国首都。余下2个师团将在更远的中国南方登陆（长江沿岸）以阻止中国军队北上为北京解围。小川的计划多半是一厢情愿的妄想，因为当时的日本海军既不能维持一条通往大陆的交通线，也无法运送这么多部队跨洋过海。但他的作战构想确实等于为陆军的五年扩军计划进行了一次战略性辩护，并表明陆军所争取的那些预算是合情合理的。同时，这个宏大计划也成了往后日军参谋计划作业的起点，并影响到了参谋次长川上操六的思想。[29]

在正式场合，日本陆军仍继续宣扬一种战略防御学说。例如，在1892年2月，川上操六向天皇呈上了一份作战计划。很明显，该计划概述的是一场反两栖入侵的作战行动。而在非正式场合，日本陆军清晰地意识到，它以后可能会在亚洲大陆上打一仗。[30] 自1889年以来，川上操六就一直负责监督在突发态势下针对中国的战时计划工作。陆军的A计划是以中国和朝鲜为目标的。它规定日军将在山海关附近的渤海湾顶端沿海地带登陆，然后向西进军，预备在直隶平原（河北）与中国军队展开决战。在得到天皇首肯后，川上操六和其他高级参谋于1893年中期赴中国的华北和华中地区进行了一次地形侦察作业（打的是"旅行考察"的名义），其目的是收集有关中国军队及其防御的情报。[31]

日本考察组对中国军队的训练水平、海岸防御态势以及兵工厂的生产状况进行了评估。川上操六以上述评估结果为基础，同时结合自己的亲身观察体验，最后断定日军有能力击败中国陆军，因为后者既缺乏机动以及后勤保障能力，也没有标准的作战学说，而且无论是从日常运作还是训练上来看都不是一支现代联合作战力量。日本陆军领导人不让文职大臣过问后续的作战计划工作，理由是需要防止政治势力干涉最高统帅的特权。这种针对文官政府的偏见导致军方忽视了整合国家政治和军事战略的需要，并使陆军的计划工作与日本更大的政治和外交目标之间彼此隔绝。[32]

19世纪90年代初，朝鲜的农民起义此起彼伏，朝鲜对中国的依赖也日益加深。上述态势让山县有朋的战略基础——"朝鲜中立化"——变得岌岌可危。1894年春，朝鲜农民起义反抗本国朝廷实施的激进改革，并把自身贫困潦倒的凄惨处境归咎于本国达官贵人和外国人的欺压，而这里的"外国人"特别指代的是日本人。朝鲜国王向中国求援，于是中国清政府就向朝鲜派遣了军队以镇压东学党人叛乱（Tonghak Rebellion）。但这次干涉却违反了中国与日本在1885年达成的协定。该协定规定两国从朝鲜撤军，并允诺如果一方要重新出兵朝鲜，该方应事先向另一方通报。值此局势危急之际，日本陆军参谋本部派了一位军官赴朝鲜釜山进行实地评估考察。他在5月20日的急件中说，这是一场由叛军领导的有组织的叛乱。叛军拥有一些现代武器和一个有效的指挥控制系统，而且叛军决心推翻朝鲜现政权。由于日本无法接受一个反日派系在朝鲜掌权，这位日本军官建议本国应派军保护当时定居朝鲜的逾9000名日本侨民。[33]

在6月2日的内阁会议上，首相伊藤博文谈论了由日本陆军驻天津武官发回的一份未予核实的报告——后经查证，其内容有失误之处。该报告声称，已有5000名中国士兵进入了朝鲜境内。尽管这份情报并不可靠，但川上操六和外务大臣陆奥宗光（Mutsu Munemitsu）却把它拿来作为日本应该出兵干涉的理由。后来有一种说法是他们两人密谋向伊藤首相隐瞒了谈判形势已然好转、朝鲜局势正恢复平静的实情。[34]但不论川上操六和陆奥宗光到底做了什么，全体内阁成员可能多半会基于日本19世纪80年代在朝鲜受挫的经验而判断：为了维持军力平衡，日本不得不抢在中国之前动用武力。由于没有妥协的余地，中日之间的战争也在所难免了。[35]

同日，内阁向朝鲜派遣了部队，而明治天皇也向那些被他称作"大名"

（过去日本的军阀）的日军领导人发布了指示，责令后者建立一个能统掌战时事务的组织机构。6月4日，陆海军的高级军官遵从天皇希望两军鼎力合作的旨意，在陆军大臣的官邸会面协商。他们花了一天大部分时间在指挥程序问题上讨价还价、争论不休，最后终于同意按照1893年的条例建立一个"大本营"。6月5日，陆海军联合参谋部门幕僚长有栖川宫亲王得到天皇谕旨，将大本营的办公场所设在陆军参谋本部大楼。同一天，日本陆军动员了第5师团的第一梯队，预备将其派往朝鲜。[36]

在从大本营建立到8月1日向中国宣战的近两个月时间里，日军参谋人员对"两阶段作战计划"予以了完善。第5师团将阻止中国军队在朝鲜的进军势头，同时海军则应歼灭中国舰队以确保制海权。第二阶段有好几个选项，但都取决于前一阶段海战的情形。在最理想的场合下，日本海军将会击败中国舰队，确保制海权，这样就让陆军能顺利跨海登陆中国本土，之后进军直隶平原与中国军队决战。如果两国海军打成平手，日本陆军就占领朝鲜全境，并驱逐中国的势力影响。最糟糕的情况是日本海军失利，中国的海军掌握了制海权。真要到了这步田地的话，日军就将设法援救在朝鲜陷入重围的第5师团，同时加强本土防御，准备击退中国军队的入侵。易言之，日本陆军的应变方案攻防兼备，如何取舍则依照海战的结果而定。[37]

起初，日本政府行动谨慎。6月2日，伊藤博文命令陆军避免与中国军队发生冲突。大山岩则告诉第5师团的师团长，其使命是保护在朝日本公民和外交机构的安全，而不是和中国人交战。6月中旬，陆奥宗光提供了一份驻外随员的报告，其内容声称在东北亚区域的俄军人数寥寥，不足以武力干涉朝鲜。伊藤博文在得知这条情报后意志更加坚定了。由于俄国人不大可能干涉，日本陆军就决定单方面实施登陆渤海湾的计划，以期在直隶平原举行决战。[38]

文职大臣们没能参与陆军的计划过程。为了应对可能爆发的战争，他们不得不依靠军方的职业专长来做各方面的筹备工作。陆军将领眼看文官拿

5. 进军亚洲：中日甲午战争

他们没办法，接下来也就希望海军能予以配合，从而护送自己的部队跨海登陆。但他们既没事先与海军同僚协商，也没考虑到在跨海输送部队之前应先等海军夺取了制海权再说。陆军这种目中无人的高傲态度引来了时任海军大臣秘书的山本权兵卫大佐（Captain Yamamoto Gonbei）的嘲讽。他说，如果陆军工兵能在九州岛和朝鲜之间架一座桥的话，陆军将领也许自己就可以把这场仗打下去。[39]

7月2日，在陆海军参谋机构负责人列席的情况下，全体内阁一致同意开战。第一次大本营御前会议于7月17日在皇宫举行，天皇和12位高官出席，其中包括陆海军联合参谋部门的幕僚长、陆军参谋次长、陆海军大臣以及海军军令部长。在会议室里，只有枢密院议长山县有朋是文职官员。后来，首相伊藤博文和外相陆奥宗光也要求参会，于是天皇命令陆海军长官允许高级文官参加每周二、五召开的大本营会议。8月5日，参谋本部向天皇呈送了作战方案。同日，大本营也搬到了皇宫。[40]

明治天皇在动员民众为战争服务方面扮演的多半是象征性的，但依然很重要的角色。尽管他有保留意见——据称他曾说过"这不是我的战争"，但他还是听从众议，随大本营一起迁到了广岛，因为那儿看上去离他那些在朝鲜作战的部队更近。在广岛的时候，天皇总是以一身陆军军装现身。这是他第一次担任最高统帅，所以这样的形象被有意识地用来笼络平民百姓。[41]天皇过着一种斯巴达式的俭朴生活，这为的是在他的臣民面前树立良好榜样。他的住处没有单独的卧室。每晚，勤务人员会清理出一把椅子或一张桌子供他休息。这体现了天皇自愿与其忠诚的士兵同甘共苦。

由于指望英国人的调停能在10月份结束战争，所以陆军在六七月份的行动比较小心，而且还认真制订了一份为期三个月的作战计划。8月中旬，参谋本部的主要目标是在冬季来临前从军事上掌控整个朝鲜半岛。而在英国人传达了清政府拒绝日方要求的消息后，伊藤博文转而同意延长战争时间，并认为有必要在1895年春发动一次新攻势。9月中旬,大本营迁至广岛,而伊藤博文也在那里密切关注前线军队的动向以确保国家政策能统一连贯。但过去西南战争中的一幕再次出现。天皇和大本营虽然搬走了,但外务省和其他官僚机构却还留在东京。于是,在两地间维持及时和有效的沟通协调就变得很困难。[42]

尽管川上操六认为胜券在握,但为了保险起见,陆军还是一面向海外派兵,一面强化本土兵力和海岸防御。直到9月17日鸭绿江口海战之后,大本营才宣布海军的胜利减少了敌方入侵的可能性,并把本土驻军重新编成了步兵联队。但在整个战争期间,大本营还是在本土保留了约10万人的机动预备队,它们大多数都投入了后勤保障的工作。[43]

陆军在动员后总兵力超过了22万人,这包括全部7个常备师团,其战时人数约达125000人。陆军更依靠出身预备役的陆军下士官和步兵,而不是其低级军官(战时40%的下士官和步兵来自预备役,而低级军官只有10%)。除两个特例外,高级军官、师团长以及大多数旅团长都是曾参加戊辰战争的老兵。[44]

我们可以简要描述一下中日甲午战争(1894—1895年)的战事。6月12日,日军第5师团的一个旅团在汉城(Seoul,译者注:即今首尔)的仁川港(Inchon)登陆,而其余部队也在同月内陆续抵达。中国清政府令其在群山的一支小部队(500人)于7月15日经海路撤至平壤(Pyongyang),但当地中国指挥官宣称这样做太冒险了,因而拒绝服从命令,同时要求上级给予增援。八天后,三艘满载中国军队和装备的运输船起锚开往朝鲜。

7月25日,中国军队第三艘运输船在接近朝鲜海岸时受到了东乡平八郎舰长(Togo Heihachiro)指挥的日本海军装甲巡洋舰(Armored Cruiser)"浪速"号(Naniwa,译者注:该舰实为防护巡洋舰,Protected Cruiser)的拦截。虽然中国船只是以英国的名义登记注册的,而且中日当时也并未开战,但东乡还是击沉了那艘船。中日军队随后很快在群山(Kunsan)附近发生了冲突。8月1

5. 进军亚洲：中日甲午战争

日，日本正式向中国宣战。到8月中旬时，大本营断定在冬季前发动一场直隶平原决战是不大可能了。日本陆军人士原以为这是一场短期战，而现在才发现战争将会一直拖下去，于是他们开始为1895年春季的作战制订计划。[45]

地图4　甲午战争日本陆军的作战行动 1894—1895

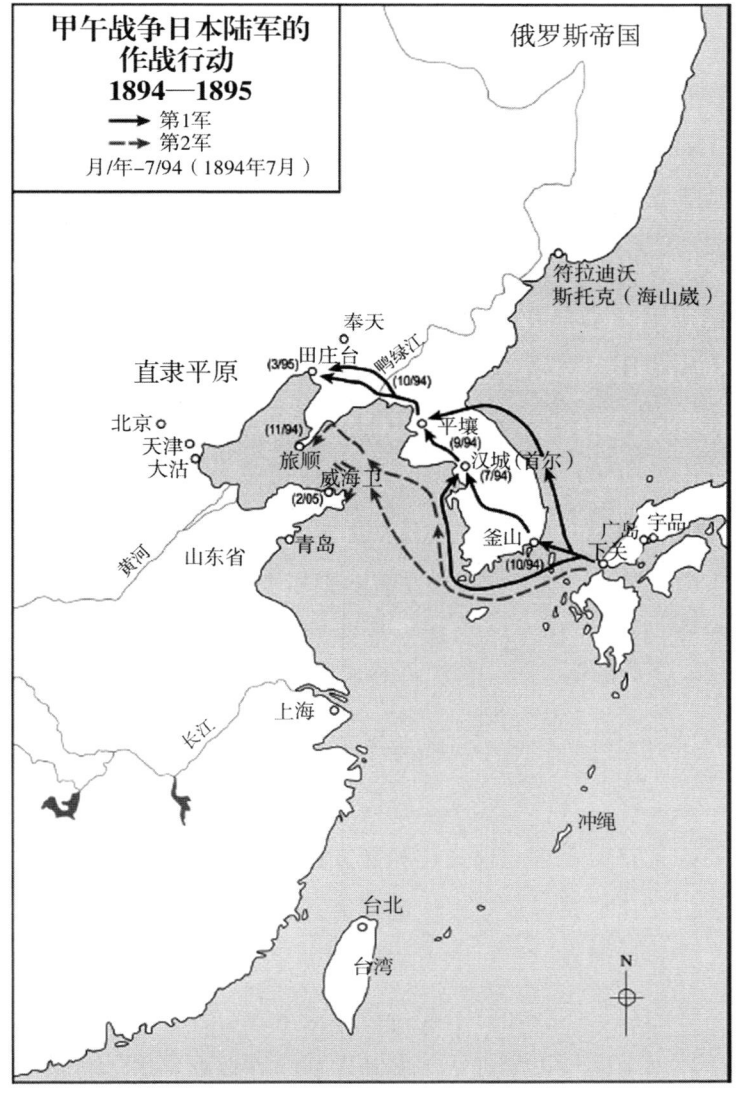

参谋本部的目标是在冬季前获得朝鲜的军事控制权,然后在山海关附近登陆。然而日本海军却无法诱使中国北洋舰队展开决战,所以在8月中旬的时候只得暂时离开黄海海域,回港进行维修和补给。由此,参谋本部在8月下旬命令部队经朝鲜陆路向直隶平原进军,同时在中国辽东半岛夺取基地,以防中国军队干扰日军向北京的推进。[46]

9月1日,大本营组建第1军(下辖2个师团),军司令官是山县有朋。9月中旬,第1军占领了平壤,而中国军队则向北方撤退。日本海军9月17日在鸭绿江口海战获得的惊人胜利让所有人都感到意外。山县有朋写道,虽然迅速攻取平壤也是件出乎意料的事,但和海军那场完全想象不到的胜利比起来就算不得什么了。由于日本刚刚赢得了海上优势,所以大山岩的第2军(下辖3个师团和1个旅团)就能在未遭遇任何抵抗的情况下于10月中旬在辽东半岛登陆,地点在旅顺港(Port Arthur)以北约100英里远的位置。旅顺是当时中国军队的一个大要塞,是扼守渤海湾的门户。[47]

10月下旬,山县的第1军跨越鸭绿江追击中国军队,但那时人们已经转而关注大山岩的第2军了。它于11月8日占领了大连(Dairen)。以乃木希典中将(译者注:似应为"少将")的第2师团为先锋,第2军随后在11月25日夺取了旅顺的要塞和港口。在更远的北方,山县军由于补给问题和冬季恶劣的天气而停止了攻势。

西方列强根本没想到日本竟然毫不费力地赢得了一次又一次胜利,而东京当局也助长了列强的这种印象。外国随军行动的军事观察员以及各种专家都把日本的成就归功于它的现代化和西方化事业。统一的军事学说以及标准化的武器装备让日军获得了明显优势,另外日本还有一个受过良好教育的职业军官团,两者相得益彰。日军军官精通西方现代战法,并且技术纯熟,能指挥师团一级的部队作战。日军预备役部队组织有序、训练有素,在经过高效动员后信心满满地投入了战斗。尤其在最初几场胜利后,日军上下士气高

5. 进军亚洲：中日甲午战争

涨。这得益于训练有素、精干得力的低级军官和下士官的卓越领导，从而产生了日军一流的战斗精神或热情。最后，日本士兵献身于具有特定目标的信仰（或许可以定义为民族主义），并接受了一种共同的精神气质，其志向宏大高远，超越了个人或地域利益。日本陆军的这些优势虽然是伴其始终的鲜明特征，但却掩盖了其严重的结构性缺陷，而后者或许也一样是日本陆军身上不可分离的属性。其中最显而易见的缺陷就在于它问题重重的后勤系统。

当时后勤工作的物流表和理论学说并不是按海外作战的标准——而是按本土防御的情形——设计的。参谋本部在战前的时候从未制订过详细的后勤计划。[48] 另外在1894年1月，日本也缺乏足以把一个师团送往海外的船舶运力。6月中旬，参谋本部从外国公司购买了10艘运输船，但从长期来看海运能力依然捉襟见肘。最后陆军不得不从日本邮船公司（Japan Mail Line）包租了100多艘商船。海军也额外提供了23艘船，其中包括一些武装护航舰、1艘医院船以及1艘维修船。[49]

由于海运工作反复遇到瓶颈，第2军登陆山东半岛的行动被推迟了，而这也部分解释了为什么大本营决定把战役延长到1895年春季。甚至在占领朝鲜和辽东半岛后，陆军面临的局势依然模糊不定，而且或许还暗藏危险，因为据消息报告，在1895年3月，约20万中国军队正向直隶平原集结。日本已把现有的一切航运能力都用来维持远征军的行动。在这种情况下，参谋本部不顾一切地把作战部队派往中国，并许诺说，他们的装备和给养最后是能跟上来的。[50]

陆军从民间雇用了153000人的承包商、劳工、人力车夫和苦力来维持战争机器的运转。其中，大多数人都迫切需要工作，因为日本当时正经受着经济萧条的摧残。这些辅助部队没受过训练，也不穿军队制服。他们头戴竹笠，里面穿一件有紧身袖口的棉质短上衣，外面再套一件印有各自部队番号的"法被"（Happi，译者注：一种日本传统的服饰），脚上穿的则是草鞋。

总之，这身打扮让他们看起来就像是干苦力的。脚夫们为陆军扛送补给品，挖筑防御工事，而且在卫生队里他们也是主力。成千上万的人死于寒冷或流行病。但这些合同工不受军令和军纪的管制。另外，他们如果从事有风险的工作，还能得到额外的报酬。然而这引来了士兵的怨愤，因为他们是拿不到什么奖励津贴的。[51]

朝鲜人并不情愿给日本远征军提供劳力或物资支持，因为他们起初同大部分不抱偏见的西方观察家一样不大相信这个小岛国能打败强大的中国。被强制服役的朝鲜苦力偷窃军需车队的物资，而且根据若干统计，他们偷走了25%的陆军储备粮。许多朝鲜脚夫和他们的日本同行罢工逃走了，而且在一个极端案例中，一位日军的大队长还因为耽误了军需品的运送而焦虑不堪，最后引咎自杀了。[52]

日本人手头现成的地图质量低劣，并且在公路和铁路路况的信息上常常出现偏差。大家都相信地图没有问题，所以没人去勘查汉城和釜山之间的铁路线。但实际上这条铁路在有些地方是走不通的，所以只能改用搬运工运送军需品，从而进一步拖延了补给进度。[53] 通往汉城的主路在地图上标示得倒是很清楚，但那只不过是一条狭窄难走、在群山和谷地里蜿蜒穿行的土路而已。路两边的水稻田迫使队伍只能单列通行，而且只能按最慢的那辆货车的速度前进。

只要不断炊，日军每天的战时口粮由精白米、肉、蔬菜、日式腌菜和调味料构成。野战口粮则包括干米饭、罐头肉和盐。士兵们也自行搜寻可食之物，并从中国人和朝鲜人的家里征收鸡、牛以及猪。虽然日本人尝试了多种食物搭配，但干米饭以及作为紧急野战口粮的压缩饼干还是最好的东西。似非而是的是，日本人是在后勤状况一团糟的情况下才决心进攻平壤的。在进抵汉城后，第1军的食物匮乏到了极其严重的地步，以至于士兵们把拉货车的牛都杀掉了，因为当时装运给养的货车已是空空如也。军官们激励手下士兵去攻占平壤，并许诺说中国人在那儿的粮食堆积成山，就等着他们享用呢。[54]除了这些后勤问题，流行病的暴发也妨碍了作战行动的进展。

当时的日军卫生队约有3500人，其中三分之二来自预备役，而且陆军还雇用了大量合同工来运送垃圾、挖掘公共厕所、建设野战医院。但在战地条件下维持饮用水的供应或许是他们最艰巨的任务。卫生小组要对来自泉井、溪流和江河的水进行净化。军官们则严禁各部队在火车站或港口等地饮水，并指示他们在做饭或泡茶之前必须先把水煮开。尽管已经做了上述努力，但还是暴发了霍乱。这是自1890年以来军内第一次出现此类疫情。

理论上讲，每个师团应该建立6个野战医院以便收容和治疗伤兵，但由于卫生队人手短缺，所以实际建成的医院数量大概只有原先设想的一半。屈指可数的那点军医和药剂师根本不足以应对流行病的暴发。用于麻醉的鸦片制剂是由政府垄断控制的，所以陆军不得不和内务省（Home Ministry）谈判，买下了日本当时全年80%的鸦片供应量。为了缓解医生和卫生队人员的工作压力，陆军教官也向普通士兵传授战地卫生操作程序以及基本的护理技巧。[55]而政府则把许多官兵救济组织聚集到了日本红十字会的旗下。虽然这只是一场规模非常有限的战争，但即便如此，它也已几乎让日本医疗队手忙脚乱、不堪重负，并不得不诉诸一些临时性的紧急补救措施。这些都是由于规划不足、部门间协调不灵以及物资储备不够造成的。

战场表现和纪律

日本步兵按照从训练中学到的技能去作战。在向敌军靠近的过程中，大规模纵队能让部队具备快速机动的能力。一旦与敌人发生接触，纵队就改换队形组成一条散兵线，而为其提供支援的是数排人数密集的步枪兵。他们一齐向前冲一小段距离就卧倒在地，然后就重复这一系列动作。在轻型火炮的支援下，低级军官率部以短距冲锋发起正面进攻。人数密集的队形能维持部队的向心力和射击纪律,确保战术指挥与控制,同时为一场成功的进攻战提供人数规模(Mass)和动能(Momentum)。日本人一贯以地形来掩盖其部队运动和突袭,但也愿意穿越开阔地带而直捣黄龙。

陆军并未对战时作战进行任何全面分析以总结"值得吸取的教训",但前线步兵部队在战后提供的报告里还是指出了几点不足。例如,一个步兵中队内的几个战斗分队之间是有团队合作意识的,而且这也增进了部队在战斗中的凝聚力。可是单独一个步兵中队却不愿分散兵力去支援一个友邻单位,从而削弱了整体的进攻效果和努力。而且日军平时训练所规定的进攻速度显得太快了,以至于它在真实战斗条件下是根本不可能做到的。而士兵们一旦无法以训练时的节奏前进,他们的士气就低落了。部队士气在遇到敌人猛烈的火力时——尤其是当士兵眼睁睁地看到身旁的同伴中弹身亡或受伤的时候——也容易垮掉。然而1898年修订后的步兵操典仍然肯定了依靠白刃战的密集队形是合理的作战形式,因为它是一个中队队长控制部队的唯一方法。这部操典还对战斗精神和士气投入了极大关注,因为陆军认为这些无形品质是胜利的关键。结果,战后的训练更加突出了这样一种理论,即士兵的意志力能在长期艰苦恶劣的条件下培养,从而使他们能在混乱的战斗环境下维持士气和纪律。[56]

陆军有1161人在战斗中阵亡,其中包括44位军官和118名下士官。[57]由于日军不断发起攻势,一退再退的中国军队几乎没机会抓到日军俘虏。只有11个日本人被俘,而其中10人还是年老体衰的搬运工。唯一被俘的日军士兵是由于头部受伤。日军军官极力压制投降的想法,并警告部队说一旦落到中国人手里,他们的命运就会非常悲惨。例如,山县有朋就告诫他的军官们说,千万不要被中国人俘虏,因为天性残忍的中国人会把他们统统杀害。[58]但实际上却是日本人犯下了罄竹难书的暴行。

据11月下旬的《纽约世界报》(*New York World*)报道,日军在占领大连

5. 进军亚洲：中日甲午战争

后的四天时间里屠杀了多达6万名中国人。而按最近更保守的估计来看是约有2000名中国人遇害，而日本人这么做很明显是出于对中国士兵虐害日本人尸体的报复。无论死难者人数究竟是多少，也不管日本政府怎么极力否认，毋庸置疑的是，当时在大连确实发生了一些骇人听闻的惨剧。

外务大臣陆奥宗光在回忆录中认为这类报道是"言过其实"的，所以没把它们当回事。但他也承认"确实发生了一些不必要的流血和杀戮事件"。他相信日军是受到了某些挑衅，而且大部分遇害者都是没穿军服的中国士兵。此事过去两周后，大山岩承认在巷战的混乱情形下，很难避免平民伤亡，因为他们和中国士兵混在一起而难以辨认。[59]

日本政府后来声称，许多中国士兵拒绝投降，并且丢弃了军服换上了便装，最后在扫尾行动中被杀。但内阁却没对此事做任何调查，因为如果真要刨根问底的话，就可能会让一些高级军官蒙受战争罪的指控，从而让陆军大失颜面。内阁心头的隐忧是，如果顺藤摸瓜追究责任的话，就可能牵连到大山岩的指挥部，并迫使他离职。果真如此的话，所有野战部队就会统归山县有朋掌握，而无论是伊藤博文还是陆奥宗光都不愿看到这样的结局。[60]

政府试图掩盖屠杀也是因为此事有损于日本在世界舆论中作为一个文明国家的形象，而这也正是外务省曾在修约谈判中所标榜的东西。日军指挥官严令部下要保护好西方人——尤其是那些传教士。日本人此举出于两点理由。第一，他们不愿刺激西方国家，以免它们干涉。第二，他们想证明日本真的是一个尊重西方国际法标准的文明国家，从而为政府在修改不平等条约方面的努力提供帮助。[61]

一种"双重标准"——其中又混杂着日本人针对中国人的种族优越感——很可能是造成旅顺大屠杀的因素。日本士兵原本期待看到的是一个富足、文雅的中华文明。但当他们目睹了中国下层百姓肮脏污秽且穷困潦倒的生活状态时，他们的幻想破灭了。于是，仰慕之情转变成了蔑视和鄙薄的态度。而这些看法又与那种相信日本独特性和优越性的观念结合了起来，从而催生了一套流行的种族"成见"——中国人以及中国是一个正走向衰败的文明。[62]

陆军军纪反映了日本社会普遍喜欢私下解决纠纷而不愿走正式法庭审判或仲裁程序。另外，在陆军看来，"纪律"也并不是一种管制部队的正式规章，而是用来激发士兵进攻精神、确保军令畅通无阻的手段。在战争期间，战地军事法庭委员会处理了2000个案子，其中超过70%都是审讯替陆军干活儿的平民。约有500名士兵——他们几乎都是经征兵程序入伍的——被军事法庭定罪，而大部分案件都是轻微犯罪。在更严重的指控案件中，只有6名士兵因冒犯长官获罪，而且还有11人因开小差被判有罪。日本人在对待违反军事法规或违抗长官命令的行为时毫不留情，并以陆军军纪对其施以严惩。然而，却没有人拿军纪来约束士兵，以防他们对那些无依无靠的中国人施暴。[63]对于一支视纪律为生命、以绝对服从为天职的军队来说，这种事故的发生只能说明指挥系统里的大小军官们要么合谋制造了屠杀，要么就是对此视而不见、听之任之。

新闻报纸里几乎不提所谓的屠杀事件。当战争爆发时，大本营指派了逾120位记者、美术家和摄影师来对战况进行报道，并在严格遵循有关规定的条件下将他们送往了陆军总部。内务省的审查制度保证了新闻报道都是符合要求的，但实际上根本用不着这样操心，因为记者们已经成了战争和军队的吹鼓手。而提高的识字率——至少在大城市里是如此——以及经过改进的印刷技术则扩展了他们的影响范围。各类报纸发行了号外、晚报以及多版新闻来美化和宣扬战争。在紧随战争结束的时光里，无数新闻报道——有些是真实的，有些则是杜撰的——在报纸和刚创立的月刊中连载，并广受欢迎。[64]

关于战争的流行故事情节与陆军的自我定位是吻合的。并且在那个更普遍的、旨在争取有一定文化层次的公众支持陆军的运动中，前者也扮演了一定角色。报界一贯有"见风就是雨"的倾向，而这也正好助长了陆军的宣传努力。同时，任何可能持批判态度的人都会遇到审查制度的胁迫或更糟的待遇。尽管如此，在那个帝国主义和民族主义思潮席卷全球的时代，投入盲目的爱国洪流不仅是一种低成本、低风险的选择，而且也表明日本民众已普遍相信，日本应在世界上占有一席之地。

统帅部与战场决断

从理论上讲，大本营应是一个兼具文职和军职功能的机构。在这里，天皇和他的军事首脑以及首相伊藤博文能制定国家和军事政策。但实际上这个中央指挥部却和雄心勃勃的战地指挥官存在矛盾，因为后者试图独立谋划军事政策。伊藤博文和陆军首脑违心地屈从于山县有朋的要求，同意让他担任第1军司令官。当56岁的山县有朋于9月12日抵达仁川时，第1军已占领了平壤。几天后，他由于在河里洗澡而染上了伤风。随后他的病情恶化，出现了一些并发症。虽长期患病，但他拒绝离开部队，并在10月下旬参加了鸭绿江地区的一场小型战斗。

到了11月上旬，山县有朋认为战争已到了关键阶段，并且他无意坐失良机。[65] 11月3日，他为在冬季发起进攻而向大本营提出了三个选项：（1）让第2军登陆山海关；（2）让第1军和第2军在辽东半岛会师；（3）命令第1军进攻奉天（沈阳）。[66] 以奉天为基地后，山县有朋打算重整兵力，以便在春季对北京发动攻势，同时防止该地区的中国军队恢复元气。大本营拒绝了以上建议，并命第1军到冬季宿营地驻扎休整。

11月中旬，山县有朋接到了中国军队正在其北侧集结的情报，于是他再次提议发动进攻。他抱怨道，大本营强迫部队原地待命的做法削弱了部队士气，并让中国人利用这个间隙加强了防御。同时，这也等于使中国人坐拥满洲，使其后方无虞，而日本为了向直隶平原进军也同样需要在满洲建立一个可靠的后方基地。[67]大本营的回复含糊不清，但也没彻底拒绝山县的最新建议。

第2军在11月下旬攻占了旅顺，但其损失却不到300人。鉴于陆军曾在公开场合预计这会是场伤亡惨重的苦战，所以第2军的实际战果就更加令人惊叹。[68]山县有朋很可能意识到了这场大胜已让他的战区黯然失色。为了确保他个人的军事领导地位，山县有朋急不可耐，于是就把大本营要求避免在冬季发动大型作战的指示弃置一旁。12月1日，他擅自命令第1军向奉天进发，以图分散中国军兵力，从而为来年开春的决战铺路。大本营四天后才得知山县的攻势行动，但到此时，大本营也已放弃了任何进攻北京的计划，因为它担心西方列强会出面干涉。然而，中央的大本营也没把这个变故通报给灰心丧气、疾患缠身的山县有朋。[69]一句话，无论是参谋本部还是第1军都弄不清对方目前都在忙什么。

山县有朋想从平壤的日本军需库获得补给，但计划人员原先估计，只要第1军在冬季营区原地不动，它的物资消耗量就会相对较少，而不是更多。另外，尽管大本营又给后勤部门新添了数以千计的货车和数以万计的驭手和劳工，但日军的后勤补给线还是一团糟。[70]而山县的补给困难则使整个后勤系统再添新愁。

山县有朋的身体从未康复过来，而且还出现了胃病和腹泻等新的并发症。11月时，他的病情已非常严重，以至于第1军的军医建议他干脆回国休养算了。随后不久，兼任陆军次官和军务局长的玉源太郎少将就同时收到了几份报告。报告中说，山县有朋的身体状况不断恶化，而且他这种虚弱的体质恐怕难以挺过这个寒冬。首相伊藤博文不愿召回山县有朋。他担心这位一向傲骨铮铮的前武士会为此蒙羞而选择自杀。于是他越过了内阁，请天皇在11月29日致函山县有朋探询其身体状况，以示关心，并要求他返回广岛来向朝廷报告整体的军事形势。12月5日，一位皇家使节携带明治天皇的信函从广岛启程，但他花了三天时间才赶到山县有朋的司令部。[71]

5. 进军亚洲：中日甲午战争

12月17日，山县有朋最终回到了广岛，而此时，第1军也正开展攻势，并且逐渐离它的补给站越来越远。虽然一开始的推进很成功，但到12月中旬时，气温急剧下降，满洲的道路也开始结冰。马匹牵引的货车在冰封的路面上行动起来非常缓慢，而且危险重重。封冻的河面虽然能让一队士兵通过，但却没法承受马匹和货车的重量。很多士兵没有冬衣，只穿着夏季的制服在呼啸的寒风和冰天雪地里苦撑。而且由于几个月来的战斗，他们的夏装也早已破烂不堪。呼吸系统的疾病由此四下传染并蔓延开来。很多部队都没领到长筒靴，还穿着草鞋或各种低帮鞋，这样的话就很容易冻伤。[72]

伊藤博文的计划在修订后于12月14日发布。它要求部队夺取山东半岛的中国威海卫海军基地，以防残存的北洋舰队军舰干扰日本在渤海湾的航运交通。1895年2月2日，俯瞰海军基地的要塞被日军攻占，但第11步兵旅团的旅团长大寺安纯（Otera Yasuzumi）少将却在战斗中牺牲，这也是日军在战争期间损失的唯一一位将官。[73] 由于处在大山岩的陆军和执行封锁任务的日本海军的夹击之中，到2月中旬时，中国舰队里完好无损的船只已所剩无几，最后终于投降了。在满洲，第1军在新司令官的指挥下击败了中国军队。这促使双方坐下来谈判，最后于1895年4月签订了《马关条约》。

该条约迫使中国承认朝鲜是一个"独立国家"，同时向日本支付巨额赔款以及让渡南满地区的铁路特许权，并割让辽东半岛和台湾。但仅六天后，俄罗斯、德国和法国强迫日本归还了辽东半岛。三国干涉让还在为丰硕战果举杯庆功的日本民众大为震惊，并使他们痛苦地意识到，虽然日本已算是一个区域强国，但依然屈居西方列强之下。在政府的促动下，日本社会明显弥漫着民族耻辱情绪，并且产生了一种报仇雪恨的决心。这股激情所对准的头一个目标就是俄国，它被看作是三国干涉的元凶，而且也是日本未来必然要面对的敌人。[74]

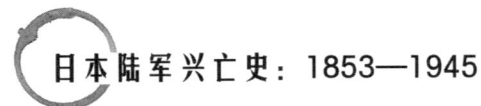
日本陆军兴亡史：1853—1945

战后收益及问题

日本吞并台湾地区并在朝鲜享有特殊利益的局面出现了意想不到的后果。1895年5月29日，日军少将（译注：当时似为"中将"）北白川宫能久亲王（Prince Kitashirakawa）指挥近卫师团登陆台湾北部，未遭抵抗，而当地中国总督和9000名中国驻军旋即投降。6月2日，日军在台北设立了一个新总督府，并请求本土火速增援以扑灭当地起义。近卫师团和第2师团近5万人的部队对义军据点展开了讨伐，并得到了2.6万名民间合同工的支援。到10月末时，日本宣布台湾的局势已经稳定下来，然而与起义军的作战仍一直持续到了1896年3月。在与起义游击队的作战中，日军损失了约700人，但还有超过2万人是因患流行病而死亡的，其中就包括北白川宫亲王本人。为了压制武装起义，惩戒性的远征行动一直持续到了1907年。其后，陆军和警察用强制设立警戒封锁线的方法与本土山民部落维持着表面的和平局面，但实际上双方关系还是很紧张。东京方面逐渐削减了在当地的兵力，并组建了"台湾军"（The Taiwan Garrison）。1907年，台湾军最后经重组成为日军编制与装备（TO&E）系统内的常设单位，下辖2个步兵联队，每个联队都配有1个山炮中队。[75]

1895年后，日本政府在朝鲜的活动更为活跃。朝鲜在长达十年的内部权力斗争中出现了各种宫廷派系，并分别得到了日本、中国或俄罗斯的支持。日本谋求通过外交、贷款和建立由日本人训导的军事力量（"训练队"，Kunrentai）等方式来强化自己在朝鲜主导性的影响力。约含800人的训练队可以制衡由美国人和俄国人培养的宫廷卫队。1895年9月，当时已是贵族院成员的三浦梧楼被任命为驻汉城公使，也就是日本在朝鲜的高级官员。三浦梧楼不愿让俄罗斯在朝鲜取得优势地位，从而损害日本的利益。但他的努力却在10月初产生了事与愿违的后果。当时在朝鲜王后的策划下，王室下令解散训练队。[76]

在三浦梧楼看来，这是朝鲜宫廷密谋暗杀政府内亲日派高官的第一步，而随后它可能就会请求俄国出面干涉以重建秩序。于是，三浦梧楼在10月8日自行发动了一个反制性政变。当日，由日本人和朝鲜人组成的一伙超过20人的刺杀小组闯入王宫将王后杀害，并在附近一处树林将其尸首火化。三浦梧楼一开始告知东京说，没有日本人卷入这次犯罪事件，但外国大使们很快就揭露了日本人的罪行。外务省于是召回了三浦梧楼和其他四十几个日本人。同时，伊藤博文向西方列强保证说，三浦梧楼的所作所为并未得到任何内阁指示，那完全是他个人单独采取的行动。[77]

谋杀王后的暴行在朝鲜触发了一场反日暴乱。在受过儒学教育的缙绅的领导下，当地农夫组成了民兵，杀害了好几位日本侨民。朝鲜国王于是把亲日派官员打入冷宫，处决了参与密谋暗杀的朝鲜人，并向俄国求援。1896年2月，俄军开进了汉城。与此同时，约100名日本水兵登陆朝鲜，在釜山至汉城的大道沿线重建秩序，同时保护日本的电报线免受破坏。日俄双方达成了一项"五月协定"。该协定容许双方在汉城和釜山驻扎对等的小型部队，其表面上的目的是保护日本侨民和财产。[78]

日本把中国势力逐出朝鲜后却让东北亚局势陷入了动荡，因为中国军力虚弱的情况就此暴露无遗。这在西方帝国主义列强中激起了一轮瓜分东亚和太平洋土地的狂潮。1897年，美国吞并了夏威夷，德国则占据了中国青岛。翌年，美国势力到达了菲律宾。到1898年中期时，英国在日本人撤离后租借了威海卫以及"新界"（The New Territories）。日本政府最大的心头之患还是隐约逼近的俄国威胁，而它希望能用外交手段将其化解。

1898年4月25日，日俄在东京签订了《西—罗森协定》（*Nishi-Rosen Agreement*），它规定双方不得在未取得对方同意的情况下向朝鲜派驻军事教官或财政顾问。俄国还同意不对日朝两国工商业关系的发展制造障碍。在协定达成后，俄国撤走了自己的军事和财政顾问，但仍占据着旅顺，同时还向满洲增兵,并在东北亚扩展其金融利益。[79] 1899年,英德两国瓜分了萨摩亚群岛,而且德国还占领了几处诸如俾斯麦群岛(Bismarck Archipelaago)、新几内亚群岛(New Guinea)和加罗林群岛(Caroline Islands)这样的南洋土地。俄国继续深入满洲地区,而且还为跨西伯利亚铁路铺设双轨,该工程计划在1903年完工。

日本在朝鲜保留了特权地位,还获得了一块新殖民地——台湾。而且,大家都认为政府应该负责保护日本在朝利益不受俄国侵犯。但台湾的地位却不甚明朗。台湾应被当作是日本最南部的国防柱石,还是在中国扩展势力并进一步南下的跳板?日本应在朝鲜保持消极守势并把资源调往台湾以进行南方扩张,还是应把朝鲜作为进军南满和华北的基地?陆军不得不面对这个新的区域和战略现实,而且条件比往日更为困难,因为西方列强现在已把日本当成了一个东北亚地区的有力竞争者。"日本到底该向哪里扩张"——北进还是南进——成了在未来五十年里困扰日本战略规划的一道难题,而它恰是甲午战争留给日本的一项战略遗产。

陆军的战后计划

1895年4月15日,也就是签订《马关条约》的两天前,刚被任命为陆军大臣并兼任监军的山县有朋上书明治天皇,提出了一个十年扩军计划,目的是保卫日本新近获得的海外领地。十天前,山县有朋也向外务大臣陆奥宗光提出了类似建议,理由是日本需要一支更大的陆军来维护东亚稳定。[80] 山县有朋是位地缘政治的思想家。他能洞悉日本的优势和劣势,并依靠其谨慎的天性来为尚处幼年期的国家和陆军指引前进的方向。然而,即便如此,他并非一位受过专业教育的军官。他对现代诸兵种联合作战的理解很狭隘,并且几乎没有意识到日新月异的技术发展已让野战炮在战争中的角色发生了革命性变革。所以,对他来说,扩军仅仅意味着组建更多部队。他希望把每个师团的兵力增加一倍，但却不准备相应强化炮兵和支援兵种。[81] 换句话说，山县有朋是想扩大师团的规模，而不是增加它的数量。

参谋本部也想扩充陆军，但它的方案更均衡、更专业。经参谋本部批准的"十月计划"主张确立13个师团的兵力结构。1896年，参谋本部还把13个师团的编制纳入了战时应急计划。该计划的设想是发动前沿攻势以确保或扩张海外利益。陆军扩军始于1898年，并依据一份修订计划增设6个师团、2个骑兵旅团和2个野战炮兵旅团。每个常设师团下的一个旅团（辖2个联队）构成新师团的骨干。余下的那个旅团所辖的2个联队则分别组成2个旅团的核心（一个是现有的那个旅团，另一个则是新设旅团）。整个过程耗时三年。通过逐渐增加军官和士兵，新设联队达到了平时1800人的满员兵力，并在1903年时形成战斗力。[82] 每个常设师团也分别组建了一个"守备旅团"（Depot Brigade），其在战时将负责驻守被占领地区。守备部队的武器装备通常比较陈旧。

由于把兵力编制增加了近一倍，陆军于是也同样把征兵比率提高了近一倍。到1904年时，陆军征召的士兵人数已占年度适龄人群的近20%，并且还把两倍于这个数字的受考核人员送入了预备役（见表5.2和表5.3）。

表5.2 日本陆军兵力 1896—1900年

年	师团数量	军队人数（估算值）
1896	9	100000
1897	11	120000
1898	13	140000
1899	13	140000
1900	13	150000

来源：《近代戦争史概説》，第39页。

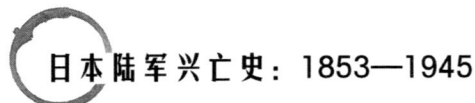

表5.3 1897年和1904年的征兵率

年	考核人数	入现役部队人数	入现役比例	入后备役人数	总体参军比例
1897	401952	45791	11.4	92158	34.3
1904	408031	78180	19.2	188894	65.5

来源：大江志乃夫，《日露戦争と日本軍隊》，第103页。

  队伍扩编后就需要更多能担起领导责任的低级军官。陆军于是在1897年开设了六所地方幼年学校来补充东京中央幼年学校的功能。幼年学校招收从13岁到15岁不等的幼年学员，每月费用是6日元。因此，入学人群也就限于那些付得起学费的中等家庭的孩子。在一所学校中，每个年级有50名左右的学员。他们总共要进行三年的课程学习，其内容基本上和标准的中学教育没什么两样，只不过更强调外语，而且特别强化了军事精神的培养。毕业生随后进入中央幼年学校开始为期18个月的主课程学习。批评者认为，学校的教学范围过于狭窄，从而扼制了学员的求知欲，并造成了过度竞争和钩心斗角的现象，以至于最后培养出来的都是些机械古板的人。[83]因为幼年学校毕业生也会进入陆军士官学校学习，所以士官学校年均毕业生的数字就从1890—1894年间的155人猛增至1897—1904年间的663人。同样，陆军大学每年毕业的军官人数也增加了逾一倍，即从20人上升到了约50人。[84]

  与扩军同步的是武器装备的更新。1897年，村田经芳重新设计了其原型步枪，并制造了一种五连发步枪。它使用的是更小、更轻的6.5毫米口径子弹，所以步兵就能在弹药带里填充更多的子弹（从150发到180发不等）。增加的射速弥补了子弹的某些缺陷，因为有人指称这种子弹缺乏杀伤力，而且有效射程也较短。[85]参谋本部和陆军省还想拥有一种机动性良好的火炮，它能跟得上快速推进的步兵，并可以在东北亚地区落后的道路网和轨道上通行。由于欧洲在火炮改良和技术进步方面的速度很快，所以任何在火炮方

5. 进军亚洲：中日甲午战争

面的投资都可以说是一种赌博，因为今天还算"先进"的武器到明天可能就落后被淘汰了。

三十一年式火炮的案例就很能说明问题。这种1898年型的大炮是一种速射炮，其炮架能吸收炮弹发射后产生的后坐力。由于它不会因为后坐力产生位移，所以在每次炮响后，它都不用被推回原先的位置，于是也就能以更快的速度和更高的精确度进行射击。但它在研制过程中却遇到了问题，所以陆军不得不从德国制造商那里进口了超过600门半成品野战炮及配套设备（炮架以及弹药车）。然而几年之内，德国炮就落伍了，因为俄国1904年型野战炮的射程更远、射速更高。所以，日本政府在1894年10月不得不与德国工业家秘密达成了一份合同来购买400门最新型号的野战炮。[86]

甲午战争后，陆军逐渐换穿卡其色制服，因为它更耐脏，能掩盖各种污渍，尤其是血污。在战斗中，斑斑血渍会使部队心生怯懦、士气动摇。在1900年镇压中国义和团运动期间，日军士兵还穿着白色裤子，但四年后，他们全都改穿卡其色的服装。陆军还开始使用长筒靴和绑腿，这是为了防止甲午战争里的冻伤以及"战壕足"（Trench Foot）再次出现。单兵能领到雨披（Rain Cape）以及铝制饭盒和餐具。毛毯依然短缺，因为日本毛纺厂的产量不能满足需求。[87]

战后的军事预算一路飙升。1898年，超过一半的国家预算用来资助扩军和军事现代化建设。由于海军在同时期也在对舰队进行现代化改造，所以扩军的开支也就随其水涨船高。1896年的军事预算是7300万日元——是1893年数字的三倍还多。1900年的军事预算达到峰值，超过了1亿日元。添兵补员造成了人力成本的节节攀升，耗费了约一半的陆军预算。另外，陆军还把约四分之一的预算用来采购武器。海军的情况与陆军相反。超过三分之二的海军预算是用来添置主力舰的（到1902年时，其吨位已几乎是原先的四倍），而仅有六分之一的预算属于人员开销，因为海军兵员只有陆军的四分之一。及至1903年，军费约占国家预算的三分之一，并且在接下来的二十年里，这个水平基本维持不变。[88]

内阁通过以下手段为扩军项目融资：从中国获得甲午战争赔款、出售债券、从外国贷款和增加消费税。这些措施也让政府得以稍稍削减了一点土地税，从而换来了政党对预算的支持。俄国的威胁以及帝国主义国家瓜分中国的运动促使国会通过了巨额军事预算。但政治家们的赞成票也不是免费的。他们趁机收受了贿赂，而且欣然接受了提高众议院议员薪资的做法。另外，各种封官许愿的机会也随之而来。最后，他们还得以制定了选举权的改革法案。甚至在1897—1898年以及1900—1901年的金融恐慌期间，军费开支也依然居高不下。造成这种现象的原因部分在于当日本政府的债券在世界市场上不断走跌时，他们动用了日本国民的邮政储蓄资金来应急（见表5.4）[89]。

表5.4 总体预算（万/日元）和陆海军预算费 1894—1902年
（译者注：原文标题"总体军费预算"似有误，这里应该是国家总预算）

年	总体预算	陆军预算费	海军预算费	军费占总预算比例
1894	7812	1040	1024	26
1896	16855	5323	2000	43
1898	21975	5389	5382	51
1900	29274	6483	5727	42
1902	28125	4660	2841	27

来源：户部良一，《逆説の軍隊》，第137页。

如此一掷千金是有理有据的。20世纪初，东北亚是个有待引燃的火药桶。为了抗拒俄国在东北亚的军事威胁，日本军方当时正忙于重整军备、扩军，并对军队实施现代化改造。但陆海两军却在究竟是"北进"还是"南进"的长远战略上发生了分歧。朝鲜是一个战略上的累赘，因为当地民众仇

5. 进军亚洲：中日甲午战争

视日本，而且其统治者也不足信赖，所以朝鲜半岛并不是安全的后方基地。中国则濒临动乱的深渊，其旧政权正与内部改革者和外部侵略者进行着徒劳无功的抗争。另外，俄国在满洲的势力存在也是威胁，并且它已在辽东半岛攫取了一块战略基地。日本的军事目标是取得地区优势和东北亚稳定，而这恰好也是俄国的目标，于是这两个帝国势必会发生冲突。由于日俄关于地区安全的构想不仅相互对抗，而且难以调和，因此日本向一个主要西方大国开战就此不可避免。

[注释]

1. Since the 1870s Yamagata had occupied a succession of key posts in the army and civil government and other ministerial-level posts; war minister (1873—1874,1874—1878) and concurrently chief general staff bureau (1874—1876), chief of the general staff (1878—1882), home minister and concurrendy chief of staff (1883—1885), kangun (1887—1889), and prime minister (1889—1891, 1898—1900).

2. Matsushita, *Nihon kokubō no higeki* [The tragedy of Japan's national defense] (Fūyō shobō, 1975), 34—36.

3. Kurono, *Kaikaku*, 41—43.

4. Yamagata Aritomo, "Gunji ikensho" [Opinions on the military] in *Guntai heishi*, 299 306; Kuwada,"Nisshin sensō," 10—11.

5. Lone, *Army, Empire*, 22—23; Fujiwara, *Gunjishi*, 68.

6. Gordon, *Modern History of Japan*, 91 ;Yui, "Meiji shoki no kengun kōsō," 461; Ōe, *Sanbō*, 47; Kurono, *Daigaku*, 45—47; Presseisen, *Before Aggression*, 118—119.

7. Fujiwara, *Gunjishi*, 79;Tobe, *Gyakusetsu*, 128—130.

8. Ōe, *Sanbō*, 50. In August 1892 the emperor dissolved the Diet as part of lto's plan to elect pro-government politicians who would pass the cabinet's legislative program. Massive police interference and violence marred the second Diet election campaign of 1892, but the opposition parties still returned with a majority of seats.

9. Hara, *Meijiki kokudo bōeishi*, 156,195; Saitō Seiji, *Nisshin sensō no gunji senryaku*

[Military strategy for the Sino-Japanese war] (Fūyō shobō, 2003), 25, 138—139. A narrow-gauge rail needed 75—76 cars to transport a division whereas a standard-gauge rail required about half that number.

10. Presseisen, *Before Aggression*, 122; Hara, *Meijiki kokudo bōeishi*, 251; Saitō, *Nisshin sensō no gunji senryaku*, 24—25.

11. Saitō, *Nisshin sensō no gunji senryaku*, 20—25; Kyū sanbo honbu hensan [Former headquarters general staff], eds., *Nisshin sensō* [The Sino-Japanese war] (Tokuma shoten, 1995), 425.

12. Yui, "Meiji shoki no kengun kōsō," 473—474; Nobutaka Ike, "War and Modernization," in Robert E. Ward, ed., *Political Development in Modern Japan* (Princeton, NJ: Princeton University Press, 1968), 196. On the question of literacy, see Richard Rubinger, " Who Can't Read and Write: Illiteracy in Meiji Japan," *Monumenta Nipponica*, 55:2 (2000), 163—198; and P. F. Kornicki, "Literacy Revisited; Some Reflections on Richard Rubinger's Findings," *Monumenta Nipponica*, 56:3 (2001), 381—395.

13. Harada Keiichi, *Shirizu Nihon kingendaishi* [The history of Japanese modern and contemporary history] 3, *Nisshin Nichi-Ro sensō* [The Sino-Japanese and Russo-Japanese wars] (Iwanami shinsho, 2007), 182—183.

14. YoshidaYutaka, *Nihon noguntai*, 100,103,114; Kumagai Mikahisa,"Nihongun no jinji," 116.

15. Ichinose Toshiya, *Meiji, Taishō, Showa guntai manyuaru*,37, 48.

16. Heiyama, "Nihon rikugun sakusenjō no yōkyō," 85 RO-2H, 7, 11, 33; Lone, *Army, Empire*, 28—29; Saitō, *Nisshin sensō nogunji senryaku*, 32.

17. Rikusen gakkai, ed., *Kindai sensōshi gaisetsu*, 22;Yoshida, *Nihon no guntai*, 183.

18. Harada, *Kokumin no shinwa*, 125, 141,153.

19. Hackett, *Yamagata*, 138; Harada, *Nisshin Nichi-Ro sensō*,27.

20. Kuwada,"Nisshin sensō mae," 16; Hackett, *Yamagata*, 138.

21. Saitō, *Nisshin sensō nogunji senryaku*, 17; Presseisen, *Before Aggression*, 133;Tobe, *Gyaku-setsu*, 110; Kumagai Tadasu, *Kisō chishiki*, 225. Meiji's first appearance in a naval uniform came in 1905 after the navy's victory over the Russian fleet in the Tsushima Strait.Yoshida, *Nihon no guntai*, 36.

22. Saitō, *Nisshin sensō no gunji senryaku*, 18, 29, 32; Hara Takeshi, "Nisshin sensō ni okeru hondo bōei" [Homeland defense during the Sino-Japanese war], *Gunji shigaku*, 30:3 (December

1994), 36. The army had partially mobilized its reserves in 1882 in response to an outbreak of anti-Japanese violence in Korea and again in 1885 for field exercises.

23. Endo, *Kindai Nihon guntai kydiku*, 99; Rikusen gakkai, ed., *Kindai sensdshi gaisetsu*, 22. The original understrength division became the 7th Division, based in Hokkaidō beginning in 1894 although not formally reorganized until after the Sino-Japanese War (1894—1895).

24. Harada, *Kokumingun no shinwa*, 52. A total of 74880 draft resisters or deserters were recorded during the period.

25. Endō, *Kindai Nihon guntai kyōiku*, 61,99—102.

26. Morimatsu, *Daihon'ei*, 53—55;Toyama Saburō, *Nihon kaigunshi* [A history of the Japanese navy] (Kyōikusha, 1980), 46.

27. Kurono, *Daigaku*, 82; Morimatsu, *Daihon'ei*, 61—63; Saitō, *Nisshin sensō no gunji senryaku*, 34.

28. Morimatsu, *Daihon'ei*, 63; Ikuda, *Nihon rikugunshi*, 52; Matsushita, *Meiji no guntai*, 96.

29. Kurono, *Teikoku kokubō*, 29; Kuwada Etsu,"Taigai rikugun gunbi no kochō" [Exaggerated army preparations for overseas (operations)], in Okumura and Kuwada, eds., *Kindai Nihon sensōshi*, 151—152.

30. Hara Takeshi, "Nisshin sensō ni okeru hondo bōei," 35—37; Saitō, *Nisshin sensō no gunji senryaku*, 39.

31. Kurono, *Dai Nihon teikoku*, 40; Saitō, *Nisshin sensō no gunji senryaku*, 36—37.

32. Kuwada, "Taigai rikugun gunbi no kochō," 152; Kurono, *Dai Nihon teikoku*, 40; Kurono, *Daigaku*, 88.

33. Michael A. Barnhart, *Japan and the World since 1868* (London: Edward Arnold, 1995), 15; Saitō, *Nisshin sensō no gunji senryaku*, 52.

34. Mutsu Munemitsu, *Kekkenroku: A Diplomatic Record of the Sino-Japanese War*, 1894—1895,trans. Gordon Berger (Princeton, NJ: Princeton University Press, 1982), 7, 258—259 n 10; Fujimura Michio, *Nisshin sensō* [The Sino-Japanese war] (Iwanami shinsho, 1973), 66—67.

35. Hackett, *Yamagata*, 160—161; Stewart Lone,*Japan's First Modem War:Army and Society in the Conflict with China, 1894—1895* (London: St. Martin's Press, 1994), 26—27.

36. Morimatsu, *Daihon'ei*, 63, 76—77.

37. Toyama, *Nihon kaigunshi*, 69—70; Kurono, *Daigaku*, 90—91.

38. Saitō, *Nisshin sensō no gunji senryaku*, 58; Kurono, *Dai Nihon teikoku*, 40—41.

39. Saitō, *Nisshin sensō no gunji senryaku*, 63, 77 n 62; Charles J. Schencking, *Making Waves: Politics, Propaganda, and the Emergence of the Imperial Japanese Navy, 1868—1922* (Stanford, CA: Stanford University Press, 2005), 91—92.

40. Harada Keiichi, *Nisshin Nichi-Ro sensō*, 70; Kurono, *Daigaku*, 89.

41. Morimatsu, *Daihon'ei*, 81;Tobe, *Gyakusetsu*, 139—140.

42. Saitō, *Nisshin sensō no gunji senryaku*, 173; Harada, *Nisshin Ni-Ro sensō*, 70; Morimatsu, *Daihon'ei*, 76—77, 79; Lone, *Japan's First Modern War*, 32—33.

43. Hara, "Nisshin sensō ni okeru hondo bōei," 40—42; Kyū sanbō honbu hensan, eds., *Nisshin sens[o]*, 422—423; Saitō, *Nisshin sensō no gunji senryaku*, 223.

44. Ōe Shinobu, *Nichi-Ro sensō gunjishiteki kenkyū* [A military history study of the Russo-Japanese war] (Iwanami shoten, 1976), 6—7; Kawashima, "Gundōin no seidō to jissai," 95 RO-4H, 139; Ōe Shinobu, *Nichi-Ro sensō to Nihon guntai* [The Russo-Japanese war and the Japanese military] (Rippū shoten, 1987), 261.The exceptions were Maj. Gen. Nozu Michit-sura, commander 5th Division and subsequendy commander 2d Army, and his successor as division commander, Maj. Gen. Mutsu Yasukata.

45. Kyū sanbō honbu hensan, *Nisshin sensō*, 155.

46. Rikusen gakkai, *Kindai sensōshigaisetsu*, 25.

47. Harada, *Nisshin Nichi-Ro sensō*, 81.

48. Kuwada,"Nisshin sensō ni okeru yusō-hokyū," in Okumura and Kuwada, eds., *Nisshin Nichi-Ro sensō*, 251—252.

49. Kuwada, "Nisshin sensō," 5; Kyū sanbō honbu hensan, *Nisshin sensō*, 425, 401.To lift one division required about 65,000 tons of shipping, roughly fifty vessels.

50. Kyū sanbo honbu hensan, *Nisshin sensō*, 400—402.

51. Harada, *Nisshin Nichi-Ro*, 77—80.

52. Kuwada,"Nisshin sensō," 6.

53. Ibid., 252.

54. Yamamoto,*Shōhai no kōz*[o],33.

55. Ibid., 239;Yamada,"Nisshin sensō ni okeru iryō-eisei," 235,248.

56. Endō, *Kindai Nihon guntai kyōiku*, 104—106; Ikuda, *Nihon rikugunshi*, 74.

57. Presseisen, *Before Aggression*, 142; Ōe, *Nichi-Ro sensō Nihon guntai*, 57. Thirty-eight

civilians attached to the army were also killed.

58. Hata, *Nihonjin no horyo*, vol. 1,7—9. Hata believes this was the genesis of the infamous *Senjinkun* (code of battlefield conduct) of 1941.

59. Mutsu, *Kekkenroku*, 73; Harada, *Nisshin Nichi-Ro sensō*, 76.

60. Tobe, *Gyakusetsu*, 145—146; Lone, *First Modern War*, 156—157; Fujimura, *Nisshin sensō*, I32—I33.

61. Lone, *Army, Empire*, 31.

62. Ōe Shinobu, *Heishitachi no Nichi-Ro sensō* [The soldiers of the Russo-Japanese war] (Asahi sensho, 1988), 58; Hara Takeshi, "Nichi-Ro sensō no eikyō" [Legacies of the Russo-Japanese war], *Gunji shigaku* 36:3—4, (March 2001), 14; Harada, *Nisshin Nichi-Ro sensō*, 72—73.

63. Tobe, *Gyakusetsu*, 144—145, 146, but see also the contradictory figures in Lone, *First Modem War*, 152—153.

64. Lone, *First Modern War*, 98—99; Harada, *Nisshiti Nichi-Ro sensō*, 158—163.

65. Kyū sanbō honbu hensan, *Nisshin sensō*, 296.

66. Lone, *First Modem War*, 40.

67. Saitō, *Nisshin sensō no gunji setiryaku*, 163.

68. Actual Japanese losses were 40 killed, 241 wounded, and 7 missing.

69. Kurono, *Daigaku*, 95; Lone, *First Modern War*, 154; Ōe, *Sanbō honbu*, 71; Saitō, *Nisshin sensō no gunji senryaku*, 164—165.

70. Saitō, *Nisshin sensō no gunji senryaku*, 158; Kurono, *Daigaku*; Fujimura, *Nisshin sensō*, 129; Kuwada, "Nisshin sensō," 258—259.

71. Saito, *Nisshin sensō no gunji senryaku*, 163—164; Fujimura, *Nisshin sensō*, 129—131; Lone, *First Modem War*, 40—43; Kyū sanbō honbu hensan, *Nisshin sensō*, 307—308.

72. Kyū sanbō honbu hensan, *Nisshin sensō*, 296—308;Yoshida, *Nihon noguntai*, 50. In the Sino-Japanese War frostbite accounted for 7226 hospital admissions, slightly over 6 percent of all patients; see Ōe, *Nichi-Ro gunjiteki kenkyū*, table 2—14,170. During the Russo-Japanese war frostbite accounted for 1 percent of all hospital admissions and only 2538 cases. Ibid., table 2—16,172.

73. Lone, *First Modem Army*, 42; Harada, *Nisshin Nichi-Ro sensō*, 81.

74. Shumpei Okamoto, *The Japanese Oligarchy and the Russo-Japanese War* (New York: Columbia University Press, 1970), 47—48.

75. Ōe, *Nichi-Ro sensō to Nihon guntai*, 45—46.

76. Hillary Conroy, *The Japanese Seizure of Korea*, 1868—1910 (Philadelphia: University of Pennsylvania Press, 1960), 314—318; Sumiya Misao, *Nihon no reikishi, 22, Dai Nihon teikoku no shiren* [The trials of the great Japanese empire] (Chūō kōron, 1966), 52.

77. Tanaka Tokihiko, "Min pi satsugai jihen" [The murder of Queen Min], in Wagamatsu Sakai, ed., *Nihon seiji saiban shiroku Meiji—go* (Dai ichi hoki shuppan kabushiki kaisha, 1969), 217, 221—223, 229; Conroy, *The Japanese Seizure of Korea*, 306—307, 310—323; Peter Duus, *The Abacus and the Sword: The Japanese Penetration of Korea*, 1895—1910 (Berkeley: University of California Press, 1995), 108—112. In November the Justice Ministry indicted Miura and forty-seven other Japanese, who ranged from top advisers to the Korean government to unemployed thugs and adventurers. The verdict, delivered the following January, declared them not guilty by virtue of insufficient evidence of criminal action.

78. Barnhart, *Japan and the World*, 25; Iguchi, *Nichi-Ro sensō no jidai*, 51, 101.

79. Conroy, *The Japanese Seizure of Korea*, 327; Denis and Peggy Warner, *The Tide at Sunrise: A History of the Russo-Japanese War*, 1904—1905 (New York: Charterhouse, 1974), 122—123.

80. Fujiwara, *Gunjishi*, 103—104; Ōe, *Nichi-Ro gunjishiteki kenkyū*, 9.

81. Ōe, *Nichi-Ro gunjishiteki kenkyū*, 10—11.

82. Kurono, *Teikoku kokubō*, 37; Ikuda, *Nihon rikugutishi*, 69; Fujiwara, *Gunjishi*, 105; Iguchi, *Nichi-Ro sensō no jidai*, 18—20.

83. Ikuda, *Nihon rikugutishi*, 72; Tanaka, *Rikugunjinji seidō gaisetsu*, RO 80-1H, 62—63,66.

84. Oe, *Nichi-Ro sensō to Nihon guntai*, 195; Ikuda, *Nihon rikugunshi*, 72—73.

85. Fujiwara, *Gunjishi*, 98; Ikuda, *Nihon rikugunshi*, 70.

86. Fujiwara, *Gunjishi*, 105; Heiyama, "Nihon rikugun sakusen jō no yōkyū, 85 RO-2H, 19.

87. Ōe, *Nichi-Ro sensō to Nihon guntai*, 243.

88. Tobe, *Gyakusetsu*, 137—138; Ono Keishi, "Nisshin senso ato keieiki no gunji shishutsu to zaisei seikaku" [The management of military expenditures and financial policies after the Sino-Japanese War], *Gunji shigaku* 40:2—3 December 2004), 45,49. The navy figures are from Schencking, *Making Waves*, table 3, 104.

89. Barnhart, *Japan and the World*, 29; Ono, "Nisshin sensō ato keieiki," 49—50, 55.

6. 回师大陆：日俄战争

对许多了解时局的观察家来说，新世纪——20世纪——的来临预示着古老的中国已时日无多、即将灭亡。日本的胜利暴露了中国在军事上孱弱无能的事实，而西方列强也闻风而动，图谋从中获利。中国于是陷入了被列强分割肢解的危险中。1898年1月，作为两名德国传教士被杀一案的处置结果，德国获得了对山东半岛为期九十九年的租借权。两个月后，俄国通过与中国政府谈判，在位于大连和旅顺（自1897年12月以来，那里就停泊着俄国战舰）之间的辽东半岛上划得了一块租借地。4月，英国对此的反应是迫使中国做出让步，在威海卫建立了一个海军基地。法国在华南划出了一块地区作为自己的势力范围，而日本在其台湾殖民地的对岸——福建省——取得了铁路特许经营权。

镇压义和团

超过三十年蒙受外强欺压凌辱的历史让中国老百姓愤懑不已。这种情绪最终在1900年正式爆发出来。领导民众对外国人发起一连串暴力袭击行动的是"义和团"，它是一个得到了清政府暗中支持的秘密民间会社，利用仇外和抵制洋教的豪言壮语获得了当地民众的广泛支持。先是德国驻华公使遇害。随后，义和团还对北京的外国使馆区展开了围攻。由此，西方列强（英国、法国、德国、意大利、俄国和美国）以及日本纷纷派军前往中国华北援救外交使团，保护西方传教士，严惩义和团分子。此间，日本陆军打算借机展示其军事改革的最新成果。

6月上旬，在英国的指挥下，一支匆忙拼凑起来的小型联合远征军——包括约300名日军——由天津向北京进发。6月12日，义和团和中国清军一同摧毁了距首都30英里的一座桥梁以阻止联军继续前进。联军的行动受到了道路交通的限制，而且兵力不足、寡不敌众，所以只能后撤到天津近郊。在这次行动中，联军的伤亡数字超过了300人。

东京的参谋本部意识到局势在不断恶化，于是起草了一份雄心勃勃的应变方案。但关于三国干涉的痛苦记忆依然萦绕在内阁要员们的脑海里。因此，内阁成员认为，除非西方列强提出要求，否则他们就拒绝大举增兵。三天后，参谋本部还是向华北部署了一支1300人的临时派遣队，司令官是在参谋本部担任第二部（负责情报业务）部长的福岛安正（Fukushima Yasumasa）少将。之所以挑选他出任派遣队司令官是因为他能讲一口流利的英语，所以他可以和英国指挥官进行沟通。[1] 福岛安正的部队于7月5日在天津附近登陆。

在此期间，佐世保海军特别陆战队（Sasebo Special Landing Force）的数百名海军步兵协同英国、俄国和德国的部队于6月17日夺取了天津附近的大沽要塞，但四天后，中国的清政府就向列强宣战了。当时的英国还深陷于布尔战争。因此，在危急关头，英国被迫请求日本增兵支持。当时许多日本人认为，镇压义和团是西方列强对中国人发起的一次宗教意义上的十字军远征。因此，从个人角度讲，外务大臣青木周藏（Aoki Shuzo）并不确信日本是否应该对列强施以援手。但他最终还是将个人想法置于一边。在对时局进行评估后，他认为，通过参加列强的联合行动，日本将会大大获益，而且机不可失。首相山县有朋也这么看，但内阁的其他成员却要求列强必须为增兵行动的风险和成本提供保证。[2] 7月6日，内阁让第5师团进入待命状态，准备赴华执行任务,但并未规定部队应该何时出发。

要为北京的外国使馆区解围就需要更多的地面部队,而日本又是本地区唯一能立即派遣军队的国家。如前所述,南非战事牵制了英国陆军,并且如果英国从印度大举调兵的话,既费时,又有内部安全风险。7月8日,英国驻日使节通知青木周藏,英国愿向日本提供100万英镑来换取日本增兵援助。[3] 随后不久,第5师团的先头部队启程赴华。由此,在17000人联军里,日军规模就达到了3800人。

第二次组织起来的远征军比前一次规模更大。它于7月14日猛攻天津,并占领了该城。然后,联军转而固守,等待第5师团余部以及其他联军的增援部队到达。8月上旬,远征军向北京推进,并在8月14日解除了义和团对使馆区的围困。到那时,联军约有33000人之众。但13000人的日军又是联军中规模最大的一支部队,约占联军总人数的40%。[4]

在此次战役里,日本军队自始至终都以最佳面貌示人。第5师团的师团长(取代福岛安正行使作战指挥权)命令部队在战斗中要把日本式的守纪、英勇和刚毅的品质拿出来给全世界看一看。各级军官也以严苛的标准贯彻军纪。低级军官告诫部队说,对于向中国居民施暴、纵火或偷窃的行为,陆军将一律严惩不贷。强奸也不可饶恕,犯事者会立即遭到逮捕,然后被斩首。[5] 甚至一些轻微的违纪行为也会受到严厉惩处。福岛安正留在了中国以强力维持前线纪律。

日本部队在各方面都表现得很好。然而一位英国军事观察家却觉得,日军因为自身的某些特点——争强好胜、密集编队、进攻意愿旺盛——而在战斗中损失过大,伤亡率高得不成比例。比如,在天津的战斗中,日军的伤亡数字(400人)超过了联军整体伤亡人数(730人)的一半,但它的部队(3800人)实际还不到联军总体规模(17000人)的四分之一。在北京的情况也很类似,日军损失(280人)几乎占联军全部损失(453人)的三分之二,但日军在联军进攻部队里的比例却没那么高，差一点才到一半。只发生了一次纪律败坏的案件，那就是日军全体人员随其他联军部队一道对北京城实施了大范围洗劫。很明显，日本人是这么理解问题的：不论西方人做什么，日本人也可以做。但一位英国记者注意到，日本人抢起东西来都"抢得很有水平，以至于那看起来根本不像是在抢劫"。[6]

1901年9月，列强与中国清政府达成了媾和协议，其中规定联军国家可以在天津和北京之间的地区驻军以保护本国公民，并维持通往海边的交通线的畅通。在《辛丑条约》的框架下，陆军省成立了"清国驻屯军"（China Garrison Army，译者注：清朝灭亡、民国建立后，改成"中国驻屯军"，也称"天津军"），其驻地在华北。这支新军只是个临时编制单位，而不是常设部队（确立常备军的编制是需要天皇敕令的），并且它的人手也是来自本土几个师团的下属部队。这些部队轮流赴华组成驻屯军，期限是一年。[7] 中国做出的其他让步包括俄国有权在增兵满洲后继续维持目前军力规模不变，直到分阶段撤军的那一天。

此次义和团起义表明，英国要想维持其在东北亚的影响力是越来越难了。布尔战争耗尽了英国陆军的元气，所以英国外交官不得不花钱收买日本来换取后者出兵镇压义和团，并制衡俄国的军事介入。欧洲的联盟体系让英国在国际上备受孤立，而且法国和俄国在东亚的海军实力也超过了英国舰队。英国还与德国展开了海军军备竞赛。俄国插手中国事务以及建设跨西伯利亚铁路后造成的影响也让英国忧心忡忡。所以，英国急需盟友相助。在"三国干涉还辽"后，日本在外交上同样形单影只，并不得不应付俄国在满洲的势力及其对朝鲜构成的潜在威胁。1902年，英国与日本缔结了海上同盟。双方同意：尊重彼此在华利益；当其中一方卷入战争时，另一方将严守中立；而当第三国卷入战争时，另一方也将介入。对英国来说，英日同盟恢复了东亚水域的海军力量平衡，同时也为抑制俄国扩张提供了一支陆

6. 回师大陆：日俄战争

军。对日本来说，盟约让日本能在应付俄国针对朝鲜的威胁时不必担心外国干涉。

当俄国没有撤出其派往满洲保护铁路的援军并图谋继续扩张时，这份盟约的意义就显得更为重要了。俄军工程师正在完善俄国在旅顺的海军基地和要塞，而且跨西伯利亚铁路也近于完工。因此，俄国的战略机动能力将得到极大提升，特别是它可能会用铁路向满洲迅速调遣重兵。日本领导人对此大为警觉。山县有朋曾反复警告说，俄国铁路是对日本国家利益的重大威胁，现在他的预言似乎要应验了。

备　　战

虽然陆军传统上就把俄国看作敌人，但参谋本部直到1900年才开始筹备实质性的对俄作战计划。一开始的计划是这样构想的：首先攻占旅顺，然后在满洲的奉天附近进行决战，同时对俄国远东的滨海省份实施辅助性的两栖作战。1900年7月，俄国新一批援军抵达了满洲，而且跨西伯利亚铁路的大部分路段也已完工。于是，参谋本部在1901年对计划作了修改，并把防御朝鲜作为重心。[8]

翌年，刚从驻俄武官的岗位离职回国的田中义一（Tanaka Giichi）少佐接管了一个参谋本部的计划小组。该小组是在严格保密的状态下工作的，而到1902年8月时，它已完成了对参谋本部战争计划的修改，提出了一个新战略。该战略很像日本在甲午战争时的思维，即按日本海军的能力来规划后续作战。如果海军能控制黄海，那么陆军就能安全地把部队送到大陆，而满洲就将是主战场。如果海军只能控制对马海峡，那么陆军就选在朝鲜南部登陆，并全力保卫日本在半岛上的利益。

就海军来说，它对大本营的制度安排是心怀不满的，因为战时大本营是由陆军将领支配的。海军对自己只能在陆军主导的大本营中充当配角一事大感沮丧,因而海军领导人——特别是山本权兵卫将军——强烈要求修改大本营条例,并要求让海军军令部长与其陆军同僚平起平坐。但如果真这么做,实际上就等于承认存在一个独立的海军参谋机关。川上操六将军坚决反对山本权兵卫的意见,并坚持说战时作战只能以平时计划为本,而唯一有权制订这种计划的就是陆军。[9]

川上操六逝于1899年。之后,陆海两军都吁请天皇裁断指挥权的归属问题。到了1903年12月,由于对俄战争隐约在即,陆军参谋总长大山岩和首相山县有朋最后请求天皇同意这样一项安排,即让海军军令部长和参谋总长两人都有权就国防和作战问题向天皇提供咨询。根据这一调整,陆海军参谋机关在战时大本营里就形成了彼此独立的局面,但这还是未能解决联合计划、联合作战或指挥控制等根本问题。[10]

参谋次长田村怡与造(Tamura Iyozo)少将是陆军战时作战和动员思想的幕后策划者。他曾以低级军官的身份在德国学习了六年。在日军里,只有屈指可数几位军官精通克劳塞维茨的战争理论,而田中怡与造就是其中之一。虽然观念较为保守,但他依然成为日军一流的战略家。[11]为了给田村的工作保密,陆军提交给天皇的年度报告依旧沿用了防御性的国防战略。但实际上,陆军此时正重新筹划一个进攻性的应变计划。

俄国最后并未像《辛丑条约》规定的那样如期撤军。所以,1903年4月21日,首相和外务大臣以及其他高级政治人物在山县有朋京都的宅邸会面,并同意寻求一项外交解决方案。如果外交失败,他们就选择开战。参谋本部总务部长井口省吾(Iguchi Shogo)少将是个鹰派人物,支持打一场短期战争。他迫使田村告诉内阁,只要一声令下,陆军就能马上参战。然而田村却对陆军的战备状态抱有很大的疑虑,因为新近扩编的兵力结构才刚形成战斗力不久。所以,他以俄国威胁为理由,要求进一步扩军。[12]

元帅陆军大将大山岩时任参谋总长。他告诉天皇,俄国染指东亚会损害日本自维新以来所取得的海外利益,并且如果俄国成功支配朝鲜,也会危及日本的国家安全。所以,有必要立即开始备战。由于军方的时局评估很多都彼此矛盾,高层在6月23日举行了一次御前会议。会议最终认为,在满洲对俄国让步还是有可能的,但朝鲜是日本国家利益的关键,因此不容谈判。[13]

田村怡与造在1903年10月猝然离世,而积劳成疾是主要原因。当日俄关系处于紧要关头之际,田村的离世是对参谋本部的重大打击。当时,参谋本部正好群龙无首。首相桂太郎优柔寡断,山县有朋日益消沉,而大山岩还没做好应对战争的心理准备。井口省吾将军哀叹道,陆海军无法就战略达成一致,而海军大臣还把部门私利置于国家利益之上。唯一令人欣慰的是,儿玉源太郎(Kodama Gentaro)中将自愿降格以接替田村怡与造的职位。这一举动在井口省吾看来代表了"老天爷还没抛弃我们日本"。[14]

儿玉源太郎辞去了两个大臣职位,而且为了担任陆军参谋次长,选择连降两级。[15] 在他的指导下,参谋本部于1904年2月完成了一份作战计划。该计划分为两个阶段,寻求歼灭俄国在满洲的野战军及其太平洋舰队。第一阶段,第1军将进抵鸭绿江畔以防俄军入侵朝鲜北部。第2军则会在辽东半岛东南部建立行动基地。随后,第3军将实施登陆,并向旅顺进军,切断那个要塞与外界的联系。如有必要的话,第3军会对其发起进攻,并支援其他友军。在第1军和第2军北上满洲时,规模稍小的第4军会在第1、2军之间的地段——即渤海湾东北方向的海岸——登陆,以掩护它们的侧翼,并保护铁路交通线。

如果俄国从欧洲的援兵抵达满洲,就会以巨大的数量优势击垮日军。因此,儿玉源太郎的目标是:在上述情况出现以前迅速包围并歼灭俄国的西伯利亚独立军团以及辽阳附近的俄国第2军团。日军参谋估计,把8个师从欧洲调到满洲要花上六个月,而这也就给了儿玉达成目标的时间。但至于第二年的战事，日军并没有制订任何详细计划。[16]

由于无法通过外交与俄国化解眼前的僵局，日本御前会议在1904年2月4日决定对俄开战。在随后几天里，明治天皇寝食难安，害怕一旦战败就无颜面对列祖列宗。他后来告诉皇后说，打俄国并非他的本意。他担心如果日本战败，自己在臣民面前也会颜面尽失。[17]陆军高级军官也明白日本打不起一场拖拖拉拉的持久战。在一片忐忑不安、人心惶惶的气氛中，日本在2月6日与俄国断交。两天后，在未正式宣战的情况下，日本海军对停泊在旅顺港的俄国舰队发起了突袭。

这场奇袭意在消灭停在锚地的俄国舰队，或至少希望用凿沉老旧日本运输船的方法堵住港区出口，从而让敌方舰队无用武之地。[18]这样一来，海上优势随后就会转到日本海军手中，并让陆军能安全地把部队运往朝鲜西海岸以及辽东半岛。由于俄国人瞧不起日本人，所以他们低估了威胁的严重性。因此，旅顺方面根本没有做任何应付突袭的准备。虽然3艘俄国主力舰严重受损，但日本海军的袭击并未摧毁俄国舰队，也未能堵住港口。俄国在旅顺的"存在舰队"（Fleet-in-Being）依然是日本的一个战略包袱，并会让天皇的军队在此血流成河。2月10日，明治天皇发布诏书，对俄宣战。

次日，大本营在皇宫建立。与之前甲午战争的情形不同，首相和外务大臣被排除在外，并且陆军不准文职大臣正式参加大本营会议。但正如后文所述，文职领导人还是能通过一些非正式渠道及时了解局势发展。大本营成了正式的作战中心。在这里，军方的高级参谋仅向天皇汇报严格意义上的军事事务，至于民事-军事政策的规划则不是重点。战略决策是在高级别政治家的研讨中诞生的，而这往往在某次御前会议之前进行。在天皇莅临的情况下，御前会议成了战时军事和外交事务的最高决策机制。[19]没有正式的机构来把军事和民事政策联系起来，而支撑整个体系的是以经年累月工作关系为基础而建立的非正式的个人私交。

6. 回师大陆：日俄战争

　　海军曾三次——2月下旬、3月下旬和5月——想用沉船的方式堵住出入旅顺港的水道，但都归于失败。陆军参谋本部制订的部队调动计划严格按先后顺序展开，并且其每个阶段都需要海军的支持。但随着海军的表现一次次地让人失望，陆海军关系开始趋于恶化。例如，在3月中旬，第1军在平壤附近平安登陆。但随后海军宣布，针对旅顺港的后续沉船行动将推迟到5月中旬。这让参谋本部大吃一惊。按计划，第2军要于5月5日登陆辽东半岛。为了适应短期的时间表，这个计划耽误不得。于是，陆军只好让自己航速缓慢的运兵船冒着可能被俄国旅顺舰队攻击的危险执行任务。[20]

　　正当其时，第1军从仁川向北推进，并通过4月30日和5月1日两天的战斗把俄军逼退到安东（Andong）附近的鸭绿江沿岸。这次小规模交战意义重大。在西方世界眼里，日本人来自异域，且相貌古怪、身材矮小。但就是这样的人竟打败了世界大国的白人军队。纽约和伦敦的证券市场突然意识到，投资日本是明智的选择。进而，在外国购买日本政府公债并提供贷款的刺激下，日本战时经济步入了繁荣期。然而在国内方面，公众却一片哗然大惊，并且批评之声不绝于耳，因为日军超过900人的伤亡代价已超过了甲午战争时期战斗伤亡数字的总和。面对记者，陆军次官石本新六（Ishimoto Shinroku）中将为部队的表现辩护说，新式武器技术——而不是指挥不力——才是造成人员伤亡的原因。[21]

　　5月25日，第2军的3个师团对固守南山（Nanshan）的俄军步兵团发动了攻击。辽东半岛被一块高地分为南北两部，而南山就是那块高地的狭窄颈部。战斗从清早开始，首先进行了长达三个小时的炮火准备。随后，日军对仍几乎完好无损的俄军阵地发起了一场教科书式的标准正面攻击。到上午10点左右，第2军已把最后的预备队投入了战斗，但依旧无法突破俄军防御。炮兵弹药所剩无几，伤亡数字却还在向上攀升，而部队也都已筋疲力尽。这时，一些参谋建议第2军司令官奥保巩将军（Gen. Oku Yasukata）撤军，并重整兵力。但奥保巩不顾伤亡，仍下令开展新一轮进攻。

　　日军的战术教义需要以士兵的密集队形来提供充足的优势火力，从而攻取防御阵地。但南山的机动空间有限，所以步兵攻击就变成了直接的正面进攻。因此，战术和地形两个因素让日军的大股进攻部队暴露在了俄军毁灭性的火力前。俄军最终于下午晚些时候撤退了。但在此之前，日军蒙受了骇人听闻的惨重损失。陆军后来把这些战斗叫作"肉弹攻击"（Human-Bullet Attacks），并在大众中宣扬说，这体现了日本人独有的勇猛、坚毅和自我牺牲的品质。[22] 实际上，当大本营的参谋收到第一份关于南山战斗的正式报告、并得知己方伤亡"3817人"后，他们的第一反应是：肯定是某个粗心的文员误添了一位数。[23]

　　日本陆军的战术学说与新式武器技术并不相配。据一位第2军的年轻上尉说："并不是我们的肉弹战术断送了那些勇敢士兵的生命。俄军有上好的防御工事和优良装备，但我们却缺乏机枪火力，所以我们根本没机会取胜。由于有了机枪，攻击距离（杀伤范围）就延长了，而那些沙盘上演练的战术根本没用。"基于以上经验，延长的散兵线很快就取代了挤作一团的密集队形，而且单兵间的距离也增加了。一些战术指挥官——比如市原慎一郎（Ichiwara Shinichiro，译者注：此处为音译）大佐——很快就适应了新的条件。在平时演习中，市原慎一郎冷漠的态度让其下属军官感到窘迫难堪。但在南山时，他不顾俄军火力，一次次地团结部众作战。他后来讲道，在实战环境下，敌人不会像在演习里那样与你步调一致、按套路出牌。[24]

　　6月10日，陆军参谋总长山县有朋、首相桂太郎（同时也是现役将官）、陆军大臣寺内正毅（Terauchi Masatake）、满洲军司令官大山岩及其参谋长儿玉源太郎齐集大本营会议以商定战时的作战指导问题。桂太郎是以退职将官的身份参加大本营会议的，但他无法通过正式渠道获知作战情况。然而，他能从政界高官（山县有朋、伊藤博文）那里得到准确的信息，因为陆军确

6. 回师大陆：日俄战争

实给山县和伊藤提供了相关的战况记录。桂太郎也是陆军大臣寺内正毅的密友和酒友，因此后者也可能向桂太郎透露消息。由于官僚系统复杂烦琐且具有封闭性，非正式的私人关系在协调军事、政治和外交活动中扮演了关键角色。[25] 简要回顾一下作战情况就会使这些缺陷愈发突出。

满洲战役

日本的"满洲军"（Manchurian Army）由第1军和第2军组成。按计划，它将沿南满铁路向辽阳（Liaoyang）进发。在那里，第1军将包抄敌军右翼，歼灭俄国野战军，并在俄国能动员其所有军事力量前，为进军奉天和最后决战扫清道路。与此同时，第3军将进攻旅顺，并在夺取那个要塞后与其他野战军在奉天附近会师。[26] 但俄国指挥官却娴熟地通过6月份和7月份的一连串作战拖延了战事进展，以图为欧洲赶来的援兵争取时间。旅顺的俄军被孤立了起来，并由新近抵达的第3军对其予以围困。

参谋本部的军官起初并不想夺取旅顺港，而且也不知道俄国在完善要塞防御方面下了多少功夫。俄军工兵对自身工作严格保密，但日本间谍也因缺乏专业技能而无从判断加固后的钢筋混凝土工事有多么牢靠。结果，日方间谍报告说，俄国人只是把目前的堑壕防线加长了。这给人留下的印象是，旅顺还是像甲午战争时那样防御薄弱。[27]

8月19日，战局发生了急剧变化。当时第3军司令官乃木希典中将（译者注：似为"大将"）轻率地对旅顺港发动了正面进攻，结果至少造成了16000人伤亡。让这场灾难雪上加霜的是，他还固执地拒绝停止徒劳无功的进攻。几天后，大山岩的军队在围绕辽阳的10天战斗里（8月25日至9月3日）也有超过23000人伤亡。在第2军和第4军包抄敌军东面侧翼时，第1军则向俄军中央部分发起突击。由于无法对俄军实施合围，日军只得选择从正面发动代价高昂的进攻。

虽然陆军为了维持后方士气而公开颂扬了所谓"肉弹攻击",但更多有责任感的指挥官还是对这些无谓的杀戮感到惊恐。一些低级军官们批评道,那些"自命不凡的战术家"顽固地在实战中套用教科书上的战术,结果让很多士兵白白送了性命。大山岩把三位少将和所有旅团长都撤了职,理由是他们的指挥呆板僵化,造成了不必要的伤亡。[28]

一方面己方损失惨重,而另一方面又无法合围并歼灭敌方野战军,日军联队和师团的指挥官们因此备受挫折、信心大减。在辽阳会战的高潮阶段,多家东京的报纸刊文,信心十足地预言这会是另一场色当(Sedan)会战。这个色当会战是指1870年时,普鲁士陆军围歼法军的战役。第1军的官兵们充满自信、胸有成竹,并指望打完这一仗后就可进行停战谈判。而当他们又将面临下一场战斗时,希望破灭了,士气也随之大幅下滑。乃木希典的第3军获得了补充兵员,但这些新兵却因被久经沙场的老兵贬称为"炮灰"而垂头丧气、萎靡不振。一位近卫步兵的旅团长向参谋次长写信说,仅仅口头上宣扬"士气高涨"并不一定能提升士气。军纪逐渐废弛。日军于是用战地宪兵来驱使那些不愿再挪窝的部队继续前进,而且至少有一次,部队是在宪兵刺刀的威逼下才变得老实听话的。[29]

虽然陆军官兵已从1896年的123000人稳步增加到了1903年的191000人,并且预备役也得到了相应扩充,但与开局战斗中惊人的兵力消耗相比,之前的一切努力仍显得杯水车薪。这些战斗表明,陆军还需要更多部队。辽阳会战过后不久,在大本营的请求下,天皇在9月29日又动员组建了4个新师团,而且把第二后备役的服役时间增加了一倍,延长到了十年。此外,天皇还把第一后备役兵员的年龄上限从32岁提高到了37岁,并给第二后备役补充了48个步兵大队。到1905年2月时,日军还会临时组建一些师团,但他们最早也要到5月下旬才能完成训练,待命出征。等到1905年4月15日,也就是第一支新建部队转入待命状态时,主要战事已经结束了。[30]

6. 回师大陆：日俄战争

地图5　日本陆军在日俄战争里的作战行动：1904—1905年

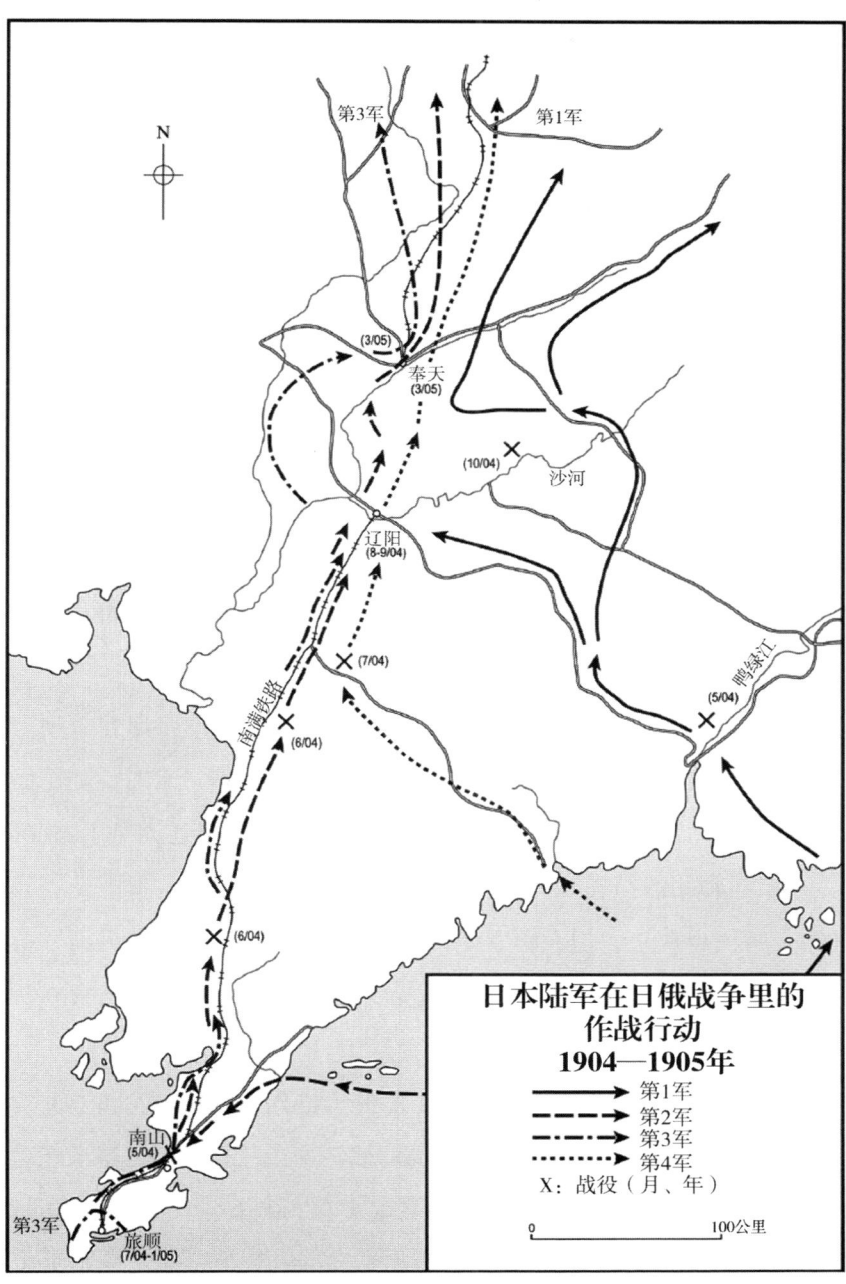

日本国内弥漫着失望沮丧和焦虑不安的情绪，而俄国海军海参崴舰队（Vladivostok Naval Squadron，译者注：日文汉字为"浦盐舰队"；"浦盐"是日语对"海参崴"的指代）则再添新愁。4月26日晨，俄国军舰突袭了一艘载有200人步兵中队的日本小船，并将其击沉。日军士兵拒绝投降或救助，最后随船一同沉没。陆军当局将这一举动说成是日军将士宁愿选择死亡也不想蒙受投降和被俘的耻辱，从而把后方民众的爱国热情调动了起来。[31] 俄国袭击舰持续在日本海开展巡航，并不时有日本船沦为其炮口下的猎物。于是，恐慌情绪在日本沿海城镇中蔓延开来，并引发了公众对军方无能的斥责。

6月中旬，海参崴舰队击沉了一艘大型陆军运兵船。该船载有近2000名士兵以及一些无法再行补充的火炮和货物。当负责保护船队的日本海军将领因找不到俄国舰队而实施报复时，愤怒的东京民众便朝他家屋子扔石头，痛骂他是"俄国间谍"，并要求他自杀谢罪。关于海参崴舰队的各种荒诞传言把文官们吓坏了。内阁被迫发布命令，要求紧急增援东京湾和对马岛的海岸防线。[32]

虽然俄国舰队看上去胆大妄为、横冲直撞，同时乃木希典在旅顺港的攻势也失败了，但辽阳地区的北方战线却稳定了下来。到9月末时，陆军已向旅顺调派了3个师团，而往辽阳方向则派遣了8个师团，而且还动员了65000名新兵来弥补步兵师团的损失。此外，陆军战地指挥官想把留在本土充当战略预备队的2个师团也调来，但大本营坚持认为，这2个师团要用来巩固岸防并抵抗俄国可能发动的登陆行动。明治天皇介入了这场前线野战军与大本营之间的争执，并最终决定把一个本土师团派往辽阳。[33]

10月上旬，俄军从沙河地区——辽阳东北45英里处——发起了进攻，这让日本第2军猝不及防。在随后长达一周的战斗中，三支日军还是未能包抄俄军的侧翼。双方损失很大：超过41000名俄军和20000名日军阵亡。同时，疾病的肆虐让各野战军遭了殃。脚气病、伤寒和痢疾让上千名士兵失去了战斗能力。大山岩于是让他的部队停止行动以进行重组。

就在大山岩蒙受重创的部队重整旗鼓时,海军向大本营提出,应迅速拿下旅顺。于是,大本营再次命令乃木希典进攻要塞。在他第一次受挫后,大本营给第3军提供了重炮兵,希望能以此突破俄军防线。上级司令部认识到,203高地居高临下、地势险要,因此如果能把炮兵观察员安排到这个高地的顶峰,就能让炮兵以精准的俯射火力覆盖整个旅顺及其港口,并使俄国守军难以招架。但乃木希典及其参谋们从没到过前线,因此他们认为第3军的任务是攻占旅顺,至于那些高地——尤其是203高地——都只是次要目标。[34]

在与大本营联络官协商后,第3军终于在9月5日同意对203高地发起进攻。两周后,日军夺取了203高地的前沿据点,但仍无法拿下主峰阵地。虽然乃木希典接到的前线报告说,在刚刚夺取的山坡上已能看到部分旅顺港,但他却并没把这份情报的主旨当成一回事。在伤亡了5000人后,他于9月22日下令暂缓进攻。

围绕旅顺的战斗在当时是家喻户晓,吸引了全世界的眼球,并且在西方媒体的包装下,乃木希典成了读者心中的风云人物,是任劳任怨、不辞艰辛的日本武士的化身。但儿玉源太郎和其他高级指挥官却对乃木希典的无能感到震惊。正是由于他指挥无方,才让战事的战略重心发生了偏移,造成了数以万计的无谓伤亡,消耗了大量稀缺的战争物资,而且最后还一无所成。11月26日,第3军发动了第三次大规模进攻,并终于在第二天夺取了203高地。后来,俄军要塞和海军基地变得不堪一击,所以很快就投降了。日军伤亡了59000多名官兵才换来了乃木希典的胜利。

1905年1月下旬,俄军试图把日军赶回辽阳,并竭尽所能消耗日军兵力。当时天气严寒,双方在黑沟台(San-de-pu)附近交战。日军最终以伤亡9000人的代价阻止了俄军的反扑。紧随其后的就是从2月22日到3月10日的奉天会战。此役规模宏大，堪称史诗，共有近30万俄军对阵兵力略超20万的日军。日军再次企图对敌实施两翼包抄，但其担任钳形攻势的迂回部队却未能及时完成合围以阻止俄军后撤。尽管日军损失了7万人，而俄军也有近9万人阵亡，但奉天会战仍未达到"决战"的目的，而满洲的地面战斗随后即转入僵持。

然而东京却误读了战果。3月11日，桂太郎和寺内正毅向山县有朋提议发动新攻势，而山县则把他们的建议转发给了大山岩。几天后，大山岩从满洲回复说奉天会战的确取得了伟大胜利，但他也详细介绍了人员和补给消耗严重的情况。他需要时间来重建他的后勤网络，并请求内阁在统筹军事、外交政策的基础上给他提供一套指导性方针：是应该追击俄军还是转而准备持久战？[35]

大山岩对战局的冷静看法让山县和寺内相信，日本无法逼迫俄国人投降，除非进攻莫斯科或圣彼得堡，但那当然是不可能的。满洲军甚至无法进攻250英里外的哈尔滨，原因是最近人员损失——特别是军官层的损失——惨重，而且弹药短缺，后勤供应不足。另外还有运输问题：需要进行大规模铁路建设以修造一条能把军需品运往前方部队的铁路线。由于考虑到上述问题，山县有朋在3月23日请求内阁通过外交手段结束这场战争。[36]

东京在三月末把儿玉源太郎召回东京进行商讨：是继续打一场持久战还是争取议和？儿玉源太郎直言不讳地指责参谋本部失职、无能。而他言辞最激烈的批判是把参谋次长称作蠢货，因为后者只知开战，却不知如何收场。在4月8日的会上，政治元老们和主要内阁大臣最终接受了这样的方案：除非通过外交方法能达成满意的和平条款，否则就可能要打一场持久战。[37]

1904年10月中旬，俄国波罗的海舰队（Baltic Fleet）从母港出发，开始了为期八个月、途经好望角、总航程1万海里的征程。它的任务是增援俄国远东舰队，并为旅顺解围。1905年5月27日，这场历经艰险的远征最终在对马海峡

6. 回师大陆：日俄战争

结束了。日本海军中将东乡平八郎指挥的联合舰队在那里击沉了12艘俄国主力战舰，另有4艘俄军主力舰被俘。当时，俄国爆发了反战示威，而且"波将金"（Potemkin）号战舰还发生了兵变。国内动乱，战局惨淡，这些都够头疼的了，但沙皇还担心日本可能会入侵萨哈林岛。以上形势促使俄国人开始愿意接受和谈。日本领导人意识到他们的陆军已疲惫不堪，而且资源也告枯竭，因此同样急切寻求会谈，并秘密与美国总统西奥多·罗斯福（Theodore Roosevelt）接触，希望他能出面斡旋调解。谈判在美国新罕布什尔州的朴次茅斯举行，其间的中心问题是俄国人拒绝考虑割地或赔款。然而经过一个月的讨价还价，俄国人还是在9月5日勉强同意将萨哈林岛南部划给日本。此外，日本还将独享在朝鲜的各种权利，并控制满洲南部的俄国铁路线。但最终还是没有任何赔款可言。

战前，陆军宣扬日本具有皇脉万世一系的独特优势，并以此团结号召文化水平日渐提高的民众和军队。陆军省资助印刷的小册子用简明的语言解释说，陆军是保护日本不受外来威胁侵害的卫士，就像是那道环绕仓库、阻止野兽或窃贼从中偷盗宝物的高墙。另外，还有各种文章鼓吹这样的思想：渺小的日本战胜庞大中国的法宝是"精神"和战斗中的无形因素，而日本为了拯救中国、防止国际秩序崩溃，必须与俄国一战。[38]

在这个基础上，战时宣传把日本的军事弱点遮掩了起来，其目标是在全社会制造一种空前的、人人为战争献身的氛围。但有力的战前思想灌输和战时宣传却抬高了民众的期望值，因为他们指望共渡难关后，每个人都能从战争的胜利中获得好处。所以，当怀有这些不实幻想的日本人发现和约不含任何赔款，而且在做出如此大的牺牲后，换来的竟是这么微不足道的补偿时，他们怒火中烧、怨气难平。东京于是爆发了反对和约的骚乱和民众游行。当时千夫所指的目标是文官内阁，但实际上更应成为众矢之的或许还是陆军。

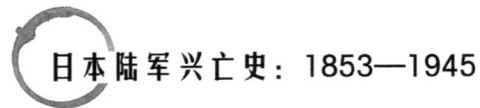
日本陆军兴亡史：1853—1945

评　价

　　尽管做了大量计划工作，购置了先进武器，扩大了兵力结构，但1904年的日本陆军依然不够成熟专业，其鲜明特征是地方派系盛行、徇私偏袒大行其道、指挥领导无方以及各种裙带关系的存在。例如，1901年，陆军大学为了让军官能指挥大兵团行动（旅团及更高级别的单位）而重新编制了教学课程，并向学员们教授最新的技术工艺原理。但教学实际上还是以战术为本，而且课程教学强调应发挥个人主动性，这也就是说，指挥必须坚决果断，不要纠缠于复杂的细枝末节。[39] 日俄战争时，到各军供职的参谋军官曾被指望能扮演举足轻重的角色，但他们却缺乏实际经验，并且喜欢不顾实际地生搬硬套陆军大学的那些理论教条。于是，军官团里弥漫着一股不加批判性思考、盲目地以原则规范为准绳的"本本"习气。

　　很多高级军官年轻时曾在19世纪60年代的维新战争或者19世纪70年代的西南战争中当过兵，并凭此资历享受到了今天的地位和名誉。但其中很多人都是自学起家的"莽夫"，所以根本不适应20世纪初技术、军队职业化以及战争方面的迅速进步。例如，乃木希典就是一位历经维新战争、西南战争和甲午战争的老兵。但当他查看旅顺港防御地形图时却感到茫然，不知所措。他完全看不懂地形轮廓或海拔高度，所以就断定两点之间的最短距离就是一条直线，并命令部队去进攻敌方防御最坚固、也是最难打的那个地方。结果他的部队在那里遭到重大杀伤，蒙受了不必要的损失。

　　乃木希典被选派担任高级指挥职务也反映了陆军里存在着地域出身偏见以及私人关系网络，而这为建设一支得力干练的职业军官团埋下了层层障碍。陆军起初在1904年2月把已经退职的乃木希典召回，让他指挥一个后备近卫师团。[40] 陆军三位现役将官中的两人——奥保巩、黑木为桢（Kuroki Tamemoto）——分别被任命指挥第1军和第2军。而第三位是佐久间左马太

6. 回师大陆：日俄战争

（Sakuma Samata），他已于1902年10月离职。当时他已是61岁的老人了，所以大家并不认为他能经受得住战场的严酷条件。山县有朋随即挑选时年55岁的乃木希典担任第3军司令官，并派他负责指挥旅顺方面的战事，因为他曾在1895年攻取过那个要塞。乃木本身就是长州人，而且与山县有朋又是老相识，所以他对于主导陆军的长州派来说是个可以接受的人选。此外，乃木也和很多高级海军军官交好，所以也让他在联合作战中成了维持陆海军沟通协调的合适人选。但乃木是个极端恪守武士准则的唯美主义者，并且从西南战争中丢失军旗的那一刻起，他心理上的创伤就从未愈合过。山县有朋和其他将官知道他能力有限，但他们还是一致认为对于孤立旅顺的作战来说，乃木希典还是可以应付的，因为按计划那只是个次要任务。

陆军选派伊地知幸介（Ijichi Kosuke）少将担任乃木希典的参谋长。伊地知是个已经离职的炮兵军官，曾在陆军大学当过教官。他是萨摩人，而萨摩是日本海军军官的摇篮，因此他既是个能被海军接受的人选，也可以被陆军用来平衡其内部的地域派系。另外，他还是大山岩的女婿。虽然陆军领导人并不看重伊地知的能力，但觉得他至少还是能胜任围困战的。然而，乃木和伊地知都对现代筑垒工事一窍不通。由于乃木自信不足，所以作战事务都由伊地知拿主意。伊地知虽然能力不足、行事武断，但另一方面他也小心谨慎，并对他的副手大庭二郎（Oba Jiro）中佐言听计从。大庭二郎出身长州，是个闯劲十足的人。[41]

在这个运转不灵的司令部里，参谋军官要么缺乏能力，要么缺乏积极性，大多数计划工作都由大庭二郎这个不熟悉围攻战术的步兵军官负责。在陆军里，谙熟筑垒和围城战的专家是上原勇作（Uehara Yusaku）少将，一位留学法国的工兵军官。但上原勇作的岳父是时年64岁的第4军司令官野津道贯（Nozu Michitsura）中将（译者注：当时似为"大将"）。他坚持要上原做自己的参谋长。不幸的是，野津道贯脾气古怪，所以除了他自己的女婿以外，没人能和他共事。⁴² 其他两支主力军内的人际关系情况也好不到哪儿去。

　　第1军由60岁、出身萨摩的黑木为桢中将（译者注：当时似已为"大将"）指挥。他曾在甲午战争时率领一个师团作战。他培养了一种简单粗犷的生活方式，并喜爱上好的雪茄。尽管如此，这只是表面现象。他实际上是一位勤奋好学、爱好历史、行事谨慎而不愿冒险的军官。他的参谋长藤井茂太（Fujii Shigeta）少将是个心胸狭窄、难以相处的人，并且对司令部参谋工作茫然无知。他曾是陆军大学校长。当陆军大学因逢战时而关闭后，他被派去辅佐黑木为桢。经实践证明，藤井是个不会变通、优柔寡断的人，而且反复与自己精明强干的副手发生矛盾。参谋次长长冈外史（Nagaoka Gaishi）少将认为藤井和伊地知一样都是危险的无能之辈。他觉得如果没有这些人的话，陆军的境况会好得多。⁴³

　　第2军司令官奥保巩中将（译者注：似已为"大将"）和他的参谋长落合豊三郎（Ochiai Toyosaburo）少将关系不佳。落合豊三郎是已故的田村怡与造的门徒，曾担任参谋本部第五部（战史，译者注：有待考证，因其间参谋本部内有机构调整）部长，并在陆军大学当过教员。他有图上作业和沙盘战术方面的天资才华，但在实战中，他却显得顽固、死板，并且不顾后勤条件以及后方安全的需要。落合豊三郎亲自从陆军大学的教官里挑选了自己的下属，但这些人也像他们的导师一样死抠图上作业和理论，所以无法迅速适应实战条件下瞬息万变的战场环境。⁴⁴

　　情报收集和分析工作也是因人而异、风格不一。福岛安正少将是参谋本部情报部门的首脑。然而，松川敏胤（Matsukawa Toshitane）大佐——一位步兵军官和参谋本部第一部（作战）部长——却依赖自己的情报源，于是参谋本部就被撕裂为斗争激烈的松川和福岛两派。参谋本部傲慢自大的作风使其与外务省的关系大为疏远。双方的隔阂到了如此程度，以至于外交官们拒绝与陆军分享他们从美国或欧洲收集的情报，结果造成了陆军对以下战略形势毫不知情：俄国的国内动乱、对俄国激进势力的操纵以及旅顺的防御情况。在作战层面，军官们也没把情报真心当回事，因为陆军大学的顶尖毕业生无一例外都进了作战单位——步兵、炮兵、骑兵——而且他们受到的教育和个人偏好都使他们喜欢自行判断和评估形势。⁴⁵

有些情报很烦人，因为它们可能会打乱正在实施的计划。对此，作战情报部门曾不止一次地把这类消息弃之不顾。辽阳会战后，在伦敦供职多年的武官宇都宫太郎（Utsunomiya Taro）中佐从英国情报源得知俄国第2军将对日军右翼发动反击。但大本营却断定，俄军大兵团不可能通过崎岖难行的山地区域，因而也就没向部队发出警告。⁴⁶ 于是，奥保巩就在10月5日被打了个措手不及。当时俄军对他暴露的右翼发动猛攻，由此揭开了沙河会战的序幕。

1905年1月中旬，宇都宫太郎和驻柏林武官大井成元（Oi Shigemoto）中佐报告说，俄军计划沿沙河进攻大山岩满洲军的左翼。但满洲军的参谋们却坚持认为，在酷寒和地面积雪很厚的条件下不可能会有大规模攻势。因此，当8个俄国师在1月下旬的一个暴风雪天气里发起进攻时，大山岩的总部并对之未加以理会，认为那只不过是敌人的一次小型威力侦察行动（Reconnaissance-in-Force）而已。⁴⁷

十年前，把大本营迁往广岛的决定曾导致局势混乱，因为各政府部门还留在东京。但在两地间维持协调关系不仅工作量大、代价高昂，而且常常造成延误。这次，天皇留在东京以协调民事和军事事务。高级军官们随后抱怨说大本营离前线太远了，因而难以承担作战指挥的任务。1904年3月，参谋次长儿玉源太郎建议在满洲建立一个由皇太子领导的最高统帅部。

新任命的满洲军总司令官大山岩坚持要对海外兵力实施完全控制，包括后勤和人事事务。参谋本部于是顺水推舟，提议向大山岩授予大权。但陆军大臣寺内正毅却对此表示拒绝，因为这会让大本营毫无用武之地。另外，寺内正毅和首相桂太郎——后者是以将军的身份，而不是首相的身份行事——想让大本营直接从东京协调进攻旅顺的联合行动。基于山县有朋的建议，5月25日，天皇指示寺内正毅和大山岩建立一个高级战地司令部以统率满洲军，并准许大山岩对各野战军实施作战控制。[48]

6月20日，陆军省成立了满洲军总司令部，任命大山岩为总司令官，同时把儿玉源太郎晋升为将军，派他去当大山岩的参谋长。山县有朋成了在大本营负责后勤、人事以及行政事务的参谋总长（后方），长冈外史则担任参谋次长（后方）。最聪明的年轻军官都被派到满洲军了，而重新召回的军官以及政治元老则在大本营任职。但满洲军和大本营很快就产生了摩擦，而其矛盾尤其在以下三个方面表现突出：旅顺战役的进展、动用本土战略预备队增援满洲、新师团的动员。[49]

个人性格缺陷、运转不灵的指挥与控制体系以及整合度不佳的大本营都使陆军的根本问题进一步恶化了。实际上，陆军是在重新打前一场战争，并以甲午战争的经验来推想伤亡率，计算弹药消耗量，预测后勤需求。

日军把俄军逐出南山后，大本营想对旅顺实施全面围困，从而使其陷入孤立并迫其崩溃。如上所述，参谋本部第二部因手头情报过期而低估了俄军实际上已大为强化的要塞防御能力。俄国人的施工很巧妙，他们那些难以攻克的坚固据点都是依山就势修建的。基于陈旧的情报，1904年2月下旬，大庭二郎少佐、田中义一少佐（他们两人那时也是参谋本部和大本营的参谋军官）和其他人一道建议，应抢在俄国西部的援兵到达前夺取这个看起来脆弱不堪的要塞。[50]儿玉源太郎不想让他的部队受损，所以认为把旅顺孤立起来更好，用不着把它打下来。一旦海军把港口的通道封死，俄军就会四面楚歌，而且第3军也能阻止俄国守军威胁第1军的后方。总之，旅顺将会不攻自破。[51]

然而，堵塞港口通道的行动终告失败，海军不得不转而对旅顺实施封锁，并在附近水域巡逻以防俄国舰队逃跑。换句话说，日本联合舰队相当一部分兵力都被旅顺俄军的"存在舰队"给牵制住了。为了把舰队解放出来，海军向大本营施压，要求其命令陆军攻占旅顺，这样就可以消灭俄国舰队。在海军不断施压下，大本营于6月24日命令乃木希典尽快进攻旅顺。数星期后，有情报报告，俄国波罗的海舰队正准备启程。东乡平八郎于是在7月12日通过海军军令部长要求陆军立即进攻旅顺。只有这样，日本海军在波罗的海舰队到达前才有时间休整兵力。无论乃木希典有什么错——他的失误地方确实很多——他说到底也仅是个战地司令官。所以在大本营和海军方面不断干预作战行动的情况下，他也只能服从。[52]

为了避免正面进攻，大本营希望第3军能进一步向西移动，这样就可以从后方攻取要塞。乃木希典和他的参谋们对此满腹怨言，因为重新安置部队和炮兵不仅要花很多时间，而且还会使第3军进一步远离它的铁路终端补给点。他认为自己的任务是夺取旅顺，而不是进攻某个高地上的俄军外围防御阵地——尽管那个位置的确是居高临下，足以俯瞰全城。除此以外，如前所述，他也看不懂地形图，所以就选择了一条直通旅顺的最短路线。

乃木希典的轻型火炮虽然连续进行了两天炮火准备，但并未对俄军混凝土和钢材加固的掩体造成多大破坏。俄军躲在堡垒里的机枪手们安然无恙，并对日军大规模进攻部队展开扫射，使日军在铁丝网前被打得鬼哭狼嚎。当时有个错误情报显示俄军防线已经崩溃。据此，乃木希典又一次发动了代价惨重的进攻。等到他下令停止进攻时，第3军已有近16000人伤亡，包括5000多人战死。一个来自大阪的联队在遭受重大损失后拒绝继续进攻，最后在其他部队的监视和护卫下被遣往后方。[53]

军官队伍的损失极其严重，因为按照过去接受的训练，他们作为战术指挥官应该冲锋在前。例如，在第44步兵联队的3名大队长中，有2人阵亡，第三人受伤。而在该联队的12名中队长里，有8人阵亡，4人受伤。另外，其40名中尉中也有35人战死或受伤。[54] 乃木希典的这番损失以及随后日军在辽阳会战伤亡23000人的惨剧，引发了一个持久难消的兵员补充危机。让这个局面雪上加霜的是，许多补充进来的预备役军官和下士官缺乏战术技能和领导能力。

政府当局试图通过强化审查制度、严加管束战场记者、控制战地通讯稿等手段将乃木希典的重大败绩隐瞒起来。陆军于1904年1月发布的旨在保护军事机密的条例与内务省在前一年制定的针对报纸文章的管束措施相辅相成，共同压制反对的意见和声音。警方审查员格外关注那些在他们看来可能会有损于军属家庭精神士气的文章。[55]

在日俄战争刚开始时，政府动员爱国社团在全国范围内组织劳军运动来援助那些在国外作战的士兵的家属，并给部队送去各种各样小包装的杂货。为了转移视线、不让公众关注战场情况，政府官员们还广为宣扬那些真实的或杜撰出来的英勇壮举以及各种血洒战场、光荣牺牲的故事。官方的宣传运动无意间抬高了公众的期望值，并使全国上下陷入了一种爱国狂热状态。但当那些异想天开的目标无法实现时，政府就反过来成了那些情绪高涨的民众所攻击的目标。例如，8月间，由于预计旅顺攻克在即，所以在政府的推动下，日本全国准备庆祝这一重大喜讯。但当胜利并未如期而至时，公众的热情迅速消退了。在东京曾不止一次发生过这样的事情，即原本支持战争的集会最后变成了喧嚣混乱的闹剧。当此类事件再次发生并导致39人死伤后，甚至这种"群众自发"的胜利游行也必须在警方更严密的监控下才能进行。[56]

尽管政府和陆军已在宣传造势上花了很大功夫，但乃木希典还是躲不过日渐高涨的批评之声。愤怒的民众斥其为"屠夫"，朝他家砸石头，并恐吓他的妻子。而且即便政府极力向社会灌输乐观向上的战局消息也仍无法阻止

6. 回师大陆：日俄战争

日本民众了解战场上令人痛心的惨重损失。运送伤病员的列车往往在夜间才从宇品发车，但到了9月中旬，成群结队去往医院的伤兵穿过东京街头已是相当平常的景象了。从前线士兵以及补充兵员那里传到国内的信件和故事，描述了战场上沉重的伤亡代价、四下传染的疾病以及厌战情绪。此外，日本国内通货膨胀持续加剧。为了给战争筹资，又新增了数不清的土地税和消费税。而且寻常巷陌还流传着一些关于战场伤亡的风言风语，令听者不寒而栗。这一切都沉重打击了民众士气。[57]

陆军的补给

就在离开战还有三个月的时候，参谋本部第四部（运输与军事通信）部长大岛健一（Oshima Kenichi）大佐和另外两位中佐开始给即将去各师团主持后勤事务的参谋进行速成培训。每个野战军都设有后勤总监一职，通常由一名少将或大佐担任，并辅以一位能直接与大本营联系的参谋长。他们都享有独立地位。各军司令官对此懊恼不已，并指责那些后勤专家和会计师插手作战决策。[58]

陆军里缺乏后勤专家的情况与它贬低补给和运输的态度直接相关。从陆军士官学校毕业的尖子生无一例外都选择去了步兵科，而那些最差的、被晾到一边的学员只能进辎重兵部队。在所有陆军士官学校的毕业生里，只有4%的人选择去辎重兵科，与此相对，63%的人进了步兵科。陆军大学的教学课程也不重视后勤事务，并且其毕业生后来也显得对这方面的问题毫无兴趣。[59] 平时，各师团负责运输与后勤的人员很少。到了战时，辎重兵队伍里就充斥着预备役军官和各色征集来的补缺人员。他们虽然都穿着军服，但缺乏起码的专业培训。

然而在日本调动的95万军队中有超过25%的部队会执行某种后勤任务。但即便如此，步兵还是瞧不起他们，而且甚至当地中国人也嘲笑他们是干苦力的。陆军又一次用辅助军需队来给部队运送给养，其中受日军雇用的朝鲜和中国劳工有70万人之多。[60] 货车时常在未经平整的土路上出故障，但车队人员手头几乎没有用于维修的工具和零配件。位于日军进军轨迹的后方是一连串兵站和附属仓库。这里是朝鲜和中国劳工干苦活儿的地方，而以人力向前线部队运送给养也是他们的任务。

铁路是维持军队供给的动脉。但在战区当地其数量却很少，而且都需要大修。满洲军沿着与南满铁路平行的方向进军。与此同时，陆军工兵忙着重建铁路线，因为原先的宽轨铁路需要进行大规模翻新整修。到1904年7月30日时，第1军已从安东铺设了一条直达前线的轻轨铁道，从而缓解了其后勤路线拥塞不畅的问题。但用来支持各野战军的铁路干线直到1905年5月才延伸到远在北方的奉天，而当时的主要战事已经结束了。[61]

为行军的部队提供给养是一个每时每刻都充满挑战的艰巨任务。倾盆大雨冲毁了公路和铁道，于是第2军被迫在好几个星期里都把口粮配额削减了一半。一名有幸活着挺过辽阳会战的日军军官写道，营养不良和患病的情况恶化到了非常严重的程度，以至于他怀疑自己原先齐装满员3000人的联队现在是否还有1000人能拿起武器战斗。[62]

当时有限的证据表明：在米中混入大麦能预防脚气病。但陆军还是以精白大米为口粮，这主要是因为比起运送米麦混合的口粮，运送纯大米更方便。类似的考虑也从军用口粮里剔除了面包制品，因为装运面粉和笨重的烤炉需要额外增加好多车皮。而且，虽然士兵们天天吃干米饭没什么问题，但如果顿顿主食都是走味儿的面包的话，肯定没人吃得消。[63]

另外，还出现过后勤供应链崩溃这种头疼的事儿。南山的日军炮手曾在一天内发射了3万多发炮弹。这个数据超过了陆军甲午战争时的总体弹药消耗规模，相当于日本两个月的炮弹产量，而这一产能还是日本兵工厂为了增加弹药储量连续两年昼夜不停开工大干才实现的。[64] 由于同时进攻旅顺和辽阳，日军的弹药消耗速度达到了意想不到的惊人程度。而大本营将原本供应第2军的炮弹移拨给乃木希典的做法则加重了炮弹短缺的情况。军火产能在1904年8月得到了扩充,而且日本政府还从英国和德国军火市场购买了45万发炮弹,但这批货在12月前是送不到的。[65] 军火短缺和炮弹失灵一直是屡见不鲜的事,因为日本国内工业本身的产能有限,而且也缺乏量产可靠的军火物资所必需的质量管理工艺。1905年2月,就在奉天决战的前夜,大山岩不得不给帐下济济一堂的战地指挥官们提了个醒,要他们节省使用大炮,因为没有后备弹药可用。[66] 重炮的表现特别令人失望。据旅顺战役的观察家们估计,就弹径28厘米的巨大炮弹来说,每四发就有一发是哑弹。[67]

1904年10月26日,山县有朋发电报给儿玉源太郎,详细描述了当时后勤不力和人员短缺的危急情况。在1904年12月前,根本甭想指望有充足的炮弹供应,而在1905年2月前也不会有填补军官团空缺的人手。北海道防御空虚,并且日本已无战略预备队可调。四个新组建的师团直到1905年5月才可投入战斗。除非乃木希典的第3军能攻占旅顺,并随即挥师北进增援,否则满洲军在国内新一批援兵到来前是不可能进攻奉天的。[68]

旅　　顺

1904年11月1日,俄国波罗的海舰队已行至北非的丹吉尔港。日本海军专家估计俄国舰队在1905年1月上旬时将能到达台湾沿海。[69] 由于俄国舰队正兼程赶来,日本海军军令部方面进一步向陆军施加压力,要求其最迟必须在12月1日攻占旅顺,从而为东乡平八郎的联合舰队消除侧后方向的威胁。此举将会给海军将领至少一个月的时间来整修船只,并调用目前执行封锁任务的军舰来充实舰队实力。11月9日,山县有朋也告诉大山岩说第3军必须拿下旅顺。[70]

山县有朋随后请求天皇找人代替乃木希典,因为他并不适合担任指挥职务。但天皇不同意这么做。他不确定谁能取代乃木希典,而且他还担心乃木将军可能会不甘受辱,选择自杀。由于无法替换乃木希典,满洲军总司令官大山岩就决定派自己的参谋长儿玉源太郎将军赴旅顺指挥围攻203高地的战斗,以夺取那个具有关键意义的地理制高点。大山授权儿玉源:如有必要就把乃木希典革职。但乃木希典接受了这个新安排,他只在名义上保留指挥权,而儿玉源太郎则"借用"乃木希典的权威督导作战。[71]

第3军对203高地的进攻始于11月26日,而且很快就付出了惨重代价。在激战两天后,日军重炮终于摧毁了俄军在203高地上的防御工事,随后第1师团的夜袭也夺取了部分关键地带。次日清晨,俄军发动反击,并且眼看就能赶走日军收复失地了。就在这时,儿玉源太郎把乃木希典降为副职,全面接管了指挥权,并把第3军最后的预备队投入战斗。最终,日军在11月30日将俄军逐出了高地。[72] 近17000名日军士兵在此役中阵亡或受伤。

12月初的时候,日军在203高地上的前沿观察哨已通过陆上电话线与炮兵部队取得了联系,并准确地引导炮兵火力对下方的旅顺城和港口进行轰击。旅顺要塞这下再也守不住了。俄国指挥官在1905年1月1日请求举行谈判以商定投降事宜。就这样,乃木希典转眼就变成了举世闻名的风云人物。

很多高级将领都对乃木希典的无能感到忍无可忍,其中有一人甚至很直白地表示想砍了乃木的脑袋,然后把他鲜血淋漓的首级装在盘子里。1905年新年那一天,田中义一中佐——现已成为大山岩的参谋——建议在第3军北上奉天之前找人接替乃木希典。儿玉源太郎表示反对,因为乃木希典攻克旅顺的大名已让俄军闻风丧胆,所以如果这个时候把乃木希典撤掉,就会破坏陆军士气,并有损于第3军的业绩。他还补充道,撤了乃木希典的职也会冒犯阵亡于旅顺的2万官兵的英灵,他们生前都曾希望跟随他们的司令官参加最终决战。不论说辞如何有力,讲到底,与裁撤乃木希典这件事相较,维护陆军声誉才是更重要的任务。[73]

6. 回师大陆：日俄战争

在大山岩的设想中，日军将首先对俄军实施两翼包围，然后在奉天附近完成合围并歼灭俄国野战军。乃木的第3军将是日军巨大"钳形"攻势中的一翼。2月27日晨，第1军、第2军和第4军的炮火引走了俄军的注意力。在此期间，第3军向北移动。然而当大山岩在3月1日发动主攻时，乃木的部队已向北走得太远了，以至于根本无法影响主战场的局势。两天后，乃木希典反向而行，并试图与第2军会师，完成合围。但他动作还是太慢，结果形成了一个缺口，让俄国主力部队逃掉了。然而这次责任并不全在乃木希典一人。在两周的战斗中，协调多路野战军的复杂行动让日军高级将领和参谋人员倍感棘手。几支部队曾在战斗里混作一团，而来来往往、行动路线纵横交错的后勤车辆、部队以及搬运工则造成了道路拥堵，从而进一步妨碍了迅速进军的计划。[74]

虽然地面战的无果而终让陆军付出了沉重代价，但并没有相关的确切数据。参谋本部的官方历史记录承认有约12万人伤亡，其中包括2600名俘虏。然而官方数据只记载了那些伤势严重以至于无法参加战斗的人，属于此类情况的有约58000人。其他记录则证明有超过13万名士兵曾被送往医院治疗。大约6万人在作战中阵亡，大多数死于小型武器的火力（占78.6%，而仅次于此的数字是死于炮火的人员，占12.9%，远没有前者多），而且还有21500多人死于疾病，其中死于脚气病、伤寒、阿米巴痢疾的人占到了病亡者总数的80%（见表6.1）。[75]

赴华参加日俄战争的日军人数约是早先甲午战争的四倍，并且同样是在与中国一些最底层民众的非直接交往中，很多日军官兵总结认为中国人贫穷、肮脏、臭味熏天、生活环境污秽不堪。士兵们寄往家中的信件描述了这些惊人的情况，战时日记和战后回忆录也就此发表了各种看法。这些深刻的印象随着日军部队被带回了日本国内，并在社会上广为流传，从而强化了日本普通大众的一种偏见，即中国人是劣等种族。[76]

表6.1　日军在日俄战争几场战役期间的阵亡、负伤以及被俘数字

战 役	阵 亡	负 伤	被 俘	总 计
辽阳战役	5557	17976	236	23533
旅顺战役	15390	43914	—	59304
沙河战役	4099	16398	628	20497
黑沟台战役	1848	7241	242	9316
奉天战役	15683	51247	1581	70028
总 计	42577	136776	2687	182678

来源：大江志乃夫，《日露戦争と日本軍隊》，表2—4，第132—133页。

对于死亡和俘虏的态度

陆军对死亡进行了"仪式化"处理。战前，陆军在社会上大为推广所谓"宁死不屈"的观念，并引用了古人为武士道和大和魂（日本精神）的信条而自杀的习惯。在战斗中阵亡或自杀是比被俘更可取的做法，而各种口头禅和标语警句也让公众相信，士兵们必须避免被敌人生俘，否则就会蒙羞，并背上懦弱胆怯的污名。这类普通大众的意象使原本只是不成文的禁忌——不做俘虏——在人们心中牢牢地扎下了根。于是，尽管那些被遣送回国的战俘要为自己被活捉生俘的劣迹而道歉，但社会上的各种责骂和侮辱肯定还是少不了的，对此他们只能默默承受。[77]

战后军事委员会调查了约2000名被遣送回国的战俘。首先由这些战俘原先所属的部队对其进行审查，而且他们在调查结束前不能被释放。在最简单的情形下，这一过程也要花好几个小时的时间，但它也可能会变得很复杂。没人会受到正式的军事审判，但行政处罚还是会相当严厉的。8名军官（其中5人来自陆军）在他们的船被击沉后做了俘虏。他们后来被革除了军职，而且

其军衔和各种荣誉奖章也被剥夺一空。[78] 他们的姓名和处罚情况也会被公布在《官方公报》（*Official Gazette*）上。[79] 另外，还出现过这样的情况：一些社区将之前当过战俘的人扫地出门，让他们不得不远走他乡。

但在"被俘者"的待遇上，陆军的态度也绝非一刀切，而是有一定选择性的。第28步兵联队的联队长于1906年8月离职，并在次年2月以预备役的身份退役。然而其他被俘军官却获得了奖章、奖励和酬金。两名在满洲活动的情报官在开战不久就做了俘虏。其中一人后来获得了一枚勋章以表彰其英勇无畏的精神，并进而升至少将。另外一人则比较倒霉。他是与一辆补给列车一道被俘的，其间未做任何抵抗。他后来只能退役。一位少佐在执行远途侦察任务的时候被俘了。但他后来成功脱逃，并带回了有价值的情报。他由此获得了一枚勋章。一名少尉是在敌后进行长途侦察巡逻的时候被俘的。他在成功逃脱并带回了珍贵的情报后也受到了嘉奖。所以，怎样处理战俘的标准似乎是："他们在被俘前是否充分履行了职责？"[80]

但大多数公众并不清楚这一差别。"某某可耻地当了俘虏"这类谣言四下传播，其中有一条还牵连了一名国会议员。他对于儿子被俘一事感到无地自容，最后自杀了。这些真实性可疑的故事传播甚广，足以让舆论确信投降当俘虏是件丢人的事情。"宁死不屈"于是和种族优越性、民族特质以及"精神"（Seishin）等观念一起慢慢渗透进了战后的日本社会并静静酝酿，直到陆军有一天可以再次利用它们为自己服务。

虽然投降为日本人所不齿，但陆军在处理近8万名俄国战俘时的做法还是比较得体的。只要发誓不再参战，那些俄国战俘都能与伤兵及其家人一起被遣返回母国，并且俄国在旅顺的医院在俄军投降后也照样开门接待病人。日本人对待白人战俘的态度又一次表现了东京政府想让西方世界承认接纳自己的愿望，而这是扫清残留的不平等条约的前提条件。不管怎么说，日本毕竟已经签署并表示会遵守1899年涉及战争法规和惯例的《海牙公约》。

开战伊始，日本政府在陆军省内建立了"俘虏情报局"（The Prisoner of War Information Bureau）。该局就最终关押在日本29所战俘营的俘虏的处理办法颁布了相关条例。战争结束后，国际红十字会对日本政府人道地对待战俘一事表示了赞赏。[81]

正式的与非正式的遗产

为了增强国民的爱国主义热情和恭顺意识，严格的战时审查制度利用了陆军在战前精心塑造的自我形象——陆军是为天皇和国家服务的臣仆。战争结束后不久，陆军又以浪漫主义格调为自己编造了一部战争神话，并在"肉弹"的故事里歪曲了事实。家喻户晓的"肉弹"传奇也通过樱井忠温（Sakurai Tadayoshi）中尉（后升至少将）的同名畅销书传到了西方世界。按照樱井忠温的说法，日本人的战斗精神战胜了敌人在兵力、财富和物质上的优势。日军的攻势把这个无形而独一无二的日本特质展现在了世人面前，并且这一信念也为陆军战后不久的一项决定奠定了基础，那就是对《步兵操典》进行大幅修改。[82] 甚至"慷慨赴死"也成了日本人的独有品质。

但被日本人当神敬奉的战争英雄并不是普通士兵，而是两名中级军官，即海军的广濑武夫（Hirose Takeo）少佐和陆军的橘周太（Tachibana shuta）少佐。前者是在撤离用来阻塞旅顺水道的沉船时牺牲的，而后者是在率部攻占辽阳一处俄军重要残余据点时阵亡的。政府以官方主办的大型仪式和公告为手段将这两人塑造为了"军神"，而这也是在现代日本史上首次出现这一概念。很有趣的是，它之所以能在广大群众中产生情感共鸣，并非由于那两位少佐取得了多少战术性胜利，而是因为他们体现了日本武士的精神和美德。两位军官都是受其部下敬仰与爱戴的模范指挥官，因此他们的军事才能仅仅是其优秀人格品质的补充。当时很多日本人感到四下都充斥着西方文化，而日本民族有被外来因素逐步侵蚀变质的危险。因此，从更深层的角度看，两

6. 回师大陆：日俄战争

位军官的牺牲也促使普通民众重新发现了日本的传统价值观。易言之，两位"军神"代表了深藏在每个日本人心中的独特民族性格。[83]

正如所料，日军士兵对死亡和战斗的态度取决于他们与真实战场环境的远近。在亲身经历毁灭与浩劫的幸存者眼里，战场是残酷、凄惨、可悲之地。而职业军官们则普遍接受了经过陆军理想化包装而派生出的武士价值，这很可能是因为当时他们中的很多人具有武士血统。然而，征召而来的士兵和预备役军官却并不吃这一套，而且像"在战斗中光荣牺牲"或者"为天皇陛下舍身捐躯"这类空洞的高调也提不起他们的兴趣。几乎没人愿意去当"肉弹"，而那些精干的军官也明白这个战术有多么荒唐。[84]

陆军与政府还会压制那些麻烦、棘手或者令人难堪的事实真相。例如，新闻报纸曾公布了战时乃木希典呈给天皇的战果报告，但删去了批评他在奉天战役里表现的一段话。陆军官员随后也从官方报告中删掉了那段不中听的话，理由是其对国家安全不利。[85]

就陆军的战时表现究竟如何这一问题所展开的非公开内部评估可谓混乱不堪。陆军官方战史是从那些大吹特吹"攻势"和"进攻精神"的前线指挥官的角度来写的。它们省略了参谋计划和协调的细节。联队级别的历史记录则删掉了弹药时常短缺并使日军攻势行动受阻的内容。而某些平淡无奇的历史叙述则以近乎一致的口吻赞扬了替补兵员的训练效率和预备役部队的战绩表现。[86]

公开发行的出版物也逃不过保密制度的约束。陆军的多卷本官方战史删掉了战前计划、动员、后勤、外交、预备役事务以及弹药和兵员短缺的详细记录。有关前述内容的编纂工作依旧属于"绝密"，甚至在陆军内部也受到了严格限制。从20世纪20年代开始，谷寿夫（Tani Hisao）大佐主持了一个有10名陆军大学学员参加的年度特别研讨会。他们利用这些敏感的、仍属高度机密的、其他军官都看不到的文件向特权精英们提交了一份日俄战争的综合

173

评估报告，其中囊括了战略、外交以及后勤等方面的内容。[87] 简而言之，只有少数仔细挑选出的军官得以对陆军战时的不足之处展开深入研究，而余下众人对那场战争的理解依然是歪曲和失真的。

日俄战争和战后编造的种种"神话"塑造了现代日本及其陆军。日本的两场对外战争促进了民族身份的成型和普及，并巩固了民族团结。日本如果战败则意味着它或将永远沦为二流或三流国家，并且在最糟的情况下甚至会变成半殖民地。在公众看来，既然日本战胜了一个主要西方大国，那么明治领导人富国强兵的目标就实现了。胜利大游行和全国的葬礼纪念活动标志着一个时代已经过去了。而此时也恰逢一种新民族主义运动的兴起。有人担心，采用西方技术、追随西方时尚会导致社会走向病态，从而颠覆传统道德。作为回应，新民族主义运动重新确立了虚构的日本价值在社会上的地位。

早先，对于公众来说，靖国神社作为阵亡将士最后安魂之所的意义还是比较模糊的。但在战后岁月里，这所神社变成了军国主义运动的核心组成部分。陆海两军都在靖国神社举行过大型的祭奠仪式。而且由于陆军在1906年4月30日在那里举办了胜利回国的检阅活动，于是4月30日这天成为日本的一个国家节日——"陆军日"。明治天皇曾在靖国神社主持过一个国家祭典，为的是纪念在日俄战争中牺牲的陆海军官兵。他还在1907年主持了另一次祭典。当时陆军将原先安葬在满洲的战殁者转移至靖国神社，并且还特地为在战后因伤去世的士兵举行了奉祀仪式。[88] 其他皇家祭典也以在靖国神社举行过的仪式为样板。日本对俄宣战的消息是由一位特殊的皇家使节带到靖国神社的。这种做法在历史上是头一回。后来，另一位皇家信使则在靖国神社宣读了结束战争的和约条款，以告慰那些已经长眠于此的英灵。

正如靖国神社为战殁者赋予了特殊地位，击败俄国也让一个亚洲国家获得了世界大国的地位和其他国家的敬意。或者就像一位旅团长在写给妻子的

6. 回师大陆：日俄战争

信里打的那个粗俗的比方：日本究竟是胜还是败，结局将有天壤之别，这就好比一位女子的命运——有幸的话她能嫁入金粉豪门，不幸的话她会沦为背巷娼妓。[89] 日本的胜利粉碎了白人高人一等并且不可战胜的神话，而日本也成了东北亚地区首屈一指的军事强国。但这也带来了新的、未曾料到的责任和义务。

1905年6月，日俄战争胜利后，日本陆军部分要员在中国奉天会面。图中自左向右依次为：黑木为桢（第1军司令官）、野津道贯（第4军司令官）、山县有朋、大山岩、奥保巩（第2军司令官）、乃木希典（第3军司令官）、儿玉源太郎（满洲军参谋长）、川村景明（鸭绿江军司令官）。（本图片承蒙日本国立国会图书馆提供）

日本海军的一流水平为世界公认。另外，它还与英国维持着同盟关系。如此一来，任何可能的侵略威胁都从日本的战略考虑中消失了。陆军转而采取了一种咄咄逼人的前沿部署战略，并为其在大陆的特殊利益予以辩护。它的理由是自己在满洲为了打败俄国人付出了鲜血和金钱的代价。到1910年为

175

止，陆军省在满洲一直保有2个师团以保护日本人的生命和财产安全。后来，一支由6个大队组成的独立守备队负责在那里保卫日本利益，并且直到1916年才被正规部队所取代。1919年，陆军第12号令成立了关东军总部，其统管下的驻军有1万人之众。与中国驻屯军一道，满洲的日军部队为陆军在中国提供了永久前沿作战基地。朝鲜很快被日本完全控制，并给陆军新添了一项使命。对此，陆军将领要求扩大兵力结构以承担新的责任。东乡平八郎在对马赢得的史诗式胜利把海军抬到了与陆军平起平坐的地位。由此，为了制定一个全面的国家军事战略，陆海两军不得不就各方面的分歧达成和解。这些方面包括军种需求的满足、潜在敌人的判断以及作战区域的划分。新一代陆军领导人必须处理好这些问题。同时，他们还要保证陆军能继续在国事活动中扮演重要角色。

[注释]

1. Ian Nish, "Japan's Indecision during the Boxer Disturbances," *Journal of Asian Studies* 20:4 (August 1961), 449; Ōe, *Sanbō honbu*, 84. As a 16-year-old, Fukushima had fought in the Boshin War; later, as an English-language translator and newspaper reporter during the Satsuma Rebellion, he found his way to Yamagata's headquarters. Yamagata appointed him his intelligence chief in 1878 and launched Fukushima's military career. Fukushima became a national hero during 1892—1893 when he returned from attaché duty in Berlin via Vladivostok by making an epic fourteen-month solitary crossing of Siberia by horseback. Without ever commanding a troop unit, his intelligence work carried him to the general staff and service in the Boxer Expedition.

2. Kawano Koaki,"Hoku Shin jiken" [The north China incident], in Okumura and Ku-wada, *Nisshin Nichi-Ro sensō*, 377—378,385.

3. Ibid., 386.

4. Kuwada and Maebara, *Nihon no sensō zukai to dēta*, plate 2. Subsequent reinforcements from British India, France, Russia, and Germany, including Vietnamese, Indian, and Chinese

soldiers, to pacify the region brought the overall expedition to 70000 personnel.

5. Shimanuki Shigeyoshi, *Senryaku: Nichi-Ro sensō* (jō) [The strategy of the Russo-Japanese war, 1] (Hara shobō, 1980), 103.

6. Kuwada and Maebara, *Nihon no sensō zukai to dēta*, plate 2.The quote on polite looting is cited in Meirion and Susie Harries, *Soldiers of the Sun* (New York: Random House, 1992), 72—73; Ōe, *Yasukuni jinja*, 16.

7. Matsuzaki Shoichi, "Shina chūtonshin zōkyō mondai" (jō) [The problem of the reinforcement of the China garrison army, part 1], *Kokugakuin zasshi* 96:2 (February 1995), 28.

8. Kurono Taeru, *Teikoku kokuhō hoshin no kenkyū* [Researching the course of imperial defense policy] (Sōwasha, 2000), 69—70; Tani Hisao, *Kimitsu Nichi-Ro senshi* [The classified history of the Russo-Japanese war] *Meiji hyakunenshi sōsho* [The Meiji centennial series] voL 3 (Hara shobō, 1971), 94;Bōeichō, *Daihon'ei rikugunbu* (1), 91.

9. Morimatsu, *Daihon'ei*, 98—99.

10. Mark R. Peattie and David C. Evans, *Kaigun* (Annapolis, MD: Naval Institute Press. 1997), 49—50; Morimatsu, *Daihon'ei*, 105—108.

11. Ōe, *Sanbō honbu*, 82.

12. Okamoto, *Oligarchy*, 71—72;Tani, *Kimitsu Nichi-Ro senshi*, 82; Ōe, *Sanbō honbu*, 84.

13. Kurono, *Daigaku*, 115; Kurogawa Yuzō, *Kindai Nihon no gunji senryaku gaisetsu* [An overview of modern Japan's military strategy] (Fūyō shobō, 2003), 50; see also Okamoto, *Oligarchy,* 76—77.

14.Ōe, *Sanbō honbu*, 82; Inoki Masamichi, *Gunkoku Nihon no kōbō* [The rise and fall of militarist Japan] (Chūkō shinsho, 1995), 30—31.

15. Kodama was home minister and concurrently education minister. In June 1904 he was promoted to general when he left the position to become chief of staff for Ōyama's Manchurian Army.

16. Inoki, *Gunkoku Nihon no kōbō*, 36; Ikuda, *Nihon rikugunshi*, 80;Tani, *Kimitsu Nichi-Ro senshi*, 82, 94—95; Kurokawa, *Kindai Nihon no gunji senryaku gaishi*, 50—51; Kurono, *Teikoku kokubō*, 40—43.

17. Warner, *Tide*, 189—190;Tani, *Kimitsu Nichi-Ro senshi*, 44—48; Kasahara Hidehiko, *Meiji tennō* [The Meiji emperor] (Chūkō shinsho, 2006), ii, 265.

18. Furuya Tetsuō, *Nichi-Ro sensō* [The Russo-Japanese war] (Chūkō shinsho, 1966), 96—98.

19. Kurono, *Daigaku*, 126; Hata, *Tōsuiken*, 81; Okamoto, *Japanese Oligarchy*, 36.

20. Sumiya, *Dai Nihon teikoku no shien*, 257.

21. Inoki, *Gunkoku Nihon no kōbō*, 39; see also Warner, *Tide*, 287; Furuya, *Nichi-Ro sensō*, 103.

22. Yoshihisa Tak Matsusaka, "Human Bullets, General Nogi, and the Myth of Port Arthur," in John W. Steinberg, et al., eds., *The Russo-Japanese War in Global Perspective*, 1 (Leiden, Netherlands: Brill, 2005), 179.

23. Furuya, *Nichi-Ro sensō*, 103.

24. Sumiya, *Dai Nihon teikoku no shien*, 263 (quote); Ōe, *Nichi-Ro gunjiteki kenkyū*, 330.

25. Hosaka Masayasu, *Shōwa rikugun no kenkyū* [Research about the army of the Shōwa period, 1] (Asahi bunko, 2006), 43.

26. Kurono, *Daigaku*, 124—125.

27. Warner, *Tide*, 236.

28. Sumiya, *Dai Nihon teikoku no shien*, 263; Warner, *Tide*, 390.

29. Ōe, *Nichi-Ro gunjiteki kenkyū*, 335; Furuya, *Nichi-Ro sensō*, 126—127; Ōe, *Nichi-Ro to Nihon guntai*, i69; Yamamura, *Gunshin*, 51.

30. Furuya, *Nichi-Ro sensō*, 125. The 14th Division was mobilized June 13; the 15th and 16th divisions were mobilized on August 8.

31. The army used the special term *minikui*, meaning "shameful, ugly," as a modifier preceding the word for *surrender*. Ichinose, *Meiji, Taishō, Shōwa guntai manyuaru*, 95.

32. Warner, *Tide*, 304—305; Furuya, *Nichi-Ro sensō*, 106.

33. Furuya, *Nichi-Ro sensō*, 123—124; Hosaka, *Shōwa rikugun no kenkyū* (1), 45.

34. Furuya, *Nichi-Ro sensō*, 122—124, 128—129.

35. Okamoto, *Oligarchy*, 110.

36. Ibid., 111.

37. Harada, *Nisshin Nichi-Ro sensō*, 214—218; Okamoto, *Oligarchy*, 116; Bōeichō, *Daihon'ei rikugunbu* (1), 118—123.

38. Ichinose, *Meiji, Taishō, Showa guntai manyūaru*, 28—34, 41.67—69.

39. Kurono, *Daigaku*, 67, in.

40. Nogi had retired in 1901 because he believed allegations about officers from his regiment for looting during the Boxer Rebellion had tarnished his reputation. Robert Jay Lifton, Shuichi Kato, and Michael R. Reich, *Six Lives Six Deaths* (New Haven, CT: Yale

University Press, 1977), 50.

41. Warner,*Tide*, 322;Tani, *Kimitsu Nichi-Ro sensō*, 167—168.

42. Warner,*Tide*, 335.

43. Ibid, 268; Ōe, *Nichi-Ro sensō gunjiteki kenkyū*, 321—324.

44. Ōe, *Sanbō honbu*, 104; *Kurono, Daigaku*, 129.

45. Kurono, *Daigaku*, 135—136.

46. Ibid., 136; Ōe, *Sanbō honbu*, 108.

47. Furuya, *Nichi-Ro sensō*, 156—157; Ōe, *Sanbō honbu*, 109.

48. Hosaka, *Shōwa rikugun no kenkyū* (1), 44; Bōeicho, *Daihon'ei rikugunbu* (1), 106; Lone, *Army, Empire*, 106; Kurono, *Daigaku*, 126; Hata, *Tōsuiken*, 81.

49. Kurono, *Daigaku*, 127; Furuya, *Nichi-Ro sensō*, no; Ōe, Sanbō honbu, 93,97.

50. Sumiya, *Dai Nihon teikoku no shien*, 259;Tani, *Kimitsu Nichi-Ro senshi*, 196; Furuya, *Nichi-Ro sensō*, 100.

51. SeeTani, *Kimitsu Nichi-Ro senshi*, 166; Warner, *Tide*, 237.

52. Warner, *Tide*, 368; Furuya, *Nichi-Ro sensō*, 108; Shimanuki Shigeyoshi, *Senryaku Nichi-Ro sensō* (*ge*) [Strategy:The Russo-Japanese war, 2] (Hara shobō, 1980), 402.

53. Warner,*Tide*, 375.

54. Ōe, *Nichi-Ro gunjiteki kenkyū*, 329. Of 1260 field grade infantry officers (majors and lieutenant colonels), almost 21 percent (263) were killed in action and 15 percent (1,453) of the 9694 junior grade infantry officers (captains and lieutenants) were also killed. The army did not normally promote NCOs to regular commissioned officers, but it was forced to promote more than 2200 to fill the losses. Ōe, *Nichi-Ro sensō to Nihon guntai*, 236.

55. Okamoto, *Oligarchy*, 126; Ōe, *Nichi-Ro sensō to Nihon guntai*, 163—164.

56. Ichinose, *Meiji, Taishō, Shōwa guntai manyuaru*, 87; Furuya, *Nichi-Ro sensō*, 119—120; Iguchi, *Nichi-Ro sensō nojidai*, 149.

57. Lifton, Kato, and Reich, *Six Lives Six Deaths*, 51; Furuya, *Nichi-Ro sensō*, 120; Rikusenshi kenkyū fukyukai, *Ryojun yōsai kōrakusen*, 122.

58. Ōe, *Sanbō honbu*, 99. Lt. Col. Arita Jō, an instructor at the military staff college, would become chief of staff of the Second Army's logistics section, and Lt. Col. Kakizaki Tomus-aburō, an instructor at the Toyama School, would become chief of staff for the First Army logistics section (Ōe, *Sanbō honbu*, 99—100). Lt. Col. Fujii Kōtsuchi, known for his prewar staff study of road networks in Korea, became chief of staff of logistics for the Third Army.

59. Yamaguchi, *Rikugun to kaigun*, 81; Ōe, *Sanbō honbu*, 99.

60. Ichinose, *Meiji, Taishō, Shōwa guntai manyuaru*, 97; Ōe, *Nichi-Ro sensō gunjiteki*, 550,552.

61. Furuya, *Nichi-Ro sensō*, 109,161; Ōe, *Nichi-Ro sensō gunjiteki*, 335.

62. Ōe, *Nichi-Ro sensō gunjiteki*, 335.

63. Harada, *Kokumin no shinwa*, 141.

64. Yamamoto, *Shōhai no kōzō*, 85.

65. Furuya, *Nichi-Ro sensō*, 122,131; Okamoto, *Oligarchy*, 106.

66. Furuya, *Nichi-Ro sensō*, 157.

67. Yamamoto, *Shōhai no kōzō*, 154.

68. Shimanuki, *Senryaku Nichi-Ro sensō* 2: 394—395.

69. Tokyo placed Taiwan under martial law so its garrison was unavailable to reinforce the Manchurian armies.

70. Furuya, *Nichi-Ro sensō*, 133—134.

71. Tatsuno Shino, "Meiji tennō to sono shūi" [Emperor Meiji in those circumstances], in Suzuki Tsutome, gen ed., *Nihon rekishi shiri-zu* [Japanese history series] 19, *Nisshin-Nichi-Ro sensō* [The Sino-Japanese and Russo-Japanese wars] (Sekai bunkasha, 1970), 77; Warner, *Tide*, 458—459; Matsusaka, "Human Bullets," 194.

72. Warner, *Tide*, 464—465; Furuya, *Nichi-Ro sensō*, 134—137.

73. Sumiya, *Dai Nihon teikoku no shien*, 267; Shimanuki, *Senryaku Nichi-Ro sensō*, 2: 426—428. Nogi's chief of staff, Ijichi, was appointed chairman of the newly established Port Arthur readjustment committee, in effect firing him.

74. Furuya, *Nichi-Ro sensō*, 159.

75. Kyūsanbō honbu, *Nichi-Ro sensō* [The Russo-Japanese war] (*ge*) (Tokuma Bunkō, 1994), 2: 332; Ōe, *Nichi-Ro sensō gunjiteki*, table 2—16, 172; table 2—2,130; table 2—3,131. Hara Takeshi, "Hohei chūshin no hakuhei shūgi no keisei" [The evolution of close-quarter infantry doctrine] *Nichi-Ro sensō* (II) [The Russo-Japanese war, part II], Special Issue, *Gunji shigaku* 41:1 and 2 (June 2005), table 2, 273, gives a total of 173,151 killed or wounded (14.6 percent of the 1,183,470 engaged). Adding deaths due to illness (21,424) yields a more accurate figure of around 200,000 personnel losses.

76. Hara Takeshi, "Nichi-Ro sensō no eikyō," i4.

77. Ichinose, *Meiji, Taishō, Shōwa guntai manyuaru*, 97,115—117.

78. They were punished for surviving the sinking of the *Kitishu Maru* when almost all their comrades chose suicide or certain death rather than surrender.

79. Ōe, *Nichi-Ro sensō gunjiteki kenkyū*, 378 and ni29, 399—400.

80. Ōe, *Sanbō honbu*, no-111; Hata, *Nihonji horyo*, 1:10,12,21.

81. Hata, *Nihonjin no horyo* 1:9—10.

82. Despite Japanese claims, similar ideas of offensive spirit, masculinity, and intangible qualities permeated European armies as well and may account for the popularity of Sakurai's book with western audiences.

83. Yamamuro, *Gunshin, xii*, 23, 35, 82—83.

84. Naoko Shimazu, "The Myth of the 'Patriotic Soldier': Japanese Attitudes towards Death in the Russo-Japanese War," *War & Society* 19:2 (October 2001), 71,77,81.

85. Ōe, *Sanbō honbu*, 78; Iguchi, *Nichi-Ro sensō no jidai*, 162—166.

86. Ōe, *Sanbō honbu*, 113; Iguchi, *Nichi-Ro sensō no jidai*, 166—167.

87. Ōe, *Nichi-Ro sensō to Nihon guntai*, 187—190. See also Tani, *Kimitsu Nichi-Ro senshi*, 3, introduction.

88. Iguchi, *Nichi-Ro sensō no jidai*, 168.

89. Hata, *Tōsuiken*, 149. Maj. Gen. Asada Nobuaki kept his promise by receiving a barony in 1907 and later rose to the rank of full general.

7. 国家军事战略的制度化

日本明治时代的统治精英——文官或军方寡头——都出身于武士阶层，拥有相同的价值观，追求共同的国家目标，并且很多人都彼此熟知。但19世纪末兴起的军队职业主义却改变了这一局面。它强调专业知识的重要性，这与陆军过去那种以个人影响为基础的派系标准相去甚远。来自长州藩和萨摩藩的军官曾是陆军中的主导力量。日本国内还出现了新兴精英集团，其各自都有不同的打算和计划。于是陆军新一代领导人不得不与前者——尤其是政党——争夺权力。陆军领导层中的后起之秀对军内任人唯亲的现象感到失望，并决心打破地方派系的权力堡垒，因此他们不仅与政党展开较量，而且与陆军自身的制度进行斗争。与此同时，陆军一边想方设法维护其传统的核心身份，一边也致力于吸纳新思想和新技术。[1]

陆军的头号要务是保护日本新近攫取的海外特权利益。一些军官相信，俄国战败确保了日本北部边疆安全无虞，而未来的扩张方向则是中国华中地区或"南洋"（The South Seas）。其他人坚持认为，俄国贼心不死，欲图报复，因此俄国仍是日本的一大威胁。政府的态度同样模糊。比如，当1907年日俄通商条约签订之时，由西园寺公望（Saionji Kinmochi）担任首相的内阁附加了一项秘密协议。该协议将南满地区划入了日本势力范围。如此一来，日本不仅维持了朝鲜现状，并且也让自己的影响力向北渗入了满洲地区。换句话讲，内阁和陆军在国防战略上并未达成共识。[2]

7. 国家军事战略的制度化

战后不久，陆军领导人在谋划军事战略、制定战术学说时曾反复诉诸日本特性。但战后扩军计划工作却威胁到了陆军奠基者们曾取得的共识。关于陆军前途和未来战争的问题，军内存有不同意见。它们互不相让，竞争激烈，从而也让陆军领导层陷入分裂。有的人倾向于拥护现代的工业化、机械化战争，而另一些人则相信依赖人力和士气的传统作战样式能战胜具有优越物资力量的对手。

陆军内部就兵力结构的意见分歧反映了涉及战争样式的不同哲学信念。在日俄战争中，陆军曾动员25个师团参战（17个常设师团和8个后备师团），但人力短缺的困境却让日本没有多余兵力来组织战略预备队。[3] 为了防止上述一幕重演，一向行事谨慎的山县有朋打算把兵力结构定为50个师团（25个常设师团、25个后备师团）。驱使他这么做的信念是：俄国一定会回来复仇。

但陆军参谋总长儿玉源太郎却一直认为，装备和维持那么多师团超过了日本的工业生产能力，而且会让国家经济破产。相比之下，他自己的提案较为温和，其内容为：给常备军增设2个师团，兵力结构总规模是38个师团（19个常设师团和19个后备师团），而军事现代化改造将会提高部队的机动性，并增强炮兵火力。但儿玉源太郎却于1906年7月——即在他成为参谋总长仅三个月后——突然病逝，而他牺牲数量、追求质量的主张也由此销声匿迹。作为山县有朋的一名弟子，长期担任陆军大臣的寺内正毅将军站在了他导师一边，并于10月向天皇提交了建立50个师团兵制的提案及有关重整军备和进行军队现代化改造的建议书。[4]

1906年上半年，当儿玉源与山县两人就战后陆军规模的争执日渐激烈之时，参谋本部作战课长田中义一中佐曾试图从中调解。他希望战时军种间的对立对抗以及统帅结构四分五裂的现象不再重演，而解决方法在于设计一套能获得普遍赞成的国防战略。该战略将统合政治和军事策略，协调军事开支与经济生产力之间的关系,并为制订联合作战计划奠定基础,从而应对瞬息万变的国际局势。和山县一样,田中为了给陆军的预算要求提供合理解释,也寻求将陆军在亚洲大陆发动战略攻势的首要职责以制度化的形式确立下来。否则军种间竞争、海军刚刚获得的战时声望以及海军理论家日趋壮大的影响都可能会妨碍陆军的扩军大业。[5]

山县对田中的想法进行了改造,并于当年10月以元帅府(Board of Field Marshals and Fleet Admirals)成员的身份向天皇提交了自己的计划。天皇随即下令陆海两军共同对此加以研究,并确定一个首要假想敌。从12月中旬开始,陆海军参谋部门就国防兵力运用问题交换了书面提案。到1907年1月中旬时,两军参谋人员已举行了五次会谈,讨论了下述四个基本问题:(1)确定国防目标;(2)使军事战略与国家战略保持一致以协调政治与军事目标;(3)制订一份联合计划;(4)确立适当的兵力结构。就上述方面,两军间产生了三项分歧。首先,陆军视俄国为假想敌,而海军的假想敌则是美国。其次,陆军采纳的是大陆攻势战略,而与此相对,海军青睐的是深海战略。最后,两军还就资源分配——尤其是预算份额问题——相争不下。[6]

田中义一本来希望陆海军能和首相一起制定一项全面的政治-军事战略。然而山县和其他陆军领导人则以"最高统帅权"为由,禁止文官参与军事作战事务。虽然军方领导人就其政策草案与首相西园寺公望进行了讨论,但他们允许后者阅览的只是兵力结构需求大纲的部分。即便这样的让步,军方也不情不愿,只是万般无奈之举,因为内阁需要扩军的确切信息来向国会证明:即将提交的预算要求是合情合理的。[7]

1907年4月,明治天皇批准了《帝国国防方针》(*Imperial Defense Policy*),并以皇家敕谕的形式传达给了陆海军参谋机构的负责人。这份文件包括三个部分:"基本方针""国防所需兵力"以及"用兵纲领"。第一部分将俄国定为陆军的首要假想敌,同时由于考虑到海军的意见,也把美国定为可能的对手。为了扩展日本的影响力,它要求必须进一步扩大在满洲的利益,同时为亚洲南部地区的发展提供保护。陆军将在亚洲大陆实施攻势作战或在太平洋区域举行联合作战。由于认识到了持久战的危险性,陆军战略人员制订了先发制人的进攻计划以求首战决胜,然后迅速结束冲突。然而,为了实现首战告捷,陆军必须拥有随时可用的充足兵力,这样才可以在敌人做出反应前就占领战略要地。[8]

第二部分规定,陆军所需兵力为50个师团(均等地分为常设师团和后备师团),海军则将在1928年时具备8艘战列舰和8艘重巡洋舰的实力。由于两军无法确定共同敌国,于是它们分别基于不同的假想敌来筹划各自的兵力结构。赢得一场对俄战争所需的师团数量成了陆军计划的衡量标准,而美国海军规模则被当作海军的评估基准。陆海两军都不愿向对方妥协,因为日本或许有可能不得不同时与美俄开战。[9]

第三部分规定海军的作战目标是在公海大洋上歼灭敌方舰队,陆军的任务则是在一连串快速进攻战中歼灭敌方地面部队。陆军的作战区域是满洲及乌苏里江流域。而海军的行动范围是太平洋地区,但它也必须保护通往大陆的交通线并护送陆军运兵船穿越黄海。海军在做出这个让步时附加了一项说明,即如果日本是和一个以上的敌国交战的话,那么海军可能就无法为陆军船队保驾护航了。[10]

与田中义一的期望相反,国防方针不仅未能解决陆海军的战略分歧,反而还正式地把它们确立了下来。陆海军在假想敌、作战范围以及战略目标等问题上的分歧依旧。陆军要求在东北亚大陆上实施前沿地面攻势,但如此一来,军事战略就与内阁的外交政策脱节了,因为内阁希望用结盟、促进贸易以及改善外交关系的方法来保护日本在东北亚的利益。在国际协议的框架下,陆军在大陆的行动自由也许会受到限制。除此之外,文官领袖视1902年的英日同盟为保障区域安全的关键，但军方优先考虑的是单边行动，并把同盟降到次要地位。虽然文官内阁的成员视德国为日本的主要威胁并推进与美国的友好关系，但《帝国国防方针》却将俄国和美国列为日本在将来最可能要对付的敌人。陆海军各自的军事战略也彼此矛盾。[11]

由于无法形成单一的战略重心，陆海军就开始分别发展计划、制定预算。它们每一方都为自己寻求最优的应急方案，但同时却对外务省在亚洲方面的全盘措施不理不睬。1907年的国防方针充其量也只是两套战争行动计划——陆军一套、海军一套，而根本没有解决下面这些根本问题：需要共同应付的威胁是什么？可供利用的资源有多少？如何将军事战略融合进一个更全面的国家战略？这些矛盾从未得到解决，它们成了内阁和军方之间反复发生冲突的焦点。

陆军理想中的兵力结构很快遇到了麻烦。有记录表明，首相西园寺公望和政友会的领袖原敬（Hara Kei）于1906年11月中旬反对在1907年预算中增加任何军费，因为上一场战争已让国库空空如也。陆军在预算的初始讨论阶段态度很顽固。但西园寺公望并未屈服于军方要求，而是愤然威胁要辞职。他启奏天皇说，如此大规模的扩军计划会让国家破产。愤懑不平的陆军于是放弃了增设3个师团的要求，而同意仅新增2个常设师团。海军也同意对俘获的俄国战舰进行整修，而不再建造新舰。[12] 随着日本的财政状况在1907年趋于恶化，内阁于是采取了紧缩政策。这迫使陆军将其两个师团的增设计划进一步推迟了三年，同时海军在六年内暂缓添置新舰。

与西园寺公望的纠葛只是陆军与政党间一系列冲突的最新案例，而此类冲突在内阁层面的影响也逐步扩大。1898年，大隈重信首相请求明治天皇同意在非现役军人名单中挑选一名陆军大臣，因为所有现役名单里有资格的候选人都表示为了实现陆军扩军，必须大幅增加军费。天皇拒绝了这个请求，坚称此种做法超越了他的权限，同时要求在职官员各安其位。由于首相无法

7. 国家军事战略的制度化

与现任陆军大臣共事，大隈重信的内阁在六个月内就垮台了。

山县有朋领衔的新内阁在1900年5月制定了一项法案，它明确规定陆军大臣只能由现役将官出任。这样一来，政党就无法利用不断增多的退役将官来为其内阁的政治目的服务，同时也让那些心怀不满的退役将官无从侵犯最高统帅权，因为他们根本当不上陆军大臣。该法案非但没有改变现行的非正式安排，反而还将其制度化了。但它也让陆军具备了一种足以决定内阁生死存亡的法定权力。[13]

自政党在19世纪80年代时诞生以来，陆军领导人就一直对其保持警觉，认为政党的本质就是制造分裂，且总会引发冲突，破坏国家团结。[14]虽然各政党从1890年开始就在全国大选中展开角逐，但它们争夺的是国会控制权，而不是以政党内阁为形式的行政权威。挑选内阁大臣和组织内阁的权力是由寡头们支配的，并且至少从理论上看，直到1918年，内阁都是与政党无关的机构。在国会，各政党通过对年度预算进行投票表决来获取影响力。如果它们拒绝通过内阁提交的预算案，按法律规定，前一年的拨款安排仍然有效。因为政府的支出额——尤其是国防费用——年年增加，所以大臣们总是伸手要更多的钱。不管陆军对政党的态度如何，它都必须获得政党的支持，因为这样才能让内阁提交给立法机关的军事预算获得通过。为了给扩军和军队现代化事业筹集资金，陆军领导人与政治家通过讨价还价，达成了各种协议。

作为对在国会投赞成票的交换条件，内阁和寡头们与政党取得了一系列妥协，其中包括允许政党领袖进入内阁。例如，1904年，原敬与桂太郎首相均同意，在国会对桂太郎的战时预算表示支持后，后者将指定西园寺公望担任战后内阁的首相。这项让步为政党政治家获得内阁职位开辟了道路（见表7.1）。

1905年，东京发生了反对《朴次茅斯条约》的群众性暴力示威运动。这重新燃起了山县有朋对暴民的恐惧心理，并使他再次决心遏制政党——尤其是作为反对党的政友会（Seiyukai）——的势力。他认为这些群众暴动主要是由政友会挑唆的。从政友会的角度看，该党领袖的目标是设法获得对陆军的影响力。1907年2月，国会通过了一项法案，允许首相在平时可以连署呈递给天皇的陆军令（之前，签署人只有陆军大臣和陆军次官）。

表7.1 日本军事预算与陆海军各自的军费明细 1890—1914年（年份具有选择性）

年	总预算	军费份额	总军费比例	陆军军费	陆军军费比例	海军军费	海军军费比例
1890	82125	25688	28.0	15533	18.9	10155	12.4
1893	84584	22822	29.3	14721	17.4	8101	9.6
1896	168857	73248	43.4	53243	31.5	20006	11.8
1900	292750	133113	45.5	74838	26.6	58275	19.9
1903	249596	83002	33.3	46885	18.8	36118	14.5
1907	602401	198316	32.9	126044	20.9	72272	12.0
1912	593596	199611	33.6	104125	17.5	95485	16.1
1914	648420	170960	26.4	87700	13.5	83260	12.8

来源：户部良一，《逆説の軍隊》，第109、137页；战时特别预算并不包括在内。

在山县有朋的支持下，陆军大臣寺内正毅对这种有悖惯例的做法表示抗议，争辩说它会破坏最高统帅权的独立性。那年9月，新订立的陆军省条例将首相排斥于陆军的行事流程之外。作为一名直接对天皇负责的顾问，陆军大臣一人的连署签名就可发布命令或条例，而且他也能直接向天皇呈递这些文件。于是，陆军的军事条令让天皇的文职顾问无法为君主提供咨询。对于此类规定是否合宪，西园寺公望和资深国务家伊藤博文表示质疑。但在旁听了伊藤博文与山县有朋就这点问题所展开的辩论后，天皇最终批准了陆军的修

7. 国家军事战略的制度化

订版条例。[15]

就兵力结构问题，立法部门与陆军继续讨价还价，而海军要求获得更大的预算份额则使局面更为复杂。日本在1910年正式吞并朝鲜，从而再次给陆军提供了增设2个师团的理由。按陆军的说法，新师团将会保卫新殖民地的安全，并用于前沿攻势作战。同时，海军也想增加舰队兵力，因为它面临着来自美国、英国和德意志帝国等多国舰队联合力量的多样化威胁。[16]

从1902年3月到1911年8月这么长的时间里，寺内正毅一直是陆军大臣。从1910年10月开始，他还兼任朝鲜总督。这一稳定的人事布局让陆军在与国会的一系列较量中具备了优势。寺内正毅是一位精干的军事官僚。他为人傲慢，经常威逼恫吓对手。为了增设师团，他曾利用自己的关系网和有关官僚体制的知识而巧胜立法机关。他也以牺牲参谋本部的利益为代价来提升陆军省的权威。此外，他还公然支持他的长州同乡，并让他们在军内享受高官厚禄，把握重权要职。[17] 1911年，寺内正毅辞去了陆军大臣一职，并把全部精力用于平定朝鲜局势。他亲自挑选了一位门生来接替自己，但这个人在几个月后——即1912年4月——就去世了。

陆军随后推出两人作为下任陆军大臣的候选人。其中一位是桂太郎的门生，另一位是出身萨摩的上原勇作中将。西园寺公望站在了"任性、自负、恋权"的上原勇作一边。但他拒绝了后者增设2个师团的要求，因为当时日本财政状况严峻，所以有必要通过增税以及销售政府公债来偿还未及还清的日俄战争债务，并垫付由吞并朝鲜和租借关东州而产生的巨额开销。西园寺公望下令政府各部门精简开支，其中包括全面削减10%—15%的预算。上原勇作于是立即辞职。这一举动让他成了陆军的一位"政治殉道者"，而且也提高了他的那些跟班们在军官团的地位。[18]

陆军领导人不愿提名继任者。这样一来，由于现役军官无人愿意出马担任陆军大臣，西园寺内阁就解体了。为了迫使政党领袖组成一届支持扩军的新内阁，陆军不仅粗暴地将旧内阁赶下台，还试图操纵新近继位的大正天皇——这位天皇有身心残障问题。然而上述举动却损害了陆军在大众中的形象，并引发了1912年至1913年间所谓的"大正政治危机"。在媒体和政党活跃分子的鼓动下，全国上下举行了群众示威以保卫宪法政府，并最终迫使陆军退让。除了政治表现拙劣外，陆军在还忽视了一点问题，即国家财政健康正承受着来自国防开支的沉重负担。陆军政治上的强硬态度最终让自己蒙羞。直到20世纪20年代，陆军在重振自身社会声望方面并没有取得多少成绩。

当海军将领山本权兵卫在1913年6月组成了新一届改革派内阁时，陆军仍在受到大正政治危机和街头暴民运动余波的影响。由于陆军大臣木越安纲（Kigoshi Yasutsuna）自作主张投了赞成票，山本权兵卫随后成功取消了只有现役将官才能担任陆军大臣的条款，并开始从非现役军人中寻找陆相的合适人选。这样就破坏了山县有朋和寺内正毅先前取得的成果，并让参谋本部的军官愤怒不已，因为木越安纲未经征询他们的想法就同意修改规定。在批准修订的文件中，"合议栏"通常都会盖有多个陆军部门的红章。但这次，那里却是空的。陆军领导层决定赶走木越安纲，并导致后者提前隐退。[19] 针对山本权兵卫的决定，陆军进一步重组了其统制结构，以便将权力从陆军大臣转移到参谋总长和教育总监手里。有关动员计划和作战事务的工作也从陆军省转到了参谋本部。人事以及军事学说问题则由陆军省、参谋本部和教育总监部共同决定。教育总监负责军队条令以及管理训练。

战术学说

战后日本陆军在分析日军在日俄战争中的表现问题时，曾试图从真实或想象的传统中寻找一些内在固有的因素来解释自己为什么会取胜。在官方层面，陆军领导人将胜利的首要原因归结为日军拥有高昂精神士气，而部队的专业素质在他们看来只是次要因素。[20] 这样的战史叙述成了各军校的教学内容，并且几乎所有军官学到的都是此类正统的战史解读和教训。

军官教育强调的是机动战和包围战，而且还宣扬一支小型军队（就像日本在上一场战争里那样）能击败一支人数更多的敌军。[21] 战略家们精心构想的计划还是经典的两翼包围以及快速机动的歼灭战法，但他们忽视了这样的事实——在不久前的作战中，日本陆军无论在哪场战役里都没能包围敌军主力。从某个方面讲，他们之所以还在继续炒作那一套"陈词滥调"，是因为他们明白当对手实力更胜一筹时，日本是打不赢一场持久战的。另外，新近制定的《帝国国防方针》同样采纳了短期决战思维，也是造成上述现象的一个因素。

在1906年至1909年期间，日本的战术家们发展了一套积极进攻的理论学说来补充《帝国国防方针》。之前，指导日本陆军对俄作战的是其1898年的《步兵操典》。该操典基本上是以德国1885年陆军战地条令为蓝本制定的。这两份文件都坚决主张火力优势能确保步兵战斗取得胜利。但一个成立于1906年、以分析和提炼战时经验为使命的"教训总结委员会"却不这么看。他们总结认为，在碰到躲在坚固掩体里的敌军时，刺刀是决定性制胜武器。然而，该委员会成员没有注意到的是，只有少数几次刺刀冲锋取得了成功，而且没有哪一次白刃战可以攻克一块坚固的阵地。但那年7月，陆军教育总监认可了白刃冲锋的优点，并进一步建议说：不管有没有炮兵支持，步兵都必须迎头前进以便掌握主动，保持进攻势头。[22]

日本人对冷兵器的偏好反映了这样的事实：陆军在战时曾因缺乏步炮协同而屡次受挫。炮弹时常短缺。质量控制环节的严重问题导致生产出了不计其数的哑弹、无法爆炸的弹药以及不合格的大炮或军械。另外，大炮还缺乏机动性，很难随部队运动而调整发射位置，这也削弱了日本人运用重炮的毁灭性火力来支援步兵进攻的信心。炮兵专家指出，日军大炮之所以没能给俄军造成更大伤亡或用火力封锁敌人撤军路线是因为炮弹供应不足,而那不是一个作战问题,而是一个后勤问题。但即便如此,日军对炮兵的失望情绪还是很普遍,甚至有的炮兵高级军官也断定:炮兵作战思想方面的不足是实现诸兵种联合作战的一大障碍。[23]

战后不久,儿玉源太郎要求增强每个师(Division)属炮兵旅团以及军(Corps)属重炮兵旅团的火力。但制造、运输和维持更多更重的火炮却超出了日本基础工业的能力。日本的重工业——炼钢、化学以及冶金——远远落后于欧美的标准和产量,并且直到20世纪30年代早期的时候,大部分日本工厂工人仍是纺织行业的雇员。冰冷无情的生产数据、陆军内部的思想论争以及对炮兵的不信任感最终导致陆军省削减了每个师团的火炮数量。[24]

日本人过去强调的是密集火力,而现在却鼓吹近战肉搏,为什么会发生这么根本性的转变呢?在陆军看来,这主要是因为日本人具有独一无二的优秀品质,它能赋予步兵无形的优势。能展现这种品质的场合就是一场坚决果断的步兵进攻,它能弥补日军人数和装备上的劣势。1907年5月的先期研究成果视步兵为主要作战兵种。该研究不仅要求步兵即便在没有炮火支援的情况下也要发起进攻,而且还将白刃战奉为取胜的要诀。6月,一个陆军委员会附和了教育总监的意见,确认了白刃冲锋的效用,并指示部队不要等着炮火支援,而应该坚决果断地发起进攻。[25]

1909年1月,陆军军务局长长冈外史少将提出的一套基本原则在经过微小修改后成了日军未来战术学说的基石。他声称日本独特的历史与国体(Kokutai)——再加上民族性格和地理环境——决定了日本陆军的本质。陆军的规章条令与训练将吸收这些无形因素(精神力量),从而提高由军事训练获得的技术素养。步兵是战斗中的决定性兵种,进攻精神是战争的基础,而近身肉搏是战斗中的关键要素。长冈外史的规诫由此成了1909年10月修订版《步兵操典》的思想灵魂。[26]

7. 国家军事战略的制度化

军官与士兵

自征兵制实行以来,陆军领导人——他们大多是武士出身——就对普通士兵的战斗素质抱有怀疑。西南战争中,由民间士兵组成的军队在与真正武士对抗时表现得很糟糕——至少在他们指挥官的眼里是这样。造成这一结果的原因是那些平民部队缺乏战斗精神。尽管陆军试图重新组织操练演习来给普通士兵注入那种无形品质,但统帅部却总是怀疑平民步兵能否提升战场表现。

由于缺乏进攻精神,有的部队在枪林弹雨中溃不成军,而有的部队则未能完成预定目标。这样的例子在不久前的战争中比比皆是。统帅部对此深为不安,并进一步强化了其一直以来对平民士兵的不信任感。许多高级军官觉得普通士兵没能在战斗中展现足够的精神力量或士气,而一些有关战时步兵部队行为举止的传闻也证实了他们的印象。加强教育与训练是克服战斗表现不佳这一问题的关键,并且在1909年以后,陆军开始一味强调战斗热情和士气的重要性。按照陆军军界的一般看法,以无条件服从命令为具体表现的严明纪律是增强精神力量、灌输必胜信念的不二法门。[27]

个人表达自由的扩大是战后日本的社会与大众潮流。对此,陆军曾想方设法予以反制,而这也成了陆军强化军纪的另一个动机。战争结束后不久,普通士兵中违抗命令的问题激增,纪律散漫现象非常普遍。陆军领导人对此甚为忧虑。他们认定,导致纪律水平下滑的罪魁祸首是社会主义运动的恶劣影响。久经战斗历练的军官和下士官相信,严酷的纪律、吃苦耐劳的品质以及对命令的无条件服从是他们在满洲无情的战场环境下生还幸存的保证,而且他们决心要把这些优良作风传授给后辈官兵。为了重新强调这些价值观,陆军修订了管理平时部队驻地日常事务的1888年版"分队条例"(Squad Regulations)。高强度的体质锻炼、娴熟使用武器的能力以及在进攻精神鼓舞下严格的战术训练，能让一支小型军队以弱胜强。平时严苛的体质和战术训练是为了让部队在战时少吃苦、少流血。这一派热火朝天的景象成了战后日本陆军的一大标志性特征。[28]

修订后的分队条例于1908年发布。它赞颂陆军像个大家庭，而这个家庭的目标是培养精神美德，贯彻军事纪律，树立无条件服从上级的观念。中队长扮演的是"严父"的角色，下士官则像是"慈母"，而征召入伍的普通士兵就像是在"父母"关爱和教导下的"孩子"。[29] 在浪漫化的处理手法下，军营生活成了年轻士兵在同一个陆军大家庭里同甘共苦、生死相依的经历。

为了执行条例的规定，中队级的军官（大尉和中尉）和下士官以更为严格的态度监管军营日常生活。下士官直接掌管和监督士兵从早到晚的生活。他们通过训练让士兵熟悉战术，同时强化其严格遵守纪律、无条件服从命令的意识。下士官的权威最终来源于天皇。[30] 这一与君主的直接联系的基础是一种强调进攻、严酷训练以及种族优越性的战术学说。作为天皇的战士，他们完美无瑕，并且从道德意义上看也比他们的文职同僚更优秀。

分队条例还以制度的形式为军营里私下存在的体罚、欺侮以及虐待行为留下了空间。这一严酷的新规定很可能是军内自杀现象激增的元凶。自杀数量在1909年达到峰值，共98起事件，而比率是每万人中就有36人自杀——超过了全国平均水平的2.5倍。虽然在过半数的案例中自杀者的动机并不清楚，但陆军当局将其余案例的原因归结为因精神训练（22%）和悔恨自责（12%）而导致的思想困惑。[31]

在对纪律重新大加强调的同时，陆军也在筹划扩军工作。从20岁的适龄人群征召的比例由1889年到1894年间的5%或6%稳步升至1897年时的约10%。这个数字在日俄战争后提高了一倍，并一直延续到20世纪30年代。[32] 扩军不可避免地会让部队的总体素质水平下滑，但让陆军更头疼的是士兵成分类型的变化。

7. 国家军事战略的制度化

在19世纪的日本,尤其是对于那些出身农村地区的士兵来说,陆军是现代性的代表。它让他们头一次接触到了一系列新鲜事物,其中包括西方服饰和饮食、室内炉灶、电灯以及床铺。把这些文化元素带回家乡的农民士兵受人尊敬,因为他们身上体现了现代性和世界性。但随着人们不断移居城市(到1920年时,日本已有四分之一人口住在大小城市),乡村生活的传统价值观逐渐消退,而城市成了进步与现代的中心。[33] 在20世纪头一个十年入伍参军的士兵很可能是在城市环境中长大的。与战前的战友相比,他享受过更好的教育,也有更强的政治意识。这些年轻人刚到陆军兵站的时候,一脸挑剔的神态,观念各异,而且具有更冲动的性格以及不同程度的独立性。因此,他们要做出一番调整才能适应军营训练生活的规则。[34]

陆军也许认为异议和批判会破坏部队的士气和纪律,但它还是不得不设法把这些刚刚入伍的新一代士兵塑造成真正能征善战的军人。之前,在军营的小队中,纪律已相当严格。但1913年修订的军营条例为了训练士兵的精神意志和服从意识,进一步强化了纪律管制。基层管理手册规定,在军营范围内,为了贯彻条例与纪律规定,允许在正式和非正式的场合使用暴力。而暴力的制度化最终塑造了日军士兵凶猛好斗的性格,并表现为自发性的伤人案件。[35]

虽然陆军对农村的价值观赞不绝口,但它还是更喜欢受过正规教育的年轻人。而且从年度适龄人群的成分看,完成小学教育的人更有可能被接纳入伍。举一个例子,在1909年,只有不到1%的新兵是文盲或半文盲,但这类人在适龄人群中的比例却占到了17%。另外,陆军的训练也让原本没受过什么教育的士兵掌握了技术能力和知识,从而使他们的文化程度比普通大众的标准教育水平还要高。例如,步兵战术的发展要求士兵发挥主观能动性,并练习培养独立的判断力、技术素质以及某些监督能力。[36]

从西方传来的新一波思想——起初是无政府主义和社会主义,后来是民主主义和共产主义——席卷了日本,并有喧宾夺主、盖过官方正统价值观的危险。政府的反应是强化日本大家庭的观念。这个家庭通过每位臣民与神圣天皇的联系而拥有独特的道德属性。"国体"——即国家结构——保存着日本民族的特殊价值理念,而这个理念是由天皇——神的直系后代——赐予的。

日俄战争前,支持陆军的群众基础比较狭小。而战后,陆军试图努力获得更多的民众支持,而且它还鼓励民间人士宣传陆军雄心勃勃的扩军与重整军备计划。老兵是天然的宣传团体。军事课长田中义一大佐在1910年创设了"帝国在乡军人会"(Imperial Reservist Association)来传播陆军的意识形态,组织后备军人支持陆军政策,同时强化陆军与农村社会的关系。田中义一的目标是让军队的价值观尽可能广泛地在民间社会扩散。同时,他通过将在乡军人会融入现有的社会秩序而成功重建了陆军的社会基础,创造了一个活动积极的"亲陆军"压力团体,并在农村层面扩展了支持人群。[37] 在乡军人会于是成了一个庞大的联合组织,它把各地成千上万的在乡军人团体吸纳进了一个集中化的体系。

虽然加入在乡军人会的人必须通过陆军入伍前的体检,但"现役军人"并非入会的先决条件。所以,被分配到预备役的年轻人也能加入。到1918年时,在乡军人会全国总部下辖的支部超过了13000个,拥有230万会员,其中约半数没有现役部队的参军经历或只草草接受过基本训练。在乡军人会在农村地区获得了蓬勃发展,因为它在小地方的"熟人"环境中发挥了一定的社会联系功能。城镇支部吸引的成员相对较少,但它们倾向于把更多精力用来贯彻和实现组织的政治计划与国家目标。[38]

陆军领导人还领悟到,义务教育给国家提供了将爱国主义、民族主义和军事价值观灌输给幼年学生的机会,因为接受教育是每个国民对国家应尽的责任与义务。大多数年轻人在约十四或十五岁的时候就完成了正规教育,这就在他们达到服役资格年龄前留下了一个五年的空档期。1915年,田中义一与内务省和文部省一起合作组织了"大日本青年团"(The Greater Japan Youth Association)来填补这个空档期。该组织向年轻人灌输军事、道德以及爱国主义价值观。同时,预备役军官和下士官指导的体质训练和军事操练也为年轻人日后入伍准备了条件。青年团还在各个地方扮演了社区服务组织的重要角色。[39] 这些自下而上的草根行动拓展了陆军的群众基础,扩大了陆军的社会影响。与此同时,在国家层面,日本也在重新评估战略形势,而这项工作将自上而下地重塑陆军的面貌。

第一次世界大战与1918年国防方针的修订

1914年8月,第一次世界大战在欧洲爆发。日本此后虽以协约国集团(Entente Powers,英国、法国、俄国)一员的身份参战,但一开始并没有对中央集团国家(Central Power,德国、奥匈帝国、意大利)采取什么大的行动。欧洲交战国曾指望战争是短期的速决战,但到11月初的时候,局势已经非常明显——它们的预期都错了。面对一场长期消耗战,英国外交官向日本外相打探口风,询问日本是否可能派遣15个师团增援欧洲西线战场。但日本内阁无意把如此大规模的常备兵力送往海外去冒那么大的风险,而且陆军领导人也赶紧补充说,如果要向欧洲运送那么多的部队,需要200万吨的船队运力,但这在目前战时需求紧张的情况下是办不到的。相反,日本通过在1914年末夺取德国在山东半岛的青岛要塞及其在赤道以北防御薄弱的殖民据点,加强了自身在中国和太平洋地区的军事地位。[40]

持续六周的青岛战役让陆军付出了伤亡1400人左右的代价,其中战死者约400人。有日俄战争经历的资深日军指挥官希望部队能迅速接敌,然后展开近身肉搏战。但主宰围困战的是炮兵和工兵,他们能攻破防御严密的堡垒。陆军在诸如机枪、飞机和防空等新技术方面的经验极其有限,这体现为日军飞机的性能甚至还比不上德国的几架老旧飞机，其无线通信水平也不符合标准，而且其后方物资运输也常常濒临崩溃的边缘。[41]

在战役期间被俘的约5000名德国士兵和水兵被关押在十多个分布于日本全国各地的战俘营。在三年的战俘生活中，他们得到了不错的待遇，证据是在这段时间里死亡率只有1%左右。

欧洲的总体战吸走了西方列强原本投入亚洲殖民地和市场的精力、资源与商业活动。日本商人迅速填补了空缺，并取代了英国纺织业在中国和印度市场的地位。青岛的陷落让日本在中国的势力得到了扩张。1915年1月，大隈重信内阁还把"二十一条"（Twenty-One Demands）强加给中国。如果这项企图得逞，中国就会沦为日本的半殖民地。大隈内阁就是想通过这种方法来谋求巩固日本的在华影响力。但来自西方——尤其是美国——的不满态度迫使东京退缩了，而大隈重信也于10月辞职下野。

为了报答从政友会那里获得的政治支持，元帅陆军大将寺内正毅的新内阁［1915年（译者注：似为1916年）10月至1918年9月］于1916年（译者注：似为1917年）6月设立"临时外交调查委员会"（Provisional Foreign Affairs Research Committee），其成员是各政党的党首。该委员会是一战期间及战后初期审议日本国家政策的最高团体。当1922年该委员会被内阁裁撤时，它已为西伯利亚干涉行动、巴黎和会以及华盛顿海军军备限制会议制定了诸多政策。就像日本模糊的战时角色所显示的那样，陆海军这次并没有为指导国家战争工作而建立一个大本营。[42]

从职业角度出发，陆军军官自然对欧洲战事很感兴趣，并且在1915年9月中旬，陆军省还设立了"临时军事调查委员会"（Provisional Military Research Committee）。该委员会的任务广泛，包括对从大战略到小部队战术在内的一切问题进行分析。一个较早的观察结论认为，日本必须修改国防方针，因为未来的总体战不仅是军队间的漫长对抗，也是国家间的持久较

7. 国家军事战略的制度化

量。因此，1916年1月，参谋本部授权成立了一个军事调查委员会来修订国家军事战略，并委派时任参谋次长的田中义一中将来领导这个由25名军官组成的小组。

田中义一相信，鉴于国际局势发生的剧变以及国家间联盟连锁反应的性质，日本需要对国防方针进行全面修订。[43] 按照他的思路，日本应既能维护自己在亚洲的利益，又能避免陷入引燃欧洲战火的军事同盟（出于海军方面的原因，他把英日同盟排除在外）或商业条约。田中的目标是实现"自给自足"（Autarky），这意味着每个国家必须依靠自己的力量确保国防安全。但为了实现"自给自足"，资源贫乏的日本必须能不受阻碍地从中国获得自然资源。换句话讲，对日本的国际利益来说，关键就是要开发中国的资源。[44] 好几份委员会的分析和报告都支持了他的总体建议，即认定中国是日本国家利益的关键，并希望日本能同时向东亚的南、北两个方向扩张。

1916年12月，田中义一接触了海军领导人，讨论了正式修改《帝国国防方针》的事宜。除了总体持久战的新要求外，国际舞台的戏剧性变化也有让日本在一个高度不稳定的地区陷入孤立的危险。日本1910年吞并朝鲜的举动震动了国际社会。而日本在1915年向中国强加"二十一条"则招来了国际谴责。日本势力进入山东并夺取德国太平洋殖民领地的行动还引发了国际恐慌情绪。总之，日本的上述行为让西方人对日本的动机与扩张感到不安。[45] 另外，在清王朝于1911年灭亡后，中国逐渐堕入四分五裂、军阀割据的深渊，并进一步动摇了地区结构。抛开这些现实的战略形势不谈，日本还要面对军事经费的底线问题。

只要陆海军未就单一的国防方针取得共识，它们就会为军费预算的分配争得不可开交。但两军领导人也担心政党会因军种内斗而获益，并削减军方的整体经费要求。为了避免出现混乱，陆海军的共同利益是通过修订国防方针来解决——或至少掩盖——它们的分歧，从而消除政党的威胁。相关人员最终花了一年左右的时间，才制订出了一份既让陆海军满意也让元帅府和山县有朋能够接受的新战略方案。

军事战略仍依赖前沿攻势作战。田中义一起初设想的是以迅疾进攻为基础的速决战。[46]但在进一步思考后，他的结论是短期战的时代已经过去了，而列强现在进入了一个需要全面动员国家资源、实施长期持久战的新时代。这项新认识从理论上使陆军成了国家的主宰，因为操控国家动员的权力应属于军方——而不是政治家。除此以外，为了保障日本的国家安全，从中国获取资源也变得更加重要。

小矶国昭（Koiso Kuniaki）少佐是一名参谋本部的军官，主管兵要地志部门的工作。1917年8月，他在本部门编集的研究材料中也得出了与田中类似的结论。他讨论了总体战国家的经济与工业需求，并推断：为了在将来成功地打赢一场战争，日本必须在平时就提高国家生产力，扩大资源基础。小矶赞成田中的评估意见，即顺利地从中国获取自然资源是日本实现上述经济目标的唯一途径。[47]

在田中的指导下，这些意见在1917年9月得到了汇总。当时参谋本部第一部把小矶国昭的研究成果与1917年5月的另一份研究报告（关于中国在日本军事准备中所发挥的作用）予以了综合，从而为修订国防方针提供了基础。这份文件承认未来战争将是消耗性的对抗，而不是传统的短期速决战，因此有必要在平时就为持久战做好准备。所以日本需要具备以下三个条件：从中国获取资源、经动员能全面转入战时工业的平时经济基础、能让整个国家从事总体战的人力动员计划。[48]

山县有朋世界观的变化对田中来说也是有利的。这位陆军元老级的国务家渐渐不再那么担心俄国的复仇战争了。更让他感兴趣的是向中国扩张势力。1917年10月，山县公开提到，日本需要的是一体化的国家实力——而不仅是军事实力，并且告诫说由西方和美国入侵亚洲所导致的种族战争正日益临近。1917年的俄国革命和随后的乱局进一步减小了俄国在未来成为日本劲敌的可能性。次年，日本陆军调整了战略工作重心，开始制定政策以攫取中国的资源，因为对于日本准备总体战的工作来说，那是不可或缺的关键要素。[49]

经陆海军参谋官员进一步讨论，1918年春末，在陆军大臣大岛健一（Oshima Kenichi）、参谋总长上原勇作以及首相寺内正毅的主持下，陆军对国防方针草案进行了最后审议。寺内正毅的现役军人身份使他具有参与制定军事计划的资格。而且，同1907年时的情形相比，寺内正毅的角色也让政府和军方在国家目标方面——特别是在开发中国资源这一点上——更能达成一致。[50]经审议，并在取得元帅府的赞成意见后，大正天皇于1918年6月批准了新版的《帝国国防方针》。

这份最新的国家军事战略设想日本将与一个敌国联盟作战，该联盟可能由美国、苏俄（译者注：原文为Soviet Union，直译应为"苏联"，但实际当时苏联仍未成立，故只能译作"苏俄"）和中国组成。它一方面安抚传统派，保留了先发制人、打一场速决战的短期战争观念。另一方面，它对改革派来说也颇具吸引力，因为它预期战场上的早期胜利会确保日本获得自给自足的能力，而这为一场持久战准备了条件。但其他人却对此感到惊异：既然未来战争不再只是两军交战——而是需要动员整个国家的战争潜力，那为什么陆军的作战计划还会预设在开战之初发动快速进攻、打一场短期决战呢？[51]

根据新战略，在开战伊始，陆军会派部队保卫日本的在华利益和侨民安全。它将夺取贝加尔湖以东的战略要地，并与海军开展联合行动占领菲律宾的吕宋岛。这需要日本在平时维持22个师团，并在战时提供40个师团的兵力。武器和装备的改良将弥补兵员数量的下降，从而为精简兵力结构开辟了空间。但从裁员中节省下来的钱还是无法冲抵陆军现代化工作

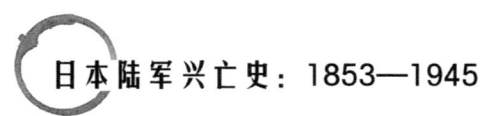

的成本。

陆军计划夺取美国在马尼拉和苏比克湾的海军基地。但之后，它就没有第二阶段的行动计划了。就海军来说，它的第一支舰队将歼灭美国海军在亚洲海域的战舰，第二支舰队将护送陆军部队前往吕宋，而第三支舰队——也就是水面作战的主力——会在美军尝试夺回菲律宾时用一场决定性海战将其击败。因为海军目前只有两支舰队，所以新战略要求必须投入巨资打造一支新舰队。[52]

战时繁荣带来了税收的增加。在这个背景下，寺内正毅内阁得以把增加军费作为"积极经济"政策的一部分来推动国防事业的发展，同时谋求重建国内经济。陆海军预算从1915年时的约8500万美元——陆海军大体上各占一半——飙升至1920年时的3.24亿美元，其中的三分之二用于海军的舰队扩充。[53]

但战时繁荣很快就变成了战后萧条。1918年10月，在首相原敬的安排下，陆军大臣田中义一、大藏大臣高桥是清（Takahashi Korekiyo）和海军大臣加藤友三郎（Kato Tomosaburo）就1920年的预算方案达成了协议。他们同意在1927年海军扩军完成后，将陆军的经费要求作为国家全力资助的对象。这是陆海军就预算问题达成的唯一一次协议。[54] 但到1919年时，公共舆论已转而反对国防支出和扩军。后来，趋向裁军的国际潮流以及日本1921年的金融恐慌进一步助长了这一态度。

西伯利亚干涉行动

一战期间，欧洲战场长期处于僵持对峙的局面。协约国一方伤亡巨大，亟须补充兵员。这时，西方外交官无一例外都向东京寻求军事援助。所以在那段时间里，日本的外交和军事活动有很大的空间。1917年8月，法国人与日本驻巴黎的大使接触，商谈在巴尔干前线使用日军作战的事宜。后来据参谋

7. 国家军事战略的制度化

本部的研究估计，如果要在欧洲战争中发挥决定性影响，日本必须派遣40个师团（需要事实上的国家总动员）。即便这项巨大的贡献足以确保日本的战争获益得到列强承认，但那还是得不偿失的。这是因为当时俄国似乎濒临解体，岌岌可危，而德俄也可能单独媾和。在此情况下，日本大举向外派兵会严重削弱本国国防实力。1917年11月初，意大利军队在卡波雷托（Caporetto）遭遇灾难性溃败，英国于是不得不从中东和巴尔干地区调兵援救意大利（译者注：1915年，原为德奥"中央集团"成员的意大利转投英法协约国阵营，并对昔日盟友德奥宣战）。但伦敦很快便向东京施压，要求其出兵增援。英国为日本提供了两个选择：要么派兵增援俄国前线，要么填补英军撤出美索不达米亚战区后留下的空缺。[55] 最后，英美两国还寻求让日军参加一个拟议中的干涉俄国局势的行动。

陆军不愿彻底回绝盟国方面提出的要求，因为它担心先前咄咄逼人的对华政策会让日本在战后陷入孤立，另一方面也是因为盟国要求日本出兵的压力正与日俱增。然而，陆军也为大举出兵设置了一些根本无法实现的条件。参谋本部的要求是：建立一个独立的司令部，由日方自行选择作战区域（主要视俄军的情况而定），盟国为日军提供行动资金（每年估计需要15亿美元），并且盟国必须准备60万吨的船舶来为日本远征军提供运输和补给服务。此外，盟国方面还必须承认日本的在华权益，并让日本控制跨西伯利亚铁路。总之，日方的条件非常离谱，显得很过分。这是有意为之的，因为无论是陆军还是内阁都不想为了一场遥远的外国战争而拿国运作赌注。然而如果事关本土周边地区，参谋本部还是愿意冒一冒风险的。

1917年11月，布尔什维克党人夺取了俄国大权，建立了苏维埃政权，并且迅速与德国商议停战。内战和混乱随即席卷了整个俄国。12月，在苏维埃工人与当地政府爆发冲突后，日军为了重建秩序，曾出兵符拉迪沃斯托克进行了短暂干涉。随着局势恶化，1918年2月，参谋次长田中义一秘密建立了

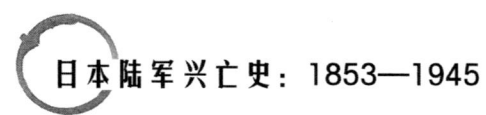

由陆军省和参谋本部下属部局负责人组成的"军事协作委员会"(Military Affairs Cooperative Committee),该委员会的任务是为西伯利亚作战行动筹备兵力。委员会的规模后来扩大了一倍,并在暗中扮演了陆军总部的角色,而政党则被排除在外,以免它们插手陆军的工作。[56]

一开始,田中热情地支持武装干涉行动,因为这样既可以在贝加尔湖以东地区建起一个缓冲区,也能以此进一步向中国施压,迫其允许日本开发满洲的自然资源。上原勇作和参谋本部则认为这是日本一劳永逸地消灭俄国这个宿敌的绝好机会。[57] 但山县有朋和寺内正毅内阁的态度更谨慎。他们支持日本与其他盟国一起开展远征行动——而不是让日本单枪匹马地冲在前面。日本曾因单边向中国强加"二十一条"而招致外界指责,所以山县和寺内这一次不想重犯过去的错误。1918年3月初,俄国布尔什维克政权与德国正式签订和平条约,并随即要求当时滞留在俄国境内的捷克军队(Czech Army)放下武器、解除武装。但在协约国一方作战的捷克人拒绝缴械,并占据了跨西伯利亚铁路的部分路段。随后捷克军与俄国布尔什维克军之间发生了交火。这成了盟国出兵干涉解救捷克军团的借口。

日本海军的步兵部队于4月登陆符拉迪沃斯托克,表面上的理由是防止该市的补给仓库落入德国人之手,同时也是为了保护日本侨民。大约在同一时刻,陆军正秘密地为以满洲北部为基地的反布尔什维克哥萨克军(Anti-Bolshevik Cossacks)提供武器装备。英军和法军准备在俄罗斯西部的摩尔曼斯克(Murmansk)登陆,它们还请求美军和日军出兵干涉西伯利亚。美国于是建议组建一支兵力不超过7000人的美日联合远征军。在参谋本部的鼓动下,寺内正毅内阁于7月份同意出兵远征。8月初,大正天皇也批准了这项行动。

日本援兵很快超过了事先协商好的人数上限,这让美国方面颇为不满。由政友会总裁原敬和牧野伸显(Makino Nobuaki)领衔的外交调查委员会希望在战后能与美国合作,反对额外添兵,以免疏远美国。寺内正毅需要原敬

7. 国家军事战略的制度化

支持他的内阁政策。在与美国人商谈后,他同意将日军限制在12000人的规模,但附加条件是:如果行动范围扩展到海参崴(旧称,同"符拉迪沃斯托克")以外地区,或许就需要加派援军。参谋本部的官员于是就利用这个漏洞调派了更多部队奔赴前方,而他们的理由是西伯利亚作战形势瞬息万变,持续增兵也是迫不得已。

8月18日,第12师团未遇抵抗即在符拉迪沃斯托克登陆。次日,师团长请求参谋本部立刻增援。内阁同意以当时隶属满洲关东军的第7师团出兵增援,并动员了第3个师团随时待命。在"最高统帅权独立"的庇护下,参谋本部挫败了外交调查委员会的意图,而且3个日军师团很快就向西出击到了远至贝加尔湖一带的地区。到9月中旬时,第12师团占领了哈巴罗夫斯克(Khabarovsk,译者注:即"伯力"),并继续向西面的黑龙江挺进。同时,第7师团和俄国哥萨克的辅助部队已由满洲西部地区出击,夺取了赤塔(Chita),并与第12师团的骑兵部队在黑龙江沿岸会师。及至10月末,日本陆军投入的部队已升至7万人。[58]

干涉行动很快出了问题。陆军部队占领了跨西伯利亚铁路沿线的几处战略要地,但也被拖入了与苏维埃游击队的残酷战斗。对陆军来说,如要创建一个反布尔什维克的缓冲国,关键就是要与臭名昭著的白俄军以及哥萨克匪帮一起联手,并巩固其对贝加尔湖以东地区控制。但这两股势力与西方盟国却是同床异梦。同时,陆军也进一步对政府派大军出国并扩大其在西伯利亚行动范围的真实动机产生了怀疑。

1918年9月,日本爆发了大范围抗议粮价飙升的群众运动并席卷了全国各县。成千上万名示威者走上街头游行,迫使政府召集陆军镇压了这场极其剧烈的抗议风潮。那些需要直面示威运动的陆军军官是非常不喜欢这项任务的。倒不是因为他们对暴民怀有任何同情,而是由于把步枪刺刀对准国民可能会让军方发展群众基础的公关努力毁于一旦。为了这项事业,陆军已经倾注了一代人的心血。在国内局势不断恶化、劳工骚动日渐高涨的环境下,陆军领导人也对普通大众的漫天怨言——"凭什么要让国民子弟兵去西伯利亚荒原白白牺牲?"——感同身受。寺内正毅辞职了,而山县有朋则因害怕暴民运动失控而同意支持由原敬——政友会总裁,同时也是西伯利亚干涉行动的反对者——来组织新一届内阁。原敬选择让时任参谋次长的田中义一来做陆军大臣。陆军陷入了西伯利亚的泥沼,而美国人则批评陆军派兵过多。同时国内大众对远征行动感到失望。耳闻目睹上述情况后,田中义一开始支持干涉的那股热情现在也冷淡了下来。[59]

到12月份的时候,经田中义一授权,内阁大幅削减了西伯利亚的日军数量。上原勇作与田中义一就这一决定发生了冲突。更确切地讲,两人的矛盾焦点是关于陆军大臣的权限问题。田中坚持认为此次远征不是"宣战"的战争,所以事关该问题的决策属于陆军大臣的管理范围,并归内阁指导。上原不依不饶地反驳说,陆军大臣无权干涉作战事务,因为这属于参谋本部的特权。双方谁也不让步。由于发生了这起纷争,田中对上原的专断态度恼怒不已,而桀骜不驯的参谋本部也让原敬火冒三丈。[60]

游击战同样左右着事态发展。第12师团是从九州南部启程的,但到1918年至1919年冬季时,它正在布拉戈维申斯克(Blagoveschensk,译者注:即"海兰泡")一带陷入了与布尔什维克游击队的苦战。由于人生地不熟,再加上缺乏冬季作战的装备,部队里的人个个看起来不像是士兵,而更似邋遢落魄的流浪汉。为了保暖,他们给自己的棉衣装填羊毛或狗毛,而且还在裤子里塞了许多稻草,那鼓鼓囊囊的样子活像搞笑逗趣的小丑。他们的耳朵上裹着羊毛或棉布,头上戴着风帽,靴子也被粗纺呢绒包得厚厚实实。1919年2月下旬,一支精疲力竭的步兵大队在布拉戈维申斯克东南方向约200英里的地方与布尔什维克作战时损失了300人。这场大败震惊了陆军。为了报复,陆军组织了一次大规模讨伐,而作战命令就是焚毁村庄以消灭游击队的藏身

7. 国家军事战略的制度化

之所。[61]

1919年5月，原敬请求西方盟国承认一个由日本支持的西伯利亚反布尔什维克政权。但苏俄红军击败了受日本陆军支持的俄国反动军队，而这个反共政权也于1919年8月崩溃了。当时，英国已决定从俄罗斯撤军，但东京的参谋本部还希望派遣多达25万人的部队增援西伯利亚东部。大藏大臣高桥是清三言两语就指出，这样大举调兵在财政上是行不通的，而且还会让备受压力的国家经济陷入崩溃。随着反布尔什维克阵线的瓦解，无论田中义一怎么请求增援都已是徒劳。于是，原敬首相开始请求美国人增派部队。

然而美国却在1920年春季从西伯利亚撤出了自己的部队，这促使参谋总部要求再调一个师团以接替美军撤离后的位置。此时，捷克军团已全数撤退，但内阁却以苏维埃威胁日本在朝鲜和满洲的利益为由加派援军。5月，在尼古拉耶夫斯克（Nikolaevsk）发生的屠杀日本平民事件使参谋本部得以继续在西伯利亚驻扎军队。8月，陆军开始从贝加尔湖地区和满洲北部撤军，但同年10月它又气势汹汹地发起了一次作战行动。此次目标是摧毁反日势力在朝鲜北部、临近鸭绿江和图们江汇流处的一个据点。焚烧朝鲜村庄、滥杀无辜和暴力的四下泛滥为这场长达两个月的行动烙下了浓重的印记，而这也是西伯利亚远征的最后一次重大作战。[62]

1921年2月，田中义一突发心脏病。为了给他的继任者——山梨半造（Yamanashi Hanzo）中将——扫清障碍，他安排上原勇作辞职。这是为了确保新陆军大臣的身边有一位可以共事的新参谋总长。作为补偿，同年4月，上原勇作晋升为元帅，并得到了日后位列元帅府的保证，但条件是他在合适的时间内辞去参谋总长一职。重病缠身的山县有朋随后改变了这个约定，并继续让上原勇作当参谋总长。于是，陆军省和参谋本部就各自权限问题继续争吵，其分裂对峙之势如同往日。而上原勇作的传统派思想也继续在参谋本部占据着主导地位。[63]

11月，一个追求出名的右翼青年在东京站一处列车站台刺杀了原敬。当陆军最终在1922年末从西伯利亚撤军时，无论是媒体还是国会都对此次远征展开了严厉批判和谴责，说它劳民伤财，让日本人白白流血。除了西伯利亚远征，当时为了回应国际上海军军备竞赛的压力，日本海军实施了扩军政策。陆海军这两项行动加在一起耗费了日本从1919年到1922年间国家预算的一半。但在陆军裁军以及海军军备限制条约达成后，20世纪20年代日本军费占总预算的比例变成了四分之一。裁军是国际稳定与合作的新标志。在这个背景下，陆军处境卑微，忙于应付各种批评和指责，因为西伯利亚的灾难性远征让陆军的判断力备受质疑。同时传统敌人俄国也消失了，所以没有势力会威胁到日本在东北亚的地位。[64] 另外，究竟如何解读1918年新版国防方针成了一个有争议的问题。为此，陆军领导层发生了分裂。

[注释]

1. Tobe, *Gyakusetsu*, 163.

2. Kurono Taeru, *Nihon 0 horoboshita kokubo hoshin* [The national defense policies that ruined Japan] (Bungei shinsho, 2002), 22—24.

3. This included sixteen mobilized reserve brigades, the equivalent of eight divisions.

4. Kurono, *Nihon 0 horoboshita*, 38—41; Kurono, *Daigaku*, 145; Kurogawa, *Gunji setiryaku gaisetsu*, 82. Kodama's proposals would field nineteen active divisions. Excluding the Guards Division, he would form six corps of three divisions each from the remaining eighteen divisions.

5. Kurono, *Daigaku*, 146—148; Kurogawa, *Gunji senryaku gaisetsu*, 66; Kurono, *Nihon 0 horoboshita*, 29; Schencking, *Making Waves*, 123.

6. Kurono Taeru, *Teikoku kokubō hōshin ni kenkyū: riku-kaigun kokubō shisō no tenkaito toku-chō* [A study of imperial national defense policy: the development and characteristics of the army and the navy's ideas on national defense] (Sōwashi, 2000), 8—9, 85—86,105. In May 1887 the council of state established the Board of Military Councilors, best thought of as a liaison and advisory function for army and navy coordination, to provide pros and cons of military matters.

Members included service chiefs, service ministers, and inspector-generals who reported direcdy to the emperor (Matsushita, *Meiji no guntai, 95; Morimatsu, Daihon'ei*, 46).

7. Kurogawa, *Gunji senryaku gaisetsu*, 64; Kurono, *Nihon 0 horoboshita*, 29—33; Kurono, *Teikoku kokubō*, 98;YoshidaYutaka,"Nihon no guntai" [The Japanese army], in Ōe Shinobu et al. eds., *Iwanami Koza, Nihon no tsushi*, 17 [Iwanami's lectures on common Japanese history, vol. 17], *kindai* [modern], part 2 (Iwanami shoten, 1994), 154.

8. Kurogawa, *Gunji senryaku gaisetsu*, 75.

9. Ibid., 73.

10. Matsushita, *Kokubō higeki*, 78—83; see also Kurokawa, *Gunji senryaku gaisetsu*, 74—78; Kurono, *Teikoku kokubō*, 105—109; Kurono, *Nihon 0 horoboshita*, 34.

11. Kurono, *Nihon 0 horoboshita*, 35—37.

12. Schencking, *Making Waves*, 127—128; Kurono, *Nihon 0 horoboshita*, 32—33.

13. Hata, *Tōsuiken*, 154, 156—157;Tobe, *Gyakusetsu*, 157.

14.Tobe,*Gyakusetsu*, 156.

15. Hata, *Tōsuiken*, 154—155; Kurono, *Daigaku*, 153—l54;Tobe, *Gyakusetsu*, 158.

16. Kurono Taeru, "'Teikoku kokubo hōshin' senryaku sakusen yōhei kō" [Strategy and Tactics of the (1907) "imperial defense policy"] *Gunji shigaku* 31:4 (March 1996), 10; Kurono, *Teikoku kokubō*, 156—157.

17. Leonard A. Humphreys, *The Way of the Heavenly Sword: The Japanese Army in the 1920s* (Stanford, CA: Stanford University Press, 1995), 18.Terauchi had been wounded in the Satsuma Rebellion and invalided with a disabled right arm.

18. Ibid., 18—19 and quote, 65; Kurono, *Daigaku*, 44.

19. Hata, *Tōsuiken*, 154—156; Humphreys, *Heavenly Sword*, 22.

20. Ichinose, *Meiji, Taishō*, Shōwa guntai manyūaru, 113.

21. Kurogawa, *Kindai gunji senryaku*, 53—54.

22. Hara Takeshi, "Hohei chūshin" 274—275.

23. Ibid., 273—274.

24. Yokoyama,"Military Technological Strategy and Armaments," 123—126; Kaneko, *Heiki to senjutsu no Nihonshi*, 185.

25. Kuzuhara Kazumi," 'Sentō kōyō' no kyōgi no keisei to kōchokuka" [The structure of principles of command and its ossification] *Gunji shigaku* 40:1 (June 2004), 20; Hara Takeshi, "Hohei chūshin," 276,279—280.

26. Hara Takeshi, "Hohei chūshin," 282 and table 6, page 285.

27. Endō, *Kindai Nihon guntai kyōikushi kenkyū*, 126—127; Hata, *Nihon horyo*, 2: 20; Hara Takeshi, "Hohei chūshin," 282.

28. Hara Takeshi, "Hohei chūshin," 282.

29. Endō, *Kindai Nihon guntai kyōikushi kenkyū*, 196—197.

30. YoshidaYutaka,"Nihon no guntai," 169—170,152; Endō, *Kindai Nihon guntai kyōikushi kenkyū*, 138—139.

31. Endō, *Kindai Nihon guntai kyōikushi kenkyū*, 194. In 1909 the national rate was 1.85 suicides per 10000.

32. Ibid., 15.

33. YoshidaYutaka,"Nihon no guntai," 163,170.

34. Ibid., 163, 170—171.

35. Endō, *Kindai Nihon guntai kyōikushi kenkyū*, 18,139.

36. Ibid., 34; YoshidaYutaka, *Nihon no guntai*, n ;YoshidaYutaka, "Nihon no guntai," 174.

37. YoshidaYutaka, "Nihon no guntai," 163, 172; Richard J. Smethurst, *A Social Basis for Prewar Japanese Militarism: The Army and the Rural Community* (Berkeley: University of California Press, 1974), xiv—xv.

38. Smethurst, *A Social Basis for Prewar Japanese Militarism*, 9,15,18,20,71—72.

39. Ibid., 25—28.

40. Kurono, *Daigaku*, 163—164.

41. Kobayashi Hiroharu, *Sensō no Nihonshi* [Warfare in Japanese history] 21, *Sōryokusen to demokurashi* [Total war and democracy] (Yoshikawa Kōbunsha, 2008), 83,125.

42. Kurono, *Daigaku*, 173,176.

43. Ibid., 167, 170—171; Kurono, *Teikoku rikugun no kaikaku to teikō*, 101; Kurono, *Teikoku kokubō*, 161—162.

44. Kurono, *Teikoku kokubō*, 158—161.

45. Kurokawa, *Kindai gunji senryaku*, 105—106.

46. Kurono, *Nihon 0 horoboshita*, 58.

47. Koiso's study was titled "Teikoku kokubō shigen" [Natural resources for imperial defense], Kurogawa, *Kindai gunji senryaku*, 103; Kurono, *Teikoku kokubō*, 171.

48. Kurono, *Teikoku kokubō*, 170—171.The study group chaired by Tanaka Giichi drafted "Waga kokugunbi to Shina to no kankei" [Chinas relationship to our nation's military

preparations] in May 1917 and "Zenkoku dōin keikaku hitsuyō no gi" [Essential principals for a national mobilization plan] in September 1917.

49. Kurono, *Teikoku kokubō*, 173; Kurokawa, *Kindai gunji senryaku*, 94.

50. Kurono, *Nihon 0 horoboshita*, 66.The army burned the extant copy of the 1918 revision of imperial defense in August 1945.The contents were later deduced from draft papers and the recollections of former staff officers who participated in the process.

51. Kurono, *Nihon 0 horoboshita*, 70—71; Kurono, *Teikoku kokubō*, 168, 163, citing Ugaki Kazushige's diary.

52. Kurogawa, *Kindai gunji senryaku*, 115,117.

53. Kurono, *Teikoku kokubō*, 153, 182;Tobe, *Gyakusetsu*,224;see Rikusen gakkai,eds., *Kindai sensō, shiryō*, 170 for differing figures. Schencking, *Making Waves*, 217 agrees with Tobe's numbers.

54. Kurono, *Nihon 0 horoboshita*, 75; Kurono, *Teikoku kokubō*, 183.

55. Kurono, *Daigaku*, 163—168.

56. Ibid., 170—171,175;James William Morley, *The Japanese Thrust into Siberia*, 1918 (New York: Columbia University Press, 1957), 102.

57. Kobayashi, *Sōryokusen to demokurashi*, 225; Humphreys, *Heavenly Sword*, 26.

58. Ōuchi Tsutomu, *Nihon no rekishi* [A history of Japan] 23, *Taishō demokurashi* [Taisho democracy] (Chūō kōronsha, 1966), 159—162. Kobayashi, *Sōryokusen*, 242.

59. Humphreys, *Heavenly Sword*, 27.

60. Hackett, *Yamagata*, 329;Tobe, *Gyakusetsu*, 180—181; Humphreys, *Heavenly Sword*, 25—29; Ōe, *Sanbō honbu*, 134.

61. Kobayashi, *Sōryokusen*, 244—245.

62. Ibid., 258—261.

63. Humphreys, *Heavenly Sword*, 28—29.

64. Ibid., 45—46.

8. 短期战还是总体战？

第一次世界大战对未来战争有何启示？这个问题成了战后日本陆军思想辩论和情绪化纠葛的源泉。军官们都想回答一个根本问题：欧洲战争对于东北亚来说有什么军事上的借鉴之处吗？具有改革思维的军官们相信，未来的冲突将是总体战，并需要以史无前例的规模实施军事、经济以及工业动员。但其他传统思想浓厚的军官则对前者的假设及其新军事战略提出了质疑。

传统派人士聚集在了上原勇作元帅周围。上原长期以来是"大陆军"的支持者，主张强硬的反俄政策，并决心维护参谋本部的特权。这种立场自然而然让他成了传统派的领袖人物。他驳斥了改革派提出的总体战概念，理由是日本缺乏经济、产业动员所需的自然资源和工业基础。他根本看不上那些现代化论者和产业动员理论家，因为日本的精神力量和无形品质的威力能弥补任何武器质量和数量上的劣势。虽然他无法让改革派人士闭嘴，但他逐渐把那些人从参谋本部挤走了，并以和他志同道合的军官取而代之。他们都相信短期决战能实现国家的军事目标。上原的推论是，日本如要在下一场战争中取得关键性的首战大捷，就必须维持大规模的常备军。

田中义一将军和宇垣一成将军想提升军队的现代化水平。方法是配备新武器，组建新的、更具机动性的"三角制师团"（Triangular Division Configuration），并且增强火力。为了给这项事业筹款，他们准备缩小目前的

8. 短期战还是总体战？

兵力结构以节省人力成本。双方界线于是泾渭分明。上原及其派系主张维持现状，鼓吹以高昂士气和日本精神来夺取首战胜利。而宇垣和田中则宣扬现代化改造和精简部队。[1]

陆军改革派还打算用"军"（Corps）来取代目前充当战略梯队的"师团"。为此，他们打算把大型的"方块制师团"（Square Division）——下辖2个旅团，共4个联队——重组为更小的"三角制师团"（下辖1个旅团，共3个联队），同时相应增加炮兵和后勤部队。军司令部将控制2个"三角"师团，并为它们提供后勤支持。这样一来就可以把目前的后勤部队规模缩小一半。和21000人的"方块师团"相比，陆军如以"三角师团"为基础就能部署更多的师团，同时为它们提供现代武器装备。上原的传统派反对实施这一转型，因为小师团既无力单独作战，也无法在蒙受重大伤亡后继续开展行动。[2]

1921年6月，山梨半造中将按计划接替田中义一担任陆军大臣。山梨为了节省资金而实施了裁军。这再次引起了传统派（设想短期决战）和改革派（预言长期总体战）的激烈辩论。1921年10月，一个陆军特别委员会进行了数次讨论以估算战时的兵力结构和后勤需求。

参谋本部想维持40个现代化师团（其中，7个针对美国，5个针对苏俄，22个针对中国，6个充作战略预备队），但陆军省认为在国内经济疲敝和现有产业基础薄弱的情况下，只能对30个师团进行现代化改造。但参谋本部的作战部拒绝裁减任何部队，它引据的理由是裁军会给部队士气造成负面影响，而且它担心师团数目的减少会让海军争取到更大份额的军事预算。最后达成的妥协方案如下：21个常设师团将优先获得一流的武器装备，然后在1933年前逐步对11个后备师团进行现代化改造，而剩下的8个师团只能凑合使用老旧的武器装备。[3] 然而这项协议并未缓和双方之间根本的观念分歧。

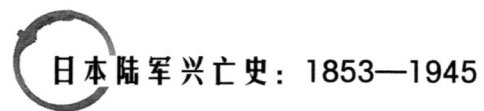
日本陆军兴亡史：1853—1945

上原勇作的党羽支配着参谋本部的意见。他们宣扬短期战的战略，因为日本缺乏用于持久战或军备竞赛的资源。具体来讲，传统派提出了三点思想：（1）日本很难打赢一场持久战，但却能打赢一场短期战；（2）士气和精神力量能弥补武器和数量方面的劣势；（3）维持目前的大型兵力结构对于首场战斗来说是关键要素，因为胜利取决于日本能否在开战时即集中压倒性的优势兵力给予敌人决定性一击。完成军事现代化不能以牺牲兵力结构和裁员为代价。[4]

颇具影响力的高级军官——像刚愎自用的参谋本部作战部长田中国重（Tanaka Kunishige）少将——对军事现代化的主张无动于衷，因为他觉得评估作战效能不仅要考虑硬件质量（武器），还必须关注军队士气、日本人的聪明才智以及武士道精神——即让日本在1904—1905年战胜俄国的无形因素。靠新武器和技术优势打天下是欧美人自以为是的幻想，因为那并不能确保胜利，而且也不能被简单地照搬到亚洲，因为亚洲的军事条件更简陋、地理环境更粗犷。[5] 实际上，由于各种差异，日本陆军独特的作战与战术学说要比西方的战争方式更适于对付日本自己的假想敌。

1921年，陆军省设立了"陆军技术本部兵器研究与政策委员会"（Army Technical Headquarters Weapons Research and Policy Board）。它的任务是挑选适于阵地战或运动战，同时与陆军现行战略与战术学说相吻合的新型武器装备。另外，在亚洲大陆山地崎岖和路网稀少的环境下，畜力和机械两种运输方式究竟孰优孰劣？委员会针对这个问题也作了评估研究。由于对未经验证的新技术和昂贵的、未经测试的武器装备怀有一种天然的不信任感，所以委员会也就对在东北亚原始的交通条件中投入机械化或摩托化军队作战不抱什么信心。于是，日军武器都是以较低的亚洲标准设计出来的，而且是用来在局部战争中对付落后国家的。这样一来，日本也就在西方军事现代化以及指挥控制、战术学说的革新大潮中落伍了。陆军领导人对此心知肚明。[6] 但在他

8. 短期战还是总体战？

们看来，中国那些装备很差的军阀武装才是日军可能面临的对手。所以，拿欧洲标准对日本地面部队进行现代化改造并无多少道理。

随着你争我吵的辩论继续发酵，山梨半造在1922年7月宣布了一项两阶段的改革计划。该计划准备削减人员，而不是兵力结构。山梨取得的成绩是从每个步兵大队的平时编制中裁撤一个中队，另从每个骑兵联队中裁撤一个骑兵中队。他随后还削减了35%的炮兵部队，包括3个独立野战炮旅团。[7]

很多被淘汰的炮兵装备是日俄战争时期进口的陈旧德制火炮。但一战时曾隶属于法军的日本著名炮兵专家小林顺一郎（Kobayashi Junichiro）中佐却在1923年哀叹道，由于没能好好研究一战期间欧洲运用的战术、兵力组织和现代兵器，日本军队可能会由此走向失败。而田中国重中将则反唇相讥。他把重视物质力量的观念等同于失败主义情绪，并致函上原勇作，声称像小林顺一郎这样的军官会摧毁陆军士气，因为他们这伙人过于看重武器装备，结果让旺盛的战斗精神失去了存在空间。[8]

没人知道在众多的新兴技术中，究竟是哪种适于未来战争，并且值得下本投资。例如，坦克在一战中的表现好坏参半，并且战后在欧洲、美国以及日本等国举行的辩论也反映了人们还不确信这型新武器到底应该扮演什么样的战争角色。由于中国或东北亚地区缺乏道路以及承重水平高的桥梁，所以日本陆军担心这会进一步制约坦克本已有限的机动性。日本重工业基础薄弱，生产坦克很难，而且国内的窄轨铁路也不适合用来运输坦克。为了支持陆军的前沿作战战略，必须把坦克从日本运往大陆，所以日本在设计坦克的大小和重量时就不得不考虑运输船的装载和卸载能力。综合考虑以上要求，陆军选择生产轻型（10吨或10吨以下）和中型（15吨或15吨以下）坦克。[9]某些人或许会对此质疑，但从日本有限的工业基础、陆军的作战学说以及未来可能的作战区域来看，这个决定还是正确的。

山梨半造在1922年8月和1923年4月实施了一个分为两阶段的现代化改造计划,但他的让步既没有取悦传统派,也没有让改革派感到满意。传统派人士勉强接受裁减62500人的决定,因为山梨并未触动21个师团的兵力结构。虽然主张实现陆军现代化的改革派还想裁减更多人员,但却不得不满足于"山梨裁军"所带来的结果:节省下来的资金被用于创建机枪大队,增设一个飞行中队,并更新通信设备。[10] 总之,山梨半造的改革举措确实节省了资金——估计每年能省下3500万日元,但那并未真正完成陆军的现代化事业。

1923年的东京大地震粉碎了一切增加军费预算的希望,因为重建首都成了政府优先关注的事情。陆军通过恢复秩序和参加救灾等行动重新获得了一些民心,因为它把自己塑造成了人民的保护者——而不是压迫者。灾后,田中义一重掌陆军省,而宇垣一成则被任命为陆军次官。由于对缩手缩脚、蜻蜓点水式的"山梨裁军"感到不满,田中于12月任命宇垣来领导一个委员会,其任务是研究陆军重组和现代化改革事宜。[11]

那年12月,一个心怀不满的青年人企图刺杀皇家摄政(Imperial Regent)。这导致日本在1924年1月成立了新一届内阁,首相是清浦奎吾(Kiyoura Keigo)。清浦的陆军大臣人选是台湾军的司令官福田雅太郎(Fukuda Masataro)将军,而福田还得到了上原勇作元帅陆军大将——清浦奎吾的顾问和陆军现役高级军官——的举荐。[12] 上原期待,如果福田获得了任命,那么就能重振自己在军内不断消退的声望。

但即将离任的陆军大臣田中义一却设法阻止了这一人选安排。他呼吁大家关注一个事实,那就是在东京大地震后实施的戒严期间,福田雅太郎作为军事总督的表现乏善可陈。[13] 田中还把参谋总长和军事教育总监拉到自己一边。他们共同构成了陆军内部的"三巨头",并且按田中的说法,也只有他们三位长官才有权在军内提名继任者。清浦奎吾的几位高级顾问也反对挑选福田雅太郎担任陆相。最终，首相让宇垣一成中将出任陆军大臣。排斥福田就等于扇了上原一记响亮的耳光，而这也加剧了后者针对"田中—宇垣"阵营的派系斗争。[14]

1923年修订版《帝国国防方针》

面对战后现存国际秩序的崩溃以及东北亚日益动荡的地区局势，陆海军再次对《帝国国防方针》进行了审查。俄罗斯帝国已然解体，从而消除了来自北方的威胁。中国也似乎走向了四分五裂，尽管国际各方约定要阻止这一情况成为现实。《凡尔赛条约》（1919年）创造的新国际体制以及东北亚日趋动荡的局面促使陆军准备修改国家军事战略，而华盛顿限制海军军备条约的缔结（1922年）和英日同盟即将于1923年终止的事实也对日本海军施加了类似影响。除了这些外部压力，陆军也正在一片争议声中修改自己的战略、作战学说、战术和兵力结构。陆军精英们就未来战争的性质各执己见，发生了严重的分裂，而且他们的分歧还牵涉了修订国家军事战略的路径问题。[15]不同派系激烈竞争，其各自主张的国防思想也泾渭分明、截然不同，这些背景条件影响了1923年《帝国国防方针》的修订工作。

美日两国在西伯利亚干涉行动、满洲的商业权利、海军军备限制、排日移民政策等诸多问题上存在冲突摩擦。这就让美国成了日本陆海两军有可能要一致对付的敌人。以此为基础，1922年3月，陆海两军参谋机关的代表开始修订国防方针。[16]海军军令部长（译者注：原文似有误，应为"军令部次长"）加藤宽治将军及其陆军同僚上原勇作将军是短期战思想的支持者。有些人认为，由于美日间工业产量相差悬殊，而且美国还有未开发的、可用于长期总体战的潜能，所以日本应避免与美国对抗。但加藤和上原却不以为意。相反，他们认为日本如果事先准备充分，就能在美国人总动员之前打赢一场短期战。由于陆海军参谋负责人的意见基本一致，所以工作进展迅速，并且到1922年11月时,两军参谋部门已经交换了各自的《帝国国防方针》修改草案。直到次年2月末,陆海军才让首相——一位离职的海军将领——看到修改后的兵力结构需求。同日,内阁在经过讨论后也恭顺地对修改案表示赞同。六天后,即2月28日,草案就被呈送给天皇审阅。这样仓促行事表明军方并没打算去发展一套综合的国家军事战略,而是急于想证明短期兵力结构的合理性。[17]

因为军方对短期作战大加强调,所以赢得首战胜利就需要维持大规模的常备军,正如要想打赢舰队决战就必须建立一支强大海军一样。参谋本部想建设40个师团的兵力结构,而陆军省的建议则是30个师团,这样省下的资金可用来建设航空兵力。双方最后的妥协是决定维持21个现代化常备师团以及19个用老旧武器装备起来的后备师团。海军的目标是拥有9艘战列舰、3艘航空母舰和40艘巡洋舰。[18]

在握有这些兵力后,日本海军准备与美国舰队进行海上决战,而陆军将夺取关岛和菲律宾以阻止美国人使用西太平洋水域的干船坞和维修设施。该方案旨在占领战略基地并摧毁敌方地面部队。这与传统派短期战争的思想实现了完美契合。虽然在1923年修改版的国防方针中有一句话也提到了总体战理论,但还是把它贬低到无关痛痒的地位,认为其实际价值微乎其微。[19]

两军参谋部门的一致意见是,要实现上述战略抱负就必须获取东亚资源。但像这样划出一块区域让日本独占是违背了《华盛顿条约》精神的,并与政府的政策相抵触。虽然国防方针的起草者们承认日本有可能与多国联盟作战,但他们却把主要精力用于对付美国,而把联盟战争的问题留给了政治家和外交官,并指望他们能让中国和苏联保持中立,防止多国联合对日开战。由于陆军和海军的参谋部门对这些问题的看法是一致的,所以日本的国防政策变成了只关注一个对手,同时遵循短期战策略,而这套策略实际上并未使日本的国防政策与国家战略实现整合。[20] 这次修订工作一开始是为了应对急剧变化的国际秩序，但最后却让自己倒退回了1907年的政策基点（见表8.1）。

表8.1 《帝国国防方针》

	1907年4月4日	1918年6月29日	1923年2月28日
目的	以攻势作战获取目标	同左	以攻势作战迅速结束战争；利用外交来避免孤立，利用结盟来打破敌方的联盟
假想敌	俄国、美国、德国、法国；与英国结盟	俄国、美国、中国	美国是头号敌人；结合使用"合作"与"军事强制"两种手段来对付俄国和中国
兵力结构（陆军）	平时：25个师团 战时：50个师团（半数是后备师团）	平时：21个师团 战时：40个师团	平时：21个师团 战时：40个师团
兵力结构（海军）	一线兵力：8艘战列舰；8艘装甲巡洋舰	一线兵力：16艘战列舰；8艘装甲巡洋舰	一线兵力：12艘主力舰（包括3艘航空母舰）；40艘巡洋舰
作战纲要	对俄：沿满洲和乌苏里江流域发起进攻；对其他假想敌：首先歼灭敌方海上力量，然后进入第二阶段（取决于临时计划）	对俄：占领贝加尔湖以东战略要地；对美：占领吕宋；对华：部署兵力保护日本利益和侨民	先发制人的攻势作战；夺取关岛和吕宋；对俄和对华：与1918年版一致

来源：桑田悦、前原透 编，《日本の戦争—図解とデータ》，（东京：原书房，1982），第二部分（附录），表1。

宇垣改革

田中义一和宇垣一成都认为第一次世界大战的经验表明：有必要为未来的长期战争做准备。于是，他们建议进一步精简兵力结构，从而使日本能在平时扩大重工业基础，推进经济多元化，并用总体战思想教育公众。到了战时，为了使日本具备打持久战的能力，陆军的攻势作战必须在敌对行动一开始就夺取有价值的战略目标。而传统派却再次拿出了他们的标准论调，即打一场长期总体战对日本来说是很难的，但日本却可以打赢一次短期决战；不能削减常备师团的数量，而且为了首战即胜，必须对一切资源进行现代化改造；精神力量和非物质因素能弥补武器质量和数量方面的劣势。田中国重中将——当时是一名师团长——反对所有削减兵力结构的计划，因为他认为这会沉重打击陆军，削弱大众的国防意识，并会对国民士气造成消极影响。福田雅太郎将军——也是军事参议官会议（Military Board of Councilors）的一名成员——坚持认为，战争不是单靠武器就能打赢的（见表8.2）。[21]

表8.2　关于日本陆军未来发展的不同见解

传统派	改革派
大陆军	小陆军
低技术武装	高技术武装
士气制胜	物质制胜
短期战	长期战
刺刀（白刃战）	火力
步兵作战	联合兵种作战
打赢开局战役	忍耐持久战的考验
军队动员	国家动员
有限战争	总体战争
方块师团	三角师团

8. 短期战还是总体战？

从1923年9月开始，田中义一重新出任陆军大臣。虽然在位时间不长，但他利用这个机会成立了"体制研究委员会"（Institutional Research Committee），并希望能借此落实自己陆军改革的思想。委员会的领导人是他的副手宇垣一成。委员会为了开展工作，首先明确了一个前提假设：日本就算计划打一场短期决战，也必须要为长期战做好准备。自成一体的军事力量必须要同国家工业、经济以及人力动员的工作一起被整合进一个为总体战服务的系统。[22]

宇垣一成于1923年12月就任陆军大臣，但仍参与委员会的工作。他认为，日本或许可以和中国打一场短期战，但如果对手是太平洋上的美国、远东的苏俄或者东南亚的英法两国，战事必然会是久拖不决的。宇垣争辩道，无论在一对一的短期战的计划上投入多少精力，日本很可能最后不得不与好几个敌国组成的联盟打上一场长期战。由此得出的结论是，陆军必须在平时就为产业和国家动员做准备。为此，可以利用武器技术发展和战争科学应用的最新成果。[23] 委员会实现上述目标的方法是计划裁撤4个现役师团，并对其他部队实施重组。陆军通过精兵减员而省出的资金将被用于现代武器——飞机、坦克、防空炮——的采购和研发工作。

1925年3月，宇垣一成把自己制订的陆军重组计划提交给了9人组成的军事参议官会议。上原勇作和另外三人持反对态度，而且不出所料，福田雅太郎将军反驳道，产业资源有限的日本应更加强调战斗精神和白刃战的作用。然而此前，宇垣已将自己的5位支持者安插进了委员会，因此他们终以5∶4的投票结果战胜了上原派。[24] 1925年5月，宇垣一成裁掉了4个师团、台湾军司令部以及2个陆军幼年学校（约4万人）。与此同时，他增加了无线电台和车辆的数量，并设立了培养相关专业人才的新学校。在战术层面，他给步兵大队添置了重机枪，并给步兵小队装备了一款适于快速机动战的新型轻机枪。

但大部分节省款项被用于资助2支坦克部队、新组建的防空部队、研发事业以及10个新的飞行中队（总共有16支部队）。新的飞行部队与已有的6支部队共同组成了8个飞行战队。[25] 技术委员会认为在支持地面作战方面，轰炸机不如炮兵有效，所以只批准组建了1支轻型轰炸机战队。其余的是航空侦察和战斗机部队。陆军委托民间企业生产飞机，并在设计和制造方面推动了不同企业间的竞争。但中岛、川崎和三菱公司很快垄断了新兴的飞机产业。[26]

如果从民间征召的士兵能早点脱离现役，同样也就能早点加入后备队伍。所以为了节省更多资金，同时也为了建立更大的后备军人动员库，宇垣把士兵的现役期从三年缩短至两年。他将非现役部队的军官派到小学和中学担任训练教官，而这也就把陆军的影响延伸到了教育系统。他希望全国的学校能用公认的军事价值观和爱国主义思想来教育青年人，从而帮助他们在参军后能更好地融入陆军的军营生活。[27]

在两个月内，宇垣一成以年龄或健康原因迫使三位研究委员会的保守派成员辞职。[28] 上原勇作的反应是把由宇垣的后台老板田中义一秘密设立的"国会行贿基金"给曝光了，但宇垣一成却设法避开了所有丑闻。他很快任命了自己的一批支持者——包括南次郎（Minami Jiro）、杉山元（Sugiyama Hajime）、小矶国昭（Koiso Kuniaki）和建川美次（Tatekawa Yoshitsugu）——去陆军省和参谋本部担任要职，但却未能彻底清除上原勇作的势力影响。这位年迈的元帅陆军大将以下列军官为核心重建了他的权力基础：参谋本部作战部长荒木贞夫（Araki Sadao）少将、陆军士官学校校长真崎甚三郎（Mazaki Jinsaburo）少将、东京湾岸防司令官林铣十郎（Hyashi Senjuro）少将。

最后，宇垣一成在1926年成立了"青年军事训练团"（Young Men's Military Training Corps）。这是一个向年龄在16到20岁、已完成正规教育的年轻人提供公民教育和军事训练的志愿组织，由在乡军人会的成员负责督导。这些训练中心是由地方社区出资组织的，年度教学时间长达200小时，其中一半的时间用于军训。各地区的联队长每年都要对学员的军事素质进行评估考核。该项目的主要益处是合格的毕业团员如果后来入伍当了兵，可减免6个月的服役期。但反过来，陆军也得以向广大天真单纯的年轻人灌输军事价值观和军人美德。[29]

陆军的新生代

在明治时期（1868—1912年）获得大将军衔的31名军官中，有11人来自长州，还有9人出身萨摩。在寺内正毅担任陆军大臣的9年时光里，公然支持并偏袒长州人士是标志性特征，而且长州人也被安插到了陆军省和参谋本部的要职岗位。一战后，那些长州派以外的军官雄心勃勃，他们决意通过改革陆军人事体制、实现陆军现代化等方式来打破长州集团对陆军高级职位的控制。长州派因山县有朋1922年的离世而受到了削弱，但其追随者的地位依然稳固，而且他们的高级佐官和将官也以陆军大臣宇垣一成为中心重新聚集在了一起。[30]

1921年10月，三位均为少佐军衔的驻欧陆军武官——永田铁山（Nagata Tetsuzan）、冈村宁次（Okamura Yasuji）以及小畑敏四郎（Obata Toshishiro）——在德国巴登—巴登聚会。在那里，他们计划以人事体制改革——属于大规模陆军改组的一部分——来消除陆军内的派系集团。德国将军埃里希·冯·鲁登道夫（Erich von Ludendorff）关于总体战和国家动员的理论启发了他们。因此，他们构想了一幅这样的图景：重焕生机的陆军将主导日本全国的动员工作以应对总体战。[31] 在1923年回到日本后，这三人与东条英机（Tojo Hideki）少佐一道组织了一个非正式的研究小组。它由20名志同道合的佐官（大佐和少佐）组成，并且他们都是陆军士官学校（简称"陆士"）第15期和第16期的校友。"陆士"毕业生注定是未来的陆军领导人，而且在职位选派和晋升方面，他们之间的竞争也很激烈。到20世纪20年代早期，很多正值职业生涯发展期的军官都对陆军人事政策表示不满，他们认为这项政策会让长州派永远支配陆军。

关于陆军改革的非正式讨论在东京一家名叫"二叶"（Futaba）的法国饭店举行，所以参会成员就把他们这个团体取名为"二叶会"（Futaba Club）。"陆士"第21至第24期的成员在1927年单独建立了另一个组织——"木曜会"（Thursday Club）。不久，他们就日本未来在满洲和内蒙古所扮演的角色问题展开了辩论。这两个团体在1929年5月合流，组成了"一夕会"（One Evening Society）。入会资格是有限制的：申请者必须是陆士第15期到第25期的军官毕业生，而且现在被分配到陆军省或参谋本部工作。[32]

永田铁山的集团利用陆军教育系统来推进计划，方法是安插自己的成员进入陆军大学（简称"陆大"）以防止长州派军官的渗透。每年只有少数申请者能通过严格的竞争性入学笔试以及口试进入"陆大"深造。平时，那些落选者往往到一线部队任职，并且通常以中佐的军衔退役。他们顶多可以当上大队长，但他们没资格获得参谋本部的职位或大型部队（联队及更高级别的部队）的指挥权。当然，战时扩军会给"非陆大毕业生"开辟晋升和获取指挥权的渠道，但"陆大"毕业生无论战时还是平时都注定会获得高级指挥权、大佐或将官的军衔以及高级参谋职位。一句话，是否能被选中进"陆大"深造决定了一名军官的前途。[33]

几名"二叶会"的成员在20世纪20年代和30年代之间成了陆军大学的教员，这包括永田铁山（1923—1924年）以及小畑敏四郎（1923—1926年）。不知是否是巧合，在1922年和1925年之间，没有一个长州人取得入学资格，据说这是因为"反长州派"的教员在口试环节把那些长州派的候选人淘汰掉了。但这样的关联是否确切依然难以肯定，因为在1927年和1935年之间的确有30位长州人进入了"陆大",而且他们在人数上仅次于33位来自人口更为稠密的东京地区的候选人。近来研究表明,永田铁山利用"长州支配陆军"这样的观念转移了人们的视线,从而使自己激进的陆军改革思想免受仔细的审查。[34] 不管怎样,永田和其他改革者也关注那些不听命于长州派的年纪更轻的将官,而且十分敬仰荒木贞夫——一位极有前途的大人物。他们指望荒木贞夫能领导陆军的革新事业。

有关大兵团的思想学说

为了弥补日俄战争时期暴露的指挥和控制问题,陆军在1914年颁布了《统帅纲领》(*Principles of Command*)。它译自1910年德国用于指挥与控制大兵团作战的野战条令,并成为军团(Corps)和军(Army)级司令官的教义宝典。[35] 参谋本部对一战期间不断演化的大兵团学说进行了研究,因为它事关战争的技术进步、指挥与控制的改善、战场机械化、飞机的发展以及总体战的需求。陆军随后大幅修改了野战条令,并第一次以一套全面、协调、相互支持的原则设计出了战略、作战和战术学说。

1921年修订版的《统帅纲领》承认了"战争近来在物资方面的巨大发展"所蕴含的意义,但仍坚持认为在战斗中取胜最终要靠像"忠于职守""爱国热情"以及"为达目标宁愿牺牲自我"这样无形的因素。参谋军官设想下一次战争是短促的,而战事的巅峰时刻是传统样式的决战,但他们承认,打一场长期战争也需要不屈不挠的精神。结果,在思想上产生了一种"大杂烩",它将两套矛盾的战略——迅速集中兵力开战(旨在打一场歼灭战的策略)和准备打一场艰苦的持久战——揉捏到了一起。[36]

战后的日本军官——就像其他主要大国陆军的军官一样——思考了火力、机动性以及分散行动在未来战争中所扮演的角色问题。20世纪20年代中期,参谋本部作战部在荒木贞夫少将的指导下对《统帅纲领》进行了影响意义最为深远的修改。荒木贞夫满脑子都是意识形态思想,他坚信战斗中无形因素的作用,而且是个狂热的反共分子。他挑选那些思想与自己接近的年轻军官来负责条令修订的执笔工作。小畑敏四郎中佐——巴登—巴登三人组的一员——是一位苏俄事务专家,他十分推崇德国将军阿尔弗雷德·冯·施里芬(Alfred von Schlieffen)的经典歼灭战理论。他曾与荒木贞夫一起在近卫师团服役。一战时,他以驻俄军事观察员的身份与荒木贞夫共事。在那里,他们目睹了1917年的俄国革命,并且对共产主义所带来的乱局充满恐惧。这种新兴意识形态对日本天皇制构成了威胁。铃木率道(Suzuki Yorimichi)少佐——陆军大学第30期首席毕业生,曾在法国当过战时观察员——也认同荒木贞夫的哲学思想,即精神或无形的价值理念会在战争中形成特殊优势。

小畑与铃木都很有才华,但同时也傲慢自大、待人冷漠,听不进别人的不同意见。他们两人秘密设计了一套教义——一位历史学家将其称作"高强度精神训练"与"刺刀下的突破"——来抵消人数和资源上的劣势。比如,日本关于一战战役的研究更看重的是1914年由德军在坦能堡(Tannenburg)对俄军实施两翼包围所展示的机动作战,而不是1916年在索姆河(Somme)或在凡尔登(Verdun)上演的阵地消耗战。[37]

所以一点也不让人意外的是,1928年版的《统帅纲领》围绕机动性的歼灭战展开了叙述。这种作战的行动理念是快速行军,然后在战役初始即以高度机动性的进攻来迫使敌方接受决战。它包含了这样的信条,即自"远古以来",战斗热情与士气便是"决定成败的首要因素"。而且,它也将无形的品质作为陆军现代军事学说的关键。[38]

荒木贞夫与小畑敏四郎也影响到了陆军新版《战斗纲要》的制定。该手册专门用于指导东北亚地区师团级部队的作战行动。在战后第一个十年的时间里,参谋本部向欧洲派遣了超过350名军官来研究现代战争。他们写作的报告不计其数,主题也包罗万象,从小队战术到大兵团作战,应有尽有。而且，参谋本部作战部也以此为基础，发展出了《战斗纲要》。[39]

拟定1926年《战斗纲要（草案）》的委员会是由荒木贞夫主持的。他对战斗中士气、热忱以及无形因素力量所扮演的角色抱有强烈的感情。因此，1929年《战斗纲要》终稿的字里行间无不渗透着这样的思想。它的基本假设是一支饱含进攻精神的军队会击败另一支依赖物资力量的军队。现代武器装备的确很重要，但绝不应贬低战斗精神，因为它能让士兵在物质资源无论多么短缺的情况下依旧持有必胜的信念。各级指挥官要充分利用战斗精神，一旦发现敌人弱点就应坚决进攻到底，不必等待总部批准。[40]

按设想，师团长和联队长应积极率部实施机动以包围敌军，从而为最激烈的、刺刀见红的总攻创造条件。陆军还设计了轻型、便于机动的火炮以便能跟上快速行军的步兵。在作战层面，包围和夜袭是制胜法宝，即便寡不敌众，部队也要发起进攻包抄敌人的侧翼。面对敌人的固定阵地，部队要在夜幕的掩护下前进以避开敌人的炮火，同时准备发起黎明攻势，借助火力和奇袭的组合力量来占领敌军阵地。在遭遇战时，指挥官要绕过对方侧翼，然后围困敌军并予以歼灭。如果暂时被迫进行防御，指挥官必须发起反击，重夺主动权。为了获得整体优势而进行战术撤退的做法虽然未被禁止，但确实给日本陆军的战术家们制造了一个两难困境，因为他们甚至不能使用"撤退"这个词。[41]

这些高级教义学说背后的思想和理念在经过提炼后催生了其战术形态的版本，即1928年版的《步兵操典》。一战时期特定的教训被囊括了进来，特别是战争晚期出现的德军渗透战术，但修订版仍延续了日式战争的根本原则。这种原则以牺牲联合作战的效果为代价，夸大了步兵战术的价值。按《步兵操典》的说法，胜利是结合有形和无形因素力量的结果，而那种无形因素存在于"日军光荣伟大的传统"之中。

用刀枪压制并歼灭敌人——进攻的灵魂——能确保获得速胜。进攻方依靠的是出其不意的突袭、夜袭以及进攻到底的决心。单打独斗是不被提倡的，因为获胜取决于在狭窄的正面集中火力和人力以击溃防御者。指挥官有责任给部队灌输"必胜无疑"的信念。而这是所有操典中第一次出现这样的思想。[42]

进攻方必须守住从敌人那里夺取的阵地。由此，战术撤退成了"有问题"的做法。即便主攻受挫，士兵们也必须以死相拼、战至最后一人，这意味着决不许投降。这种哲学思想部分上可以解释日本为何拒绝批准1929年关于战俘待遇问题的《日内瓦公约》。[43] 无论什么事都不许阻挠前进的步伐。只有军官有权让士兵们去帮助他们负伤的战友，但在将伤兵移送急救站后，他们必须立即返回参加战斗，否则就要被冠以"懦夫"的污名。[44]

修订后的新操典的各个部分相互协调、彼此呼应，突出了一种"日本式的战争方式"（Japanese Way of Warfare），其特征是展现了日本传统民族文化中固有的无形价值。在这个十年的末期，这些理念也被融入了陆军大学的课程里，并且对全军上下根深蒂固的"日本独特性"的意识形态形成了补充。

训练活动进一步增强了"无形的精神品质战无不胜"的信念。在野战演习期间，步兵部队在未获任何支援的情况下一般能穿越苏军第一线阵地，并向后方渗透1700至2200码的距离。历次演习往往也暴露了诸兵种联合作战里配合方面（而这正是联合作战的目的）的缺陷，但它们却总能以"步兵突破"收场。换句话讲，在演习里更重要的是记住那些可预见的战术解决方案，而不是临机应变、发挥想象力。陆军的官方刊物确实也批判了这种提前预设结果的做法，而且一名军官也提醒读者说一战前法国陆军的演习也同样忽视了火力对行进中的步兵的杀伤效果，并且后来在真实战争条件下付出了惨重的代价。[45] 但这类言论却被当作"故意唱反调"而不被重视，并且它们也被荒木贞夫和小畑敏四郎的思想扫除一空。前者依旧热衷于谈论无形因素在战斗里的价值，而后者则对新生的苏联红军抱有轻蔑的态度，认为其不过是一帮天生的蠢货而已。这些强有力的意见促使参谋本部作战部大加诋毁红军的物质优势，因为它认为俄国人在文化上是劣等民族。试举一例，小畑在1930年制定的对苏作战手册里就建议日军在前方不顾一切地发动进攻来突破敌军防线。当然，并非所有军官都那么看好"至死进攻"的理念。一位到红军部队交流的军官就提醒他的上级说，低估苏联军队是危险的。但他这样的人只是少数。小畑对这份报告不屑一顾，认为它是"恐俄症"的表现，而且军官团的主流也热情地接受了那种带有所有无形特征的、独特的"日本战争方式"思想。[46]

军官、下士官与士兵

在19世纪70年代和80年代，陆军军官主要来自前武士阶层。但随着工商业规模的扩大，军官招募的社会基础也扩展了，并将新兴的中产阶级囊括了进来。1890年，约40%的军官是平民出身，而到1920年时，该比例已增加了一倍。在陆军士官学校的毕业生中，很多人是军官的子嗣（1910年时是35%），而且这些"军二代"和"军三代"在陆军地方幼年学校里的比例也同样相当高，显得不合比例。[47]

1927年，在经历宇垣一成的改革后，一个预备役军官体制为那些已在校完成军训项目的中学毕业生打开了晋升军官的大门。军官候补生要在地方上的陆军幼年学校进行为期11个月的课程学习，然后他们要以候补军官的身份在正规部队里服役四个月。一旦期满后，他们就获得了预备役军官的资格。六年后，陆军废除了要求志愿者自行支付生活费和制服费的规定，由此进一步拓宽了军官招募的渠道。志愿者首先要经历四个月的现役期，其后他们要接受陆军的考试。依成绩，他们被分成A（军官候补生）和B（下士官候补生）两组。[48]

合格的军训课程毕业生可以自愿申请预备役的资格身份。他们以较高的录取分数进入陆军。如果他们在服役一年后通过了综合考试,就会被陆军幼年学校录取并继续接受训练。最终,他们会获得预备役少尉的资格。平时,陆军幼年学校每年能培养出约4000名预备役军官。[49]

陆军从两个人群里选拔下士官:第一,陆军愿意再次征召的人;第二,征兵前自愿加入现役部队的人。1927年,陆军重新建立了陆军教导学校(NCO Preparatory School)来训练下士官的候选人。该校起初仅限于步兵科,但在1933年,它的覆盖范围扩大了,把骑兵科和炮兵科也纳入教育范围。其他兵科则有它们各自的教学学校或专门为此目的而设立的训练单位。到1936年时,超过14000名年轻人志愿参加下士官的培训项目,而从全国比例看,也就是每1000名入伍的人里就有31名申请者,其中大多数来自日本农村地区。志愿者要花一年时间与各自的部队一起训练,而第二年则要在教导学校里度过。一旦毕业,他们就有资格履行下士官的职责。由于日本人注重长子身份,取得下士官资格的人传统上是农民家庭的次子或三子。在20世纪20年代的经济低迷期,他们几乎不可能在家乡找到工作,于是就到军队寻找安身立命之所。[50]

普通士兵的队伍也发生了变化。自日俄战争结束以来,陆军每年要从20多岁的男性适龄人群里征召20%的人服役。随着日本人口稳步向城市迁移,有农村背景的士兵数量也相应减少了——从1890年占入伍者的75%降到了1920年时的54%。陆军传统上认为东京或大阪街头的市井子弟不是当兵的料,而且有这类人的联队往往存在士气低落、纪律散漫、整日无精打采的消极现象。新近入伍士兵的文化水平也提高了,尤其是当日本于1907年建立了六年义务教育制度以后更是如此。在1919年的征兵适龄人群里(也就是实施义务教育前的最后一批人),超过13%的受访者还没完成小学教育。但次年,这个比例就下降了,仅为0.03%。同样,文盲或半文盲的比例也从1901年

8. 短期战还是总体战？

的30%降到了1920年的一个几乎可以忽略不计的数字。[51]

虽然士兵文化水平提高了，但日本的教育体制也已给他们灌输了"效忠国家乃孝德"的官方意识形态。所以，一旦步入军营，他们就成了易受进一步操纵摆布的目标。[52] 抵制征兵的反抗仍时有发生。一些年轻人在体检前夜狂饮酱油来提高自己的血压，其他人则在自己的身体状况上造假，还有一些人则求神拜佛，祈祷自己能躲过这一劫。但公然逃避兵役的现象还是微不足道的（在每年逾50万名受调查的人中只有2500到3500个这样的案例），因为大多数日本人已把征兵体制当成了生活常态。[53]

然而，战后岁月的普遍反战情绪损害了陆军的自我形象。诸如共产主义和民主主义的意识形态似乎也削弱了国家的正统思想，而这到头来降低了陆军的社会地位。一场战后的经济萧条摧残了各地农村社区，而那也正是陆军"优秀士兵"的来源地。由于大正天皇身心虚弱，而且纪律散漫现象在日本领导人的眼里也恶化到了危险的地步，所以陆军再次强化了对天皇国家意识形态的宣扬。

1921年，陆军对供分队单位使用的手册进行了修改，其目的是使军营士兵不受那些战后共产主义、民主主义以及各种左翼哲学等危险思想意识形态的侵蚀。这部手册首先使用了"国体"（Kokutai）这个词来突出陆军与天皇的特殊关系，同时还以歧视其他亚洲人的草根式民族主义的调门来吸引士兵。通过强调"国体"以及延绵不绝的皇脉，陆军被赋予了一种独特的神圣地位。由此，当局再次肯定了陆军自我牺牲、忠于君主、英勇无私这类无形的价值属性，并培育出了一种鲜明独特、与民间文化不同的精神气质。陆军高层要求士兵背诵天皇敕谕的缩略版（从1934年开始，他们还必须背诵冗长的全篇内容）。1936年发生了一个极端但也可以预见的案件。一名少尉在向士兵宣读敕谕的时候出了差错，后来他为了谢罪就自杀了。通过将民族主义情绪的感染力和规范行为举止的家庭理念结合起来，陆军就建立起了一个防

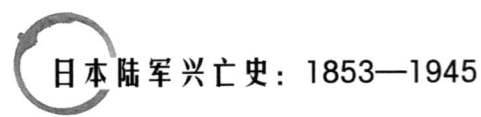

范左翼思想的强大意识形态堡垒。[54]

当局也进一步以更严格的纪律来约束部队,方法是把上级命令与天皇的直接指令等同起来,所以士兵必须坚决服从,不容有丝毫犹豫或置疑。以此为基础,一个陆军军事法庭宣判三名军警无罪,而他们曾被指控在1923年东京大地震后杀害无政府主义者大杉荣(Osugi Sakae)。法庭成员认可了被告方的辩护理由,即被告除了服从上级的直接命令外别无他法,而且如果判他们有罪,就会破坏陆军的军纪。[55] 易言之,军令可以凌驾于国法之上。

成熟有效的训练是将严格的正式纪律与残酷的非正式惩罚结合起来的。陆军硬是用拳打脚踢和侮辱欺凌的方式来把无条件服从的意识灌输给新兵的。随着"皇军"(Imperial Army)和崇拜天皇的理念日盛一日,使用皇室标志和天皇权威的感召力进一步强化了无条件服从上级的倾向,因为上级是天皇意志的传达者。到20世纪20年代早期,"皇军"(Kogun)这个词就变得比"国军"(Kokugun/National Army)更流行,而这正是陆军当局有意试图将陆军直接与天皇联系起来的结果。[56] 但上述措施的后果是:陆军培养了一批强势有力、涉足政治的低级军官以及一群俯首帖耳、唯上峰马首是瞻的士兵。

到20世纪20年代末,陆军在表面上形成了具有基础性、统一性和互补性的涉及战略、作战、战术以及分队训练的学说。如果打一场短期决战需要依赖前沿攻势作战的话,那么前沿攻势作战强调的就是以攻击、包围和全歼战术为基础的进攻战。陆军战术手册的要旨是采取死守阵地和不懈进攻的方法。而分队的条令则利用所谓日本民族的特质来向士兵灌输战斗精神和坚决服从命令的意识。这些理念自上而下整合到一起,成了陆军内部无论是高级司令官还是普通士兵都必须恪守遵从的规范。按设想,人人都应为天皇陛下——他赋予了日本独一无二的特性——战斗到死。然而,陆军其实缺乏统一的未来战争观。改革派和传统派就战略(长期战还是短期

8. 短期战还是总体战？

战）、兵力结构和组织（大型"方块师"还是小型"三角师"）以及现代化问题（注重技术还是战斗精神）存在分歧。陆军领导人企图解决上述体制问题的努力反而深化了根本性的分歧，并使派系主义在中日关系趋于紧张的时候日益严重。

[注释]

1. Kurono, *Daigaku*, 184.

2. Ibid., 179.

3. Kurono, *Nihon 0 horoboshita*, 108,115—116.

4. Ibid., 98.

5. Kurokawa, *Kindai Nihon gunji senryaku*, 132,139—141.

6. Katogawa Kōtarō, *Teikoku rikugun kikōbutai*[The imperial army's mechanized corps] (Hara shobō, 1981 rev. ed.), 43—44; Kurokawa, *Kindai Nihon gunji senryaku*, 132.

7. Humphreys, *Heavenly Sword*, 62; Kurono, *Teikoku kokubō*, 226; Katogawa Kōtarō, *Rikugun no hanshō* [Reflections on the army] (ge) (Bunkyō shuppan, 1996), 26.

8. Sayama Jirō, *Taihō nyūmon* [A guide to artillery weapons] (Kōjinsha NF bunko, 1999), 108; Katogawa, *Hanshō*, 19; Kuzuhara," 'Sentō koyō' no kyōgi," 25—26.

9. Katogawa, *Teikoku rikugun kikōbutai*, 43, 72; Katogawa, *Hanshō*, 16.

10. Kurono, *Nihon 0 horoboshita*, 102.

11. Kurono, *Daigaku*, 179—180.

12. Humphreys, *Heavenly Sword*, 65; Kurono, *Teikoku rikugun kaikaku to teikō*, 120.

13. See Humphreys, *Heavenly Sword*, 64—72, for a detailed account.

14. Kurono, *Teikoku rikugun kaikaku to teikō*, 120.

15. Kurono, *Teikoku kokubō*, 9.

16. Ibid., 211.

17. Kurono, *Nihon 0 horoboshita*, 112—115; Kurono, *Teikoku kokubō*, 234; Matsushita, *Nihon kokubō higeki*, 92.

18. Kurono, *Teikoku kokubō*, 238. Ugaki wanted to reduce the number of active divisions to seventeen, and this would become a bone of contention in the 1925 reorganization plan.

19. Kurono, *Nihon 0 horoboshita*, 115; Kurokawa, *Kindaigunji senryaku*, 143—144,148.

20. Kurokawa, *Kindai gunji senryaku*, 139—141, 147; Kurono, *Teikoku rikugun kaikaku to teikō*, 112—118.

21. Kurono, *Daigaku*, 181; Kurono, *Teikoku kokubō*, 224—225. Fukuda was the commander of the Taiwan Army and in August 1923 became a member of the Board of Military Councilors.

22. Kurono, *Nihon 0 horoboshita*, 102—103.

23. Ibid.

24. Kurono, *Teikoku kokubō*, 231.

25. Kitaoka Shinichi, *Nihon no kindai* [Modern Japan] 5, *Seitō kara gunbu e*, 1924—1941 [From political parties to military (control), 1924—1941] (Chū5 koronsha, 1999), 145—147. In 1909 the army had created a Joint Provisional Military Balloon Research Committee for aerial observation, and six years later the war ministry formed the army air force as an independent branch to support ground operations. During World War I, a few army and navy aircraft reconnoitered or bombed the German fortress at Qingdao. The army also activated its first air squadron in Japan. Ōe, *Tennō no guntai*, 224—225.

26. Ikuda, *Nihon rikugunshi*, 113—114.

27. Yoshida,*Nihon no guntai*, 5, 8.

28. Kurono, *Nihon 0 horoboshita*, 106.

29. Smethurst, *Social Basis*, 39;Yoshida, *Nihon guntai*, 143; Kawashima, "Gun doin no seidō," 95 RO-4H, 85—87,93.

30. WatanabeYukio,*Ugaki Kazushige* (Chūkō shinsho, 1993), 17 (chart).

31. Takahashi Masae, *Shōwa no gunbatsu* [The military cliques of the Shōwa period] (Chūkō shinsho, 1969), 54.

32. See Humphreys, *Heavenly Sword*, 111—116.

33. For example, see Yamaguchi Muneyuki, *Rikugun to kaigun—rikukaigun shōkōshi no kenkyū* [Army and navy—research about the army's and navy's officers] (Osaka: Seibundō, 2000), 45.

34. Humphreys, *Heavenly Sword*, 40; Hori Shigeru,"'Chōbatsu' no sūchiteki jittai ni kan-suru hitotsu kyōsai" [Considerations concerning the actual numbers of the Chōshū clique] *Gunji Shigaku* 43:1 (June 2007), 23—25,29, 31. See alsoTobe, *Gyakusetsu*, 267.

35. Kurokawa, *Kindaigunji senryaku*, 113.

36. Maebara, "Nihon rikugun no 'kōbō,'" 86 RO-5H, 147, 203; Kurogawa, *Kindai gunji*

senryaku, 113—114.

37. Maebara,"Nihon rikugun no 'kōbō,'" 86 RO-5H, 201—206,257; Humphreys, *Heavenly Sword*, viii; Bōeicho bōei kenshūjō, senshishitsu, ed., *Senshi sōsho* [Official military history]*Notes to Pages* 157—164 appear in the forthcoming publication *The Battle for China: Essays on the Military History of the Sino-Japanese War*.

38. Bōeicho, *Kantōgun*, 25—27; Ōe, *Tennō no guntai*, 218 (quote).

39. Kuzuhara," 'Sentō kōyō' no kyōgi," 19.

40. Ibid., 21.

41. Endō, *Kindai Nihon guntai kyōikushi kenkyū*, 165—166; Rikugunshō [War ministry], *Sentō kōryō* [Combat principles], February 6, 1929 (Ikeda shoten, reprint 1977), 12, 65, 69, 128; Maebara,"Nihon rikugun," 220,226.

42. Kuzuhara," 'Sentō kōyō,'"23,27;Kyōiku sōkanbu [Inspector-general of military education], "Hohei sōten sōan hensan riyūsho" [Reasons for the revisions to the draft infantry manual], 1928,9, para 3, Japan Defense Agency Archives (hereafter JDA).

43. For other possible reasons, see Ulrich Straus, *The Anguish of Surrender* (Seattle: University ofWashington Press, 2003), 21.

44. Endō, *Kindai Nihon guntai kyōikushi kenkyū*, 176.

45. Kuzuhara,"'Sentō kōyō,'" 27—28.

46. Ibid.; Sanbō sōchō [Chief of staff, army], "TaiSō sentōhō yoko" [Summary of combat methods against the Soviets], May 6,1933,JDA.

47. Yoshida, *Nihon no guntai*, 156—158; Tobe, *Gyakusetsu*, 258 and 259 (chart); Fujiwara Akira, *Nihon gunjishi* (jo) [Japanese military history] (Nihon hyōronsha, 1987), 191—192. The number of graduates varied; between 1910 and 1915 they averaged about 720 per class but thereafter declined to less than half that number by the early 1920s.

48. Tanaka Keishi, "Rikugun jinji seidō gaisetsu" (*kōban*) [An overview of the army personnel system] part 2, in Bōeichō boei kenshōjō senshibu, *Kenkyū shiryō*, 80 RO-iH, mimeo, 1980, 34—35; KumagaiTadasu, *Kisō chishiki*, 141—144. It cost an estimated 210 yen annually for food and clothing at a time when an average white-collar worker's yearly salary was about 950—1000 yen. Kumagai, *Kisō chishiki*, 144.

49. Yoshida, *Nihon no guntai*, 73; Kumagai Mikahisa, "Kyūriku kaigun shōko no senbatsu to kyōiku," *Kenkyū shiryō*, 80 R—12H, 129.

50. Tanaka,"Rikugun jinji," H3;Yoshida, *Nihon no guntai*, 88,91.

51. Yoshida, *Nihon no guntai*, 103, 159—160; Kumagai Mikahisa, *Nihongun no jinteki seidō to mondaiten no kenkyū*, 109; Itō and Momose, *fiten*, 372.

52. Ishige Shin'ichi, "Chū kō itchi ni okeru guntai shisō to kyōiku shisō" [The military's concept of loyalty and filial piety as seen in educational concepts] *Gunji shigaku* 37:4 (March 2002), 15.

53. Tobe, *Gyakusetsu*, 197 (chart).

54. Endō, *Kindai Nihon guntai kyōikushi kenkyū*, 80, 258—259; Yoshida, *Nihon no guntai*, 168—169, 190.

55. Yoshida, *Nihon no guntai*, 161—164.

56. Fujiwara Akira, *Uejinishita eiyūtachi* [Starving heroes] (Aoki shoten, 2001), 186—187; Edward J. Drea, "In the Army Barracks of Imperial Japan," *Armed Forces and Society* 15:3 (1989); Humphreys, *Heavenly Sword*, 80, 106, and 171; Yoshida, "*Nihon no guntai*" 169—170; Yoshida, *Nihon no guntai*, 182.

9. 密谋、政变与陆军的蜕变

由于相信控制中国资源是陆军未来的战略目标,因此,当蒋介石——国民党领袖和中国中央军的总司令——率部逼近山东半岛时,日本陆军的高级军官纷纷感到不安和焦虑。蒋介石的北伐已在中国华中地区诱发了多起排外暴动事件,而它们的矛头主要是对准英国和日本侨民的。陆军领导人因此对外务省大加责难,认为其执行的对华安抚政策是造成蒋介石利用日本软弱姿态、为所欲为的根源。

1927年4月,半官方的台湾银行破产后引发了一场金融恐慌,并导致内阁发生变更。新任首相是退役陆军将领田中义一,[1] 他在十年前就认定获取中国自然资源事关日本核心利益。现在,作为政友会总裁和对华强硬派,田中义一任命他的儿时伙伴白川义则(Shirakawa Yoshinori)中将担任陆军大臣。白川义则的飞黄腾达大多是靠田中的关照与扶持。在该月下旬的时间里,他们两人展开了密切合作。当时田中显示了他的强硬立场,派遣部队侵入山东半岛以保护日本侨民和商业利益。然而当蒋介石的军队在济南被满洲军阀张作霖的部队击败后,中央军就从山东绕开了。东京于是在8月份召回了部队,从而结束了第一次出兵山东的行动(The First Shandong Expedition)。

在对外出兵期间,田中在一系列会议上阐述了他的对华强硬政策。所有这些会议都是在6月末和7月初这段时间内于外务省举行的,并以"东方会

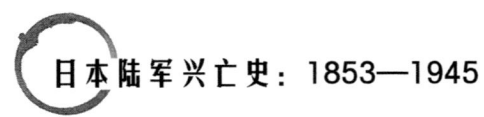

议"（Far Eastern Conference）这个名字为人所知。他的新政策是要促使中国陷入地方割据的状态，并防止出现一个大一统的政府。如果这样一个政府出现，日本的大陆野心就会受阻，而且日本也无法再以适当的武力手段来保护日本的——尤其是在满洲地区的——特殊利益、侨民以及租借地。随后不久，即8月中旬，日本外务次官（田中义一兼任外务大臣）在关东军大连司令部举行的一场会议上把内阁有意以军事手段干涉中国事务的意愿传达给了外务省高级官员和陆军高级军官。

及至1928年春，蒋介石已重整旗鼓，其军队再次向山东进军。根据情报，普通中国士兵在激烈反日宣传的煽动下对日本在当地的房产进行了洗劫和纵火行动，并且还袭击了日本侨民。4月中旬，田中义一下令实施第二次出兵山东的行动（The Second Shandong Expedition），并希望在青岛港附近举行的武力展示能吓阻蒋介石，防止事态进一步升级。[2]

然而登陆青岛后，日军师团长擅自率部向省会城市济南挺进。由于只对前线报告作了表面解读并轻信了中国方面的抵抗情况，参谋本部作战部长荒木贞夫中将（晋升于1927年7月）与陆军航空本部总务部（General Affairs Department of Army Aviation Headquarters）部长小矶国昭少将敦促田中派兵增援以捍卫陆军的声誉。5月3日，中国军队与日军部队在济南附近发生冲突，双方都宣称自己的行动是出于"自卫"。五天后，内阁批准增兵。但同一天早晨，济南附近爆发了激战，因为当时一名自作主张的日军联队长命令手下人向中国方面开火。长达两天的激战造成了中国方面约3600人伤亡，其中大多数是平民，而济南最后也落入了日军之手。[3] 蒋介石的部队只得又一次撤离了山东。但在现场见机行事的名义下，一位日军军官的肆意妄为却触发了一起让中日关系在未来数年内龃龉不断的事件。

包括好几位中国专家在内的中层参谋军官觉得田中义一的对华政策还不够强硬，并认为只有铲除张作霖才能解决问题。然而田中曾有与张作霖共事

9. 密谋、政变与陆军的蜕变

的经历,并相信他愿意为日本在满洲的利益效劳,所以坚持要为这位军阀提供援助。当蒋介石重整兵力直逼北京的张作霖总部时,田中建议那位军阀向满洲的安全地带撤退。[4]

关东军打算在张作霖的军队开进满洲之际解除其武装,并已在从旅顺到奉天的铁路沿线、形似走廊的"条约驻军区"内调整了部署。如要把军队调到狭窄的铁路区域以外必须要有天皇的指令,但田中义一却拒绝向天皇请旨。[5]由于担心成千上万的军阀士兵涌入满洲会扰乱秩序、加剧反日情绪,关东军的参谋军官决意除掉张作霖。

此次行动的头目是河本大作(Komoto Daisaku)大佐。他出身于一个富裕家庭,是一位经验丰富的中国通,曾当过驻北京武官以及参谋本部中国课课长。另外,他思维敏锐、能说会道,并且根本瞧不起张作霖,认为他不过是一个傲慢自大、忘恩负义、专横跋扈的土匪,所以完全可以用其他更忠于日本利益的人来取而代之。他最终决定杀害张作霖,并把罪责转嫁到中国匪帮头上,同时为日军趁乱占领满洲提供借口。河本暗地里享有陆军在大连和东京的高层人物的支持,并获得了一些有权势的内阁大臣和政治家的同情。[6]

1928年6月4日,南满铁路沿线发生了一起爆炸,并摧毁了张作霖的专车,而张作霖本人也身负重伤、命悬一线。关东军否认卷入了这起事件,但首相田中义一几天内就获得了关于这起阴谋的详细报告。由于白川义则最近刚向田中义一和外务省保证陆军绝不会干涉外交政策,所以田中对这份报告不屑一顾,但他还是下令对该事件进行一个初步调查。当陆军省在6月末把河本大作召回东京做证时,他虽然在正式场合否认与此事有任何牵连,但私下里却向几名陆军高级军官吐露了实情。[7]

关于陆军串通密谋的谣言经久不息,田中于是在9月初命令白川正式展开调查。白川为了向河本提供经费曾通过铁道大臣(Railroad Minister)参与洗钱活动,所以他们两人都反对进行任何调查,理由是这会损害陆军的声誉,而且也会由此危及国家安全。同时,日本的最后一位"元老"(Genro)西园寺公望公爵正向田中施加压力,敦促其向新即位的年轻的昭和天皇——在西方更以"裕仁"(Hirohito)这个名字而为人熟知——解释事情的来龙去脉。[8] 10月8日,田中收到了一份宪兵队的全面报告。该报告表明河本大作及其他日军军官与此事有牵连,而且随后不久,一个独立开展的调查也证实了上述结论。[9]

在调查进行期间,日本媒体和财团对"出兵山东"的批判之声日益高涨,因为它们害怕陆军咄咄逼人的姿态总有一天会招致中国人的反抗,从而诱发大规模的抵制日货行动。田中的确在10月份下令撤军了,但这却只是削弱了他在内阁鹰派和陆军面前的地位。而来自党内、陆军以及西园寺公望的压力也与日俱增。在此形势下,田中于10月末向天皇(此前由于公务不在首都)报告了陆军调查的进展情况,并表示要严惩任何涉案人员。天皇赞同这样的想法:欲重建陆军纪律,关键就是要采取严厉的惩处措施。[10]

此时,白川也承认是河本谋杀了张作霖,但他坚持认为这项罪行一旦曝光就会严重损害日本国家利益,并颠覆陆军的纪律。1929年3月,他建议在陆军内部用行政处罚的方式解决此事,并让天皇确信这套方案是得到陆军领导层支持的。但更多有关阴谋的细节还是逐渐让公众得知,并且在5月中旬,《朝日新闻》(Asahi Newspaper)指称河本大作就是首要嫌疑人。[11]

陆军当局在正式场合还是继续否认涉入谋杀案。白川在6月27日向田中汇报了他们陆军的立场。首相因此训斥了白川,但后者在愤然离去时威胁说要辞职,并扳倒这届政府。由于不愿自毁长城,内阁于次日采纳了陆军大臣有关这起事件的说辞。而白川也随之建议对河本给予行政处分。田中于下午晚些时候进宫汇报。但天皇却反驳说白川请求宽大处理的意见有悖于田中先前的承诺,所以建议让后者辞职。[12] 四天后,田中义一下台。而至于河本大作,陆军于7月1日以行为不端为由将他开除出了现役，一年后，又将他转入了预备役。

陆军已将自身声望置于法律之上，并以国家安全为名掩盖了真相。将军们不仅宽恕了密谋和暗杀的罪犯，还试图隐瞒证据，甚至发出威胁——如果不满足陆军的要求就让内阁下台。就这样，前线指挥官的特权、长久以来对大胆见机行事和独立行动的强调、公然蔑视文官内阁和政治家的倾向在混合作用后形成了一种不稳定的机制。随着时间推移，该机制成了陆军继续以不法勾当实现其国内与国际目标的一个惯常形态。

满洲事变
（译者注：即"九一八"事变）

石原莞尔（Ishiwara Kanji）中佐于1928年10月成了关东军的作战参谋，这部分缘于河本大作的举荐。1929年年中，在河本被解职后，板垣征四郎（Itagaki Seishiro）中佐把他调到司令部担任高级参谋。石原和板垣在仙台陆军地方幼年学校上学时就已相识。石原是出类拔萃的谋划者，板垣是精力旺盛的实干家，所以他们两人在一块儿就是完美的组合。在关东军其他中层参谋的配合下，他们都成了一个阴谋集团的领军人物。而他们的计划就是夺取满洲，并创建一个由日本控制的傀儡国。

从1929年开始，石原莞尔就组织了一系列秘密侦察行动以探明整个满洲地区关键设施的情况。同时，他也制定了新战术来抵消张学良——已遇害的张作霖之子，也是日本的死敌——手下军队的数量优势。石原计划的核心是以强有力的震慑战略迅速摧毁张学良位于奉天的大本营和神经中枢。板垣征四郎和石原莞尔还与其他持同情态度的军官进行协调以确保他们的支持，而那些军官要么身在邻近的朝鲜军，要么在东京陆军当局供职。例如，陆军省军事课长永田铁山大佐安排运送了石原莞尔要用来摧毁奉天兵营的重型攻城炮。简言之，大大小小、不同级别的陆军军官都卷入了这起阴谋。[13]

陆军圈子里有一种观点认为日本眼下正面临着非常时刻，需要采取非常措施，但政党的政客们却对此无能为力，因为他们迷恋的是狭隘的党派利益。[14] 国际秩序的变迁、中国民族主义的兴起以及苏联共产主义意识形态都从外部威胁着日本的利益，而黯弱无能的政党领袖却阻碍了国内改革的进程。他们根本无法应对全球大萧条带来的破坏性影响，也无力解决经济不公的问题并制定一个强有力的外交政策。

参谋本部俄国班班长桥本欣五郎（Hashimoto Kingoro）中佐在1930年10月组织"樱会"（Cherry Society）时就利用了上述挫败感。樱会是一个高度政治化的组织。它的成员局限于从陆军大学毕业、军衔在大佐以下，后被分配到陆军省或参谋本部工作的人。一年内，樱会就招纳了约100名激进军官。它宣扬进行彻底的政治革新——如有必要就动用武力——以建立军事化的政府。

1931年1月，桥本欣五郎从参谋次长那里得知：陆军大臣宇垣一成——其政治野心路人皆知——是可以接受成立军政府的。于是他把这个消息当作是允许发动政变的信号。桥本用陆军的秘密基金来作为政变的经费。他把钱给了像大川周明（Okawa Shumei）这样的民间右翼极端分子，并让他们来召集暴徒包围国会。按计划，当议员们招来军队镇压示威暴徒时，军队反而会趁机夺取国会。几位陆军高级军官将进入国会大楼宣布政党的政客们已失信于国家，并要求他们全体辞职。随后，宇垣会收到一份来自天皇的指令，命其组建政府。1月13日，桥本在与几位高级军官讨论了计划概要后，小矶国昭少将警告他说，民意舆论不会容忍这样的军事政变，而且陆军也不会支持大规模无法无天的示威活动。[15]

1931年2月初，反对党政友会的成员抨击了执政的民政党（Minseito Party）所提出的预算案，并大加痛斥《伦敦海军条约》（1930年5月签

9. 密谋、政变与陆军的蜕变

署），称其将陷国家安全于危难之中。国会中的骚动一开始还只是两党议员的相互推搡，但到后来却变成了打架斗殴，双方彼此辱骂，隔着走廊相互投掷烟灰缸和姓名牌。桥本欣五郎本来就从心底厌恶这些政党和政客，而当下这场闹剧则正好验证了他原有的印象，并进一步坚定了其发起行动的信念。[16]

不久后，到处奔走、推销自己理念的右翼思想家大川周明拜访了宇垣一成，并谈到了可能出现政变的问题。但陆军大臣含糊其词、回避推诿的言论却被大川周明肆意曲解成了"表示支持"的意思。然而，宇垣想得很明白：他完全能以一位政党领袖的身份合法地登上首相宝座，但在一场政变中，他却会在瞬间连本带利输得精光。其他几位高级军官也对这个阴谋怀有疑虑。到3月初时，政变计划最终破产了。虽然桥本的计划显得过于夸张、不合实际，但陆军高级领导人确实曾以严肃认真的态度考虑发起一场武装暴动，而且事后未受任何惩处。对此，身处国内外的其他激进军官都心知肚明、了然于胸。[17]

同时，石原莞尔和板垣征四郎要求在满洲立即采取行动。在东京，有影响力的军官虽然对此持同情态度，但却想把行动推迟一年以便留出时间引导民意，并为陆军接管政权做准备。然而，在6月的一次侦察行动中，一名身着便衣的关东军上尉被中国当地的军阀部队逮捕。随后不久，他便因从事间谍活动而被处决了。

对此，日本国内出现了大量长篇累牍的新闻社论以及各种耸人听闻的报道。后来在满洲和朝鲜边界又爆发了一场中国和朝鲜垦殖者之间的冲突。由此，满洲问题在1931年夏就成了日本公共舆论的头条话题。8月4日，在一年一度的师团长会议上，新任陆军大臣南次郎将军宣布自己有意解决满洲问题。新闻界的反应是一片哗然，而陆军随即坚称南次郎有权就军事问题公开发表意见，因为这样可以防止那些投机钻营的政客以及纸上谈兵的策士妖言惑众，扰乱军心。大约正值此时，来自政友会的松冈洋右（Matsuoka Yosuke）在国会宣布：满洲是日本的生命线。随后，这套说辞在民间变得极具吸引力，开始大为流行。[18]

及至夏末，关东军、陆军省和参谋本部内支持石原和板垣的人已经知道了他们俩的计划概要，有一些人甚至还了解具体细节。虽然东京方面的建议是谨慎行事，但新任关东军司令本庄繁（Honjo Shigeru）中将以及朝鲜军司令官林铣十郎中将都承诺说一旦发生紧急情况，他们会坚决给予支持。板垣还在南满铁路官员和日本浪人（Ronin，闯荡江湖的民间人士）中建起了一个激进分子网络。9月初，谣言已传到宫中：关东军可能想搞点什么名堂。天皇于是提醒南次郎要注意陆军擅自采取行动制定国家政策的倾向。[19]

1931年9月18日，一块由日本特工安放的炸药在奉天城外南满铁路的轨道上爆炸了。关东军把此次袭击归咎于中国土匪。随后，日本步兵按过去反复演练的样式迅速占领了奉天兵营，并夺取了这座城市。石原莞尔和板垣征四郎雇用的奸细也在其他城市煽风点火、鼓动集会示威，从而给关东军扩大干涉范围提供借口。陆军东京领导层的态度很矛盾，一方面拒绝向满洲派遣援兵，另一方面则表示如果内阁妨碍满洲目前的军事行动就把它扳下台。最终，参谋本部给满洲眼下的既成事实找到了借口，理由是如果抵制它就会损害陆军士气，并削弱公众对陆军的信心。[20] 9月21日，朝鲜军在未得到天皇指令的情况下跨越边界向满洲派出援军，而其依据则是战地指挥官拥有采取主动、见机行事的权力。次日，天皇追认了这次行动授权，同时也告诫他的陆军侍从武官长：陆军必须采取更加克制的姿态。[21]

借自卫之名行侵略之实，关东军在两周内就占据了满洲中南部的大多数地区。这部分是由于石原莞尔设计的新机动战术颇为有效，但主要是因为张学良依照蒋介石的命令不去抵抗装备组织精良的日军以便保存实力。蒋介石随即向国际联盟寻求帮助，希望外部压力能迫使日本从满洲撤军。[22]

满洲事变以及日本随后于1932年初彻底夺占满洲的态势从根本上改变了东北亚的军事战略平衡。这场征服行动激起了中国人尚未平息的仇日情绪，并促使苏联加强了其东北亚的军力。另外，它也让日本得罪了美国。几乎在一夜之间，关东军就不得不防守一条长达3000英里、未经精确划界的边境线，而它对面则是已经重整旗鼓、实力雄厚的苏联红军。当关东军创建了一个傀儡政权后，它开始履行警察、占领以及国家建设的使命。不仅如此，它还要开发当地自然资源，发展重工业，并从事"反游击作战"以对付军阀部队、共产党领导的起义武装以及四处游荡的土匪。

鉴于国内的非常形势和国外的危机局面，像单边军事行动这样的简单方式似乎反而成了处理复杂问题的颇有吸引力的手段。不像那些畏畏缩缩的外交官或政党政客，陆军此次采取了果断行动解决了满洲危机。这不仅再次巩固了日本的大陆利益，而且也恢复了日本的民族自豪感。石原莞尔和板垣征四郎由此成了陆军的英雄人物。

十月事件

桥本欣五郎中佐在1931年6月就听到了满洲密谋的风声。当时一位关东军的参谋军官找到他，想为这个计划寻求资金支持。桥本答应提供经费，并且如果内阁拒绝支持陆军行动的话，他还同意发动政变推翻内阁。8月初，他提醒几位"樱会"的成员说，关东军会在9月中旬进攻满洲，而他同时会以参谋本部为后盾领导发动政变成立一个军政府。[23]

桥本欣五郎的后台是参谋本部第一部（作战）新任部长建川美次少将。建川的影响力很大，由此显得与他的职位不相称。这是因为他的两位顶头上司都有弱点：参谋总长是个酒鬼，而参谋次长因涉入三月事件而名誉不佳。在他的鼓励下，桥本相信即将爆发的满洲事件会给成立军政府提供一个机会。[24]

桥本欣五郎制订的新计划比之前的"三月版"更具暴力性。按他的设想，陆军部队要进攻国会，杀掉首相，占领东京警察总部，并包围陆军省和参谋本部的办公地。荒木贞夫将军将领衔组建一个内阁。统管警察力量的内务大臣一职将由桥本欣五郎出任。另外，建川美次会成为外务大臣，而大川周明则担任大藏大臣。桥本这次又准备让大川来召集民间的支持力量，但他也利用北一辉——一位右翼民族主义理论家——来从东京各个中队的军官里寻求援助。发起行动的目标日期是10月中旬，但谁也没有准备好一份详细的起义计划。

桥本欣五郎及其同伙不仅公开吹嘘他们的宏大计划，而且还出手大方，并在东京各处高档饭店和艺伎馆举行各种聚会。所以不出所料，有关陆军要发动政变的流言蜚语在10月初就传到了宫里，并且报纸上也登载了涉及密谋的消息。将军们于是把建川美次训斥了一番，而后者也随即在10月16日命令桥本就此罢手。两天后，宪兵逮捕了几个涉案头目。桥本被关了二十天的禁闭，而其他人在关了几天后就被调离东京了。[25]

无论是身在东京的低级军官，还是从全国各地汇聚到首都、期待举事暴动的激进青年军官，谁都知道十月事件的细节。这些年轻的中尉和大尉们觉得自己的爱国心真诚炽热、日月可鉴，所以当他们得知桥本和大川之流把钱大把大把地花在了艺伎酒舍上之后都深感厌恶，因为广大农村此时还在蒙受贫困饥饿之苦。在对桥本大失所望后，他们纷纷向北一辉身边聚集，并对他的理论十分着迷。北一辉的想法是发动军事政变以实现天皇的直接统治，从而实施革新，再造日本。他们逐渐在全军范围建立了一个无形的激进分子和支持者网络。而他们的计划是建立天皇的直接统治体制，根除贪婪无度的资本主义，并且压制各类危险的左翼意识形态。[26]

民政党内阁不仅无力遏制陆军向满洲北部的扩张势头，而且无法有效应对世界大萧条的持续影响，另外还不能解决党内的深层分裂问题。所以，

9. 密谋、政变与陆军的蜕变

1931年12月初，民政党内阁辞职下台了。少数党政友会的总裁犬养毅（Inukai Ki）成了新首相，并计划于1932年2月举行大选。他挑选了富有个人魅力的荒木贞夫做他的陆军大臣，并希望利用这位广受欢迎的将军来抑制陆军的极端主义倾向。[27] 到此时为止，数个陆军内部的派系正围绕部门机构以及国策大计的控制权展开争夺。

宇垣一成的追随者代表"长州派"，而荒木贞夫的"反长州派"则由"一夕会"的成员组成。另外还有"樱会"的死硬分子以及一帮激进的低级军官。他们都讨厌政党内阁的政府，都致力于巩固国家安全，并且都想按各自界定的目标实施国内改革。但他们就目的和手段问题存有分歧，而且他们竞夺陆军领导权的阋墙之争最终触发了一系列血腥残忍的仇杀。

第一次上海事变

犬养毅任期的最初几周接连遭遇了几场国际危机。在前一年的11月，国际联盟行政院要求日本从满洲撤军。后来到了1932年1月7日，美国国务卿亨利·史汀生（Hnenry Stimson）宣布美政府对任何改变满洲现状的行动均不予承认。但这一切并未阻止关东军的进一步行动。1932年1月下旬，关东军无视与日俱增的国际批评声浪，出兵占领了北满地区。[28] 紧随满洲事变之后的是中国人抵制日货的运动，其影响在上海地区尤为显著，因为那里是西方和日本在华贸易与投资的中心。与抵制运动形成呼应的还有声势浩大的反日抗议示威游行。但这恰好给关东军提供了可乘之机。

1931年10月，板垣征四郎把田中隆吉（Tanaka Ryukichi）少佐——时任日本驻上海公使馆的副武官——召唤到奉天，命其在上海挑起更多事端以便转移西方的视线，从而缓和日本在满洲承受的压力。为了煽动上海骚乱，田中隆吉用一笔秘密的陆军贿金雇用了一些密探，其中有五人是某个激进好斗的佛教宗派的成员。1932年1月18日，这五人大摇大摆地踏进了上海一处中国工厂区，一边打着鼓一边高声唱诵佛经。中国工人受此挑衅，忍无可忍，于是攻击了这伙传教的人，最后造成日方两人死亡，其余受重伤。当时在上海有很多日本人，其中一些人听闻此事后气急败坏，要求实施报复。[29]

在批评谴责、强化治安以及反日示威游行的相互作用下，上海的局势似乎有失控的危险。这促使日本海军派出了一支特遣队在上海登陆来保护日侨以及日本在当地的利益。不久，日本海军陆战队与中国军队发生了冲突。1月31日，海军部队在寡不敌众的情况下要求陆军增援。参谋本部于是命令一支混成旅团开往上海。但出乎意料的是，日军遭到了中国十九路军的顽强抵抗。这支中国军队士气高涨、纪律严明，受过德式训练。而且，其官兵也都是久经沙场的骁勇之士。他们来自中国华南的广州，对日本恨之入骨。在日本又一次发动侵略之时，他们成了抵抗力量的先锋队。[30]

参谋本部起初估计上海的混乱局势会像以前的突发事件一样在几天内即可得到解决。但中国守军利用上海北部纵横交错的无数河湾沟渠顽强抗击以阻滞日军的进攻。中国军队不屈不挠的反抗让日军始料未及。为了击溃中国守军，日军匆忙调来了第9师团。但该师团同样预想能够速战速决，所以在临行时并未把所有弹药、重武器以及装备都一并带走。[31]

第9师团的师团长瞧不起中国人，莽撞地发起了两次正面进攻，但不仅未能把守军从坚固的工事里赶走，反而还蒙受了重大伤亡。一个大队长报告说他的部队几乎损失殆尽，但他的上级联队长仍为了维护整个联队的荣誉而命令他继续进攻。[32] 炮兵弹药很快就打光了。在没有标准装备的情况下，步兵不得不用临时拼凑的武器来突破中国守军的据点。在一次进攻中，三名士兵用竹席裹着炸药，点燃雷管引线，然后带着还没爆炸的炸弹冲向敌军阵地。但炸药提前爆炸了，于是三人当场阵亡。[33]

日本新闻界热切希望能从一团糟的战事中得到好消息，所以在把这段故事粉饰包装一番后就把它说成是士兵为了完成部队的作战任务而主动做出了牺牲自我的壮举。它是日本武士道精神的象征，而那三名士兵也变成了守卫日本的战神。"爆弹三勇士"（Bakudan Sanyushi，英勇地充当人肉炸弹的三名士兵）的故事于是在日本民众中引起了广泛共鸣。富有戏剧色彩的新闻报道不断涌现。受此影响，日本民间掀起了一阵民族主义和爱国主义热潮，并自发组织起来向士兵家属捐赠慰问品。报纸在讲述人肉炸弹故事时，还将其与日俄战争时期著名的"肉弹"先例联系了起来，从而塑造了一种强有力的意象。在这种意象中，光荣的传统与当前的战事前后相继、一脉相承。日本两家最大的报社还组织了诗歌创作大赛来纪念英雄，而且随后收到了超过20万份作品。[34] 日本公众似乎对三名士兵为国捐躯的传奇非常着迷。

本来可能会有人指责陆军平庸无能，白白让很多士兵丢掉了性命。但哗众取宠的情绪化宣传让陆军幸免于难。不仅如此，陆军领导人还利用大众狂热为己所用。他们宣称那三位士兵是自愿选择牺牲的，其目的是让自己的战友能夺取敌方阵地。（而按陆军官方战史记录的直白说法，那三人是在冲到中国阵地的铁丝网时死于一次巨大爆炸。）另外，现场的大队长也从未下令发动自杀式攻击。36名士兵自愿执行进攻任务，并被编成了12个突击小组。最后8人阵亡，其余的则从战斗中幸存了下来。三名士兵的举动之所以能唤起民众的丰富想象力，似乎是因为他们都是普通的年轻人，而且他们无条件服从命令的举动展现了忠于职守、献身使命的高贵品格。从前只有武士可以成为那样的英雄，但现在人人都可以做英雄。[35]

陆军大臣荒木贞夫在一次仪式上向痛失爱子的母亲颁发证书以示吊唁和慰问。同时，全国各地为了向三名士兵"慷慨赴死"的精神致敬还自发设立了基金来为他们树立塑像。[36] 在新闻界狂热的推动下，官方宣传的内容在全社会扩散开来。为达目标，自我牺牲成了值得赞颂的义举，并且也为后辈树立了更高的标准尺度。

上海战事的另一段插曲对日军未来战场的行为规范造成了更为深远的影

响。在一次夜袭中,空闲升(Kuga Noboru)少佐——某大队的大队长——及其手下200人被中国军队包围。经中国军队围攻,日军损失惨重,而空闲升也因一枚爆炸的手榴弹而身负重伤,只能安静地等死了。他还是活了下来,可是却因身体虚弱、不省人事而最终当了俘虏。[37]中国报纸公布了他被俘的消息,并且在3月停火后,中国方面把空闲升和另一名被俘的上尉移交给了日本驻南京领事。

空闲升相信自己违反了1928年版《步兵操典》关于死守阵地的训令,而他的联队会因此蒙羞。他还遭受了来自陆军同僚的无情抨击(他的一位"陆士"同学力劝他像真正的男人那样去自杀)。在这种氛围中,空闲升深感困惑、心情沮丧,并对外界环境极其敏感。最终,他真的自杀了。由此,新闻界中又出现了新一轮煽情的、哗众取宠的报道。它们把这位故去的少佐赞颂为值得效仿的楷模。针对他的事迹,日本在1932年至少制作了五部电影,而且还上演了一出戏剧。(被遣返的那名上尉也自杀了,但他当时正等待军事法庭关于他擅自撤退的审判,而且陆军可能认为他不配成为军官团的模范,所以也无须向全国民众推介。)在陆军的精神信仰里,自杀于是成了仪式化的惯例。而在非正式制度的层面,它也成了一个应该大加赞美的目标,是日本精神独特性的明证。

人肉炸弹和空闲升的自杀把公众的注意力从一场乏味的战事中转移了出来。2月24日,参谋本部组建了上海派遣军司令部(Shanghai Expeditionary Headquarters)。天皇出于个人意愿要求新任司令官白川义则将军限制作战规模,迅速结束战斗。3月1日,白川的援军在上海以北30英里处登陆,从而包抄了中国守军的侧翼,并在数天内就把中国军队从上海赶出去了。日本方面的伤亡总计约3000人,其中逾700人阵亡。中国方面的损失情况是日本的四倍,其中大多数出自十九路军。[38]5月5日签订的停火协议正式结束了第一次上海事变。

9. 密谋、政变与陆军的蜕变

2月初，上海的战事不断升级。日本国内大选亦恰逢此时，但却被右翼势力恐怖行动的阴霾所笼罩。2月9日，原大藏大臣井上准之助（Inoue Junnosuke）准备出席一个集会并发表讲话。但在途中，他却被一名持枪歹徒射杀了。警察立即逮捕了那名年轻的嫌犯。凶手认为，井上的财政政策是造成日本农村凋敝破败的罪魁祸首。[39] 而警方推定，这位满腹牢骚、愤愤不平的年轻人是独自作案的。2月20日的选举结果让政友会占据了众议院466个席位中的301个，获得了压倒性优势。然而，这样的胜利是短暂的。3月5日，在光天化日之下，三井企业集团理事长团琢磨（Dan Takuma）男爵于东京三井银行的一处侧门被人枪杀。在警方的讯问下，刺客交代自己与一位名叫井上日召（Inoue Nissho）的神秘主义佛教徒——同时也是极右翼分子——有联系。最终证据表明，井上日召是上述两起谋杀案的幕后策划者。

井上日召是名叫"血盟团"（Ketsumeidan）的民间右翼团体的创始人。该组织宣称其目标是发动一次国家维新运动，而方法是刺杀财界、政界的领袖，因为这些人为了个人私利牺牲了国民大众的福祉。井上日召向当局自首，从而终结了其短暂的恐怖统治，但却开启了一段轰动社会、拖沓冗长的审讯过程，并且超过两年才结束。[40]

团琢磨被杀后不久，一些"陆士"学员在激进的海军低级军官的带领下企图发动政变。他们在行动中杀害了首相犬养毅，此即所谓的"五一五事件"。陆军青年军官中的极端分子并未卷入此事，这部分上是因为他们对荒木贞夫抱有很高的期待，以为他会出面改造陆军和国家。陆军大臣荒木贞夫同样与"五一五事件"毫无牵连。但在他的宣传下，全社会都知道陆军是反对政党内阁的。尽管政友会赢得了压倒性的选举胜利，但在犬养毅遇刺后，退役海军将领斋藤实（Saito Makoto）领衔建立了非政党的"举国一致"的内阁。这标志着日本政党内阁时代的终结以及陆军支配政治的开端。[41] 按照某些方面的意见，荒木贞夫应该为陆军学员的行为负责，所以都呼吁他引咎辞

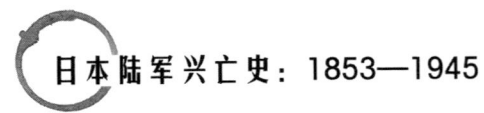

职。但荒木无视这些批评意见,继续在新成立的举国一致内阁中担任陆相,以实施其雄心勃勃且富有争议的陆军改革计划。但改革措施却加剧了陆军内部的分裂,派系之争也愈加不可调和。

军内争斗

关于"方块师""三角师"孰优孰劣的争论在20世纪20年代一直没有停止。参谋本部作战部的传统派偏爱"方块师"的结构,因为人力、武器和装备越多,师团也就越能承受战斗损失并继续高效作战。规模更大的"方块师"也能击败较小的"三角师",从而可以在广大的前沿方向独立、持久地开展行动。但这样的任务在欧美陆军里一般是由军团级(Corps)的部队(下辖两个或两个以上的师)承担的。基于上述因素,尽管欧洲陆军在一战期间趋于采用更小、更富机动性的"三角师"编制,但日本陆军仍保留了"方块师"的结构。[42] 但到了20世纪20年代晚期,改革派认为规模较大的师团显得过于累赘,从而无法胜任现代战斗任务。这是因为"大师团"难以管理并进行机动,而且它在行军时会占用很多道路空间以至于无法快速攻击敌人。另外,它的密集队列也极易受到现代武器集中火力的杀伤。

当宇垣一成在1929年再次出任陆军大臣时,他仍有意削减师团数量,并将陆军改造成规模更小的现代化精兵。他的"五年计划"首先准备裁撤人员,然后再把节余下来的资金用于购买新型装备,特别是坦克和飞机。参谋总长铃木庄六中将(译者注:当时似已为大将)反对一切裁军的措施。据他预计,日本在下一场战争中即将对阵的是一个敌国联盟(美国、苏联和中国),而敌军实力将会远超日军之上,所以日本不可能打赢一场持久战。因此,日本唯一的选择是在敌对联盟调动全部军事实力以及工业力量之前发动攻击,而这种策略需要的是一支能迅速动员部署、打赢开场决战的大型常备军。参谋本部作战课长小畑敏四郎(Obata Toshishiro)大佐支持短期战策略，并坚持认为拥有大量的现役"方块师团"是保证国家安全的关键。[43]

1931年4月宇垣一成离职后，论战继续进行。这一次，辩论双方是新任陆军大臣南次郎（Minami Jiro）大将和新任参谋总长金谷范三（Kanaya Hanzo）中将（译者注：当时似已为大将）。前者是宇垣一成的门徒，而后者是上原勇作的追随者。南次郎鼓吹总体战理论。为了打一场长期战，他支持陆军现代化以及对满洲自然资源的经济开发工作。就像宇垣那样，他想通过裁撤师团和人员来为陆军的现代化筹措资金。但金谷范三为了应对苏联方面日益增加的威胁而想新增4个师团来保卫朝鲜和满洲。把现行师团变成更小的"三角师"会同时满足两位将军的需求。南次郎可以实施裁员，而金谷范三则能增加师团数量，因为重新组建的小型师团无须原先那么多部队。

南次郎在11月提交的"七年计划"囊括了这个方案，其目的是更新武器，扩充装甲部队和航空部队，改善东京的防空体系。为了筹资，他打算裁减近卫师团，取消陆军教育总监的职位，并废除东京警备司令部。然而以荒木贞夫——时任陆军教育总监——为首的人形成了强大的反对势力。另外，由于日本当时的财政状况很糟糕，所以南次郎宣传的那种大规模的陆军现代化工作实际上也不可行。在满洲事件和1931年12月荒木贞夫就任陆军大臣后，南次郎的计划终于破产了。[44]

但宇垣的支持者依然在陆军的东京总部里保有相当影响力。由于他们的反对，荒木企图让自己的重要盟友——真崎甚三郎中将——担任参谋总长的计划未能实现。最后，经过派系间的妥协，皇室成员闲院宫载仁亲王（Prince Kanin）被选中来当参谋总长，并且在接下来的九年里，他一直占据着这个有名无实的职位。真崎后来成了参谋次长和天皇的陆军侍从武官（译者注：似有误，真崎并未担任过此职）。身为陆相的荒木贞夫很快就废除了陆军省以"三角师"重组陆军部队的计划。他还提拔小畑敏四郎，让他来当参谋本部第一部的部长（译者注：应为第三部）。这是因为他们两人都相信引入"三角师"的编制在战略上是误入歧途，并且会损害陆军的传统和精神。[45]

荒木贞夫极富个人魅力。他公开谴责资本主义制度的邪恶，并号召锤炼日本独特的精神价值观。这让他一开始在军官团里很受欢迎。大家都认为他是一位能推动改革、实现陆军现代化的强力领导人。但随着时间推移，荒木谈得越来越多的只是培育道德和精神品质，而并未对国家动员和现代化给予太多关注。[46]

为了强调精神因素，荒木贞夫给很多东西冠以"皇"字，例如"皇国""皇道"等。由此，他把陆军与天皇联系起来，同时推崇无形因素的价值以提升士气。结果，他的信徒就被称为"皇道派"。与上述情况类似，荒木在1933年下令禁止使用"撤退"和"投降"这样的日语词汇，因为他认为那些字眼儿会削弱陆军的精神和士气。[47]

荒木贞夫的另一项激励士气的措施是在1934年让中队级军官恢复佩带日本刀。明治政府已于1876年下令禁止配携日本刀，而且从1889年起陆军军官使用的都是法式军刀。到20世纪30年代早期时，能打造传统刀的日本工匠和手艺人已所剩无几。这些人都成了"稀有品种"。在荒木的鼓励下，1933年7月，一家铸刀坊在靖国神社开业，从而让几近沉寂的铸刀业重新焕发了生机。次年，荒木又修改了统一的行业规定，要求所有刀制品都要回归到镰仓时代的样式标准。及至1945年8月，这家铸刀坊共生产了超过8000把"靖国刀"。[48]

荒木贞夫是个爱出风头的人。在公开场合，他称那些批评他的人都是些反战论者或共产主义分子。同时，他还在全军推广使用"皇军"这个词汇，并声言传统的日本武士典范就体现于他的"武士道"理念。满洲事变后，日本社会开始逐步军事化，而荒木发起的公关行动则构成了这一趋势的支流。先前，"爆弹三勇士"事件产生了歇斯底里的社会反响。而陆军在满洲和华北采取的冒险行动后来也颇受民众欢迎，因为日本没费多大力气就攫取了大片土地（日方到1933年时约有9500人伤亡）。这两件事都给陆军添上了新的光环——政党腐败无能、自甘堕落，唯独陆军具备果断行动的能力。

荒木当上陆相不久以后，小畑敏四郎就在前者的支持下宣布日本不得不在苏联取得压倒性军事优势前对其发起先发制人打击。荒木预计危机会在1936年到来。他把这一年看作是一个转折点，而苏联的实力自此以后会更为强大，而日本的力量则会渐趋衰弱。在永田铁山少将——现在已是陆军省第二部部长（负责动员和军械）（译者注：应为参谋本部第二部部长）看来，除非陆军能针对长期战争早做准备——即完成现代化改造和扩军工作，否则日本就无法击败苏联。但如欲实现上述目标，就需要转化日本的工业基础，并使其足以支撑以华北、蒙古和满洲自然资源为依托的军事经济。永田建议采取的第一个步骤是通过裁员来为现代化改造筹资。[49]

小畑明白，与苏联开战在最好的情况下也只会让日本筋疲力尽。他认为日本不应与中国为敌。日本对华用兵只能收到短期之效。但中国的问题却是长期性的，无法在一朝一夕之间得到解决。中日交恶只会消耗那些本应用于对苏作战的资源，并让日本成为备受世界舆论谴责的"侵略者"。此外，日本还有可能陷入一场对抗敌国联盟的全面战争。永田反驳说，如果得不到中国的资源，日本是无法战胜苏联的。小畑和永田之间的根本分歧在1933年6月的陆军大会上激化到了顶点。此次大会是由荒木召集的。他想利用这一场合来解释1936年对苏开战的计划，但永田根本没把它当回事。

同年8月，荒木把包括永田在内的那些不属于其"皇道派"（Imperial Way Faction）的军官从东京总部调走，并在真崎甚三郎的协助下公然把自己的跟班安插到参谋本部和陆军省的关键职位上。"皇道派"现在支配了陆军省和参谋本部。但事实表明，荒木及其追随者更擅长空喊口号，而不是实事求是地制订计划。

随后，1933年9月，荒木向"五相会议"（Five Ministers Conference）提交了他制订的全面计划。该计划要求立即重整军备，同时对国家财政实施战时控制。然而他未能说服与会者，因为其他大臣并不认为苏联构成迫在眉睫的威胁，所以他无法实施自己的计划或增加陆军的预算费。这部分是因为当时内阁为了纾解日本东北农民的财务困境正给一项大型基础设施改建工程注资。[50]

一方面，荒木的预算案得不到内阁的支持。另一方面，永田及其追随者就陆军战略和兵力结构问题也与荒木发生了冲突。于是，陆军军官层在上述情势的影响下分裂了。这些昔日"陆士"和"陆大"的同窗和同僚从20世纪20年代早期就开始共事，并一起致力于陆军的改革事业。然而现在小畑和永田的根本分歧却让他们从此分道扬镳了。由于对荒木贞夫和真崎甚三郎怀有不满，永田铁山和东条英机组成了"统制派"（Tosei/The Control Faction）。同样有幻灭感的林铣十郎随后也加入进来。统制派宣扬要把计划性的国民经济作为全民动员型国家的基础。这样的国家将落实陆军的现代化改造，并准备进行长期总体战。观念上的根本分歧导致陆军领导层和"一夕会"成员分裂成了两个派别，一派支持荒木贞夫的"皇道派"，另一派则拥护永田铁山的"统制派"。[51]

随着荒木贞夫影响力的下降，真崎甚三郎——1933年6月晋升为陆军教育总监——希望发展新的支持基础，所以加大了对陆军低级军官团的煽动工作。永田铁山和统制派对此很恼火，因为他们认为那会催生军内的抗命意识，破坏部队团结，同时鼓动青年军官信奉和传播危险的政治意识形态。虽然低级军官们纷纷声称自己与荒木和真崎并无直接依附关系，但他们却把这二人看作是反对现状的斗士,所以也就成了后者天然的盟友。在低级军官看来,永田是"官僚法西斯"(Staff Fascism)的化身。按照他们的定义,这个标签指代的是那些支持国家掌控经济、保存现有秩序的陆军高级军官。但青年军官们却相信日本当前的灾难恰恰是那个所谓的"现存秩序"造成的。为了摧毁其邪恶影响,青年军官打算"除奸臣、清君侧",继而建立天皇的直接统治。[52]

1934年1月,荒木贞夫在以健康不佳为由辞去了陆相一职后加入了军事参议官会议。他的继任者林铣十郎中将(译者注:似已为大将)曾试图赶走真崎甚三郎,因为后者破坏了军事纪律。11月,林铣十郎担心的事情似乎真的就要发生了,因为当时宪兵逮捕了数名低级军官和"陆士"学员。据称,他们曾阴谋发动军事政变。真崎断言这件事是凭空捏造出来的,是用来诋毁他并在军中根除"皇道派"影响的伎俩。由于证据不足,此事无法提交军事法庭审理。而且,众所周知的是,当时所有诉讼程序都由一位支持真崎的人来控制。"统制派"因此担心这个人会以有利于"皇道派"的方式操纵整个诉讼过程。[53]为了避免进一步造成尴尬影响,陆军当局再次以"行政处罚"了事,最后把为首的两名青年军官运动的鼓动者逐出了军队。

然而真崎却拒绝下台,并继续在青年军官中挑拨离间、制造不和。林铣十郎于是向天皇报告说,必须约束真崎的行动,否则部队纪律只会继续瓦解。[54]在荒木的支持下,真崎坚称:如果要以"制造派系"的罪名开除他,那么永田也应辞职,因为他曾卷入1931年的"三月事件"。为了终止陆军政治化的危险势头,1935年7月中旬召开了一次最高军事参议官的闭门会议。在陆军高级军官和天皇的支持下,参谋总长闲院宫载仁亲王给真崎分配了新的职务,即礼仪性成分更多但实际影响力不大的"军事参议官"。渡边锭太郎接替真崎出任陆军教育总监。

激进的低级军官认为,真崎的离职只是"统制派"一连串阴谋诡计的新把戏。而真崎则向外界透露了与自己离职相关的秘密讨论内容，从而进一步恶化了岌岌可危的局势。他还吐露了涉及三月及十月密谋的耸人听闻的消息。青年军官于是转而把上述内容印成了一套秘密小册子，并以此诋毁永田和他的小集团。这些煽风点火的小册子后来驱使本已躁动不安、心性失衡的相泽三郎（Aizawa Saburo）中佐——他与其他青年军官意气相投——犯下了杀人的罪行。1935年8月12日，相泽平静地步入位于陆军省的永田办公室，然后拔出刀来砍死了面前的军务局长（译者注：永田铁山当时是陆军省军务局长）。他随后在陆军省另一间办公室若无其事地复述了方才的行动，直到宪兵最后将其逮捕。荒木贞夫随即提醒林铣十郎说：按传统规矩，遇到这种事，陆军大臣是应该辞职的。但他没注意到自己在3月15日事件以后是怎么做的。然而林铣十郎还是担起了责任，并向川岛义之（Kawashima Yoshiyuki）大将移交了权力。川岛不属于任何派别，但他和皇道派的关系很好。[55]

对相泽三郎的公开军法审判从1936年1月28日开始，但随后迅速沦为媒体炒作的话题，从而为皇道派创造了宣传造势的舞台。在审理期间，二十几位激进的低级军官——其中包括青年军官运动的一些关键领导人——领导陆军的东京部队揭竿而起，发动了叛乱。造成这事件的原因很多，而第1师团即将被调往满洲是其中之一。2月25日夜，这些军官将手下的下士官召集起来，并向他们说明了行动目标：以武装起义的方式实现"昭和维新"。同时，他们也允诺：无论是谁，如果持不同意见的话都可以选择离开。只有一个人真的那么做了。[56] 至次日清晨时分，1400名官兵——大多是第1师团的人——已占领了冰天雪地的东京市区，并夺取了关键的政府省厅。他们还杀害了陆军教育总监、大藏大臣以及首相的妹夫（因为叛乱分子错把他当成了首相本人）。此即所谓的"二二六事件"。日本的首都和陆军在长达四天的时间里都处于瘫痪状态。

9. 密谋、政变与陆军的蜕变

"二二六事件"期间,日本陆军部队开上了街头。当时叛变部队封锁了位于东京市中心的外务省。(该图片承蒙《每日新闻》提供)

兵变和杀戮激怒了"统制派",但"皇道派"的支持者却对青年军官的"诚心"拍手称赞,而且还公开声援叛乱分子。哗变部队期待天皇能站在他们一边介入此事。由于享有陆军高层势力的支持,叛变军官起初似乎取得了成功,但"统制派"坚决反对做任何让步。[57] 然而最重要的是,天皇对杀害自己股肱之臣的暴行大为惊骇。因此,虽然"皇道派"领导人多次吁求"宽大

259

处理",但天皇都一概拒绝了。"圣断"于是阻止了政变活动的继续发酵。四天后,叛军平安返回了原先驻地。

随后被捕的有19名低级军官和10位民间活动分子。宪兵们的行动显得漫不经心、敷衍了事。每一名涉事军人都受到了盘查,他们必须回答"是否提前知道叛乱的消息"和"是否开过枪"这样的问题。陆军的有关条令要求军人必须绝对服从命令,而叛军士兵这次恰恰是依上级命令行事的,所以陆军当局认为涉事的普通士兵不应受罚。最终有19名士兵被起诉,但只有4人被送交军事法庭审判——因为他们直接参与了袭击内阁大臣的行动。他们后来获得了缓刑处理。74名下士官被军事法庭审判:有15人被监禁,27人获缓刑,而其余人则被无罪释放。其他9名留驻东京的低级军官由于被控与叛乱分子勾结而被判有罪,其判决结果由轻到重是从"四年有期徒刑"到"无期徒刑"不等。7名支持叛乱的外地军官也被指控为共谋者,并被判最高达六年的有期徒刑。[58]

走上街头领导叛乱部队的青年军官是受陆军当局清算报复的头一批对象。4月下旬,他们在没有辩护律师、不容上诉的情况下接受了秘密审判。7月12日,13名军官和2名民间人士被行刑队处决。在另一个独立的诉讼程序中,民间右翼分子北一辉及其门徒西田税(Nishida Mitsugi)被起诉。为了防止以后再发生颠覆性动乱,法庭以"国家利益"为名判处他们死刑。8月下旬,他们与另外两名出庭做证的前低级军官一起被枪决了。相泽三郎的政治表演也同样戛然而止。一个新的秘密军事法庭于4月组建,并且只花了四天时间就裁定他有罪。7月3日,相泽被行刑队处决。

在陆军内部,对叛乱报以支持和同情态度——尤其是那些身居高位——的人受到了彻底的清洗。这为致力于创新、现代化和改革的"统制派"军官夺取参谋本部及陆军省的关键职位奠定了基础。在10名大将中,有7人退役。其余7名将官后来被降至预备役,并且在一年一度的8月人事调动中,陆军有

9. 密谋、政变与陆军的蜕变

约3000名军官被重新分配了岗位。[59]

很多人怀疑真崎甚三郎与"二二六事件"有牵连。但调查者并没有发现他曾秘密与青年军官同谋。当然，真崎的确曾试图利用这次暴乱以达到自己的目的。在政变阴谋实施数小时前，真崎从一位右翼的好友那里得到了消息。他于是把这件事告诉了一位在海军的同事，而后者则反过来请求主管海军作战事务的伏见宫博恭王（Prince Fushimi）宣布实施戒严，同时任命真崎为首相，启动"昭和维新"。真崎还怂恿那些占领陆相宅邸的叛乱军官坚守到底，决不退让。[60]

在宪兵讯问的过程中，真崎把所有指控斥为毫无根据的谣言和诽谤。1937年9月下旬，军事法庭最终将其无罪释放，虽然在主持法庭的三名军官中有两人相信他煽动兵变的行为是有罪的。但到了那个时候，陆军内部的人事动态已完全改变。而且，据说新任首相近卫文麿（Konoe Fumimaro）在巩固其个人权力的过程中也介入调解，为真崎说情。当时日本不宣而战，引燃了侵华战争，所以近卫出面干预也是想努力在国内实现上下一致、全民团结。[61]

从1930年到1936年，日本国内发生了20起重大恐怖袭击案件、4次政治暗杀、5次有计划的暗杀，还有4次未遂政变，即1931年的"三月事件"和"十月事件"、1932年的"五一五事件"以及1936年2月的大规模兵变。此外，陆军在满洲和华北持续开展的阴谋活动破坏了当地的稳定，并使日本在国际上陷入了孤立。几乎所有上述阴谋都或多或少与军方有关。这种态势破坏了日本的政治发展进程，而陆军则获得了支配性的政治影响力。

反过来看，虽然陆军卷入的一系列未遂政变及暗杀让日本短暂的政党政治时代走到了尽头，但这并没有对日本的军事政策造成多少影响。但如果非要找出什么影响的话，那么我们可以说，日本国内激进势力自下而上的威胁掩盖了陆军内部正达成的一项共识，而这个共识的主题就是中国和苏联。

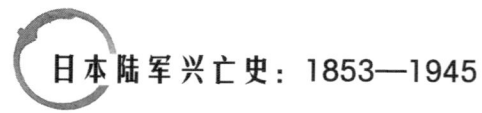
日本陆军兴亡史：1853—1945

帝国国防方针

自1923年帝国国防方针修订以来，日本的国际处境发生了剧变。就外交来讲，满洲事变招致了国际舆论的批评，而日本对此的反应是在1933年退出了国际联盟。在商贸和经济方面，波及全球的"大萧条"让各地市场彼此隔绝，自给自足（Autarky）的经济政策由此流行了起来。在战略方面，东京决定在1935年12月废止《华盛顿海军协定》。它预示着在1936年12月条约到期后，一轮代价高昂的海军军备竞赛即将拉开帷幕。在军事方面，20世纪20年代早期与日本陆军对峙的苏联仍虚弱不堪、组织涣散。但如今，它已变成了一个东北亚地区的可怕威胁——特别是在满洲边界地区。在那里，苏联的远东部队得到了迅速扩充，并且在1935年时，其拥有的步兵师和飞机的数量已分别是关东军的三倍和五倍。

当石原莞尔在1935年8月执掌参谋本部作战课时，他发现《帝国国防方针》设想的短期战方案已严重过时，而且其作战指导思想也不符合现代战争。最让石原担心的是，面对军事实力已经恢复的苏联，日本陆军根本没有做好战斗准备。而且，由于石原相信另一场世界大战即将在大国之间爆发，所以上述情况看起来就更加令人惊恐了。他认为，在满洲建设一个军事—工业体系能打消苏联向东北亚扩张的念头。如果做不到这一点，那么满洲的重工业基地仍足以支援日本陆军击退苏联的入侵。在消灭北方威胁后，日军就可南下夺取自然资源和领地了。但无论是陆军的现代化改造、新武器装备的配置还是重工业产出的扩大，哪一样都需要钱，所以增加预算是少不了的。但当时伸手要钱的不止陆军一家，海军也要求增拨款项以扩大舰队规模。最后，地区局势随着满洲事变的爆发而日趋紧张。照这样发展下去，日本的作战对象可能将是联合起来的中国和苏联。然而，现行国防方针的基础仍是"只与一个敌国开战"。上述更宽泛的议题不仅与陆军及其作战计划有关，还牵涉日本国家的大政方针、海洋战略与外交。石原确信，要解决这些问题，就必须制定一项能统合国防政策与国家大政方针的新国家战略，并使之与总体战、长期战的要求相协调。[62]

1935年12月中旬，石原莞尔带着这些思考会晤了海军军令部的同僚——军令部作战课课长福留繁（Fukudome Shigeru）大佐，并就修订国防方针的问题进行了讨论。福留繁也认为有必要开展修订工作，但海军并不信任石原，因为他曾是满洲事变的主谋，而该事变是以海军利益为代价来推进陆军的"北进"方略的。石原的计划是：首先消灭苏联的威胁，然后再向南方进军。而福留繁则想在固守北方侧翼的同时实施"南进"。陆海两军的首要假想敌也不一样——对于陆军来说是苏联，而对于海军则是美国。而且无论日本即将投身的下一场战争是只有一个对手（海军的立场）还是要对抗一个敌国联盟（陆军的观点），无论是一场速决战还是长期消耗战，两军对于各自假想敌的设想都维持不变。1936年1月23日，福留繁拒绝了陆军把苏联作为关注重点的主张。1936年2月中旬，在顾及海军的立场后，石原接到了参谋次长的指示：同意让石原莞尔来独立制定国防方针的修正案。[63]

在2月兵变暴乱后，广田弘毅（Hirota Koki）成为首相，并在1936年3月9日组建了一个新的举国一致内阁。仅十天后，海军成立了一个委员会。它的使命是制定一份海军战略并以此维护海军的财政拨款，以免其被石原的陆军新军备和扩军计划所侵吞。基于舰队司令官提供的意见，海军在4月中旬出台的"国策要领"（Kokusaku Yoryo）中把"南进"和海军的重整军备作为第一要务，同时为了遏制苏联扩张，考虑酌情增强陆军兵力，并在满洲进行有限开发、扩大势力影响。[64]

与此同时，一个中层参谋的联合委员会自2月中旬开始就在从事国防方针的修订工作了。4月2日，委员会向陆海两军的参谋机关散发了拟定好的修改草案，供其审阅。就像过去的做法一样，在此期间，军方把内阁文职大臣排除在外，并且只让首相、外相和藏相看到草拟的战略目标。只有首相广田弘毅审阅了"国防所需兵力"的部分。另外，没有证据表明他与哪位内阁成员讨论过这份提案。任何非军方人士都无权查看"用兵要领"的部分。[65]

5月中旬，陆军参谋总长闲院宫载仁亲王和海军军令部总长伏见宫博恭王呈送草案至御前，恭请圣裁。然而除了其他事情以外，天皇还就一点问题发出了质疑：在提出如此庞大的扩军计划并把英国也加入假想敌国名单后，陆海军准备怎么筹措经费？军方于是把广田弘毅拉到自己一边，而后者建议天皇批准这份新的国防方针。由于所有大臣都支持这个修订案，天皇于是在1936年6月3日批准了新的国防方针。[66]

按1936年版的《帝国国防方针》的规定，日本主要有两个假想敌，苏联和美国，两者重要性相同，但日本"首先要朝哪个战略方向扩张"的问题还是没得到解决。中国和英国被视为次要威胁。为了开战一举击溃苏联红军，陆军兵力将扩充到50个师团，支援兵力是140个陆军飞行中队。而海军将新建2艘战列舰（总计12艘）、7艘航空母舰（总计10艘），同时增设26个飞行队（总计65个），其目标是对美实施远洋深海战略。

但与石原莞尔初衷相悖的是，1936年版的《帝国国防方针》要求日军采取先发制人攻势，迅速夺取战略目标。此即传统的短期战策略。关于战争和士气的那些老套思想依然是陆军条令的支柱。当石原的哲学理念与经典作战战术学说的本质发生摩擦时，大多数陆军人士都极不情愿接纳他的思想。换句话说，很多颇有影响的陆军军官都不喜欢石原的长期战论调。

日本的总体军事战略旨在控制亚洲大陆及西太平洋地区，这两个目标分别满足了陆军和海军的需求。在赢得首场胜利后，不管是"继续作战"也好，"结束战争"也罢，或者是"化解敌对矛盾"，日本人可以说完全没有准备什么后续计划。虽然文件里承认了可能会打一场长期消耗战，但日本也并未制定任何关于"怎么打长期战"的具体规划。与之类似，文件虽然也承认日本也许会与敌国联盟交战，但陆海军仍旧针对不同——而非共同——的潜在敌国各自独立备战，并且都按自己的那一套作战方案我行我素，从未考虑过要按统一的国家战略办事。[67]通过回避细节问题，两军之间不仅相安无事，而且还得以确定各自的假想敌，并由此分别规划兵力结构。

为了争取预算，陆海军在长远的军事战略问题上一直争吵不休。广田弘毅希望两军解决彼此间的根本分歧，并为自己制定外交政策提供便利。但在修订《帝国国防方针》的过程中，他却被拒之门外。由此，内阁也就无法整合军事战略与外交政策。此外，重整军备和实施扩军必将耗费巨资。5月中旬，陆军又恢复了一条旧规定，即主张只有现役将官才有资格担任陆军大臣，从而把内阁事务搅得更糟、更乱。这样一来，军方就把文官内阁的生死大权攥在了手里，因为只要陆相辞职，内阁就垮台了。而且如果军方同时拒绝提名新任陆相的人选的话，新内阁就无法组建。

日本还曾试图综合阐述自身的国家安全、国防和外交政策，但同样由于陆海军间的对抗而归于失败。6月30日的"五相会议"商定了"国策基准"（Principles of National Policy）。它采纳了海军4月中旬时的理念，即实施"南进"、扩充海军战力。所以看起来，它更像是一份海军重整军备计划的辩护书，而非一套全面的国防计划。[68]

同日，陆军参谋本部批准了"国防国策大纲"（Fundamental Principles of National Defense and National Policy）。它是由石原领导的作战课制定的。照其设计，陆军将实施现代化改造，更新装备，并最终从亚洲驱除白人的势力影响。在击败苏联以前，日本将维持对华友好关系。随后，日本将南下对抗美国。[69]这成了陆军重整军备和现代化改造的基石。7月23日，石原向陆军省递交了这份计划。同样，它也不是一个联合军事战略。

8月7日，内阁的五位核心成员批准了"国策基准"（Fundamentals of National Policy）。与6月30日的版本相比，这份文件经过了略微修改。[70]它要求通过外交手段使苏联保持中立，并为"南进"打开了绿灯。但矛盾的是，它一方面为了追求首战大捷而鼓吹增强满洲的陆军，另一方面又支持扩充海军以控制西太平洋海域，对抗美国。然而这一切都只是空口白话，因为日本根本没有那么多经费和资源来支持陆海军在不同的战线、针对不同的敌人而同时备战。当天下午，内阁核心成员（大藏大臣缺席）还批准了经过修改的"帝国外交方针"（Outline of Imperial Foreign Policy）。

7月，外务省、陆军省和海军省的官员一直在致力于制定统一的外交方针。该方针以开发满洲为目标，企图在华北开辟"特别区域"，遏制苏维埃共产主义势力的蔓延，并以和平的方式"南下"。同时，它还打算通过外交渠道与苏联缔结一份互不侵犯协定。易言之，外务省采纳了陆军的方案。该决定也再次肯定了业已在东京和柏林之间开展的谈判。后来的"反共产国际协定"就是这些谈判的成果，其目的在于让中国失去一个重要的外部盟友。[71]

从理论上讲，8月份的决议把"帝国国防方针"、五相会议批准的"国策基准"和"帝国外交方针"融合了起来，形成了一套处理日本国际问题的统一而全面的方案。但收获的结果却仅仅是各方达成的一系列问题重重的妥协与让步。由此，在陆军和外务省进一步强化反苏工作的同时，首相和海军却在寻求向南方区域扩张。所以，无论是专门的军事战略还是着眼全局的国家方针都未能消除陆海两军在目标上的冲突。[72]

中国问题也日趋严重。1936年4月，为了重新审议对华政策，广田弘毅下令组建一个秘密委员会，其成员由陆军省、海军省和外务省的官员构成。8月11日，经过研商，他们制定了两条策略，一条覆盖中国整体，一条针对华北地区。前一套方案是计划与中国订立一份反共军事协定，实际上也就是建立中日军事同盟。以此为基础，日本将派出政治和军事顾问协助中国政府，同时推进双方经济合作等方面的事务。后一套方案则希望让华北五省脱离南京政府的控制。陆海两军都认为它们需要一段稳定期来重组各自的战争机器，而且开发华北"特别区域"的计划也能由此在和平的条件下实现。[73] 但东京如何能在不破坏现状的情况下调和其长远战略目标（无论它们有多么不着边际）与短期现实利益（让华北独立、建立受日本支配的傀儡国）之间的矛盾呢？

1936年8月，按照"国防国策大纲"的规定，石原开始筹划制订与"满洲工业化"和对苏备战有关的详细计划。为此，他把参谋本部和陆军省的主要部门都召集了起来。石原把刚刚修订好的"国防方针"丢到一旁，自行主持了一个内容广泛的陆军现代化项目。而陆军省的五年重整军备计划也由此形成。其中还有一个附加条款，它规定陆军兵力结构将扩大到50个师团的规模，并且到1942年时应有40个师团可供调用。[74]

同年11月，陆军省宣布了把"方块师"改组为"三角师"的计划。新师团的火力更强、机动性更佳、通信技术水平更高，同时其防空、反坦克和防化的能力也会得到显著增强。在裁减人员后，新师团的结构（1个旅团及其下辖的3个联队，且通过配备现代武器提高了战斗力）精简了部队单位，同时强化了其整体火力打击和战略机动能力。在改编"方块师"时余下的17个步兵联队（分别来自各常备师团）将构成6个新"三角师"的骨干。由此，陆军就能在1940年实现其部署23个现役师团的近期目标。陆军省预计在这一年会爆发世界大战。[75]

采用这种新编制是为了提高机动性。由于不会再受制于冗长的辎重列车，步兵和炮兵部队就能快速脱离行军队形，并在短时间内包抄敌军侧翼。陆军官员为了提高行军速度和机动性而选择牺牲火力，所以把每个炮兵联队的第四个炮兵队裁掉了，从而进一步压缩了道路行军的部队规模。为了能急行军参加作战，陆军装备的野战炮都是机动灵活的轻型小口径火炮。陆军当然也部署了重炮，但通常都是在定点攻坚作战中才投入使用，因为在这个时候机动性并非重要因素。就像当年儿玉源太郎曾试图在沙皇援兵到来前消灭远东俄军那样,石原莞尔在1937年也想抢在莫斯科增援抵达之前消灭苏联在滨海省(Maritime Provinces)的军事力量。

随着陆海军野心勃勃的扩军计划启动,内阁于1936年11月批准了一项价值30亿日元的预算案——比去年增长了31%。在1937年的国家预算中,扩军的开支就占了约一半,而内阁也因循旧例,通过发行公债、增加税收的方法来供应这笔巨大的开销。1936年末,政府发行了9.8亿日元的公债。随后在1937年,政府又通过提高清酒税和个人所得税筹集了一笔4.2亿日元的资金。同时,与军方项目相关的重工业实现了急速扩张。然而,这些日本工业部门却依赖从中国内地和满洲地区进口的原材料以及从美国购买的制成品。这一局面恶化了日本的贸易平衡,并增添了经济不确定性。[76]

国会不愿轻易批准内阁提出的巨额军事预算,而且也对陆军推行计划经济的方案——特别是陆军大臣寺内寿一(Tereuchi Hisaichi)中将(译注:当时似应为大将)曾反复要求政府颁布法令,对商业和劳工组织实施国家管控——表示不满。这些分歧在1937年1月21日的一次国会质询中公开爆发了。对阵双方是寺内寿一和政友会的资深议员浜田国松(Hamada Kunimatsu)。后者以激昂的气势抨击了陆军目空一切的专横态度以及企图染指国政、实施独裁的野心,由此博得了国会内一阵又一阵的掌声。这阵势把寺内气得满面通红。他于是要求对方道歉。但浜田却戏剧性地回应道:如果国会速记记录里有自己出言不逊、恶意诋毁陆军的内容,那么他情愿剖腹自尽,但如果没有的话,寺内就应该自杀。[77]当天晚些时候,寺内认为这次"诽谤事件"关系重大,故而要求内阁集体辞职。两天后,困境重重的广田弘毅内阁下台了。

后经推荐,宇垣一成被授意组建新内阁。但陆军领导人随后援引"军部大臣现役武官制"这一规定,拒绝提名新任陆相人选,企图以此阻挠宇垣的组阁工作。宇垣是很多高级军官的眼中钉,而他本人也确实背负了太多的历史包袱——从决定裁撤师团到卷入"三月事件"——以至于他很难重新获得陆军的信任与支持。宪兵曾拦下他的车,不让他前往皇宫,并且宪兵队的长官也对他直言相告:陆军是不会支持他去当首相的。因为陆相人选迟迟不能确定,所以宇垣无法组阁,于是最后就放弃了。2月2日,已经退役的陆军将领林铣十郎——很多人把他看作是石原莞尔的傀儡——成为新首相,但他的预算案却未能被国会批准。另外,他在1937年4月30日又遭遇了一次尴尬的大选失败。于是一个月后,林铣十郎也辞职了。

在半官方的"南满铁路研究委员会"的协助下,1937年5月,石原莞尔向陆军省提交了一份重工业发展五年计划的大纲,而新近被任命为首相的近卫文麿则参与协调了先行草案的制定工作。到6月中旬,该计划最终获得了近卫的同意。从内容上说,它设想将日本的工业产出增至目前的两倍或三倍,同时将飞机生产扩大十倍,并把日本从轻工业国转化为重工业国。满洲的重工业将独立发展。由此一来,无论日本国内的形势如何,陆军仍可掌控自己的满洲军工体系。[78] 但此时,石原已风光不再,其声望正不断衰退。在挑选林铣十郎内阁的陆相时,他败给了梅津美治郎(Umezu Yoshijiro)中将,并且在1937年3月的年度人事安排中,他的那些支持者也被梅津调离了东京。其余那些支持重整军备的人不久以后也因对华政策而与石原发生了分歧,就此分道扬镳了。

虽然在陆军省和参谋本部上演的派系斗争残酷血腥,给陆军蒙上了一层阴影,但留驻日本国内的战斗部队还是按平常惯例行事。在1927年至1937年之间,陆军逐步更新了武器装备。一种先进的90式75毫米野战炮在1930年列装部队。它的特点是射程更远,射击精度更高。并且,它与10式105毫米榴弹炮以及75毫米驮载山炮(运输时可以拆卸成部件,由牲畜驮运)一道成了师团炮兵的标准装备。作战需要并非决定武器采购的唯一要素。为了提高部队的现代化水平,陆军需要更换大约2000门各种口径的火炮。由官营兵工厂和民间钢铁公司组成的联合体负责生产新型火炮,但由于技术和生产方面的制约因素,大多数产品都是轻型火炮。一言以蔽之,日本的工业基础无法大批量生产重炮。例如,制造一门15式150毫米加农炮需要8个月的时间,而生产一门24式240毫米榴弹炮则要花18个月的时间。但陆军并不确信自己有那么多时间可以等。[79]

类似的情况是,炮弹供应量也远不能满足计划中的作战需要。1936年,官营兵工厂的产量甚至不到战时预计消耗率的十分之一。因为弹药有限额,所以日军很少进行实弹射击训练。结果,陆军就强调要以质量胜过数量,教导士兵要做到"百发百中"。训练内容较为单一,缺乏变化,而且在人满为患的日本也很难找到合适的炮兵靶场。[80] 同理,日本工业制造水平的落后也让摩托化部队和装甲部队的建设受到了影响。

组建摩托化部队耗资不菲,需要依赖外国供应,而且它们在东北亚未经修整的土路上能发挥多大作用也值得怀疑。军方估计需要25万辆卡车来运载士兵,但这远远超过了日本刚刚起步的汽车业的制造能力。直到1933年,日本每年生产的汽车不到1000辆。坦克也很短缺。西班牙内战(1936—1939年)似乎暴露了坦克的越野能力有限的问题,而小巧的轻型坦克则可以借助浮桥或渡船越过没有架设桥梁的河川。鉴于这种情况,陆军认为轻型坦克更适于华北和满洲的地形。当一切都充满变数的时候,陆军不愿在一种昂贵的且未经验证的武器上面大量投资。另外,日本于1936年决定扩大陆军航空部队,强化本土防空体系。由此一来,很多资源、经费和技术力量都转移到航空事业上去了。以日本那点工业基础是无法同时制造大量飞机、车辆和坦克的。迟至1939年,工厂平均每月才制造28辆坦克(全是原型样品)。[81]

但在兵力现代化上花太多笔墨就容易让人们忽视一件事:陆军自我赋予的使命是在东亚地区作战。到1937年中期为止,陆军已经掌握了一套历经千锤百炼的战术与作战条令。它是在20多年的精心规划中形成的,其目标是在未来战争中迅速夺取首战胜利。为此，参战军力约达24.7万名官兵，并以如下战斗序列组织起来：17个常备步兵师团、4个战车（坦克）联队以及54个拥有549架飞机的飞行中队。中国驻屯军和台湾军各有2个步兵联队，在满洲还有一个独立的混成旅团。[82] 在朝鲜有2个常驻师团，而其余4个师团则轮流进驻所谓"满洲国"（日本在满洲地区的傀儡政权）。决定性兵力是日本本土的驻军。一经动员，大量预备役和受过部分训练的补充兵员就会进入战斗序列，从而把平时的编制和装备体系提升至战时军力标准。

虽然日本陆军以步兵兵力为主，但其常规的合成兵种（步兵—炮兵）师团在组织构成上与欧美军队是类似的。野战炮兵是"三角制"师团的有机组成部分，它会对敌方实施"震慑"打击，并强化火力杀伤效果。陆军针对所有的主要假想敌都准备了应急作战方案，并着手实施大规模的重整军备计划，从而让部队得到现代化升级改造。陆军的行动也有民意基础，这很大程度上是因为学校把国家的价值理念灌输给了学生，并且陆军也通过诸如在乡军人会、青年训练团以及在校军训等形式渗透到了社会底层。陆军还在政治舞台上展示了实力。它或明或暗地支持海外和国内的非法阴谋事件和政变活动，公开介入国家行政和经济事务，并且还大加干涉遴选首相的政治过程。

在众多相互竞争的精英集团中，陆军利用动荡的国际局势、国内的恐怖活动、军内派系斗争和政党的软弱性，逐渐崛起为日本首屈一指的"权力掮客"。但它从未强大到足以让海军臣服或完全支配文官内阁的地步。陆军当局气势汹汹、口出狂言、恐吓威胁、漫天要价，但最后还是要与其他精英集团妥协。除了在口头上大谈特谈国防计划和"超然内阁"，日本到1937年中期时还是没有一套全面协调的国防战略。此外，日本也没有清晰务实的重整军备与联合作战计划。在军事学说、作战行动、军队预算、假想敌以及未来战争之间根本没有建立任何联系。但总而言之，这是一支非常优秀的陆军。它的武器装备与其任务使命——在东北亚地区从事有限战争——也是相称的。

[注释]

1. Yamagata, Katsura, and Terauchi were still active-duty general officers when serving as prime minister.

2. Tobe Ryōichi, *Nihon rikugun to Chūgoku* [The Japanese army and China] (Kōdansha, 1999), 143; Marius B. Jansen, "Introduction," in James William Morley, ed., *Japan's Road to the Pacific War: Japan Erupts: The London Naval Conference and the Manchurian Incident, 1928—1932; Selected Translations from Taiheiyo senso e no michi: kaisen gaiko shi* (New York: Columbia University Press, 1984), 128—129.

3. Tobe, *Nihon rikugun*, 147.

4. Jansen, "Introduction," 129.

5. Tobe, *Nihon rikugun*, 86.

6. Ibid., 84—85, 87; Kitaoka, *Seitō kara gunbu e*, 80—81.

7. Masumi Junnosuke, *Shōwa tennō to sono jidai* [The Showa emperor and that era] (Yamakawa shuppansha, 1998), 95; Kojima Noboru, *Tennō* [The emperor] 2 (Bungei shūnjū, 1974), 40—41; Humphreys, *Heavenly Sword*, 165 n 82, 225.

8. Hirohito was 26 years old when he became emperor in December 1926. He selected Shōwa (Enlightened Peace) for his reign name. Japanese emperors are referred to posthumously by the era name of the reign, i.e., Hirohito is now known as the Shōwa emperor.

9. Handō Kuzutoshi, *Shōwashi, 1926—1945* [Shōwa history from 1926 to 1945] (Heibonsha, 2004), 31—32; Masumi, *Shōwa tennō*, 95; Kojima, *Tennō*, 43, 45. Saionji had learned the details of the plot in late August.

10. Nihon kokusai seiji gakkai, eds., *Taiheiyō sensō e no michi* [The road to the Pacific war] 1, *Manshit jihen zenya* [The eve of the Manchurian incident] (Asahi shimbunsha, 1963), 316; Humphreys, Heavenly Sword, 166.

11. Masumi, *Shōwa tennō*, 101; Kojima, *Tennō*, 61.

12. NaraTakeji, "NaraTakeji jijiūbukanchō nikki" (shō), [Selections from imperial aide-de-camp General NaraTakeji's diary], *Chūō kōron* (September 1990), 327, 330; Humphries, *Heavenly Sword*, 169; Masumi, *Shōwa tennō*, 107.

13. Mark R. Peattie, *Ishiwara Kanji and Japan's Confrontation with the West* (Princeton, NJ: Princeton University Press, 1975), no-122; Takehiko Yoshihashi, *Conspiracy at Mukden: The Rise of the Japanese Military* (New Haven, CT: Yale University Press, 1963), 145—165.

14. Yoshihisa Nakamura and Ryōichi Tobe, "The Imperial Japanese Army and Politics,"

Armed Forces and Society 14:4 (Summer 1988), 521.

15. Watanabe Yukio, *Ugaki Kazushige* (Chūkō shinsho, 1993), 62—63,66—67; Hata Ikuhiko, *Gun fashizumu undōshi* [A history of the military fascist movement] (Kawade shobō shinsha, 1962), 26.

16. Watanabe, *Ugaki*, 55—57. Ugaki remained as war minister until April 1931. In June he went on the reserve list and became governor-general of Korea, a post he held for the next five years.

17. Tobe,*Gyakusetsu*, 254;Watanabe, *Ugaki*, 72;James B. *CrowleyJapan's Questfor Autonomy* (Princeton, NJ: Princeton University Press, 1968), 99—100; Kitaoka, *Seitō kara gunbue*, 221.

18. Kitaoka, *Seitō kara gunbue*, 156—157; Nakamura and Tobe, "Imperial Japanese Army and Politics," 522; Hata, *Tōsuiken*, 192.

19. Shiraishi Hiroshi,"Manshū jiken ni okeru Kantōgun no kōyū ninmu to sono kaiwaku-unyō mondai" [The Kwantung army's basic mission during the Manchurian incident and an interpretation of the problem of operational movement of troops], in *Saikō: Manshū jiken* [Reconsiderations of the Manchurian incident] *Gunji shigaku* 37:2 and 3 (October 2001), 196—197; Hata Ikuhiko, "Manshū ryōyū no shisoteki genryū" [The ideological background of the occupation of Manchuria] in ibid., 43; Nara, "Nara Takeji jijiūbkanchō nikki," 338.

20. Usui Katsumi, *Manshū jihen* [The Manchurian incident] (Chūkō shinsho, 1974), 45,48—49. Vice Chief of Staff Lt. Gen. Ninomiya Harushige initially refused to send reinforcements and instructed Honjo to handle the incident with the minimum necessary force.Although unwilling to send reinforcements, the next day Ninomiya, along with Lt. Gen. Araki, the inspector-general of military education; and Lt. Gen. Sugiyama Hajime, the vice war minister; agreed that the army would have to bring down the government if it interfered with current operations in Manchuria.

21. Kitaoka, *Seitō karagunbu e*, 160; Nara, "NaraTakeji jijiūbkanchō nikki," 340—341.

22. Usui, *Manshujiken*, 41; IkōToshiya, *Sensō no Nihonshi* [Warfare in Japanese history] 22, *Manshiū jihen kara Nitchū zenmen sensō*e [From the Manchurian incident to the total war in China] (Yoshikawa Kōbunkan, 2007), 21—22.

23. Takahashi, *Shōwa no gunbatsu*, 125; Hashimoto Kingoro, "Hashimoto taisa no shuki" [Colonel Hashimoto's notes], in Nakano Hideo, *Shōwashi no gen ten* [The source of Shōwa history] 2, *Manshū jihen toJūgatsujiken* [The Manchurian incident and the October incident] (Kodansha, 1973), 252.

24. Takahashi, *Shōwa no gunbatsu*, 129;Tobe, *Gyakusetsu*, 255. Tatekawa assumed the post

in August.

25. Hata, *Gun fashizumu*, 35—36; Kitaoka, *Seitō karagunbu e*, 221—222;Tobe, *Gyakusetsu*, 255.

26. Takahashi, *Shōwa no gunbatsu*, 116; Hata, *Gun fashimzumu*, 48—49 n 4; Nakano Hideo, *Shōwashi no genten* [The origins of Shōwa history] 3, *Go ichi go jihen, Kisareta shinjitsu* [The vanished truth of the May 15 incident] (Kōdansha, 1974), 104.

27. Ben-Ami Shillony, *Revolt in Japan* (Princeton, NJ: Princeton University Press, 1973), 29.

28. Troops moved on Harbin on January 27 and captured it in early February 1932. On March 1, the Japanese government announced the creation of the new state of Manchukuo.

29. Handō, *Shōwashi*, 92; Donald A. Jordan, *China's Trial by Fire:The Shanghai War of 1932* (Ann Arbor: University of Michigan Press, 2001), 11—12. There are doubts about Tanaka's direct involvement in the attack (the chanting procession took a wrong turn and ended up near the factory), but no doubt that he was an agent provocateur. See Kojima Noboru, *Nitchū sensō* [The Sino-Japanese war] 2 (Bunshūn bunkō, 1988), 176.

30. Jordan, *China's Trial*, 87.

31. Kojima Noboru, *Nitchū sensō*, 221.

32. Ibid., 252.

33. A more critical version states an officer threatened to shoot them if they did not advance. *Yukan Fuji*, August 27,1970. See also *Asahi shimbun*,June 13,2007.

34. Hillis Lory,*Japan's Military Masters* (New York:Viking, 1943), 44; Katō Hidetoshi,"Bidan no genkei" [The origins of a legend], in *Asahi jyanaru*, ed., *Shōwashi no shunkan* [Dramatic moments in Shōwa history] (*jō*), *Asahi sensho* 11 (Asahi shimbunsha, 1974), 128; *Japan Weekly Chronicle*, March 24, 1932. For an extended analysis of the *bakudan sanyushi*, see Yamamuro, *Gunshin*, 189—260.

35.Yamamuro,*Gunshin*, 225—228,234,237,260.

36. Katō,"Bidan no genkei," 127; Furikawa Seisuke, ed., *Nikudan sanyūshi dōzō kensetsukai hōkoku* [Report of the construction committee for the human bullet three brave heroes statue] (privately published, 1936), 8.

37. Hata, *Nihonjin horyu*, 33—39.

38. Terasaki Hidenari and Mariko Terasaki Miller, eds., *Shōwa tennō Dokuhakuroku—Tera-saki Hidenari goyōgakari nikki* [The Shōwa emperor's soliloquy—unattached court official

Terasaki Hidenari's diary] (Bungei shūnjū, 1991), 28; Kuwada and Maebara, *Nihon no sensō*, plate 15. Also see Jordan, *China's Trial*, 187—190.

39. Ouchi, *Fashizumu e no dori*, 310.

40. Stephen S. Large, "Nationalist Extremism in Early Shōwa Japan: Inoue Nisshō and the 'Blood-Pledge Corps Incident,' 1932," *Modem Asian Studies* 35:3 (2001), 535, 544; Nakano,*Go ichi go jiken*, 123—124; Hata, *Gun fashizumu*, 46—48. The lengthy and sensational Blood Brotherhood trial began in late June 1933 but was prorogued in August by a defense motion to censure the presiding judge.When the court reconvened in late March 1934, Inoue turned it into a political theater that generated enormous public sympathy, including thousands of petitions for clemency on the grounds that the murderers had acted sincerely from noble motives. After a two-and-one-half-year trialjudges sentenced Inoue and his two triggermen to life in prison and other members to various prison terms. All were paroled in a general amnesty of 1940.

41. Shillony, *Revolt in Japan*, 36.

42. Humphreys, *Heavenly Sword*,61;Bōeichō,Bōeikenshūjō,senshibu, *Daihon'ei rikugunbu*, 402; Bōeichō, Bōeikenshūjō, senshibu, *Senshi sōsho* [Official military history] vol. 27, *Kan-tōgun* (1) [The Kwantung Army, part 1] (Asagumo shimbunsha, 1969), 145.

43. Kurono, *Teikoku kokubō*, 249.

44. Ibid., 254—255.

45. Humphreys, *Heavenly Sword*, 178; Kurono, *Horoboshita*, 130; Kurono, *Teikoku kokubō*, 264.

46. Kurono, *Horoboshita*, 128.

47. Shillony, *Revolt in Japan*, 31—32;Yoshida, *Nihon noguntai*, 190.

48. Yoshida,*Nihon noguntai*, 183—184.

49. Kurono, *Horoboshita*, 122—125, 128, 130—134; Kurono, *Teikoku kokubō*, 251, 262; Obata was promoted to colonel in July 1937 and to major general in April 1932.

50. Michael Barnhart,*Japan Prepares for Total War: The Search for Economic Security*, 1919—1942 (Ithaca, NY: Cornell University Press, 1987), 34—35; Kitaoka, *Set tō kara gunbu e*, 176. In 1933 Prime Minister Saitō Makoto established the five-ministers conference composed of the premier and foreign, finance, army, and navy ministers to coordinate revisions to Japan's diplomatic, financial, and defense policies. Kitaoka, *Seitō kara gunbu e*, 184.

51. Kurono, *Teikoku kokubō*, 258—259; Bōeichō, Bōeikenshūjō, senshibu, *Daihon'ei rikugunbu*, 347—348; Kitaoka, *Seitō kara gunbu e*, 216.

52. Tobe, *Gyakusetsu*, 275—276. First Lt. Kurihara Yasuhide, "Seinen shōkō undō to wa nani ka" [What is the young (army) officers' movement?], in Takahashi Masae, ed., *Gendaishi shiryō* [Documents of contemporary history] 5, *Kokkashugi undō* [The nationalist movement] (Misuzu shobo, 1964), 764—774. Wada Hidekichi, a member of the editorial board of Tokyo's *Jiji* newspaper, interviewed Kurihara and Capt. Ōkura Eiichi, an activist stationed outside of Tokyo, for the article. See Wada Hidekichi, "Ni ni roku jihen zenya" [The eve of the 2—26 incident], in *Asahi shimbunsha*, eds., *Kataritsugu Shōwashi* [Shōwa history handed down from one generation to the next] 2 (*Asahi shimbun*, 1976), 10—13.

53. Shillony, *Revolt in Japan*, 45—46; Kitaoka, *Seitō kara gunbu e*, 228—229.

54. *Emperor Hirohito and His Chief Aide-de-Camp: The Honjō Diary*, 1933—36, translated by Mikiso Hane (Tokyo: University of Tokyo Press, 1982), 151—152, entry for July 16, 1935.

55. Shillony, *Revolt in Japan*, 47, 53; Kurihara, "Seinen shōkō undō," 765; Crowley, *Japan's Quest*, 267.

56. Takahashi Masae, *NI ni roku jiken* [The 2—26 incident] (Chūkō shinsho, 1994, rev. ed.), 229—230.

57. Shillony, *Revolt in Japan*, 169—170.

58. Shillony, *Revolt in Japan*, 169—170, 201; Takahashi, *Ni ni roku*, 179, 227. Two other rebel officers had previously committed suicide.

59. Hayashi Shigeru, *Nihon no rekishi* [A history of Japan] 25, *Taiheiyō sensō* [The Pacific war] (Chūō kōronsha, 1967), 17; Fujiwara, *Gunjishi*, 175; Ōe, *Tennō no guntai*, 211—212.

60. Kitaoka, *Seitō karagunbu e*, 240—241.

61. Takahashi, *Ni ni roku*, 2—26, 244—245.

62. Kurono, *Horoboshita*, 159—160, 167; Kurono, *Teikoku kokubō*, 315; Kurokawa, *Gunji senryaku*, 187, 189. This discussion of national defense policy is adapted from my essay in the forthcoming Stanford University Press volume *The Battle for China: Essays on the Military History of the Sino-Japanese War*.

63. Kurogawa, *Gunji senryaku*, 189; Kurono, *Horoboshita*, 169.

64. Kurono, *Horoboshita*, 163—164.

65. Matsushita, *Nihon kokubō no higeki*, 77; Hata, *Tōsuiken*, 179; Yoshida, *Nihon no guntai*, 129; Kido Kōichi kenkyūkai, eds., *Kido Kōichi nikki (jō)* [The diary of Kid Kōichi] (Tokyo daigaku shuppansha, 1966), 494, entry for May 13, 1936.

66. Stephen E. Pelz, *Race to Pearl Harbor* (Cambridge, MA: Harvard University Press,

9. 密谋、政变与陆军的蜕变

1974), 173—174; Saburō Shiroyama, *War Criminah:The Life and Death of Hirota Kōki*, translated by John Bester (Kōdansha, 1977), 145; Momose Takashi and Itō Takashi, *Jiten Shōwa senzenki no Nihon* [Dictionary ofjapan's prewar Shōwa period] (Tokyo: Yoshikawa Kōbunkan), 277; *Kido nikki*, 489; Kurono, *Teikoku kokubō*, 316; Kageyama, "Shina jiken," 42; Kurono, *Horoboshita*, 161.

67. Kurogawa, *Gunji senryaku*, 193.

68. Kurono, *Teikoku kokubō*, 321.

69. Sanbō honbu dai ni ka (second section, army general stafl),"Kokubō kokusaku teikō" [Principles of national defense and national policy], in Nihon kokusai seiji gakkai, eds., *Taiheiyō sensō e no michi* [The road to the Pacific war] 8, *bekkan shiryō hen* [documentary appendix] (Asahi shibunsha, 1963), 224.

70. Kurono, *Teikoku kokubō*, 316—317.

71. Ibid.; Kurogawa, *Gunji senryaku*, 186; "Teikoku gaikō hōshin" [Imperial foreign policy], August 7, 1936, in Gaimushō [Foreign ministry], ed., *Nihon gaikō tienpyō narabi ni shuyō bunsho* [A chronology of Japanse diplomacy and important documents], *Meiji hyakunenshi sōsho*, 2 (Hara shobō, 1965), 345—347; Parks Coble, *Facing Japan: Chinese Politics and Japanese Imperialism*, 1931—1937 (Cambridge, MA: Harvard University Press, 1991), 334.The Anti-Comintern Pact with Germany was signed that October and approved by the Privy Council on November 25, 1936.

72. Kurono, *Horoboshita*, 173; Hata Ikuhiko, *Rokōkyō jihen no kenkyū* [An inquiry into the Marco Polo bridge incident] (Tokyo daigaku shuppansha, 1996), 46; Barnhart,*Japan Prepares for Total War*,44.

73. Peattie, *Ishiwara Katiji*, 201; Shimada Toshihiko, "Designs of North China, 1933—1937," translated by James B. Crowley, in Morley, *China Quagmire*, 199—200; Kaigun chūobu [Naval headquarters], "Kokusaku kōryō" [General principles of national policy], draft April 1936, in Shimada Toshihiko and Inaba Masao, eds., *Gendaishi shiryō*, 8, *Nitchū sensō* (1) [The Sino-Japanese war, part 1] (Misuzu shobō, 1964), 354—355; Sanbō honbu, dai 2 ka,"Kokubō kokusaku teikō" [Outline for state policy for national defense], June 30, 1936, *Taiheiyō sensō e tio michi, bekkan*, 224.

74. Kurono, *Horoboshita*, 175, 185; Kurokawa, *Gunji senryaku*, 195—197.

75. Bōeichō, *Daihoti'ei rikugunbu*, 402—404; Bōeichō, *Kantōgun*, 145, 167.

76. Ikuda, *Nihon rikugunshi*, 153—154,157; Mark R. Peattie and David Evans, *Kaigun:*

Strategy, Tactics, and Technology in the Imperial Japanese Navy, 1887—1941 (Annapolis, MD: Naval Institute Press, 1997), 334; Kitaoka, *Seitō karagunbu e*, 268—269.

77. Crowley, *Japan's Quest*, 311; Fujiwara Akira, *Shōwa no rekishi* [A history of the Shōwa reign] 3, *Nitchū zenmen sensō* [Total war between Japan and China] (Shogakkan, 1982), 24—25; Kitaoka, *Seitō karagunbu e*, 271—272.

78. Kurono, *Horoboshita*, 182—183.

79. Katogawa Kōtarō, *Rikugun no hansei (jō)* [Reflections on the army] (Bunkyō shuppan, 1996), 19.Three divisions, the 5th, nth, and 12th, had amphibious assault missions and were equipped with the lighter and more easily transportable mountain artillery.

80. Bōeichō, *Kantōgun*, 559; Rikujō bakuryō, ed., "Nomonhan jiken no hōheisen" [Artillery batdes during the Nomonhan incident] mimeo, 1965, 53—59, Japan Defense Agency (JDA);Wada Kazuo, "Nihon rikugun heiki gyōsei seidōshi no kenkyū" *(ge)* [Research on the administrative and organizational history of the Japanese army's weaponry], Bōeichō Bōei kenshūjō senshibu, Kenkyū shiryō, 83 RO-4H, mimeo, 1983, 14.

81. Bōeichō Bōei kenshūjō senshishitsu, *Senshi sōsho* [Official military history] 86, *Shina jihen rikugun sakusen* [Army operations during the China incident] 1, *Shōwa jūsannen ichigatsu made* [To January 1938] (Asagumo shimbunsha, 1982), 96; Katogawa, *Teikoku rikugun kikōbutai*, 43,72,77,94,197, and 239; Lt. Col. Kobayashi, IJA,"Tai sensha yōhō (senhō) no hensen sūsei" [Trends and changes in antitank operations (tactical)], mimeo, circa 1940, in *Nissō senshi jumbi shiryō* [Background historical materials for the history of the Japanese-Soviet fighting], mimeo, n.d.,JDA.These concepts are discussed further in Edward Drea,"The Imperial Japanese Army (1868—1945): Origins, Evolution, Legacy," in Jeremy Black, ed., *War in the Modern World since* 1815 (London: Routledge, 2003), 89—91.

82. Rikugun gakkai, ed., *Kitidai sensōshi gaisetsu shiryō hen* [An outline of modern warfare—documentary appendix] (Rikusen gakkai, 1984), 39.

10. 关键之年（1937—1941年）

自1911年中国爆发革命以来，日本陆军的军官就频频介入中国内政。在新生的中华民国内部，四下动荡不安。以此为背景，日本军官与中国内地以及满洲的军阀合作，同时充当中国好几个派系集团的军事顾问。他们还鼓动混乱局势，暗杀了张作霖，并密谋策划夺取了满洲。在占领满洲后，日本各野战部队进一步强化了工作力度，试图通过在华北推动地区自治运动来颠覆中国国民政府的统治权威。[1] 对于日本咄咄逼人的姿态，苏联加强了远东兵力。到1936年早期时，满洲成了日本的战略包袱。它是一块三面被苏联领土包围的突出部，而其西面侧翼的开阔地区则在名义上归中国国民政府控制。此外，日军肆无忌惮的行动也让中国人积压已久的爱国反日民族情绪迸发了出来，并促使原本相互攻伐的国民党人和共产党人握手言和、一致对外，因为他们都不愿让日本人支配华北和满洲。

滑入战争

过去，如果在中国发生了严重突发事件，东京的应对措施一般都是从本土调兵赴华以应付当地事态，之后再撤兵。现在，中国的民族主义浪潮正汹涌澎湃。中国共产党则在1936年2月越过黄河向北扩张势力。而煽动反日的活动也在中国各地蔓延。面对这些情况，陆军修改了应急方案，提出要占领中国华北五省。另外，为了平定上海局势，陆军要求实施两栖登陆以包抄中国城防守军的侧翼，随后再夺取国民政府的首都——南京。但支持石原莞尔大佐的参谋本部军官却认为这一强硬路线得不偿失，因为它会干扰重整军备和陆军现代化的长远计划。广田弘毅首相也这么看，所以他采取了更具安抚性的对华政策。然而，他的这一计划很快就破产了。[2]

关东军从1933年起就致力于推动内蒙古的独立运动，妄图建立另一个傀儡政权。1936年1月，当时隶属关东军的田中隆吉（Tanaka Ryukichi）中佐是一位内蒙古亲日集团的顾问。在那一年盛夏，他秘密组建了一支傀儡军队，把国民党军逐出了相邻的绥远省。随后在关东军的秘密支持下，他又于11月中旬擅自对绥远东部发动了一次入侵行动，但最后以惨败告终。这不仅让国民党人获得了一次盼望已久的胜利，而且也让中国媒体和民众欣喜万分。此外，日本人的这次进犯也进一步激化了中国人的仇日情绪。[3]

与此同时，1936年9月，参谋本部决定在华北爆发大规模反日运动前抢先展示武力。如果未达效果，当地日军司令官得到的命令是断然采取行动，争取通过高速机动和震慑作战的方法——同时尽量只动用最小规模的部队——尽快平定当地局势。陆军没有考虑其他反制措施，所以在华北进行武装干涉——即便要对付的仅仅是小型冲突——成了孤注一掷的计划案。[4]

1937年7月7日夜，北京（译者注：当时应为"北平"）城外卢沟桥附近的中日驻军爆发了小规模战斗。当地日军指挥官牟田口廉也（Mutaguchi Renya）大佐是个性格暴躁的人。他与当时很多陆军军官一样相信：示弱只会怂恿中国人得寸进尺。针对这次冲突，他单方面决定扩大战斗规模，从而点燃了华北地区的"火药桶"。

东京的内阁和陆军当局起初采取了"不扩大事态"的政策，希望能就地解决问题。然而事件发生四天后，陆军的情报显示蒋介石正朝华北地区派遣援军。参谋本部于是从朝鲜和满洲抽调部队增援中国驻屯军。参谋总长闲院宫载仁亲王和陆军大臣杉山元大将禀告天皇：战事会在一个月内结束。然而

10. 关键之年（1937—1941年）

天皇却没那么乐观。他的疑虑是：如果苏联趁日本陷入中国战事而进攻满洲的话，情况会怎么样呢？[5]

由于中国和日本谁也不愿退让，局部冲突很快就升级成了大规模交战。7月末时，东京已动员了多达20万人的部队。此时，日本援军已把中国军队逐出了北平和天津。8月1日，日本海军出动第三舰队疏散了上海的日本侨民，因为当地的紧张局势也在不断加剧。

该怎么处理这起事件呢？参谋本部和陆军省各有一套打算。前者希望用谈判的方法限制战事的扩大。而后者则主张通过迅速扩大战斗规模和打短期决战的方法以根除中国从西侧对日本构成的战略威胁。随着战斗日趋白热化，强硬派占了上风。越来越多的陆军师团渡海赴华加入了这场"不宣而战"的战争之中。战事的大规模升级产生了是否需要正式对华宣战的问题，而文官内阁则推动建立了一个大本营，希望借此控制军事行动。

建立大本营

参谋本部的人还记得之前在西伯利亚干涉"不宣而战"的时期，政客和文职大臣就设法干涉过军务。参谋们怀疑那帮人这次又想故伎重演，所以他们反对在没有正式对外宣战的情况下组建大本营。近卫文麿首相和一些陆军省的军官想正式宣战，因为前者觉得这样做合乎国际法，而后者是想确保作战事务的独立地位。然而一项联合研究的结论却主张，正式宣战有让日本失去贸易和原材料进口渠道的危险，而这反过来会对日本国家安全构成负面影响。[6]天皇于是在1937年9月4日召开了第72届临时国会，宣布日本决心解决中国"事变"（Incident）。

同年10月，随着大规模战斗从华北蔓延到了上海地区，驻华日军再次要求正式宣战以便控制占领区的中国海关、邮政和金融体系。中日正式决裂也会激励中国组建亲日政权，同时清除由参谋本部划定的军事行动界限。由内阁企划院（Cabinet Planning Board）总裁领导的一个内阁下属特别委员会在随后一个月认定，相比其缺点而言，"不宣而战"的好处更多，而在国际贸易方面更是如此。陆军省、海军省和外务省虽然各自组织了独立研究，但也都得出了相同的结论。[7]

"不宣而战"同样给大本营的组建带来了更多变数。到10月中旬时，由于陆军总是绕开内阁单独开展行动，近卫文麿倍感失望。他相信组建大本营可以使文官和军人的步伐一致，从而能联合掌控局势。陆军省军务局提议组建一个集权的决策机制。这样的话，内阁的文官和军部大臣以及枢密院议长就可以协调总体的战争工作。但参谋本部认为这只会放纵文官过多干涉最高统帅权。而海军则担心陆军可能会用新的大本营来支配文官政府的政策。所以海军方面只支持由大本营来协调——而不是规划——联合作战。[8]

随着事态陷入僵局，11月中旬，军务局长向陆军大臣进言。前者主张，当务之急是组建大本营，因为只有这样才能重新确立参谋本部对战地司令官的领导权。新法案修改了原先"如要组建大本营需要宣布战争状态"的规定〔新法令则规定：只要出现"战争"（War）或"事变"（Incident），即可组建大本营〕。1937年11月27日，大本营成立。首相和内阁文官是无权参加军机大事的讨论的，因此作战事务就被陆海军牢牢控制住了。

大本营分为陆军和海军两个部门，并分别由陆军参谋总长和海军军令部总长领导，而他们也是天皇近前的最高作战事务顾问。两部门的参谋人员都是陆军省、海军省、参谋本部和军令部各重要部门的负责人，另外还包括了从前述机构里选出的僚属。陆海军领导人会事先就军事方针达成一致，然后再召开"大本营御前会议"（Daihon'ei gozen kaigi），请求天皇批准。该会议是专门处理军务的，出席者包括天皇及其高级军官。从1937年11月到1943年5月共举行过八次这样的会议（见表10.1）。[9]

在"大本营御前会议"后又形成了一个旨在协调军事和文职当局政策的

10. 关键之年（1937—1941年）

"大本营政府联络会议"（Daihon'ei seifu renraku kaigi），其成员包括陆军参谋总长、海军军令部总长、陆军大臣、海军大臣、内阁总理大臣、外务大臣及其他文职官员。联络会议也可在天皇莅临的场合下批准那些事先已经达成一致意见的重大国策方针。这种会议属于"御前会议"，在1938年1月至1945年8月之间共召开过15次。然而在此期间，"大本营御前会议"一直都扮演着军事决策机构和高级作战司令部的角色。[10]

表10.1　大本营御前会议

日期	事件
1937年11月24日	陆海军向天皇禀报作战行动方案
1938年2月16日	决定1938年夏、秋期间的对华作战纲要
1938年6月15日	批准对武汉实施作战行动
1939年1月13日	批准占领海南岛
1942年12月31日	批准从瓜达尔卡纳尔岛撤军
1943年3月5日	批准1943年的作战方针
1943年3月26日	组建第8方面军（拉包尔）
1943年5月20日	批准从阿留申群岛撤军

来源：山田朗，《大元帅·昭和天皇》（东京：新日本出版社，1994年），第70-72页。

裕仁天皇在研讨作战事务和制定政策时究竟扮演了什么角色呢？这仍是个有争议的话题。一些人声称他仅仅是个批准军事政策的"橡皮图章"，而另一些人则认为他是一切决策的始作俑者。毫无疑问，天皇曾试图影响决策，但他很少展现出那种战时领袖的硬朗作风。在决策过程中，他是靠质疑细节问题来显示自己意图的。但信息的缺乏也限制了天皇的作为。虽然内大臣及宫内省官员的人脉很广,能从许多渠道收集信息,但和陆海军参谋部门以及文官省厅的官僚机构相比,他们就显得势单力薄了。为了能让本部门的计划获得陛下的支持,上述机构提供给天皇的信息都是经过筛选的,而且有时还相互矛盾。因此,天皇的决策经常是以片面的或带有偏见的信息为基础的,并且有时他是在近乎与世隔绝的条件下处理军国大事的。[11] 或许,只有一位强力领袖才能让各省厅和参谋部门齐心协力、同舟共济,但裕仁天皇绝不是那样的人。

第一次"大本营御前会议"于1937年11月24日在皇宫举行,参加者有陆海军参谋机关的总长、次长及作战部负责人,另外还有陆军大臣和海军大臣。陆军参谋总长和海军军令部总长向天皇报告,军方并没有在华北扩大作战,而是在着手重建当地的安全秩序;陆军正在华中地区追击溃散的中国军队,并考虑夺取南京;海军则对华南地区进行了空袭,以阻断中国方面的铁路运输。他们没有请天皇就下一步的计划或行动予以裁断,而天皇也没有提任何问题。[12]

当天下午晚些时候,第一次"大本营政府联络会议"在首相官邸召开。会议上,首相以及陆海军的大臣和次官讨论了限制对华作战的问题,因为苏联仍是个威胁,而且美英两国也可能会出面干涉。然而在日本各自为政的统治体制下,谁的要求也没有得到满足,而且文官内阁与军方之间的协调过程也显得颇费周章、拖沓冗长。由于陆海军不愿透露——更别说讨论——作战计划,联络会议在1938年初就中断了,并代之以"四相"或"五相"会议。直到1940年11月末,近卫文麿才恢复了"联络会议"以发挥其政策协调的作用。从那时起到1944年2月共召开了145次联络会议,起初都是每周四在首相官邸举行。[13]

10. **关键之年（1937—1941年）**

侵华战争

这场未经宣战的侵华战争主要是中日双方地面部队的交锋，作战范围广大，相当于美国密西西比河以东的国土面积。由于中国幅员广大、乡野辽阔，根本不可能组织一条连贯的防线。因此，日本陆军可以运用进攻性的战术和作战学说，快速席卷或从侧翼包抄中国的坚固据点。但这些地理条件在给日军提供作战便利的同时也让后者长期忽视的后勤体系备受煎熬。补给方面的难题很常见，而后勤支持则一直濒临崩溃的边缘，所以日军的作战行动经常要在后勤资源匮乏的条件下进行。

从严格的军事角度来看，日军的作战指导和官方的战术条令是合理有效的。它们都是随机应变的产物，是从一个个具体战役中演化来的，但其与战略上的军事目标几乎没什么瓜葛——就更不用说综合的国家目标了。当外交官们忙于解决危机时，日军的战地司令官们则在争取获得更大的行动自主权以扩大战争。内阁与参谋本部曾试图限制作战范围，但都归于失败。大本营的建立并没有统一指挥体制。

日军为了控制华北，决定兵分两路，并沿两条平行的铁路干线南下——东面的津浦线和西面的京汉线。按后勤条令的规定，野战部队必须在铁路兵站周围150到180英里的范围内行动，这样才可以保证维持可靠的交通线。部队一旦越出这一区域，其再补给和保障能力就会下降，而且经常会降低到危险程度。日军第1军从北京南下，第2军则先向南进军，然后挥师向西，对滹沱河以北、夹在日本两军之间的中国军队实施大规模两翼包围。东京方面在1937年8月26日组建了"华北方面军"（North China Area Army，NCAA）以统管和协调第1军和第2军的行动。

8月，上海爆发了激战，蒋介石在那里开辟了第二战场，并希望凭借优势兵力击垮驻扎当地的日军。天皇起初想向上海派遣两个师团以展示日本的决心，从而控制危险的局势，防止战斗进一步扩大。然而参谋本部却拒绝增派任何部队，因为当时陆军正在华北与中国军队激烈交战。参谋本部担心进一步分兵可能会诱使苏联人参战。8月中旬，中国国民党军队眼看就要把只有轻型装备的日本海军陆战队赶出上海了。直到这时，参谋本部才往上海调派了三个师团，并成立了"上海派遣军"（Shanghai Expeditionary Army）。天皇随后询问陆军参谋总长和海军军令部总长是否有可能调集重兵给予中国致命一击以结束战斗。[14] 蒋介石也是这么想的，所以他把越来越多的部队（最后总计70个师）投入上海以备决战。

双方都避免在市区交战，因为那儿汇聚了大量外国商业、金融和行政利益。日本不想公开与西方列强发生冲突，而中国也不敢得罪那些国家，所以中日双方的主战场位于上海西部和北部。日本陆军部队在获得增援后试图突破中国军队在上述地区的阵地，但日军最后不仅未能击溃那些坚决抵抗的中国守军，自身还蒙受了惨重损失。因此，参谋本部于9月中旬又新调三个师团开赴上海，企图打破僵局。松井石根（Matsui Iwane）大将奉召重新入役，并统领实力已大为增强的上海派遣军。他集中手下援军发动了一次正面强攻，但很快就以失败告终。这是因为中国的防御工事选址巧妙，在最大程度上利用了当地纵横密布的河汊沟渠。由此，中国军队才得以瓦解并歼灭了来犯的日军。步兵们为了争夺几百码的地方而殊死奋战。双方的损失都很惨重，但仍继续投入预备队和新兵。尽管如此，谁也没能打破消耗战的循环。

10月上旬，参谋本部命令华北方面军歼灭山西全境的中国军队，从而铲除日军西部侧翼受到的威胁。它还把华北方面军的两个师团调往上海参战。为了在上海西南部实施两栖登陆，包抄中国军队的侧翼，参谋本部在10月20日成立了第10军。十天后，参谋本部组建了华中方面军（Central China Area Army）以总揽上海地区的作战。及至11月上旬，日军的反复进攻终于撕裂了

10. 关键之年（1937—1941年）

中国军队在上海以西的最后一道防线。11月4日，第10军已有三个师团在上海南部登陆，中国军队顿时有陷入重围的危险。为了避免被日军全歼，蒋介石不得不命令其残兵败将后撤。中日双方在长达四个月的上海战役中付出了高昂的代价：就战殁、负伤或失踪的人数来说，日军超过了4万人，而中国方面或许高达20万人。

如此巨大的伤亡震动了日本公众。愤怒的示威者包围了一位联队长的家，因为他的部队在上海损兵折将、伤亡严重。万般无奈之下，东京警方奉命出动警力驱散了人群。在四国地区，一名军人的遗孀因难以忍受旁人对其亡夫的谩骂羞辱而自杀了。她的丈夫也是一位联队长，最后阵亡于上海。[15]

日本地面部队一面从华北向南推进，另一面也正从上海杀出一条血路。这时，关东军以及作为华北方面军战略预备队的第5师团开辟了第三条主要战线。它们发动进攻并占领了位于北平西北方向的察哈尔省。由于日军的机械化部队和飞机为沿着平绥线进军的步兵纵队开辟了通道，行动起初是很顺利的。然而到了9月中旬，第5师团在平型关山区遭遇了一次战术性的挫折。当地的中央军和中国共产党的部队在被迫撤退前给予了日军一次痛击。

日军虽然蹂躏了华北大部分地区，但却未能全歼中国军队，因为后者撤入了内陆地区。这样一来，日军的战线即便已经拉得过长，但前方仍有很多土地需要占领。参谋本部曾多次尝试对作战行动施加限制，但都未能奏效。这是因为日军战地司令官为了消灭中国军队，坚决要求放开手脚，发起更大规模的进攻。由于相信占领国民政府的首都——南京——会迫使蒋介石坐下来谈判，第10军于是在11月中旬一马当先，开始从上海溯流而上，朝着170英里外的目标进军。日军军官下令，要求部队烧毁沿途一切可能收容中国士兵的建筑和房屋。而且鉴于身着便衣的中国士兵可能会袭扰行军部队，日军军官也要求手下严厉惩处任何有"通敌"嫌疑的中国平民。[16] 及至12月10日，行动神速的日军步兵已进抵南京高达50英尺的城墙脚下。

在接下来的三天里，战斗一直没有停歇。对于首都防御的问题，蒋介石的思想曾频频发生变化。南京守军没有正式投降，而当地局势也日益混乱。厄运即将降临，在劫难逃。当中国守军最后纷乱无序地撤离后，日本军队洗劫了这座城市，其累累恶行实属20世纪最为臭名昭著的战争犯罪之一。日军烧杀淫掠、无恶不作，无数中国战俘和平民在这场声名狼藉的南京大屠杀中丧生。"因为我们不打算抓俘虏"，第16师团长写道，"所以我们强调的是一旦抓住他们就立刻处决"。[17]对中国遇难人数的评估至今仍具争议。中国方面声称有多达30万人罹难，而日本方面则认为死难人数应在几千人到约10万人之间。[18]

然而无论确切数据是多少，这绝不仅仅是日军在上海战役期间蒙受重大损失后军纪崩溃的结果。在南京，某些最恶劣的暴行是由第16师团犯下的。该师团并未参加过上海战役，而且其战时伤亡也相对较轻。[19]这说明日本陆军把敌国平民看成是一场总体战的关键组成部分，所以它就采用"一律格杀勿论"的恐怖手法来威逼中国人屈服。

至此为止，日军攻城掠地、所向披靡，并且其在南京和别处犯下的暴行令人不寒而栗。此外，日军的轰炸行动也在持续进行。但即便如此，中国人也并未屈服。国民政府将首都迁到了位于华中地区长江沿岸的武汉，而蒋介石的中央军则继续撤往广大内陆地区，与日军的优势兵力脱离了接触。南京的陷落并未宣告侵华战争的结束。日军的滔天罪行广为流传、人神共愤，进一步坚定了中国民众抵抗到底的决心。虽然日本陆军经常打得中国人猝不及防，但却往往因为兵力和机动性不足而无法完成合围。中国军队一次次地从包围圈的缺口处成功逃脱，因此日军战地司令官一直在向参谋本部和大本营施压，要求扩大作战范围，以进一步深入中国内陆。

10. 关键之年（1937—1941年）

陆军动员

及至1937年末，日本陆军已向中国战场投入了16个师团，共60万人的兵力，然而距离战事结束仍遥遥无期。华中地区的日军因伤亡严重、弹药不足和后勤支持不力而疲惫不堪。大本营于是为了让部队进行休整和重塑军纪而暂停了华中地区的大规模作战行动。从另一方面看，大本营本身也需要一段间歇期，因为在1938年中期以前，它必须完成10个本土新师团的动员工作，同时让重要工业部门转入战时生产的轨道。天皇在1938年2月16日的一次大本营御前会议上批准了这项政策。由此，日本陆军在巩固占领区时就必须避免卷入大规模作战。[20]

为了填补因伤亡造成的缺口，陆军几乎把1938年的征兵数额翻了一番，并动员了成千上万的预备役部队。经动员，到了1938年夏末，战前17个师团的兵力结构已扩大了一倍。陆军34个师团里的24个（8个常备师团、16个后备师团）正在中国作战，8个（其中7个常备师团）坐镇满洲，1个常备师团驻防朝鲜，还有1个（近卫师团）师团作为预备队留守本土。

重归现役的预备役军人普遍是年纪偏大的人。他们大多已拖家带口，而且很多人在1937年夏开赴战场时还满怀信心地认为自己能及时回国，同家人一起庆祝1938年的元旦。然而到1938年8月1日为止，在中国派遣军里，只有11%多一点的日军士兵是常备师团的军人，而22.6%的士兵来自第一后备役（24—28岁），45.2%来自第二后备役（29—34岁）。最后还有20.9%是征召的预备役人员，他们均未受过训练或训练程度不高，主要在运输和后勤部队里服役（见表10.2）。[21]

之所以如此分配兵力是因为参谋本部强调，如欲确保预期的对苏作战万无一失，常备师团将来就必须时刻准备开赴满洲或转成本土预备队。换句话说，陆军在1937年末就把常备师团撤出中国以行休整，并以动员起来的后备师团取而代之（见表10.3）。

表10.2　日本陆军征兵表 1937—1940年

年　份	1937年	1938年	1939年	1940年
A 类				
受体检者	153000	195200	200600	188800
应征入役者	153000	195200	200600	188800
B 类				
受体检者	470635	410239	412475	402283
应征入役者	17000	124800	139400	131200
全部适龄人口*	742422	720761	729852	703670
全部应征入役者	170000	320000	340000	320000
征召比例 %	22.9	44.4	46.6	45.6

*包括C、D和F类，但均无人入役。来源：《近代戦争史概説資料集》，第35页，表2-1-8和第36页，表2-1-9。

表10.3　处于现役的常备军和预备役人数 1937—1940年

	1937年	1938年	1939年	1940年
常备军人	354000	615400	844400	965700
预备役军人	595000	514600	395600	384300
总计	950000	1130000	1240000	1350000

来源：《近代戦争史概説資料集》，第35页，表2-1-8和第36页，表2-1-9。

在陆军当局看来，预备役士兵之所以精神士气不高、纪律观松懈——并且还在中国犯下了种种罪行——是因为他们都过于眷顾各自的"小家庭"，而且总想着过去的职业工作。事实上，在侵华战争的头两年里，重新归队的预备役军人的犯罪记录是现役常备师团士兵的四倍，并且陆军上下普遍都认为预备役部队纪律败坏、无法无天，惹出的乱子实在太多了。而驻华常备师团的低级军官则相信：预备役部队军纪废弛的问题也是由"统御无能"造成的。[22]

就在战斗持续扩大、伤亡数字与日俱增的同时，日本本土对战争收益的期待值也越来越高。[23] 南京沦陷后，近卫内阁采纳的议和条款也愈加苛刻，这部分是日本公众认为：在遭受惨重的伤亡代价（与日俄战争时的情形很像）后，日本理应从中国获得相应的补偿，而形式可以是"租借地"和"赔款"。为了处理这个问题，也为了请天皇授予国家方针的制定权，1938年1月11日，第一次御前会议在皇宫举行。参加者包括军方领导人以及首相和外相。

无论是首相、海相还是外相，谁也不想开这次会。但参谋次长多田骏（Tada Shun）中将相信，如果天皇同意实施宽大仁厚的政策，军方在东京的强硬派和咄咄逼人的战地军官就会有所收敛。然而，在"国务元老"西园寺公望的建议下，天皇在会议上自始至终没说一句话。会议最后并未产生多田骏期待的那种调门缓和的政策。恰恰相反，扩张分子的极其严苛的要求——包括"赔款"和"对华最后通牒"——得到了批准。[24] 五天后，近卫文麿宣布日本将不再与蒋介石政府打交道。这样一来，日本就找不到可以商谈终战的对象了。

本土动员

虽然日本没有正式进入战争状态，但政府和陆军却需要凭借大规模宣传和所谓的"精神动员"活动来激发本土民众的热情，鼓动他们支持侵华战争。为了庆祝1937年战争旗开得胜，日本国内组织了游行、焰火表演和大规模集会。但就像日俄战争时一样，安排这些活动是有风险的。1937年12月，政府准备组织一个大型炬火游行来庆贺"攻占南京"，但最后官方不得不把活动推迟了三天,因为中国首都并没有像日本人想象的那样快速陷落。还有一次,为了提高国民士气、增强战时意识,天皇于1938年12月主持召开了第74届帝国国会。当时他一反常态,身穿配有勋章的陆军制服。但不断扩大的侵华战争很快就使民营经济的产业活力趋于衰竭。[25] 自1931年以来,为了支撑满洲和华北地区的军事行动,陆军开支在国家预算中的比重就一直在稳步扩大。从1937年年中全面侵华开始,陆军规模开始急剧扩大。同时大本营陆军部则忙于重组兵力以对抗苏联。[26] 在这种环境下,陆军军费在国家总体预算中的份额最终超过了70%。

如能出台一份"国家总动员法",政府就能获得全面的经济权力。但这项工作最后遭到了国会的抵制。大概经过是这样的。1938年3月3日,正当陆军省军务局军务课国内班长佐藤贤了(Sato Kenryo)中佐就国家总动员法做解释说明时,数名国会成员向他发起诘难。这令佐藤大为火光,因为他没想到那些政客竟敢反驳他。最终,盛怒之下的佐藤大喊了一句"闭嘴!"然后愤然离场。次日,陆军大臣杉山元替佐藤的言行道了歉,但他也没申斥那位性如烈火的中佐。相形之下,一位反对派成员曾呼吁近卫文麿把胆子放大一点,让他拿出像希特勒、墨索里尼和斯大林那样的领导魄力出来。但众议院上下即刻将此人轰了出去,因为他竟然拿那位苏联独裁者说事儿。至于动员法,近卫文麿最终承认其规定的内容只适用于正式宣战的场合,而非眼下的"事变"。[27]

对华作战新阶段

尽管大本营在2月中旬已做出了"避免大规模作战"的决定,日军的诸位华北司令官们仍不愿罢手,继续积极搜寻敌军,并还像往常一样分兵出击,企图围歼中国军队。1938年3月,日军第5师团的两支相隔遥远的部队各从北面和东面进逼台儿庄。此地是大运河沿岸的铁路和交通枢纽。国民党精锐部队分别击败了这两支部队,迫使日军在损失大量兵力后撤退。虽然日军

10. 关键之年（1937—1941年）

增援部队随后击溃了已元气大伤的中国军队，但其在台儿庄的失败却被中国方面当作一次重大胜利而举国欢庆，并极大地提振了中国人的士气。然而这样一来，日军也愈发不可能缩小作战规模了。此战表明，一支过度分兵的小型部队若想靠闯劲和进攻精神来击败意志坚定的强敌是多么危险的一件事。

4月7日，就在台儿庄战役接近尾声之时，大本营下令用七个师团（20万兵力），从南北两个方向进攻徐州，并企图包围至少50个国民党师。[28] 日军故伎重演：首先分兵进击，然后再聚拢兵力，合围中国军队。此役为期两个月，日军虽然最终攻占了徐州，并歼灭了大量国民党师，但依旧未能围困中国军队的主力。很多中国部队趁着当地的浓雾天气逃出了包围圈。因为战线过度拉长，日军的战地后勤早已难以维持，而在这次徐州战役中，它终于彻底崩溃了。由此，很多日军前线部队饱受缺粮少弹之苦。

鉴于无法消灭国民党军主力，参谋本部随之放弃了决战策略，转而支持部队去占领战略要地。日军下一个目标是武汉，该地是中国的一处政治中心，并且还是长江中游流域中国守军的集结与后勤基地。在1938年夏，它成了中国防御作战的焦点。为了阻止日军前进，1938年6月初，蒋介石下令在黄河沿岸的花园口（河南）决堤放水。戴安娜·拉里（Diana Lary）恰如其分地称之为"洪泽"政策（"Drowned Earth" Policy）。虽然大水分割了两个日军师团的部分人马，但在洪涝肆虐的三个省份里，有90万中国平民丧生，还有390多万人流离失所，成为难民。[29] 蒋介石的这项决定推迟了日军进攻武汉的计划，为中国军队提供了后撤、重组的时间。然而，更让大本营心神不宁的是7、8月之交在苏朝边境张鼓峰地区爆发的苏日军事冲突。此次战斗是联队（团）级规模的。由于不确定苏联是想站在中国一边参战还是仅欲试探日军的防御，参谋本部下令延期发动武汉作战。

日军占领满洲后，莫斯科方面迅速将苏联远东驻军的兵力从1932年的8个师、200架飞机增加到四年后的20个师、1200架飞机。由于担心中国战事向外扩散，苏联远东军力后来又得到了进一步强化。到1938年时，据估计，苏联在远东有24个师（45万人）和2000架飞机。日军也相应把关东军的兵力增加到8个师团（约20万人）、12个飞行战队（约230架飞机）。另外，在朝鲜还有一个待命的一线师团，随时可以增援满洲。[30]

苏满边界长达3000英里，并且还有很多地带未被清晰划定，因此争议频生，出现了数以百计的小摩擦和几次严重事件，例如1937年中期，一艘苏联炮艇在布拉戈维申斯克附近的黑龙江江段沉没。当时，苏联满足了日本提出的要求。通过这件事，关东军相信，俄国人在军事强力的威胁前必定会退让。另外，日本还得到了关于斯大林"大清洗"的情报。据信，此次政治运动重创了苏联红军的高级军官团。由此，综上所述，日本人认为苏联已不再是一个那么可怕的劲敌了。

1938年7月初，少量苏军占领了张鼓峰附近的高地。当时，驻朝日军的第一反应就是用武力击溃入侵者。7月20日，参谋总长闲院宫载仁亲王和陆军大臣板垣征四郎中将分别上奏天皇，请求他批准出击行动，但他们对事件的描述却与外务大臣的报告大相径庭。天皇由此大感不安，并坚决主张在自己同意之前，不得调动一兵一卒。数天后，日军前哨报告说苏军正在张鼓峰附近的高地上构筑工事。当地的日军司令官于是自作主张，命令1500人的部队于7月30日至31日夜发动进攻，夺回高地。在得到日军军官是在苏军反复挑衅后而采取自卫措施的保证后，次日，天皇追认了这次军事行动。[31]

然而，苏军很快就采取了反制措施。8月1日，苏联空军轰炸了日军阵地，并且苏军至少有三个师在坦克、飞机和重炮的支援下向争议地区的约7000名日本守军发起了反攻。十天内，日军步兵承受了苏军接连不断的猛攻，而天皇和参谋本部则禁止日军飞机或重炮予以还击。日军步兵在苏军的无情炮击下坚守阵地，结果有1400多人伤亡，其中逾500人战死。但陆军省出于舆论影响的考虑在官方公报中将上述数字都缩减了一半。苏军损失也很

10. 关键之年（1937—1941年）

大，其伤亡数字应该在官方公布的850人和五六千人之间。8月11日，双方在莫斯科签订停火协议。

苏联人在冲突期间显得较为克制，因为他们的作战行动仅限于直接争议地区。这件事——以及停火协议的达成——让日本陆军觉得俄国人还是会在武力面前退缩。日军参谋嘲笑苏联红军的战术呆板，而且认为其战时调兵遣将也很业余。这一观点与日本对苏军战斗力的秘密评估结论是一致的。该评估大体上是基于假定的苏联国民性格而推出的陈词滥调。[32] 最终，参谋本部确信，张鼓峰战斗已使陆军的满洲后方基地安全无虞。

在消除北方侧翼的威胁后，8月22日，大本营命令第11军重新向武汉发起进攻。与此同时，第21军将在中国华南地区的主要港口与补给基地——广州——实施两栖登陆。第11军沿长江向西进逼武汉。当时正值盛夏，长江水位较高，因此日本海军的炮舰可以驶入内陆河段，为沿长江两岸进军的日本步兵提供火力支援。还有一路日军穿过山区攻入了南面的中国防线。总体来看，30万日军要对付的是100万中国军队。

由于远离供应仓库和铁路车站，再加上交通线漫长、路况糟糕以及山地崎岖，日军的后勤体系不多久就崩溃了。日军缺乏补给品，但仍要在令人窒息的盛夏骄阳的炙烤下沿长江向前推进。在这种恶劣条件下，日军士兵患上了流行的疟疾、阿米巴痢疾以及霍乱。日军最终动用了毒气——被委婉地称为"特种烟"——来瓦解中国军队的顽强抵抗。在华南地区，广州于10月21日陷落。在华中，武汉也于五天后被攻克。这是日军十个月以来的作战巅峰。中国的中央军已大为削弱，但还没到山穷水尽、被迫投降的地步。[33] 为了避免重演南京式的大屠杀，蒋介石下令在日军进占武汉前实施全面撤退，并再次把首都迁到了偏远的内陆地区，即四川省的重庆。

武汉会战标志着日本陆军从事大规模进攻战的能力已达到极限。[34] 到1938年秋时，大本营陆军部战争指导班制定的新政策是依靠中国傀儡政权和汉奸来控制占领区，攫取华北资源，并保护日本其他各处在华经济和金融利益。巩固对占领区的控制权能让陆军在一段时间后把目前80万在华部队的规模缩减一半。余下的日军仍将继续占据关键的战略地区，而这也是日本、"伪满洲国"和中国联合反共阵线的组成部分。近卫文麿首相在11月3日宣布了一项"善意"的计划，他利用这个机会阐述了以日中平等伙伴关系为基础的"东亚新秩序"。

第二次御前会议于1938年11月30日举行。它批准了战争指导班企图维持中国分裂局面的新政策。[35] 中国派遣军虽然竭力反对缩减部队规模，但最终同意在1939年末以前将兵力降到75万人。由于无法结束对华战争，同时又不愿支持陆军反复提出的改革内政的要求，近卫文麿最终于1939年1月初提交了辞呈。

不论口头上怎么大谈特谈"巩固占领"，在大本营的指导下，日军仍于1939年3月向华中地区的南昌发动了新一轮进攻。3月下旬，第11军夺取了南昌，并在随后的两个月内转入防御。在此期间，中国军队实施了有力的反攻，但却未能奏效。5月，日军向湖北省北部山区的中国军队开展了征讨作战，企图借此破坏当地一处新建的中国基地。但日军行动刚刚开始，在诺门坎——满洲与外蒙边界争议地区的一处小村——就爆发了苏日军队间的激战。大本营被迫再次推迟了大规模对华地面战。

日本陆军在对苏战备上花了三十多年时间的心血，而诺门坎战役是其这一努力的顶点。数十年以来，陆军殚精竭虑地制定作战条令、革新战术、研究武器技术、严加训练，而它的目的就是希望能迅速围歼敌军，首战即决胜。相对来说，关东军一直未受对华作战的拖累。张鼓峰战役后，它命令各地指挥官对苏联或外蒙侵犯争议地界的任何举动都要予以坚决还击。基于这样的交战规则，1939年5月下旬，第23师团的一支侦察部队对诺门坎附近的一小股外蒙部队展开了追击。

10. 关键之年（1937—1941年）

为了能在诺门坎与哈拉哈河——向西数英里的地方——之间堵住入侵者的退路，争强好胜的日军指挥官率其部队踏入了苏联人设下的伏击圈，并遭到了苏军步（兵）坦（克）合成部队的围攻。苏军炮兵从哈拉哈河西岸的高地向陷入重围、寡不敌众、毫无招架之力的日军实施了猛烈轰击。虽然日军200人的部队在损失了60%的兵力后趁夜色逃出了包围圈，但其指挥官却在突围战中阵亡了。

关东军司令部被这次失利深深刺激到了。于是它向争议地区派遣了一个加强师团，企图驱逐当地的敌军。7月上旬，第23师团在夜色的掩护下发起进攻，试图包围敌军。师团下属的两个战车联队（共计73辆坦克）一马当先实施了正面进攻，并牵制住了苏军。与此同时，日军的两个步兵联队从交战地点以北的地方跨过了哈拉哈河。随后，这支部队向南挺进，围歼了高地上的苏军炮兵部队。由此，位于河东岸的苏军就被切断了退路，陷入了日军包围。

然而短兵相接、刺刀见红的经典包围战却以完败告终。日军的正面进攻一头栽进了有反坦克炮和野战炮火力支援的苏军步兵阵地。骄横跋扈、不可一世的日军战车部队受到了重创，并很快撤离了战场。经过两天激战，日军沿西岸的迂回进攻也陷入停顿。苏军动用上百辆坦克和装甲车发起反击，使毫无掩护的日军面临灭顶之灾。只有一座孤零零的桥梁能为日军输送补给与增援，因为陆军其他的架桥装备都已用于对华作战了。[36] 日军步兵虽然仍在范围不断缩小的桥头堡地区拼死战斗，但7月5日那天，他们终于撤过了哈拉哈河，并在苏军西岸高地炮兵的视野内掘壕固守。

在接下来的三周时间里，双方都忙于增兵，试探对方阵地，并进行炮战，由此带来了一场长时间的消耗战。苏军于7月23日至25日挫败了日军的一次大规模正面进攻，后者的目标是哈拉哈河与胡鲁斯台河汇合处的一座桥梁。之后，双方陷入了沉闷的对峙。直到8月20日，苏联红军在格奥尔吉·朱可夫（Georgi Zhukov）中将的指挥下，以装甲旅和机械化旅为先锋，从南北两翼向日军第23师团发起了进攻，并成功实施了围歼。日军的损失超过了17000人，其中约半数属于阵亡，苏军伤亡可能达到了20000人。日军第23师团拼死抵抗朱可夫的攻势，完全可以说是在为生存而战。但与此同时，号称是日本盟友的纳粹德国却与苏联签订了一份互不侵犯协定。这一戏剧性的转折摧垮了东京的内阁，而陆军上下也惊慌失措。

9月1日，纳粹德军安然踏过波兰边界，因为之前德苏已达成秘密协议，约定共同瓜分波兰这个不幸的国家。一些日军军官料想苏联人在欧洲爆发战事的情况下定会被迫从西伯利亚向俄罗斯西部调兵以应对危机。关东军的性情急躁的参谋们强烈要求立即动用三个师团进行反击来扭转诺门坎的局势。但在9月3日，参谋本部发布了天皇诏令，取消了进攻作战，从而接受了失败的现实。

就诺门坎的大溃败来说，更加让人不快的一点是，陆军虽然采用了专门用于争取速胜的作战条令、战术和装备，但从结果来看，无论是夜间白刃突击还是大肆吹嘘的精神力量都未能奏效。可是，即便如此，陆军还是没有完全认清失败的教训。相反，大本营陆军部认为，此次惨败的责任应由新近组建的第23师团（1938年7月）及其无能的军官担负。陆军的调查委员会后来认定：战斗精神仍是绝对重要的作战因素，但在以后的战斗中，或许也有必要强化火力。[37]

此次失利后，陆军做出了人事调整。级别较高的司令官和参谋要么被降为预备役，要么被派到陆军训练学校任职。直接参加战斗的联队级军官则要么被斥为"懦夫"，要么因擅自下令撤退而被逼自杀——但其实在两个这样的案例中，孤立无援的日军都是在英勇抵抗很长一段时间以后才被迫撤退的。至于159名被遣返回来的日本战俘，陆军的处理措施也很严酷。[38]

日苏双方第一次交换战俘是在9月27日。三天后，陆军大臣向关东军司

10. 关键之年（1937—1941年）

令官和中国派遣军司令官发出指示：必须严加盘问所有返回的战俘，同时要按要求对其予以纪律处分——包括把他们发配到"惩罚部队"。陆相这样做是希望达到从严治军的目的，但关东军的措施却更加严厉，因为在它的管辖范围内，那些未遭审查委员会指控的人也会接受纪律处分。虽然在有关的条令中并没有禁止投降的明文规定，但在陆军里盛行的非正式文化以及倍受日本人珍视的爱国精神却让那些"俘虏"成了千夫所指、万人唾弃的对象。

陆军当局的政策是支持——或者命令——遣返回来的军官去自杀。曾有两名陆军航空部队的军官，他们的飞机是在敌人后方纵深地带被击落的。随后，他们被苏军俘获。据称，他们在返回己方阵营后收到了陆军当局发的手枪，这意思就是让他们为了荣誉而自杀。有过被俘经历的普通士兵先要被隔离审查，然后再送交军事法庭。惩罚措施轻重不等——从为期数年的监禁到短短几天的软禁。服刑期满后，这些前战俘将被重新安置到别的地方。具体地点都是由他们自己挑的，但前提是不能选择回国。按规定，他们也不得返回原先的部队。甚至在从陆军退伍后，他们当中也只有少数人能够回到祖国。[39]

如果说1932年痛苦困惑的空闲升少佐在上海郊外自杀身亡为军官们树立了宁死不屈的榜样的话，那么这次严厉惩处遣返的战俘则向全军传达了同样的信息。高级军官再次以"士兵缺乏战斗精神"这样的理由掩盖了大本营陆军部的失误。

占领区

陆军官员没心思去制定长期的占领政策。鉴于日军后勤几乎到了山穷水尽的地步，所以大本营命令各野战部队就地解决补给需要。这等于是在公开鼓励日军到处抢劫。四下游荡、搜索粮草的日本和中国军队反复"光顾"双方拉锯争夺的地区，把那里的庄稼、牲畜以及财物都洗劫一空。匪帮于是取代了当地政府的角色。战争期间，在所有日军占领下的中国土地上，犯罪活动猖獗是一大特征。

日本占领军的一项独特发明是设立战地妓院。1932年，民政和军事当局曾在上海建立了一个"妓院系统"来防止性病传播到军队。但1937年全面侵华战争爆发后，日军强暴或杀害中国妇女的暴行激增。部队指挥官们于是想用在日占区设立战地妓院——所谓"慰安所"——的方法来维护军纪。换句话说，陆军这么做的目的是想为士兵的健康、福利和军纪提供保障。

1938年6月，华北方面军参谋长抱怨说，不计其数的强暴案件不仅损害了平定局势的"绥靖"工作，而且也干扰了陆军的全盘行动，因为犯罪案件激起了当地居民反抗日军的运动。慰安所由官方批准建立并监管。它为士兵压抑的性冲动提供了发泄口，由此不仅能维持军纪，还可以防止性病从中国那些廉价的妓院向军队传播。军方还把日本民间的妓院经营者带到了中国，让他们在特许协议的范围内管理那些经陆军批准而经营的妓院。随着该体系在各野战部队固定下来，陆军军医也定期为妓女做检查以防止性病。[40]

由于在华日军针对妇女的暴力事件泛滥成灾，陆军高级官员早在1940年就发布了更严格的规章条令，希望能禁绝这种现象。但很明显，强暴行为依然很普遍，而且得到了默许。因此陆军在1942年2月修订了刑典，对强奸罪作出了更严厉的惩处规定。[41]

无止境的战争

1939年9月23日，大本营组建了中国派遣军（China Expeditionary Army，华中派遣军也并入其中）。同时，由于国际形势发生了剧变，大本营命令中国派遣军迅速结束日本方面称为"中国事变"的战争，以便陆军可以针对另一个未指明的对手进行战备。几位日军在华战地司令官曾对大本营施加的行动限制感到恼火。比如，第11军司令官冈村宁次（Okamura Ysuji）中将就认

10. 关键之年（1937—1941年）

为除非继续进攻并消灭中国军队，否则地面战就毫无出路可言。现在限制放宽后，他们就有机会赢得这场战争了。[42]

就在日军筹备1940年的春季攻势时，蒋介石却以70个师的兵力于1939年12月中旬在中国广大地域内发起了一次进攻。冈村宁次麾下的那些师团面临重重压力。它们分散在漫长的战线上（有些师团的防御正面超过了100英里），并且没有纵深防御体系或者战略预备队。到1940年1月中旬时，日军完成了兵力重组，并开始反击，最后挫败了蒋介石的攻势。但惊魂未定的第11军仍向大本营报告说：敌军依旧斗志昂扬。[43]

同时，大约在1939年末，陆军省修改了1937年的重整军备计划。新版本的内容是：日军到1942年时将部署65个师团及200个飞行中队。为了扩大兵力结构，陆军省准备削减在华部队以便充实物资和弹药储备。但参谋本部却在撤出中国的问题上举棋不定，而大藏省也不愿为这个更新的军备计划提供资金。为了获得天皇的首肯，陆军省最终同意削减5%的装备和三分之一的物资储备，同时把该项目的完成期限推迟至1946年。

当时的阿部信行（Abe Nobuyuki）首相是一位已经退役的将军。他于1939年12月末在国会提出了陆军的议案。但自上任四个月以来，他已处于争议的风口浪尖。之所以选阿部来组阁是因为他不属于"亲德派"，而且天皇也喜欢他。身为首相，他试图冻结消费品价格。然而日本西部和朝鲜的干旱却导致粮食歉收，因此推高了食品价格并压缩了日本的水力发电量。国会拒绝支持陆军的扩军议案，并考虑发起不信任投票。但担心举行大选可能会导致反战、反军情绪的大爆发，陆军领导人不敢解散国会。无奈之下，阿部信行辞职了。没过多久，中国派遣军的指挥官板垣征四郎中将要求火速派兵增援中国战场。结果，陆军的重整军备计划实际上等于完全泡汤了。[44]

301

地图6 日军在华攻势：1937年7月—1945年2月

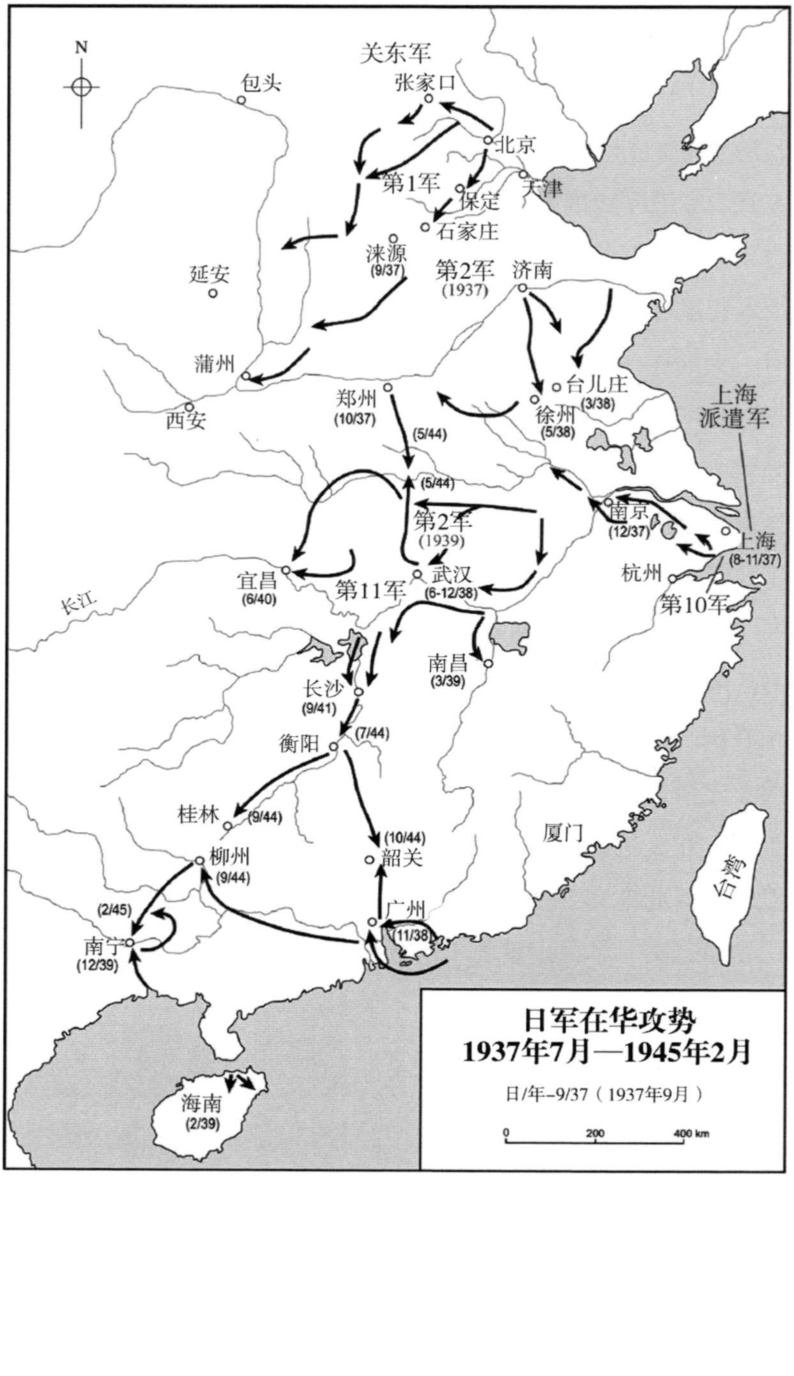

10. 关键之年（1937—1941年）

1940年3月，参谋本部和陆军省断定，如果日本不能在年内以军事行动击败中国，那么中国派遣军以后就只得学会自力更生了，因为陆军无法一边为它提供给养，一边实施四年期的重整军备计划来筹备预期中的对苏作战。从中国撤军的进程预计从1941年开始，之后到1943年时，日占区将仅限于上海周边的三角洲和华北的三角形地带。

1940年5月1日，第11军进攻宜昌，企图驱逐湖北中部和北部的中国军队，打开进军重庆的通道，同时夺取一个能空袭国民政府首都的航空作战基地。依照其缩减在华军力的计划，大本营给此轮攻势设定的期限是两个月。之后，日军将返回其初始位置。[45] 5月18日，参谋本部和陆军省一致认为，除非能在1940年末以前通过综合运用政治、军事和秘密手段迫使蒋介石投降，否则陆军就必须缩小此类作战的规模，并在1941年底前逐步把半数以上的军队（日本当时在华部队总计85万人）撤出中国。[46] 中国派遣军对这项撤军提案表示抗议，并向大本营施压，要求把在华军力维持在70万到75万人之间。

对华新方针里的外交联络和秘密行动后来变成了"桐工作"（Kiri Operation）。当时，日本政府和陆军为此暂时推迟了在占领区成立以汪精卫为首的亲日政权，并与中国特工展开了秘密沟通，希望能让板垣征四郎——如今已是中国派遣军的总参谋长——在1940年8月直接与蒋介石进行停火谈判。[47] 但这个策略最后破产了，因为板垣坚持要求中国方面承认"伪满洲国"，而蒋介石是断然不会答应的。

至于军事压力方面，日军于6月12日占领了宜昌，但四天后即按命令撤退了。在此期间，德国的闪电战击败了法国。纳粹对西欧的征服令人瞠目结舌，世界似乎迎来了一个新秩序。德国的胜利也使欧洲各国的亚洲殖民地陷入了孤立无援的状态，而那些地区的自然资源似乎将任凭日本处置。这对于日本人来说无异于"天上掉馅儿饼"的美事。由于法国已被击败，英国也濒临投降，日本就有了一个千载难逢的机会来切断西方世界援助蒋介石的补给线——那些路线贯穿法属印度支那和英属缅甸。就算陆军真的进占南方的西方殖民地,那也没什么危险,因为日本与德意两国不断强化的关系会让美国不敢介入干涉。[48] 日本的军部和文官领导人还怀疑德国人会设法控制法属印度支那与荷属东印度群岛。所以,日本必须马上行动,以免"错过班车"。这句话成了1940年夏日本的流行语。当时,军方、政界以及公共舆论领袖都把西方的轴心国胜利当作是解决东方战事的良机。

正当乐观情绪四处洋溢时,天皇于6月15日得知海军想把宜昌作为空袭重庆的前沿作战基地。他于是询问陆军参谋总长闲院宫载仁亲王:目前在宜昌的陆军部队正在干什么?但中国派遣军总司令官西尾寿造(Nishio Toshizo)却把天皇的提问当成了一道指令,所以他命令第11军夺回宜昌(刚刚被放弃),并把它改造成一个大型航空基地以加强对中国城市的战略轰炸,从而达到摧垮国民政府抵抗意志的目的。宜昌将成为一个跳板,日军从这里出发一方面可以进军华南,另一方面能重获战地司令官们所急需的行动自由。在此期间,日本陆军向英法两国施压,要求它们关闭从法属印度支那和英属缅甸通往中国的军事补给通道。这两条陆路通道在昆明汇合,而该地恰好处于日军第22军的作战半径以外。第22军的司令部在南宁,位于昆明以东360英里处。然而,由于地处内陆、补给不便、难以防守,南宁并不是一个适于对昆明发起大规模攻势的前沿基地。陆军领导人于是更看重"进军印度支那"的意义。[49]

6月下旬,在日本反复施加的外交与军事压力下,法国屈服了,并允许40人的日方小组检查运往中国的货物,以防夹带军事违禁品。在接下来的一个月,由于遭到德国空袭并面临入侵的威胁,英国被迫关闭了缅甸通道。参谋本部随后命令在印度支那的小组为日军争取驻兵和使用航空基地的权利。这些行动与陆军最近重新评估欧洲局势的工作密切相关。

1940年6月25日,参谋本部和陆军省匆忙草拟了进攻位于亚洲的西方国家

10. 关键之年（1937—1941年）

殖民地的计划。首先，日军将向新加坡发起一次出其不意的快速打击。该行动将得到以法属印度支那和泰国为基地的飞机的支援。随后，日军将入侵荷属东印度群岛。只要有可能，日本必须努力避免与美国开战。这成了陆军7月3日决定进攻亚洲的西方殖民地的基础——不论中国局势如何变化。海军对此表示赞同，但却坚持同时要针对美国进行战备。当米内光政首相——一位退役的海军将领——拒绝支持这一剧烈的政策转换时，陆军领导人就推翻了他的内阁。[50]

6月18日，近卫文麿在辞去枢密院的职务后，呼吁组建强有力的举国一致内阁以应对急剧变化的国内与国际局势。当然，新内阁将由他来领导。几周后，闲院宫载仁亲王建议陆军大臣畑俊六（Hata Shunroku）中将（译者注：此时应为"大将"）辞职，以示支持组建强力的举国一致内阁。畑俊六于是递交了辞呈。陆军后来拒绝提名陆相的新人选，所以米内光政只得解散了内阁。近卫文麿随后第二次组阁，而他的个人魅力似乎为团结全国力量的新一轮政治运动带来了希望。就目标而言，这个新政治运动是为了应对"史无前例的国内与国际形势"。[51]

天皇责令近卫要捍卫宪法，缓解财界的紧张情绪，同时还应与英美合作。可是近卫本人却有不同的打算，并且天皇也怀疑他的新首相正在考虑通过开展"南进"来打消公众的不满情绪——而之所以有不满是因为对华战事境况惨淡、胜绩寥寥。[52] 同年10月，日本政党纷纷主动解散。这是近卫文麿计划的一部分，他想凭借"大政翼赞会"（Imperial Rule Assistance Association）来让全国团结在自己的领导下。

近卫文麿选择让东条英机中将来当陆相，并让吉田善吾（Yoshida Zengo）中将出任海相，同时任命松冈洋右担任外相。7月19日，这四人在近卫的住处会谈。他们一致认为，维持东亚稳定需要日本为轴心国条约增添军事和经济力量，同时需要确保苏联严守中立，另外还要从军事上准备"南进"作战。只要美国不出手干涉日本构建东亚新秩序,日本就要避免与美国发生冲突。八天后,"大本营政府联络会议"——两年多来的首次会议——通过了一项政策,但该政策既无法解决中国事变,又不能避开对美战争的风险。换句话说,陆军的思想从"必须迅速结束对华战争以便开展'南进'作战"变成了"依靠'南进'来结束对华作战"。[53]

但陆军内部就整体战略是存在不同意见的。由于预期德国即将入侵英国本土,参谋本部想趁机夺取新加坡,攻占马来亚和荷属东印度群岛,然后再准备对俄或对美作战。有些人觉得英国会投降,所以据此预计,美国在那种情况下会孤立无援。陆军省优先考虑的是结束中国事变,但其内部就"获致目标的手段问题"却未达成一致。海军想以和平的方式向"南洋"区域扩张,但同时也想完成各项军事上的战争准备。[54]

1940年9月,外务大臣松冈洋右宣布,"新秩序"已扩大为"大东亚共荣圈",它将进一步囊括法属印度支那以及荷属东印度。新政策的核心是确保日本能获取上述地区的原材料,但仅仅占有这些资源是毫无意义的,除非海军能护送载有石油和矿物的商船平安返回日本,然后再对这些原材料进行精炼加工。在前不久结束的桌面兵棋推演中,日本攻占了荷属东印度,但却无法保证海路畅通。海军大臣对这些结果不予理睬,而陆海两军在没有备选方案的情况下继续规划"南进"行动。[55]

陆军省和参谋本部就"武装入侵法属印度支那到底有多少价值"的问题各执己见,但外务省还是向法国人施压,要求他们允许日军进驻印度支那以封锁中国边界,防止外界补给物资流入中国。日本人的外交勒索由于有军事力量的支持而增加了分量。8月末,第5师团开始向印度支那的北部边界集结。9月6日,一名日军指挥官自作主张,带领他的大队跨过了边界。虽然他很快就撤回来了,但法国人还是立即取消了后续谈判。

9月22日,东京无视法方抗议,正式命令部队侵入印度支那。由于法军兵

10. 关键之年（1937—1941年）

力过于虚弱，根本无力进行军事抵抗，所以法国允许日军进入其殖民地。由此，和平解决危机的希望似乎近在眼前。但参谋本部的鹰派、第5师团的诸位联队长以及参谋本部作战部长富永恭次（Tominaga Kyoji）少将却策划了一个阴谋。他们故意推迟了向第5师团总部通告外交解决案的时间。然后，一份伪造的命令——据称是从第22军总部发来的——指示第5师团于9月23日午夜入侵法属印度支那。于是战斗在谅山附近爆发了，日军很快就夺取了当地的一处法军要塞。在匆忙安排停火后，日法双方的谈判一直持续到了10月份。法国最终同意让日军进驻法属印度支那的北部地区。[56]

美国对日本的这些侵略举动作出了反应。9月28日，美国决定禁止向日本输送废旧钢铁，并同意向中国提供2500万美元的贷款。10月中旬，英国重新开放了缅甸公路，这是因为德国入侵的威胁已减轻，而且之前对日本的让步似乎只是让东京的极端派人物更加放肆。因此，英国政府不仅抛弃了从前的"绥靖政策"，而且还宣布向中国提供1000万英镑的贷款。[57]

日军战地司令官桀骜不驯，参谋军官串联密谋，而印度支那的插曲则实属灾难性事件。陆军大臣东条英机对此愤怒不已。为了重新整顿军纪，他下令进行大范围的人事调整。承担边界事件责任的那些部队指挥官和前线军官被降为预备役，而他们在参谋本部里的上级——比如像富永恭次少将那样的人——则因唆使前线部队冒动而要么被调到了低级指挥岗位，要么被派到陆军学校去当教员。[58]

为了重建军纪、增强士兵精神力量、提振部队士气——尤其是那些在华部队，1941年1月8日，东条英机颁布了"战阵训"（Senjinkun）。出于确保政治正确性的目的，一些优秀学者也参与了审稿工作。经过知名作家岛崎藤村（Shimazaki Toson）和诗人佐藤惣之助（Sato Sonosuke）的润色后，"战阵训"充斥着华丽的辞藻，其中就有那条臭名昭著的、宣扬"宁死不降"的训诫。该训令是为重塑军纪服务的，它通篇文笔优美，营造了一种"武士道"和"皇恩浩荡"的浪漫化观念。陆军希望部队能尊重对手和平民,保护敌方财产。由此,为了展示天皇的仁德,上级命令部队在处置俘虏时要做到"恩威并施"、"宽严相济"。事实上,这种"派生"出来的武士价值规范是"现代的神话"。人们只要想想欧洲的骑士精神在欧美士兵身上发挥了多少影响力,就能料到上述浪漫化观念对日本步兵来说到底有多少价值和适用性。[59]

对外结盟

在印度支那危机期间,近卫文麿试图加强日本与德国和意大利的关系。此为"近卫外交"的一大支柱,因为他相信轴心国之间的军事联盟能阻止美国介入亚洲事务。虽然海军大臣吉田善吾反对缔约,但在海军内部鹰派集团的极大压力下,他最终于9月初称病辞职了。9月12日召开了一次四相会议,出席者包括新任海军大臣及川古志郎(Oikawa Koshiro)大将。本次会议决定批准缔结轴心国同盟,但前提是盟约中不含"自动参战"(Automatic War Entry)的条款。一周后,在第三次御前会议上,天皇批准了联络委员会的政策。这意味着天皇承认了爆发日美战争的可能性,但还是希望那不会发生。[60]

9月27日,为期十年的轴心国"军事与经济同盟"条约在柏林签订。三个缔约国——日本、德国和意大利——承诺:如果任一缔约方与当时的一个非交战国发生战争(针对美国的),所有缔约国将提供相互援助。该条约明白无误地使日本成为轴心国阵营的成员。数天内,闲院宫载仁亲王辞去了陆军参谋总长的职务。次年4月,伏见宫博恭王也效法前例,从海军军令部总长的职位上卸任了。他们二人先后辞职是为了达到一个目的,那就是使宫廷摆脱其与军方的关系,因为这样一来,皇室就可以免于在战争与和平的重大决策上正式承担责任。[61]

在眼花缭乱的军事与外交活动背后,中国还在继续消耗着日本的军事与

10. 关键之年（1937—1941年）

经济资源。1940年8月，中国共产党的军队由之前的"游击战"突然转入"常规战"，在华北掀起了"百团大战"。起初，日军及"伪军"被打了个措手不及，因为中共在进攻的组织协调方面做得很好，而且其攻击范围广泛、节奏紧凑，令对手难以招架。但到了9月中旬，日军站稳了脚跟。经事先精心策划，日军展开反击，并与中共部队发生激战。日军的优势火力与装备最终迫使中共游击队撤退。到11月份时，日军展开了血腥的追击战，[62] 但中共军队此次攻势的规模与强度也迫使陆军对其平叛作战的条令进行了反思。

从1938年末到1940年夏，日本陆军在华北实施了针对游击队的扫荡行动，而其最终目的是给1940年3月30日成立于南京的"汪伪政权"撑腰。陆军沿用其在满洲地区打击非正规部队的模式。1933年，它曾在满洲当地组织了7万人的部队从事平叛作战。率领这些部队的是约三四千人的日本军事顾问，而其中大多数都是预备役军官的志愿者。另有多达7万人，经过日本人训练的满洲警察部队，其中有10%是日本人或朝鲜人。这支部队是日军的支援力量，负责维持各地治安。有了这些本地军事组织做助手和后盾，日军就能把自己的常备部队解放出来而投入常规作战的训练了。[63]

在华北，日本陆军同样依靠本地中国人的"伪军"维持治安。沿着公路和铁路干线建起了一连串坚固据点，其中很多都是由日军的傀儡——"伪军"——驻守的。同时，日军执行守备任务的师团——这些师团是专门组建的轻步兵部队，没有野战炮或摩托化运输工具——会定期对中国军队活动频繁的"危险区域"实施扫荡，以防游击队在那里建立根据地。在对付"打了就跑"的传统游击战方面，把"点—线"策略与"突击征讨"结合起来的方法多少还是有效的。

1940年末，在百团大战之后，日本华北方面军抛弃了过去的消极封锁战略，转而开始贯彻积极的反游击战策略，而其使用的基本手段就是恐怖政治、强制迁移人口和抢劫掠夺。华北方面军下属的第1军经常肆意处决年龄

309

在16到60岁之间的中国男性,因为日军觉得游击队员会时常化装成当地平民的模样开展行动。如果哪个小村被日军怀疑窝藏游击队的话,那个村就会被彻底焚毁。1941年7月,华北方面军旨在恢复秩序、消灭游击队的"三年计划"由以下内容组成:摧毁村庄、强制迁移人口、收缴粮食和食物。这么做的目的是清空整个区域,让游击队无法生存。[64] 中国人辛辣地称之为"三光政策"——"杀光、烧光、抢光"。这是对日军成百上千次惩戒性"扫荡"的贴切描述,因为直到1943年,华北地区一直遭受着日军的摧残,蒙受了深重的苦难。鉴于反游击战行动的强度增大,大本营在1941年1月16日修改了政策:一方面,预定撤离中国的部队规模被削减了;而另一方面,彻底实现撤军的截止时间也被进一步往后推。在接下来可预见的时期里,将有至少50多万日军留驻中国。[65]

在战略层面上,大本营把"海上封锁"和"空袭中国城市"两种方法结合了起来,企图以此摧垮中国中央政府的意志。日军以数个师团的兵力在1941年初发动了几次规模有限的两栖作战,封锁了中国华南众多港口,干扰了沿海交通,并切断了蒋介石部队的陆路补给线。陆军飞机通常攻击的是特定地面作战区域内的战术目标。轰炸重庆、昆明以及其他中国重要城市的空袭行动也持续进行着。在这些任务中,海军的陆基轰炸机是先锋部队。日军的狂轰滥炸迫使中国居民躲入地下掩体,同时国民党人建设工业基地和军需产业的努力也遭受到了挫折。海军计划人员断定:战略空袭有助于海军控制中国沿岸地区和内陆水道——特别是长江。

及至1941年夏,由于日本海军把战略重心转到了太平洋战争的备战工作上,海军的轰炸机部队开始撤出中国。这就为重庆和其他中国城市提供了一点喘息的机会。就陆军而言,除了几次例外——比如,在华南参加了几次配合封锁战略的两栖作战,它一直避免卷入大规模地面战。陆军以强化治安行动为工作重心,致力于清除占领区内的反日或反汪(汪精卫)势力。[66]

10. 关键之年（1937—1941年）

大本营授权实施了几次有限的地面作战，但行动目标仅仅是抢在中国军队行动前发起先发制人打击，并打乱敌军集中兵力的企图。1941年上半年，中国军队在华北和华中的一系列非决定性战役中还是一成不变地执行着"以空间换时间"的策略。日军曾反复攻占过同一个地方，但几天后就撤退了，而士兵们也明白自己很快还会杀回来。1941年4月，第11军新任司令官阿南惟几（Anami Korechika）中将觉得这种"忽进忽退"的突击完全是徒劳，因此颇感沮丧。他提议攻占长沙并消灭当地的30多万国民党守军，同时夺取中国的产粮区。他相信只要几记重拳就能结束对华战争。

然而在当时的国际压力下，日本不得不重新评估本国的战略目标以及实现目标的可行方法。1941年1月，美国针对日本实施了铜及黄铜的禁运措施。东京方面从荷属东印度获取石油的计划也泡汤了，因为荷兰人多次拖延谈判。6月中旬，富兰克林·D. 罗斯福（Franklin D. Roosevelt）总统宣布，鉴于国内石油出现短缺，美国将被迫停止从东海岸港口向日本运输石油。[67]

此时，大部分日本民用经济已转入军工生产，而混乱则相伴而生，并导致了消费品短缺。汽油配给从1938年3月起就已实行，而同年6月还出现了燃烧木炭的机动车。在军事需要压倒一切的环境下，皮革制品很稀缺。政府发起的社会运动一方面敦促国民抛弃奢侈品，另一方面则鼓励他们购买战时公债，并宣传说这样做既是为了家庭也是为了祖国。1939年9月，内阁强制实施了价格管控，于是黑市交易兴盛了起来。同时，内阁还提高了政府专营的烟草价格。从1940年6月起，火柴和糖也进入了配给范围。1941年4月，六个主要日本城市开始实行大米配给制。[68] 也就是说，随着对华战争没完没了地拖下去，"勒紧裤腰带"成了日本国民日常生活的严酷现实。

外务大臣松冈洋右曾试图结束战争。他的计划是把苏联拉进一个日德苏三国商业协定以形成一个经济集团。在他看来，此举一方面可以孤立美国，另一方面能终止苏联的大量对华援助。但就在松冈于1941年3月末访问柏林期间,他的纳粹东道主不仅对他的计划丝毫不感兴趣,而且还反过来催促日本立即进攻新加坡。松冈随后前往莫斯科,并与约瑟夫·斯大林(Joseph Stalin)签订了一份"中立协定"。虽然这并不是他一直追求的"互不侵犯协定",但松冈在日本还是受到了英雄般的欢迎。实际上,他的所作所为只是惹恼了德国人,安抚了苏联人,并让美国人颇感不快。[69]松冈的外交成果虽然看上去十分光鲜耀眼,但在数周内就化为了泡影。

1941年4月中旬与苏联签订的"中立协定"似乎保证了日本北面的安全,而"南进"由此成为可能的选项。另外,因为当时日美正在举行谈判,所以"日苏协定"的达成也给了日本更多讨价还价的筹码。但纳粹德国与苏联的关系却不断趋于恶化,从而打乱了日本的计划。已退役的陆军中将大岛浩(Oshima Hiroshi)是当时的日本驻柏林大使。他在随后一段时间里向东京发回了一连串警告,而其中要数6月5日的那一次最为重要。据大岛浩的记述,德国总理阿道夫·希特勒(Adolf Hitler)曾在一次会面中告诉他:战争即将来临。大岛浩的警告促使陆军、海军和外务省的官员在6月中旬召开了一系列研讨会,但均毫无成果。[70]

如若德国进犯苏联,时任参谋次长的塚田攻(Tsukada Osamu)中将和大本营战争指导班就打算入侵印度支那南部。而参谋本部作战部的意见是:应根据实际情况,从南北两个进军方向中选出一个来展开战备。另外,陆军省军务局的意图是针对东亚的西方列强采取军事行动。海军担心陆军会自作主张,出兵西伯利亚。所以,为了防止这一情况发生,海军领导人提高了宣传"南进"的调门。松冈洋右的情绪非常激动,并要求立即进攻苏联。总体来看,当时近卫文麿首相的处境是相当糟糕的:首先,陆军的评估意见并不统一;其次,近卫还要对付一位爱出风头、反复无常的外务大臣;最后,日本的大政方针已然是一片混乱,难以收拾。[71]

德国于1941年6月22日正式入侵苏联。此后,参谋本部的态度是继续观

10. 关键之年（1937—1941年）

望。这基本上就是说，日本只会在苏联濒临崩溃时才会参战。正如一位参谋所言：如此一来，胜利"就会像熟透的柿子那样掉进我们日本人的口袋"。日本参战时机成熟的标准是将其30个师的半数兵力和2800架飞机的三分之二调离远东。按照参谋本部"两阶段"应急行动计划的设想，苏联剩下的15个师（战斗力据认为等同于日本的11个师团）在日本22个师团面前将会寡不敌众、难以招架，因为日本在兵力上掌握了2∶1的优势。第一阶段，日本的战争动员会把16个师团提高到战时兵力的水平；在第二阶段还会有6个师团参战，其中包括2个来自中国战场的师团。[72]

完成这样的动员所需要的资源是惊人的。当时满洲的12个师团如要扩充到战时规模，除了要准备相关的畜力运输工具、物资供应以及装备外，还需填补50多万人的兵力缺口。如果要把那么多部队从日本送到大陆，还需要至少80万吨的船舶运力和日本国内三分之一的铁路运量。而且，整个南满铁路（日本在满洲半官营的铁路线）的资源也会被占用长达两个月的时间。

6月25日的"联络会议"一面在有关苏联的问题上拖延不决，一面继续准备"南进"或"北进"。然而与会者的一致意见是，如果法国拒绝同意让日军进驻印度支那南部，日本就应动用武力。同日，大本营作战课提出了动员时间表。它要求内阁必须最迟在8月10日决定对苏开战事宜，以便陆军有充裕时间向前沿地区集结大批兵力。发起入侵行动的最晚日期是9月10日，因为日本必须在10月中旬结束作战。之后，西伯利亚的严冬就会来临，所以开展大规模军事行动也就无从谈起了。[73] 如果以上述条件为前提，日本就必须采取经典的"短期决战"策略来消除北方威胁。

参谋本部的鹰派人士希望能马上进攻苏联，但陆军省不同意，因为它担心陆军会陷入长期消耗战，从而丧失"南进"的战略灵活性。陆军省还把预定参战的部队规模控制在16个师团。之所以这么安排是因为关东军喜欢自作主张、擅自行动的名声已是远近皆知，而陆军省害怕关东军在手上握有22个师团的兵力后又会故伎重演,将日本拖入与苏联的战争。[74] 毫无疑问,"诺门坎的幽灵"促使陆军省军务部门的部分军官——他们大多行事谨慎,并支持"南进"——在此刻挺身而出、力陈己见。

虽然德国于6月30日和7月2日两次催促日本进攻苏联,但7月2日的御前会议仅仅支持继续推进对苏秘密战备。此次决定性的会议还进一步达成了以下共识:为了在南方达成目标,日本将毫不犹豫地与美英两国开战。由此,陆军一面在中国战场的无边泥沼里苦撑,另一面又准备同时在东南亚和东北亚两个方向发起行动。

三天后,为了强化关东军军力,参谋本部作战部长田中新一(Tanaka Shin'ichi)少将说服了东条英机,使其同意向满洲调拨2个本土师团(战时兵力达5万人)和相关后勤支援部队。尽管天皇担心在战略目标模糊的情况下四处分兵并非明智之举,但他还是在7月7日批准了动员措施。出于保密的目的,此次召集部队的代号是"关东军特别大演习"。同时,陆军当局一反常态,没有为应召归队的后备军人举行邻里送别会和公开的致敬仪式。可是,这么多能打仗的男性一下子离开了市井街头和工作岗位,动静还是很大的,根本不可能瞒得住。[75]

到了7月中旬,苏联人依然没有像参谋本部预计的那样向西面大举调兵,而且陆军人士的意见也发生了变化,他们怀疑德国人能否在年底前结束战争。[76] 就在北方前线形势不明的情况下,第25军侵入了印度支那南部。

面对最后通牒的压力,法国人终于在7月21日同意让日军占领法属印度支那的南部地区。之前,占领北部地区是为了封锁中国,但现在侵入南部却包含着不同的意味,它表明日本有意获取前沿的航空与补给基地以便进攻南方的英国与荷兰的属地以及美国的殖民地——菲律宾。海军为了保护从荷属东印度到日本的海上交通线,坚持要把菲律宾划入作战范围。

陆军参谋总长杉山元向天皇解释说,之所以要冒一冒风险是因为如果不进攻

10. 关键之年（1937—1941年）

英美，日本就很难解决中国事变。美国罗斯福总统针对日本新一轮的侵略于7月26日下令冻结了所有日本在美资产。五天后，日军实际进占了印度支那南部，而罗斯福也随即宣布对日本实施石油禁运。虽然经常有人说这个措施是迫使日本海军孤注一掷、选择开战的导火索，但人们还应记住的是，陆军当时用来维持航空力量、机械化部队和摩托化部队的石油库存也只剩不到两年的储量了。[77]

7月31日，天皇就取消关东军动员工作的问题询问了杉山元。天皇之所以有这个打算是因为日本的军事动员已引来了国际舆论的敌意，并进一步恶化了日本的国际处境。同时，它还可能是苏联不愿向西调兵的原因。但杉山元回答说，在关东军达到战时兵力前中止动员可能会诱使苏联人先发制人。另外，动员起来的军力还可在"南方"地区出现突发情况时充当战略预备队。[78] 次日，天皇勉强同意让动员工作继续进行。

但到了8月初时，日本的国策发生了变化，这部分是为了应对西方国家冻结日本资产的举措，部分是由于"向东南亚进军"的诱惑。还有一个原因是，陆军不再那么相信德国会在1941年战胜苏联。参谋本部现在更倾向于陆军省的提议，即避免挑衅、保持中立、耐心等待，直到苏联接近崩溃时再开战。但中国派遣军总司令官畑俊六不同意让自己麾下的师团去增援关东军。同时，阿南惟几将军仍叫嚣着要进攻长沙。因此，8月9日，参谋本部决定取消1941年进攻苏联的计划，而16个已经动员起来的师团将维持高度战备，随时待命。另外，侵华战争还要继续打下去。参谋本部打算制订一个1942年春进攻苏联远东的计划，同时企图在1941年11月底前完成针对英美的战备。[79]

美国的潜力是无与伦比的。对此，参谋本部和陆军省也是心知肚明的，但它们预计美国人要花上几年时间才能把全部力量调动起来。而日本则可以利用这个时间差——同时以持久战的需要为指导——去占领重要地域、获取关键资源。如此一来，日本就可以从有利的前沿位置开展对美作战。[80] 鉴于美军已开始壮大兵力（1940年9月通过了国民征兵法案，服役期限起初是一年，后来又予以延长；美国陆军的扩军从1940年5月开始；到了8月，国民警卫队成为联邦现役部队；同年6月，美国海军的造舰规模也急剧扩大了），所以对于日本来说，越早采取行动越好，因为时间在美国人一边。

侵华战争不断消耗着日本的军事和工业能力。但即便如此，9月6日的御前会议仍决定，为了"自卫"和"国家生存"，陆海军将在10月份完成针对美国、英国与荷兰的战备。其间还会同步展开外交谈判，但如果外交活动在10月中旬时仍无成果，日本就将选择开战。大约与此同时，舆论界人士开始大力鼓吹这样一种观念，即"ABCD联盟"（美国—英国—中国—荷兰）对日本的包围圈威胁到了日本的生计和生存。受这种说法的影响，饱受物资短缺之苦的日本民众不再把眼前的不幸归罪于本国政府，并转而把怨愤的矛头对准了邪恶的外国阴谋。[81]

终止"关东军特别大演习"也为开展新一轮的对华作战行动提供了条件。8月下旬，阿南惟几进攻长沙的计划获得了大本营的批准。及至9月下旬，他指挥的4个师团已占领了长沙。然而在中国军队反击的威胁下，日军于10月上旬后撤到了战役前的初始位置。阿南惟几是位敢打敢拼的猛将。之前，他曾提议攻占重庆。虽然这毫无疑问是个大胆的计划，但却难以实施。即便从日军最西边的沿江前哨出发，逆流而上，也要走270英里左右的路程才能到达国民政府的首都。况且，沿途的峡谷和山峦也成了中国首都的天然屏障。因此，面对这样的阵势，任何进攻者都会望而却步。可是，大本营实际上还是对这项计划进行了一番研讨。

日本与西方国家——特别是美国——的关系日渐恶化，而这与侵华战争的不断扩大是直接相关的。在10月14日的一次内阁会议上，近卫文麿曾暗示：外交谈判不可避免会触及侵华日军的问题。东条英机顿时勃然大怒，并愤然驳斥了美国要求日军撤出中国的主张。他坚称，执行这样的政策根本无望解决中国事变，而且还会危及"满洲国"和朝鲜的安全。此外，他还煽情地制造气氛，

10. 关键之年（1937—1941年）

提到了为国捐躯的"烈士英灵"、那些悲痛欲绝的家属以及成千上万的伤兵。从这样的立场出发，他把当时的日本对美交涉斥为"投降外交"，并坚决反对向美国人示弱。尽管陆军大臣态度强硬、言辞激烈，但当海军于同日向陆军通报了自己的战时行动计划后，陆军军官还是感到有点不知所措，因为他们没有准备相应的地面作战计划。[82] 四天后，第三次近卫内阁倒台了。

天皇反对陆军提名的新首相人选——东久迩宫稔彦王（Priince Higashikuni），因为如果日本即将与西方开战，他不想让任何皇族成员为此承担责任。[83] 最后，东条英机成了首相。据认为，他是个能管住陆军的人。在印度支那危机

虽然上图是"摆拍"之作（在原始胶片中，一个摄影师笔直地站立在左下方），但这张1939年2月摄于京汉线的照片反映了日本陆军在企图控制中国广大乡村地带时所需承担的艰巨任务。（承蒙《每日新闻》供图）

317

后，他也确曾以重塑军纪的方式约束了部队行动。天皇在授权东条英机组阁时指示他不要受制于9月6日的御前会议决定，因为这样一来，新首相就有了改弦更张、另辟新途的机会。

11月1日的联络会议是个马拉松式的漫长过程，历经17个小时。尽管外相和藏相持保留意见，但海军"晚打不如早打"的论调还是占据了上风。天皇和海军关心的是帝国的生存，而陆军和政府则专注于建立大东亚新秩序。备战工作将继续进行，但如果外交取得成功，陆军最迟到12月1日都可以把部队召回来。总之，从此刻开始，陆军认为对美外交谈判仅仅是掩护日本完成最后战备的一种手段。[84]

11月5日，御前会议正式批准了联络会议的决定，即对美谈判将持续到12月1日，之后，日本将向西方开战。海军大将永野修身（Nagano Osami）告诉天皇，在两年内，日本是有能力与英美较量一番的，但如果超出那个时间范围，他就无法保证战争还能继续打下去了。杉山元自信地认为，如果海上交通线畅通无阻，日本就将立于不败之地。会后，杉山元和永野修身向天皇提交了陆海军各自的作战计划，而其中有一份文件详细阐述了奇袭珍珠港的作战方案。在得到天皇的批准后，他们二人向负责作战事务的司令官下达了命令。[85]

1941年11月20日的大本营政府联络会议出台了占领政策。占领区的军事管理机构将致力于恢复治安秩序，掌控战略原料并确保作战部队能自给自足。几天后，陆军的作战区域被敲定了，即香港、菲律宾、马来亚、苏门答腊、爪哇、英属婆罗洲以及缅甸。海军的目标是控制荷属婆罗洲（译者注：即"加里曼丹岛"）、西里伯斯岛（译者注：即"苏拉威西岛"）、马六甲群岛、小巽他群岛（Lesser Sunda Islands）、新几内亚、俾斯麦群岛和关岛。[86]因此从总体上看，陆军主要关注地面作战，而海军的重心则在海洋方向。这也是日本陆海军长期无法达成共同战略的必然结果。

10. 关键之年（1937—1941年）

军事战略的基础仍是经典的"短期战"设想。日军将迅速夺取并消灭西方国家在东亚的基地，同时占领南方地区的战略要地。据估计，上述情势反过来也会加速蒋介石政权的崩溃，从而结束对华作战。日本还会与其轴心国同伴（德国和意大利）合作，一起逼迫英国投降，并最终粉碎美国人的参战意愿。虽然陆军仍陷于旷日持久的侵华战争里，但杉山元在12月1日禀明天皇，日本现在有一个千载难逢的机会来打破西方的贸易禁运，并实现经济独立。[87]

传统的假设支撑着这样一套战略：如果控制了东南亚的原材料，那么日本可能就会实现自给自足，并利用那些资源去打一场持久战。如果日本掌握了印度洋，那么就可切断从印度到英国本土的交通线，而英国会因缺乏供应补给和工业原材料而无力抵抗德国即将发起的入侵。英国一投降，美国的战斗意志就不复存在了，而日本于是就可趁机在中立国和罗马教廷的斡旋和调解下，用谈判的方式来取得满意的成果。由此，日本将处于有利的战略地位。

陆军在踏上与西方决战的征途时，手上并没有什么可以击败美国——更不用说一个敌国联盟——的手段。它从未解决那个传统难题，即"短期战"和"长期战"之间的矛盾。另外，陆军也过于依赖"纳粹德国能击败英国"这样的假设。所以，如此看来，陆军本已漏洞百出的战略计划就更加显得脆弱无力、不堪一击。对美开战六个月后，陆军依旧没有什么战略或作战计划，而且它也从未认真考虑过如何结束这场战争。陆军领导人一面坚信纳粹德国的军事威力足以支撑局面，另一面又指望日本民族的无形品质可以战胜腐朽堕落的美国。1941年末的决策是日本陆军历史的自然延伸，而在这部历史里有它过去的经验、战略观念、作战和战术学说以及它自己精心培育的信仰——日本民族优越论。

[注释]

1. Hata, *Rokōkyō*, 9.

2. Bōeichō, *Daihon'ei rikugunbu*, 412—413; Hata, *Rokōkyō*, 47; Shimanuki Takeji, "Dai 1 ji sekai daisen igo no kokubō hōshin, shoyō heiryoku, yōhei kōryō no hensen" [Changes to national defense policy, matters of force structure, and operational employment of troops after the First World War] (*ge*) *Gunjishi gaku* 9:1 (June 1973), 74; Usui Katsumi, *Shinhan Nitchū sensō* [The Sino-Japanese war, new, rev. ed.] (Chūkō shinsho, 2000), 52.

3. James Boyd, "In Pursuit of an Obsession: Japan in Inner Mongolia in the 1930s," *Japanese Studies* 22:3 (2002), 296.

4. Cited in Bōeichō, *Shina Jiken Rikugun Sakusen*, 91; Bōeichō, Daihon'ei rikugunbu, 418—419.

5. Yamada Akira, *Daigensui Shōwa tennō* [Generalissimo—the Shōwa emperor] (Shin Nihon shuppansha, 1994), 62—63; Miller, *Shōwa tennō dokuhakuroku*, 35—36.

6. Morimatsu, *Daihon'ei*, 193.

7. Ibid., 194.

8. Ibid.

9. Yamada,*Daigensui*, 70—72.

10. David Anson Titus, *Palace and Politics in Prewar Japan* (New York: Columbia University Press, 1974), 263; Yamada, *Daigensui*, 70—72.

11. Yoshida Akira and Mori Shigeki, *Sensō no Nihonshi* [A history of Japan's wars] 23, Ajia *Taiheiyō sensō* [The Asia-Pacific war] (Yoshikawa Kōbunkan, 2007), 34—42,274—275.

12. Morimatsu, *Daihon'ei*, 198—199; Bōeichō, *Shina jiken rikugun sakusen*, 414—416.

13. Morimatsu, *Daihon'ei*, 200; ltō and Momoe, *Jiten Shōwa senzenki*, 15—16; Kurono, *Daigaku*, 235.

14. Miller, *Shōwa tennō dokuhakuroku*, 37;Yamada, *Daigensui*, 66; Bōeichō, *Shina jihen rikugun saksusen*, 283.

15. Hata Ikuhiko, *Nankin jiken* [The Nanjing incident] (Chūō kōronsha, 1986), 65—66.

16. Ibid., 71.

17. Cited in Masahiro Yamamoto, *Nanking: Anatomy of an Atrocity* (Westport, CT: Praeger,2000),93.

18. Daqing Yang, "Documentary Evidence and Studies of Japanese War Crimes:An Interium Assessment," in Nazi War Crimes and Japanese Imperial Government Records Interagency

Working Group, *Researching Japanese War Crimes: Introductory Essays* (Washington, DC: National Archives and Records Administration, 2006), 30.

19. Hata, *Nankin jihen*, 93. The issue is controversial. See Daqing Yang, "Atrocities at Nanjing: Searching for Explanations," in Diana Lary and Stephen MacKinnon, eds., *Scars of War:The Impact of Warfare on Modern China* (Vancouver: University of British Columbia Press,2001),78—79.

20. Hata Ikuhiko, *Nitchū sensō* [The Sino-Japanese war] (Kawade shobō, 1972), 156, 287.

21. Fujiwara, *Nitchū zenmen sensō*, 226; Oe, *Tennō no guntai*, foldout.

22. Yoshida, *Nihon no guntai*, 207—210; Fujiwara Akira, *Chūgoku sensen jūgunki* [A record of wartime service on the China front] (Ōtsuki shoten, 2002), 28;Yoshida Yutaka, *Ajia Taiheiyō sensō* [The Asia Pacific war] (Iwanami shinsho, 2007), 95—96.

23. Furuya Tetsuo, *Nitchū sensō* [The Sino-Japanese war] (Iwanami shinsho, 1985), 154.

24. Yamada, *Daigensui*, 83; John Hunter Boyle, *China and Japan at War*, 1937—1945: *The Politics of Collaboration* (Stanford, CA: Stanford University Press, 1972), 76—77.

25. Yamada, *Daigensui*, 97.

26. The navy's construction program that commenced in 1935 is included in the percentage.

27. Hayashi, *Taiheiyō sensō*, 86—87; Gordon M. Berger, *Parties out of Power in Japan, 1931—1941* (Princeton, NJ: Princeton University Press, 1977), 156; Barnhart, *Japan and the World*, 115.

28. Hata, *Nitchū sensō*, 288. Between February 20 and May 10 the 5th Division lost about 6600 men; the 10th Division recorded around 5000 casualties from March 14 through May12. The majority of the losses occurred during the Taierzhuang operation. Chinese losses were approximately 20000 troops. Bōeichō boei senshishitsu, eds., *Senshi sōsho*, 89, *Shina jihen rijugun sakusen* [Army operations during the China incident] 2, *Shōwa 14 nen 9 gatsu made* [To September 1939] (Asagumo shimbunsha, 1976), 41; Kojima Noboru, *Nitchū sensō* [The Sino-Japanese war] 4 (Bunshun bunko, 1988), 329.

29. Diana Lary, "Drowned Earth: The Strategic Breaching of the Yellow River Dyke, 1938," *War and History* 8:2 (2001), 198—202; Diana Lary, "A Ravaged Place:The Devastation of the Xuzhou Region, 1938," in Lary and MacKinnon, *Scars of War*, 112 table 4.3.

30. Hata Ikuhiko, "The Japanese-Soviet Confrontation, 1935—1939," translated by Alvin D. Coox, in James William Morley, ed., *Japan's Road to the Pacific: War, Deterrent Diplomacy: Japan, Germany, and the USSR* 1935—1940 (NewYork: Columbia University Press, 1976), 131;

Itō and Momoe, *Jiten Shōwa senzenki*, 311; Rikusen gakkai, *Kindai sensōshi gaisetsu*, 62.

31. Yamada, *Daigensui*, 98; Alvin D. Coox, *The Anatomy of a Small War:The Soviet-Japanese Struggle for Changkuofeng/Kluisan,* 1938 (Westport. CT: Greenwood, 1977), 54, 61—65; Alvin D. Coox, *Nomonhan:Japan against Russia*, 1939,1 (Stanford, CA: Stanford University Press, 1985), 120,130,134.

32. For example, Obata's influential "TaiSō sentōhō yōkō" of May 1933.

33. Furuya, *Nitchū sensō*, 172; Stephen MacKinnon, "The Tragedy of Wuhan, 1938," *Modem Asian Studies* 30:4 (1986), 932.

34. Handō Kazutoshi, *Nomonhan no natsu* [Nomonhan summer] (Bungei shūnjū, 1998), 12.

35. Boyle, *China and Japan at War*, 215—217.

36. Katogawa, *Teikoku rikugun kikōbutai*, 211; Handō, *Nomonhan*, 167.

37. See among other reports, Lt. Col. Konuma Haruo, "Nomonhan jiken yori kansatsu seru tai 'Sō' kindaisen no jissō" [The realities of modern warfare against the Soviet Union based on the Nomonhan incident], February 1940; Daihon'ei rikugunbu, Nomonhan jiken kenkyū iinkai dai 1 kenkyū iinkai [Imperial general headquarters, first research subcommittee of the subcommittee to investigate the Nomonhan incident], "Nomonhan jiken kenkyū hōkoku" [Nomonhan incident research report], January 10, 1940; and Col. Terada Masao, "Nomonhan jiken ni kansuru shōken" [Opinions concerning the Nomonhan incident], October 13, 1939, all JDA.

38. See Handō Kazutoshi, *Nomonhan*, 332—344; Hata, *Nihotijin furyo*, 67; Alvin D. Coox, *Nomonhan: Japan against Russia*, 1939, 2 (Stanford, CA: Stanford University Press, 1985), 928—940.

39. Hata, *Nihonjiti furyo*, 72—73; Gomikawa Jumpei, *Nomonhan*, 2 (Bunshun būnko, 1978), 241, 244—245.

40. Iko, *Matishū jihen kara*, 163—165.

41. Kisaka Junichirō, *Shōwa no rekishi* [A history of the Shōwa era] 7, *Taiheiyō sensō* [The Pacific war] (Shogakkan, 1989), 235.

42. Usui, *Nitchū sensō*, 106; Inaba Masao and Usui Katsumi, eds., *Cendaishi shiryō* [Documents of contemporary history] 9, *Nitchū sensō* 2 [The Sino-Japanese war, part 2] (Misuzu shobō, 1964), xxxiv; Dai jū-ichi gun sanbō [Eleventh Army staff], "Shōwa jūyonnen toki sakusen sakusen keika no gaiyō" [An overview of the 1939 winter season operation and the course of operations], March 5, 1940, *Cendaishi shiryō* 9: 440.

43. "Shōwa jūyonnen toki sakusen sakusen," 440.

10. 关键之年（1937—1941年）

44. ImaokaTōuomi [?],"Shōwa 14 nen aki kara 15 nen zenhan ni okeru rikugun chūobu no hataraki" [Working in army central headquarters from the fall of 1939 to the middle of 1940], in Dōdai kurabu kōenshu, ed., *Shōwa gunji hiwa (chū)* [Secret tales of the Shōwa military] (Dōdai keizai kōndankai, 1997), 140—142.

45. Fujiwara, *Nitchū zenmen sensō*, 288—289.

46. Ibid., 249; Kurono, *Nihon 0 horoboshita*, 196.

47. Fujiwara, *Nitchū zenmen sensō*, 249; Boyle, *China and Japan at War*, 292—293.

48. Fujiwara, *Nitchū zenmen sensō*, 247 quote; Daihon'ei rikugunbu, "Sekai jōsei no sui-i ni tomonau jikyōku shōri yōryō" [Outline for management of the situation attendant to changing world conditions] July 3,1940, in Bōeichō Bōeikenshūjō, *Senshi sōsho*, 20, *Daihon'ei rikugunbu*, part 2 (Asagumo shimbunsha, 1968), 20; 49—50.

49. Fujiwara, *Nitchū zenmen sensō*, 250—251.

50. Bōeichō, Bōeikenshūjō, *Daihon'ei rikugunbu*, part 2,48; Fujiwara, *Nitchū zenmen sensō*, 254—255.

51. Kitaoka, *Seitō kara gunbu e*, 343; Gomikawa Junpei, *Gozen kaigi* [The imperial conferences] (Bunshun bunko, 1984), 16—17; Ōe Shinobu, *Gozen kaigi* [The imperial conferences] (Chūkō shinsho, 1991), 23.

52. Kitaoka, *Seitō kara gunbu e*, 344—345; Usui, *Nitchū sensō*, 114.

53. Kitaoka, *Seitō kara gunbu e*, 346—347.

54. Kurono, *Nihon 0 horoboshita*, 198.

55. Kurono, *Daigaku*, 228; Kurono, *Nihon 0 horoboshita*, 199.

56. Hata Ikuhiko, "The Army's Move into Northern Indochina," translated by Robert A. Scalapino, in James William Morley, ed., *Japan's Road to the Pacific War:The Fateful Choice: Japan's Advance into Southeast Asia*, 1939—1941 (New York: Columbia University Press, 1980), 193—203.

57. Kitaoka, *Seitō kara gunbu e*, 349; Kurono, *Dai Nihon teikoku no zonzai senrykau*, 218; Hosoya Chihiro, "Britain and the U.S. in Japan's View of the International System, 1937—41," in Ian Nish, ed., *Anglo-Japanese Alienation, 1919—1952: Papers of the Anglo-Japanese Conference on the History of the Second World War* (Cambridge, UK: Cambridge University Press, 1982), 66; Gerhard Weinberg, *A World at Arms: A Global History of World War II* (Cambridge, UK: Cambridge University Press, 1994), 247 and 999 n276.

58. Hata,"The Army's Move," 206—207.

59. Kisaka, *Taiheiyō sensō*, 181; Karl Friday, "Bushido or Bull? A Medieval Historian's Perspective," *The History Teacher* 27:3 (May 1994), 346—347.

60. Nobutaka Ike, *Japan's Decision for War: Records of the 1941 Policy Conferences* (Stanford, CA: Stanford University Press, 1967), 13.

61. Miller, *Shōwa tennō dokuhakuroku*, 70.

62. Lyman P. Van Slyke, "The Battle of the Hundred Regiments: Problems of Coordination and Control during the Sino-Japanese War," *Modern Asian Studies* 30:4 (October 1996), 979—1005.

63. Yoshida, *Ajia Taiheiyō sensō*, 114; Ikō, *Manshū jihen kara*, 169—171.

64. Ikō, *Manshū jihen kara*, 171—178.

65. Mainichi shimbunsha, eds., *Ichiokunin no Shōwashi* [One hundred millions' Shōwa history] 6, *Nitchū sensō* [The Sino-Japanese war] 4 (December 1979), 81; Fujiwara Akira, *Taiheiyō sensorōn* [A theory of the Pacific war] (Aoki shoten, 1982), 124—125.

66. Kisaka, *Taiheiyō sensō*, 55.

67. Pelz, *Race to Pearl Harbor*, 222.

68. Thomas R. H. Havens, *Valley of Darkness: The Japanese People and World War Two* (New York: W. W Norton, 1978), 15; Ikuda, *Nihon rikugunslti*, 182.

69. Gomikawa, *Cozen*, 32; Kitaoka, *Seitō kara gunbu e*, 355—356.

70. Follow-up messages from Japanese diplomats in Berlin and Vienna in late April, early May, and June suggested an attack might occur in June. There were also contradictory messages from the Japanese ambassador in Moscow. Shimada, *Kantōgun*, 153—154; U.S. Department of Defense, *The "Magic" Background of Pearl Harbor*(Feb. 14, 1941—May 12, 1941) (Washington, DC: U.S. Government Printing Office, 1977), 48—50; Msg. Berlin to Tokyo, No. 366, April 16, 1941; No. 370, April 24, 1941; No. 377, May 6, 1941; and msg. Vienna to Tokyo, No. 378, May 9, 1941—1896; Hosoya Chihiro, "The Japanese-Soviet Neutrality Pact," translated by Peter A. Berton, in Morley, *Japan's Road to the Pacific War: The Fateful Choice: Japan's Advance into Southeast Asia, 1939—1941* (New York: Columbia University Press, 1980), 91; Pelz, *Race to Pearl Harbor*, 223.

71. Kurono, *Dai Nihon teikoku no sonzai senryku*, 220; Daihon'ei rikugunbu, sensō shidō han [Imperial general headquarters, army division, war guidance section] eds., *Kimitsu sensō nisshi* [Confidential war diary] (Kinseisha, 1998 reprint), 111—121; Shimada, *Kantōgun*, 155; Coox, *Nomonhan*, 1035.

72. Hosoya, "Japanese-Soviet Neutrality Pact," 96, 102; Coox, *Nomonhan*, 1035, 1037, 1042—1043. Twelve divisions would come from the Kwantung Army, two from the Korea Army, and two from the homeland reserve.

73. See Ike, *Japan's Decision for War*, 61—62; Bōeichō Bōeikenshūjō, *Senshi sōsho*, 73, *Kantōgun* (2) [The Kwantung army, part 2] (Asagumo shinbunsha, 1974), 20—23; Shimada, *Kantōgun*, 156,158; Coox, *Nomonhan*, 1037; but see Kurono, *Nihon 0 horoboshita*, 210.

74. "Rokugatsu jūroku nichi dai sanjuichikai renraku kōndaikai" [The June 16 (1941) 31st liaison roundtable], in Sanbō honbu, ed., *Sugiyama memo (jō)* [General Sugiyama Hajime's memoranda, part 1] *Meiji hyakunenshi sōsho* [The Meiji centennial series] 16 (Hara shobō,1967), 224; Ikuda, *Nihon rikugunshi*, 185; Hosoya, "Japanese-Soviet Neutrality Pact," 103—104; Coox, *Nomonhan*, 1040, Kurono, *Nihon no horoboshita*, 209.

75. Coox, *Nomonhan*, 1041—1042; Shimada, *Kantōgun*, 163—164; Ikuda, *Nihon rikugunshi*, 187; Hosoya, "Japanese-Soviet Neutrality Pact," 104.

76. *Kimitsu sensō tiisshi*, 136,138, July 22 and 30 entries, respectively.

77. Weinberg, *World at Arms*, 252; Usui, *Nitchū senso*, 123; Ikuda, *Nihon rikugunshi*, 187.

78. Shimada, *Kantōgun*, 167; *Sugiyama memo*, 284; see Yamada Akira, *Shōwa tennō no gunji shisō to senryaku* [The Shōwa emperors military thought and strategy] (Kōkura shobō, 2002), 150.

79. Ike, *Japan's Decision*, 112—113; Coox, *Nomonhan*, 1048—1059; Ikuda, *Nihon rikugunshi*, 188; Shimada, *Kantōgun*, 175.

80. Tobe, *Gyakusetsu*, 307, quoting Hatano Sumio.

81. Ikuda, *Nihon rikugunshi*, 193.

82. Usui, *Nitchū senso*, 129; Yoshida, *Ajia Taiheiyō senso*, 12; Ōe, *Sanōo honbu*, 200.

83. Miller, *Shōwa tennō dokuhakuroku*, 69.

84. Ike, *Japan's Decision*, 200; "Juichi gatsu tsuitachi renraku kaigijōkyō" [Circumstances of the November 1 (1941) liaison conference] in *Sugiyama memo*, 1: 385; *Daihon'ei kimitsu nisshi*, 351.

85. Ike, *Japan's Decision*, 208—239; Ikuda, *Nihon rikugunshi*, 193; Suekuni Masao and Koike I'ichi, eds., *Kaigunshi jiten* [Historical dictionary of the Japanese navy] (Kokusho kankōkai, 1985), 62.

86. Kisaka, *Taiheiyō senso*, 218—220.

87. *Sugiyama memo*, 1: 544.

11. 亚洲—太平洋战争

日本与西方的战争始于1941年12月8日（东京时间）。在正式宣战前，日军奇袭了英属马来亚和夏威夷的珍珠港。虽然这一战术看似符合日本人"先发制人"的行动模式，但日本1894年对中国运兵船和1905年对俄国旅顺海军基地的开战攻击是在一套全面的外交、政治和军事战略的指导下进行的，该战略的目的是通过速战速决来实现谈判媾和、结束战争。然而，在1941年，日本的计划恰恰缺失了上述要素。

突袭珍珠港使美国太平洋舰队暂时陷入了瘫痪状态，而日本陆军则利用这个机会向荷属东印度和菲律宾发起了两栖进攻。日本的战略目标是实现资源的自给自足，并进而具备打持久战的能力。最初的作战计划未设固定时限，只规定必须在150天内完成任务。这样一来，日本就可以在春季向北攻击苏联或抵挡苏联的进犯。同时，计划也要求日军必须固守漫长的南方新防线，直到同盟国筋疲力尽、同意媾和为止。[1] 日本的战略方案承认陆军无法强行实现地面决战，所以其"夺占—固守"的策略必须以长期消耗战为基础，而最终如何收场取决于德国能否击败英国。一旦英国投降，日本陆军领导人希望美国方面会同意和谈条件。

海军能与美国人在西太平洋打一场舰队决战，但它对一场长期消耗战并无多大信心。[2] 此外，海军军令部还咄咄逼人地把预定决战地点向远方推移。它指望陆基航空力量和日属"委任统治"岛屿（The Mandated Islands，译者注。）

上的航空基地能向西（译者注：实际上应为"向东"）投送兵力以确保日本本土不致遭受敌人的报复。海军刚刚拿下的岛屿相距遥远、散布广泛，需要陆军提供守卫部队。受此影响，陆军的力量便逐渐深入太平洋南部和中部地区。

陆军起初在开战阶段只动用了不到一半的作战飞机和五分之一的兵员，其目标是确保获取南方资源，并利用这一胜利来结束侵华战争。12月12日的内阁决议把眼下日本与西方国家以及中国的战争命名为"大东亚战争"（The Greater East Asia War）。这个名字是日本欲图建立东亚新秩序的标志，但它并不表示战争仅局限于上述地理范围。[3]

12月8日，从台湾起飞的海军陆基轰炸机突袭了菲律宾。结果，美国陆军航空队在当地的大部分单位被击毁于地面。两天后，从法属印度支那西贡（Saigon）附近基地起飞的海军陆基轰炸机炸沉了英国"威尔士亲王"号战列舰（Prince of Wales）和"反击"号战列巡洋舰（Repulse），而日方在攻击行动中仅损失了3架飞机。此前在11月，陆军第3飞行集团（3个飞行团/FB，译者注：原文为3个"飞行集团"/FD，但有误）的战斗机和轰炸机从中国华南转移到了柬埔寨和印度支那南部的前进基地。海军第22航空战队的加入进一步扩充了日军的空中力量。在入侵马来亚时，日本舰队得到了540多架飞机的空中掩护。[4]

在山下奉文（Yamashita Tomoyuki）中将的指挥下，第25军下辖的第18师团沿马来亚东海岸南下，而第5师团则沿西海岸进攻。日军进展神速，平均一天能向前推进12英里。这要归功于缴获的盟军补给品，特别是燃油。而且，日军攻占的敌方航空基地也使己方的空中掩护可以向前推进，支援地面作战。由于没有空中掩护，盟军不断遭到空中轰炸和扫射，所以也就无法集中兵力或有效调动所有部队。日军的轻型和中型坦克一马当先，不断突破英联邦军的防线，因为后者缺乏反坦克装备。与这一震慑行动相结合的是日军步兵标准的包抄战术。日军首先离开公路，深入丛林。他们在前进一段距离后旋即转向敌方防线的侧翼，实施"钩状"迂回，并最终以机动性战胜了那些沿公路定点防守的敌军。

到1942年1月末时，第25军进抵新加坡岛。2月15日，山下奉文的部队攻克了这座堡垒般的城市。两天前，日军侵占了英军的亚历山大医院（Alexandria Barracks Hospital），用刺刀杀害了300多名医护人员，其中还包括伤员。而这只是新加坡沦陷后日军一系列暴行——强奸、抢劫、屠杀——的开始。日本占领军一面针对殖民地的大批华人实施了报复行动，另一面俘获了大约13万人的英联邦部队，很多俘虏后来被押往缅甸修筑铁路。

同时，1941年12月22日，本间雅晴（Homma Masaharu）中将率领的第14军在菲律宾的吕宋登陆，之后向南方的马尼拉推进。由于作战指令语义含糊，本间雅晴不确定哪个才是他的目标——是占领菲律宾的首府还是歼灭道格拉斯·麦克阿瑟（Douglas MacArthur）将军的美国—菲律宾军队？空中优势再次为日军提供了一边倒的作战便利，而麦克阿瑟很快就宣布马尼拉是不设防城市。第14军于1942年1月2日攻占了马尼拉。本间雅晴相信自己实现了战役目标。

然而，麦克阿瑟的部队撤入了崎岖难行的巴丹半岛（Bataan Peninsula）。本间雅晴在1月9日发动了一次攻势，但未能奏效。经历此次惨痛挫折后，日军于4月3日发起了第二次攻势并击败了巴丹的守军，因为当时盟军部队已因饥饿、伤病和补给不足而脆弱不堪。约12000名美军官兵和58000名菲律宾人被俘，他们被迫长途跋涉，前往60英里开外的战俘营。虽然一路上缺乏食物、药品和水，但无情的日军卫兵还是一味驱赶着战俘前进。最后可能有多达600名美国人以及5000至10000名菲律宾人死于这场后世熟知的"巴丹死亡行军"（Bataan Death March）。[5] 它预示着日军在占领菲律宾期间，其统治手腕将会何等残酷恐怖。盟军在马尼拉湾的科雷吉多尔岛（Corregidor Island）上仍坚持抵抗，直到5月6日才投降。当时，麦克阿瑟已身处澳大利亚，平安无事。第14军在整场战役里的打法曾颇受争议。不仅如此，战事也久拖不决、旷日持久，而且日军还蒙受了出乎意料的惨重伤亡。这一切最终断送了本间雅晴的个人名望和指挥生涯。

其他各处的战况如下。12月18日夜，第23军进攻香港，但英国、加拿大、澳大利亚以及华人军队的抵抗异常顽强。战事拖了整整一周，直到圣诞夜，守军才投降。日军士兵在战斗期间就已强暴、杀害了很多西方人和华人。而战后，日军仍继续屡屡针对华人犯下暴行。数千英国和加拿大士兵成了俘虏。在华中地区，阿南惟几将军于12月24日向长沙发起了第二次攻势。日军在一周后攻进了长沙，但遭到了中国军队的猛烈反击。1942年1月初，日军的两个师团被切断了后路。由于寡不敌众、屈居下风，阿南惟几最后命令日军向北撤退。

12月10日，日本海军陆战队攻占了位于马里亚纳群岛（The Marianas）的关岛（Guam）。过了两周，在首轮进攻受挫后，日本海军特别登陆队夺取了威克岛（Wake Island），此处是西太平洋重要的通信中心和机场。海军随后向南太平洋进军。虽然这并非计划内的行动，但海军认为，如果俾斯麦群岛的拉包尔（Rabaul）仍被盟军控制，那么联合舰队在特鲁克（Truk）与加罗林群岛（Caroline Islands）的前进基地和锚地就会处于盟军重型轰炸机的航程范围内。因此，为了保护联合舰队的侧翼，必须设法消除这一隐患。1942年1月4日，日军同时在多条战线发起进攻，其目标是拉包尔、所罗门群岛（The Slomon Islands）和新几内亚的东北海岸。1月23日，日军联合部队占领了拉包尔，被俘的澳大利亚人随后惨遭屠杀。2月19日，海军航母舰载机袭击了澳大利亚的达尔文市。3月8日，新几内亚东北海岸莱城（Lae）和萨拉毛阿（Salamua）地区的基地落入日军之手。另外，日本海军的小型工程部队也进抵所罗门群岛的图拉吉岛（Tulagi）。

但上述行动仅居次要地位，因为日军南方作战的主要目标是夺取盛产石油、资源丰富的荷属东印度群岛。1942年1月中旬,第16军司令官今村均(Imamura Hitoshi)中将率部侵入婆罗洲,另有约400名海军伞兵攻击了西里伯斯岛的万鸦老(Manado)。2月14日,几百名陆军伞兵空降到了苏门答腊岛的巨港(Palembang),夺取了荷属东印度地区石油资源最丰富的油田。从2月28日夜到3月1日,爪哇海战消灭了荷属东印度地区的盟国海军。3月1日,第16军的部队登陆爪哇,并很快占领了泗水(Surabaya)和当地首府——巴达维亚(Batavia,译者注:即今"雅加达")。八天后,荷兰守军投降。日军把俘获的军人和平民关押到了集中营。虽然东京的陆军总部认为今村均在处置印度尼西亚人时太过仁慈,但很多当地人随后还是成了强制劳工。在东南亚各地,他们为日本人修建各种工程。最终,成千上万的人因此丧命。

1月20日,第15军的两个师团从泰国的基地出发侵入缅甸。尽管英国起初反对中国出兵——这对中国来说是极大的侮辱,但蒋介石还是派了中国部队入缅助战,其中包括他麾下唯一的机械化师。中国的这项决定部分是为了与新盟友并肩作战,部分也是为了保卫自己剩下的一条对外联系通道。[6] 中国军队与其英美新盟友后来都遭遇了惨败。这主要是因为缺乏空中和海上支援,而且步兵装备低劣,缺乏训练。由于使用卡车和坦克,盟军的行动主要是沿公路展开的。但轻装的日本兵可以另辟蹊径,取道丛林,并很快就对守军实施了迂回和包围。另外,严重的战略分歧——包括到底是防守缅甸北部的曼德勒(Mandalay)还是朝南方的仰光(Rangoon)发起反攻——也损害了盟国间的关系,并造成了深远影响。

到3月8日时,日军已占领了缅甸首府仰光。4月初,日军前来增援的两个师团在仰光附近登陆。随后,日军兵分两路北上,向曼德勒和腊戍(Laisho)进犯。向曼德勒进攻的日军负责歼灭英联邦的军队,而向腊戍出击的日军将封锁缅甸公路,切断中国的补给线。5月4日,曼德勒陷落。5月末,第15军占领了从阿恰布(Akyab)到缅甸北部的海岸线。日军的空中优势(这次得到了来自菲律宾的陆军飞行部队的支援）与步兵的快速包围战术相结合，再次发挥了威力，使沿公路展开的英属印度军队陷入了混乱。英国人怀疑中国军队的战斗力，所以只把缅甸东北部地区交给中国人来防守，从而限制了后者在本次战役中的作用。

3月下旬，日本陆军占领了印度洋上的安达曼—尼科巴群岛（Andaman and Nicobar Islands）。4月上旬，联合舰队的航母舰载机轰炸了锡兰（Ceylon，译者注：即今"斯里兰卡"）的科伦坡（Colombo）以及英国在亭可马里（Tricomcomlee）的海军基地。经过这次战斗，日本舰队击沉了英军的一艘轻型航母、两艘重巡洋舰、三艘运输船，而英国海军也就此被赶出了印度洋。

虽然大本营起初只打算执行战略防御的计划，但第一阶段的作战进展得过于顺利，从而导致陆海军都觉得还有机会继续发起进攻。然而，无论是陆军还是海军都没有切实的计划或者共同的目标。举例来说，海军想沿澳大利亚、夏威夷和印度建立一道外围防线。当然，盟军会设法保卫上述关键地域，并可能触发一场巅峰性的舰队决战，而这恰是日本海军长期以来追求的目标。但是，陆军只想保卫现有的战利品，同时着手充实兵力、巩固阵地，准备击退敌军预计会在1943年后发起的反攻。换句话说，陆军希望掘壕固守，打一场长期消耗战，而海军则要求继续扩张、摧毁美国舰队，但这恰好增加了战争长期化的可能性。[7]

陆军当局想节约兵力，因而它希望能让麾下的大批军队撤离南方前线。这些撤下来的部队将进行休整，更换装备，接受现代化改造，从而为持久战做准备。按计划，陆军打算到1942年底时把南方地区的部队从45万人（11个师团、77个飞行中队）削减到25万人（7个师团、50个飞行中队）。[8]陆军预计在1942年初春会爆发对苏战事，所以节省下来的20万部队将用于增援日本北方边境。与此同时，这批部队也将扮演"战略预备队"的角色，准备随时遏止盟军从南方区域发起的反击。大本营陆军部估计盟军会在1943年后的某个

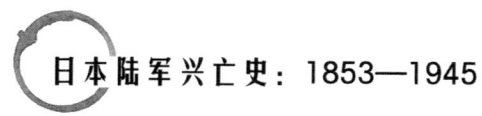

时期实施反攻。

在3月7日的联络会议上,大本营准确地认识到:盟军的优先任务是首先击败德国。由此推论,盟军针对日本的反击行动必将拖延到1943年以后。当然,盟军会设法重新打开缅甸公路以援助中国,但日本希望通过鼓动印度的反英民族运动来阻止盟军的这项计划。另外,陆军的战略规划者们头一次开始怀疑德国能否在1942年击败苏联。但他们仍抱有一线幻想:如果德军攻占了高加索,说不定就可导致斯大林政权走向崩溃。

在日本人眼里,英美盟军物资力量雄厚,但其单个士兵缺乏战斗精神。由于丢失了前进基地和殖民地,盟军的整体士气低落,而英国也眼看就要投降了。对美国来说,英国的陷落会是一次心理上的沉重打击。一方面,美国人民的生活水平会不断下降;另一方面即便要为战争付出越来越多的牺牲,美国民众也将无法看到胜利的希望。如果情况这样发展下去,美国的社会动乱就极有可能愈演愈烈。以上述鼓舞人心的评估为依据,联络会议决定再接再厉,进一步向外扩张,并构建一条固若金汤的战略防线。[9]

开战伊始取得的出色成功只是掩盖了日本严重的结构弱点。陆军的中国战线已经拉得过长。同时,日本在亚太地区每征服一寸新土地似乎都要另抽部队进行防守。因此,海军首先需要拉包尔来保卫特鲁克的南翼,接着需要莫尔兹比港(Port Moresby)来保护拉包尔的侧翼,然后又需要攻占澳大利亚北部来掩护莫尔兹比港。海军如欲出兵攻打莫尔兹比港和澳大利亚,就需要以所罗门群岛为前进基地。另外,如欲切断澳大利亚和美国之间的海上交通线,夺取斐济(Fiji)与萨摩亚(Samoa)就成了重中之重。在中国,陆军将领嚷着要攻打重庆。在缅甸,另一批陆军将领想进军印度。而在南方区域,海军将领渴望入侵澳大利亚和印度。

4月5日,日本海军批准了F-S(Fiji-Samoa/斐济—萨摩亚)和中途岛(Midway)作战计划。前一项行动的目的是切断美国与澳大利亚之间的交通线（由此盟军就无法在澳大利亚建立前沿反攻基地），而后一项行动旨在挑起海上决战，并全歼美国舰队。海军还进一步决定占领阿留申群岛（The Aleutian Islands），以防敌军从那个方向对日本发动空袭。中途岛行动计划的出台让陆军人士始料不及，但他们也对此毫无办法，因为那纯粹是海军行动，所以准备工作还是按部就班地展开了。[10]

上述计划在1942年4月中旬就已处于酝酿阶段了。当时詹姆斯·杜立特（James Doolittle）中校的美国舰载中型轰炸机空袭了东京和其他几座日本城市。此次大胆的袭击让日本当局大吃一惊，而且提振了美国人的士气。但对于中国来说，它却是一场灾难。为了防止敌军将来再次空袭日本本土，大本营下令攻占中国东部浙江、江西两省的机场，因为日本就处于它们的打击范围内。上海的第13军下辖的5个师团和3个独立混成旅团向南出击，并在5月中旬时从杭州出发，继续前进，其目标是与第11军的2个师团在南昌会师。

"杜立特空袭"让负责本土防空工作的陆军甚感尴尬。经过一番劝说，陆军最终答应参加中途岛作战以防敌人今后继续利用航母舰载机发动空袭。另外，为了加强本土防空力量，陆军还把原本计划用于支援所罗门作战的几支战斗机部队留了下来。这一决定后来对所罗门群岛的战事造成了影响。[11]

9月，日军摧毁了具有威胁性的中国空军基地。在这些基地中，有的还是刚刚建好没多久的。日军还蹂躏了基地的周边地区，并打通了180英里长的杭州—南昌铁路走廊。然而，后勤方面的疏忽还是拖了日军的后腿。食物、弹药以及交通工具都出现了短缺，忍饥挨饿的日本士兵不得不冒着六十年一遇的瓢泼大雨在泥沼中拼命挣扎。因生病——尤其是营养不良——而倒下的人数是战斗伤亡者（4000人）的三倍。南昌的第11军后来控制了长江南北两岸的广大地区。杜立特空袭也促使陆军计划人员开始考虑攻打国民政府首都重庆的问题。1942年6月末，从南太平洋、西南太平洋和阿留申群岛再到中国华中等地，日本陆军再次发起了攻势。

大约在同一时间，华北方面军试图安排区域停战事宜，方法是用武器和金钱贿赂当地的军阀，以诱使他们支持汪精卫政府。第1军还谋求收买军阀的部队，并在招揽汉奸方面取得了一些成功。但总体上，这一行动失败了，因为太平洋战场的物资需求很大，所以侵华日军根本没有足够的武器、装备和钱财来兑现承诺。[12] 在华中，为了决定性地击败对手、摧毁中国军队的后勤部基地，日军准备发起重庆作战。相关的计划工作在1942年的春夏时节加快了进度。日本军力当时几乎达到了巅峰状态。中国派遣军集结了16个师团，计划用5个月的时间攻取重庆。

在南太平洋，"F-S作战"出师不利，因为美国的航母舰载机在1942年5月初的珊瑚海战役中挫败了日本海军进军巴布亚新几内亚的莫尔兹比港的企图。大约过了一个月，美国海军的战机在中途岛战役里击沉了4艘日本航母，从而使太平洋上的战略平衡向有利于美国人的方向倾斜。在经历了这场战略灾难后，大本营取消了F-S作战，并转而希望从陆路进攻莫尔兹比港。"南海支队"（第144步兵联队）——由参加关岛和拉包尔作战的老兵组成——于7月21日在巴布亚新几内亚北岸的布纳（Buna）登陆，随后又进入了横亘在布纳和莫尔兹比港之间的山脉地带。大概就在同时，海军自作主张地向所罗门群岛的瓜达尔卡纳尔岛（Guadalcanal，以下简称"瓜岛"）派出了一支机场建筑队。它希望在岛上修建一条飞行跑道以支持未来的作战行动。

7月2日，根据海军军令部通信情报部门截获的无线电信号，当时有一支大型美国船队正驶离旧金山港。8月初，后续的无线电通信显示这些舰船的目的地是澳大利亚东海岸，或者可能是莫尔兹比港。8月4日，日本海军向上述地区的所有部队发出了警报，但热带天空低垂的云团和肆虐的暴风雨妨碍了日军侦察机搜索美国船队的工作。8月7日，美国海军陆战队登陆瓜岛。当时日军在岛上只有少数工程部队。美军的出现让他们猝不及防，因为他们起初错把美军入侵舰队当成了一支日本船队。东京方面也同样摸不着头脑，陆军的情报官们把地图铺在地上,然后手脚并用地寻找瓜岛的位置。其中,只有一两个人知道海军在那个岛上还有一支小型部队。

大本营海军部并未对美国的登陆行动给予重视。这一方面是因为它预计盟军不可能在1943年末之前发动大规模反击,另一方面也是由于情报工作的失误。就在8月9日凌晨的萨沃岛海战(Battle of Savo Island)后,日本海军的侦察飞行员报告说美军舰队已消失无踪,而且看上去美国人已经从岛上撤走了。数天后,苏联驻东京的海军武官据传曾向"线人"透露,美国的目标是通过"武装侦察"来摧毁岛上的机场。而且据他预测,美国人不久后就会撤退。[13] 当时天皇正在一处皇家别墅度假。海军军令部总长永野修身大将告诉天皇不必担心,而且他主张天皇无须为了这点琐事就启程回京。

过了三天,一木清直(Ichiki Kiyonao)大佐率领一支600人的支队登陆瓜岛,企图赶走美国海军陆战队。一木相信美军只有一支小型侦察部队,所以他鲁莽地下令在夜间发起正面突击。可是日军到后来才发现在对面等着他们的是一个美国海军陆战师。结果,"一木支队"几乎全军覆没,而一木清直本人也战死了,然而却没有哪怕一位负责的陆军军官或者大本营的人站出来质疑一木的战术。"白刃肉搏乃制胜法宝"的观念依旧横行无阻。一木清直的厄运仅仅是日军在瓜岛和新几内亚东部遭遇的一连串挫折的开始。这些失败的影响最后波及陆军上下。

瓜岛防御战使日军的行动重点和资源投入方向发生了转移,而新几内亚作战也不得不为此让路。所以,日军停止了向莫尔兹比港的前进步伐,而且后来还奉命撤往布纳—哥纳(Buna-Gona)。中国战场的局面与之类似。陆军参谋本部原先批准了中国派遣军的"九月攻势",但由于需要增援瓜岛,所以原本准备参战的部队就被调走了。阿南惟几于是被迫放弃了攻打重庆的行动计划。1942年12月21日,御前会议没有下令强化军力,而是授权巩固汪精卫政权,并暂停了针对蒋介石政府的媾和试探。

尽管瓜岛上的日军处境艰难、伤亡惨重，但陆军在11月中旬时仍相信自己能夺回那个岛，因为它相信美国至少需要三年时间才能把全部国力投入战争。如果陆军夺回了瓜岛，建成了一连串航空基地，并在所罗门群岛构筑起强大的防御工事，那么日本在未来就可以抵消掉美国的物质优势。[14]

12月，日军在瓜岛和布纳—哥纳遭遇失败。此后，参谋本部要求把绝大多数可用的海上运力交给陆军以支援当前以及将来在南太平洋和西南太平洋地区的作战行动。参谋本部的这一顽固立场触怒了陆军省和内阁。双方于是就分配稀缺的航运资源问题争得面红耳赤。

1941年11月，日本可用的船舶吨位有670万吨，而按内阁企划院的估算，维持民用经济运转最少也需要300万吨的船舶。但开战之初，陆海军的军事行动需要动用的船舶就接近400万吨，所以即便在没有任何损失的情况下，民用部门也有10%的运力缺口。为了保证国民经济持续运行，陆军承诺从1942年4月（预计在此时将结束第一阶段的作战行动）起向民用部门返还110万吨的船舶运力，并准备于8月完成交付工作。曾有人预测，在开战第一年，日本的船舶损失会在80万到100万吨之间。但此后，损失即会降低。按战略计划的构想，日本在随后三年内可以建造总计达180万吨的船舶（日本船厂每年造船能力的极限是60万吨）。

虽然船舶损失的数字起初比预期的要低，但政府和陆军省还是拒绝了1942年11月参谋本部调用民间商船的要求，并坚决主张那些船需要用来向本土运送工业原料，这样才可以维持日本的战时生产和工业品制造。性格鲁莽的第一部（作战）部长田中新一中将（译者注：原文为"少将"，但此时似已为"中将"）把站在陆军省一边、同他唱对台戏的人蔑称为一群"戴着樱花、只会溜须拍马的佞臣"。在12月5日的内阁会议上，他慷慨陈词，竭力为参谋本部的立场辩护。陆军省军务局长佐藤贤了少将也是个脾气暴躁的人。当他愤怒地驳斥田中新一的论调后，双方的冲突就由口头争吵升级到了拳脚相向。次日，田中与身为首相并兼任陆军大臣的东条英机也爆发了激烈口角。双方声嘶力竭，争得不可开交。就在田中骂东条是个"白痴"后，他们的争吵终于戛然而止。田中很快被调到新加坡的南方军总部去当参谋了。1943年3月，他又被派到遥远的缅甸前线去指挥第18师团。[15]

尽管各方情绪激动，但现实依旧：如果没有船舶增援，陆军就无法夺回瓜岛。12月28日，受大本营指示，驻守新不列颠岛的拉包尔的第8方面军转入待命状态，准备执行撤离瓜岛的计划。在得知该指令后，天皇要求获得更多有关陆军计划击败美军的信息，同时还询问道：这样一次撤退行动会对部队士气造成什么影响？在三天后的一次大本营御前会议上，陆海军首脑承认由于船舶短缺，夺回瓜岛所需的2个师团无法被运抵目的地。他们同意放弃瓜岛，同时强化中太平洋区域的防御，并向新几内亚的基地输送援兵。在重整旗鼓后，陆军会发动反击，收复失地。大本营于1943年1月4日下令撤离瓜岛。但鉴于日军野战条令的规定，所以大本营宣布日军正向另一个方向"转进"（Advance in A Different Direction）！[16]

经修订，陆军的新版太平洋行动战略开始把新几内亚东部地区作为主战场，而所罗门群岛北部的防御则居于次要地位。日军部队将保卫新几内亚沿海的各处战略要点——比如莱城和萨拉毛阿的航空和海军基地，然后还准备夺取莫尔兹比港。[17]但日军增援新几内亚东部的企图还是落空了，因为在1943年3月初的俾斯麦海海战（Battle of Bismarck Sea）中，第51师团大部在航渡途中就被盟军战机消灭了。

到此为止，日本海军航母兵力已在中途岛经历了一场消耗战。而陆海军在所罗门群岛的联合行动也蒙受了惨重损失。另外，陆军还在俾斯麦海遭遇了一次大灾难。所以，日本1943年3月25日出台的"第三阶段作战纲要"放弃了以攻势寻求水面舰队决战的理念——也就是海军自明治时代晚期以来的传统思想，并转而推行一项以岛屿航空基地为中心的积极防御战略。这些基地彼此联系、遥相呼应，形成了一张防御网。它们将与己方舰队协同作战，以歼灭敌方舰队。陆军省想放弃延伸过长的南太平洋战线，同时增援后方地区。但参谋本部的作战部声称，如果实施大规模撤退将于事无益，并且还会干扰眼下的作战行动。所以参谋本部的替代方案是把部队撤往所罗门群岛北部。在那里，陆军能重组兵力，同时可以继续保卫南方区域的资源。但海军执意要守护其在中太平洋地区夺取的地盘。[18] 简言之，不论损失如何惨重，也不论船舶运力如何短缺，陆军仍要坚守一条极其漫长的战线。

盟军的反攻

1943年5月，美国陆军攻入了阿留申群岛的阿图岛（Attu Island）。日军大本营下令撤退，但北海道的北方军（Northern Army）司令官却认为该命令只适用于阿留申西部诸岛，从而忽略了2600名身陷重围的阿图岛守军。[19] 在寡不敌众、增援补给全无的逆境下，日军依然打得很顽强。但当得知营救无望后，残存的士兵在5月29日发动了一次自杀式进攻。最后只有27人存活了下来。就在率部发起最后冲锋之前，日军守岛部队的长官山崎保代（Yamasaki Yasuyo）大佐用无线电向大本营发报说，为了免受被俘之耻，他已下令让所有身体健全的士兵和伤员战至最后一人。一位陆军医官处决了那些无法参加最后进攻的重病号和重伤员，以免他们玷污武士品格。阿图岛守军于是成了战时第一支全体阵亡的陆军部队，而山崎保代死后也被追授为"中将"。

次日，大本营宣布了阿图岛"玉碎"（Gyokusai）的消息。这一词汇源于古典中文，其意为"在伟大的牺牲中所体现的非凡品质"。该理念让日本全国为之震动，并至少在短期内成了一个有力的宣传工具。由此，"战斗至死"的思想被广为接受，并最终内化成了大众意识的一部分。退役的樱井忠温少将——也就是《肉弹》的作者——通过媒体评论道，山崎保代的义举重新唤起了陆军传统的战斗精神。他认为那种精神之前已因西方的影响而弱化了。有趣的是,陆军到1944年初就放弃了"玉碎"一词,并改用"全员英勇战死"这种啰唆的表达方式。这是因为到1943年后期,日军在塔拉瓦(Tarawa)和马金(Makin)等岛屿战中连连败北。上述消息在被官方包装成"玉碎"而兜售给公众后就给人留下了这么一种印象:陆海军已无力挽回局面,战败是在所难免了。[20]

1943年6月,东条英机号召增加飞机产量以强化陆军战力。同时他还呼吁,为了支持战争工作,日本必须扩大工业生产。陆海军希望在1944年把飞机产量增至原先的三倍,达到年产55000架飞机的水平,但内阁企划院却把那个指标削减到了40000架。陆军专门开设了航空学校来为计划组建的飞行部队训练飞行员。从大学招募的新兵纷纷进入陆军航空士官学校(Air Academy)参加训练,而少年飞行兵学校(Youth Flying School)招收的则是小学毕业生。工业资源一开始是为新组建的陆军师团提供装备,但后来转而用于飞机制造。陆军1943年的飞机产量几乎翻了一番,达到了年产10000余架的规模。然而,其上升势头只维持到了1944年中期,那是因为当时原材料和劳动力的短缺问题制约了产量的继续增加。这种政策的代价是显而易见的。由于飞机制造的重要性压倒一切,日本坦克的生产空间就受到了挤压,年产量从1942年的1200辆跌落到了1943年的791辆。而到了1944年,坦克产量就只有478辆了。[21]

到1943年夏时,陆军省觉得向远离本土的前线部队供应物资已是困难重重。据此,陆军省主张进一步收缩兵力,把部队撤到马里亚纳群岛一带,同时以航空基地网为依托,重新筑起一道更小的防御圈。但参谋本部拒绝放弃新几内亚,而海军也不愿撤离拉包尔,因为那会危及特鲁克的安全。一旦丢失特鲁克,整个马绍尔群岛(The Marshall Islands)都会陷入险境。由此,"多米诺骨牌效应"将破坏海军在马绍尔群岛附近实施舰队决战的计划,并使本土面临敌军的进攻威胁。另外,日本获取自然资源的渠道也会面临被切断的危险。[22]

1943年9月30日的御前会议批准了大本营创建"绝对国防圈"(The

Absolute Dfense Zone）的新战略。该国防圈首先从千岛群岛（The Kurile Islands）延伸到小笠原群岛（Ogasawaras），然后继续扩展至中太平洋、新几内亚西部、苏门答腊以及缅甸。在漫长的防御圈后，日本将调集所有航空兵力粉碎盟军的反攻。大本营最终放弃了战略进攻的策略，而且此后再也无人谈及收复失地的反击作战。

如欲完成新战略设想的国防圈建设、增援前线兵力，大概要花上一年的时间。此外，落实上述战略构想还必须部署充足的航空兵力，但那又会耗去一年的时间。因此，成败的关键在于日本能否在那么长的时间里守住"绝对国防圈"。[23] 显然，日本不能指望从其德国盟友那里获得任何帮助，因为德国和苏联血战正酣。而且到了1944年春季或夏季，德国可能还要应付盟军开辟西欧第二战场的行动。最后，尽管日本出台了新战略，但海军还是一心要坚守吉尔伯特群岛（The Gilberts）、俾斯麦群岛和马绍尔群岛上的前进基地和边远据点，而上述地区均位于绝对国防圈之外。[24] 与之类似，陆军批准了进攻新几内亚东部的作战计划，并向马绍尔群岛派遣了卫戍部队。

新近做出的"战略转移"决定意味着日本需要组建更多师团。陆军在1943年12月把入伍年龄从20岁降到了19岁，并赋予了朝鲜人参军的资格。另外，陆军还把服役年限延长了五年，使兵员的年龄上限达到了45岁。最后，学生能够延期服役的权利也被终止了（见表11.1）。约有17万朝鲜人参军入伍，但他们中的大多数都被派往劳工部队或后方勤务部队。[25] 很多应征参军的日本学生加入了飞行员的训练项目。他们在执行特攻（自杀式）任务的飞行少尉中占到了45%。在阵亡的特攻飞行员名单中，他们更是占到了71%。提高征召比例也是陆军采取的一项举措，而方法是降低入伍标准。陆军还把越来越多的兵员从第一和第二后备役召入现役。日军的常备兵员比例在1941年时稍稍超过50%，但到1945年时却下降到了42%（见表11.2）。[26]

11. 亚洲—太平洋战争

地图 7　日本防御圈的变化：1942年5月—1945年6月

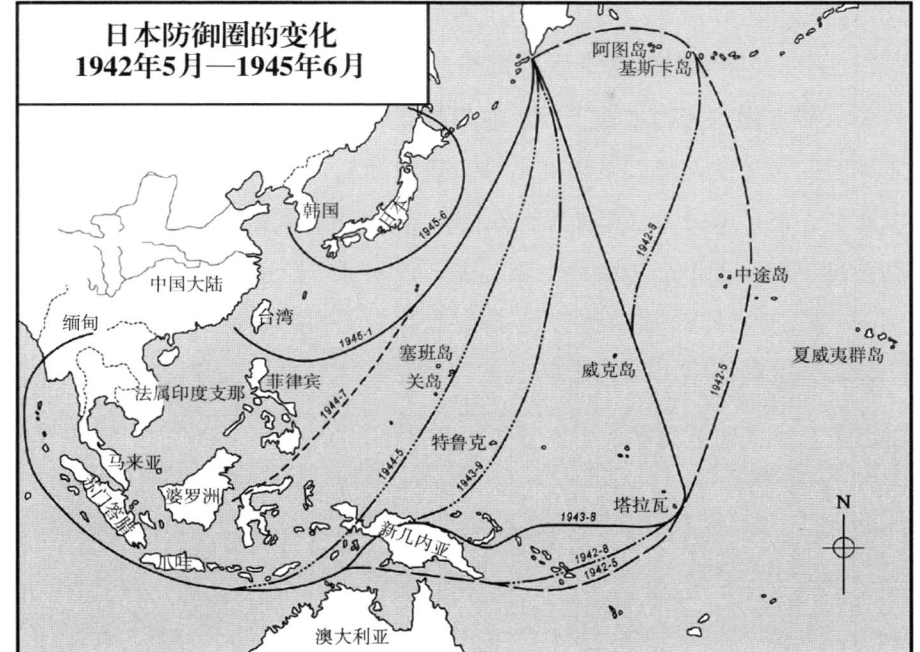

需要有人来领导那些新组建的小部队。为此，陆军在1944年创设了一个特殊的预备军官体制。陆军首先会从高校毕业生中选拔学员。此前，陆军新建了五所预备军官学校。在每所学校里，学员的训练期都是一年。随后，他们就可被授予预备军官的资格。这一体制最终培养出了20000名低级军官。可是人员的大幅增加却降低了部队的素质。上了年纪的老兵以及常备军官对这些年轻的新预备役军官不屑一顾，嘲笑他们都是些"不成器的货色"。由于武器装备供应不足，很多新兵被派去挖掘工事。但即便如此，水泥的短缺还是拖累了岸防工事的修筑进度。[27]

1943年11月，美国海军陆战队攻占了塔拉瓦及其他几个吉尔伯特群岛的岛屿。守岛的日本海军陆战队拼死奋战。在近4700名日本守军中，只有17人被俘（美军还俘虏了129名朝鲜劳工）。陆军的秘密战争日志认为这一仗不值一提，但实际上它是美国海军跨越中太平洋、发动对日反击的第一步。1944年2月，美国海军越过其他岛礁，突然向马绍尔群岛发起了大规模进攻，日军猝不及防。面对美国水面军舰和航母舰载机的强大火力，日本守军颇受震撼。同时，美军的两栖登陆协调良好、进展顺利。当然，日军方面的慌乱无措也客观上帮了美国人不少忙。1944年2月17日，美军航母舰载机摧毁了特鲁克的防御工事。东京的决策层虽然远在千里之外，但也没有忽视此次战役结果的重大影响。

在特鲁克蒙受灭顶之灾的四天后，东条英机上奏天皇，提议由他自己兼任参谋总长，同时让海军大臣岛田繁太郎（Shimada Shigetaro）兼任军令部总长，从而把指挥、控制和作战计划这三种职能统一起来。天皇表示同意，而且认为"集权"是战局关键时刻的必要之举。但当时的参谋总长杉山元却强烈反对，因为这样一来就破坏了陆军"军政—军令二元分治"的传统铁律。陆军"三巨头"——参谋总长杉山元、陆军大臣东条英机、陆军教育总监山田乙三大将（Yamada Otozo）——在经过一番激烈辩论后，东条英机最终占了上风，因为他声称已把改革措施禀明了天皇，所以其他两位将军只得勉强同意让东条身兼二职，但前提是这只是战时的临时措施。为了协助东条和岛田开展工作，他们各自都配有两位相当于"参谋次长"的幕僚，一位级别较高，另一位是副手。这一古怪的管理体制可以追溯到19世纪80年代，当时有栖川宫炽仁亲王手下也有两位参谋副手。同过去一样，这么做是行不通的。日本的决策体制之所以僵化是因为它被安插了太多各式各样的"副职"，而东条做的工作只是在它上面又添加了一层官僚机构，从而让它变得更臃肿。不仅如此，这样一种"日式"决策体制的运转最终要靠烦琐的"联络会议"才能协调政军关系中最简单的细节问题。

表11.1　日本陆军的兵源结构演变：1937—1945年（单位：万人）

	类别	1937	1938	1939	1940	1941	1942	1943	1944	1945
A	体检	15.3	19.5	20.0	18.9	19.5	19.0	18.4	31.0	15.5
	入伍	15.3	19.5	20.0	18.9	19.5	19.0	18.4	31.0	15.5
B	体检	47.0	41.0	41.2	40.2	40.5	40.1	41.2	92.4	47.7
	入伍	1.7	12.5	14.0	13.1	13.5	15.0	17.6	69.0	34.5
C		8.9	8.6	8.8	8.4	8.6	8.4	8.5	17.6	9.0
D		2.2	2.2	2.2	2.1	2.1	2.1	2.1	4.4	2.3
E		0.7	0.7	0.7	0.7	0.7	0.7	0.7	1.4	0.7
总计	体检	74.2	72.0	72.9	70.3	71.4	70.3	70.9	146.8	75.3
	入伍	17.0	32.0	34.0	32.0	33.0	34.0	36.0	100.0	50.0
	入伍比例	22.9%	44.4%	46.6%	45.6%	46.2%	48.3%	50.7%	68.1%	66.4%

注：直到1943年，适龄人群只限于20岁左右的人；而到了1944年，日本把19岁左右的人群也纳入了征兵范围。

来源：陸戦学会/编，《近代戦争史概説資料集》（陸戦学会，1984），第35页，表2-1-8。

在新体制下，东条英机身为参谋总长做出的第一项重大决定与印度有关。印度在日本的"共荣圈"里本来并无一席之地，但它却对日本构成了威胁，因为印度一方面可以成为英军反攻缅甸的基地，另一方面也为在华作战的中美军队提供了给养。1942年8月，大本营曾批准了第15军入侵北阿萨姆（Northern Assam）的计划，并策划煽动一个印度反英独立运动。当时，包括第18师团长牟田口廉也中将在内的日军战地指挥官都认为大规模地面部队无法翻越若开山脉（Arakan Mountain Range）。另外，东京方面也因误以为英国当局已成功镇压了印度民族主义运动，所以后来叫停了旨在继续"搅乱"印度局势的行动。日本的注意力随后就转向了瓜岛战事。随着新几内亚局势不断恶化,大本营于是无限期推迟了针对印度的作战行动。

1943年1月,英国的奥德·温盖特(Orde Wingate)准将在日军后方开辟了一条战线。英军的行动颇为冒险,而且时间长达四个月,但它的成功实施证明了无论地形多么险恶,大部队照样可以开展行动。两个月后,牟田口廉也开始指挥第15军。温盖特的战绩给他留下了深刻印象。作为一名大力鼓吹进攻战的军人,牟田口强烈要求先下手为强,攻打印度,摧毁敌人基地,以防盟军日后再次发起袭击。牟田口的上级是缅甸方面军(Burma Area Army)司令官河边正三将军,而他们二人恰好都曾参与了1937年的卢沟桥事变。就在河边对"入侵印度"含糊其词、不置可否时,牟田口情绪激动地恳求他的上司:"大东亚战争"是因他们而起,所以他们现在也应携手在英帕尔(Imphal)给这场战争做个了断。[28]

表11.2 常备军与预备役军人的人数 1937—1945年

年 份	常备军	预备役	总 计
1937	336000	594000	930000(63%)
1938	590400	511600	1102000
1939	804400	391600	1196000(32%)
1940	910000	380000	1290000(29%)
1941	1032500	992500	2025000
1942	1087000	1248000	1208000
1943	1502000	2295000	2750000(54%)
1944	2118400	1641600	3760000
1945	2444000	3506000	5950000(58%)

注:上述所有数据都未把陆军飞行部队的人员计算在内。陆军飞行部队人数从1937年的5000人升至1945年的74500人。(上表中的"%"表示预备役军人占陆军总人数的比例。)

来源:陸戦学会/编,《近代戦争史概説資料集》(陸戦学会,1984),第36页,表2-1-9。

资深参谋人员——下至第15军,上至大本营——都反对牟田口廉也的计划。但后者同样还以颜色:他把自己的首席军需官调走了,理由是这个人对他的计划持批评态度。东条英机认为整个计划风险不小,而参谋本部的作战部长也觉得如此行事太莽撞了。然而尽管如此,大本营在8月7日还是同意发动一次范围有限的反击行动,目标是夺取钦敦江(Chindwin River)西岸的几处要地。然后,为了达到消耗英军兵力的目的,日军还将向英帕尔进军。大本营遵从传统,不愿过多约束战地指挥官的手脚,因此到头来没有发布什么详细的指示。如有需要,随军的大本营联络官也会提供解释说明。可是,牟田口却把细节问题统统抛到一边。他计划发动全面攻势,而目标就是攻占英帕尔。除此以外,他还意想不到地找到了一位盟友。

日本人曾尝试以英印军(British Indian Army)的俘虏为基础组织一支印度国民军(INA)。上述战俘都是在马来亚和缅甸战役中被日军抓获的。一开始,日本人的这项工作并没多大起色,只是断断续续的,直到1943年夏才发生变化。当时,印度革命家和民族主义者苏巴斯·钱德拉·鲍斯(Subhas Chandra Bose)来到了新加坡。他随后被日本人任命为印度国民军的指挥官,但没有军衔。可是即便如此,他的到来却提振了那支军队的士气。1943年,由于英国行政当局的无能,孟加拉国爆发了严重的饥荒。然而,东京方面却对此视而不见,依旧小心翼翼,不愿贸然使用鲍斯的力量。但这位性格急躁的印度民族主义分子却让牟田口廉也相信:印度随时将爆发革命,而且只要鲍斯的军队一现身,立刻就能改天换地、扭转乾坤。[29]

东南亚盟军最高统帅部副司令约瑟夫·史迪威(Joseph Stilwell)中将当时正准备夺回密支那(Myitkyina)。该地位于缅甸北部,是一处公路和铁路枢纽,极具战略价值。它也是从印度雷多(Ledo——那儿是史迪威的基地——通往中国昆明的中间地点)攻占密支那是盟军重新打通缅甸公路的第一步计划。此外,中国国民政府的中央军也正向缅北边界地带集结。1943年9

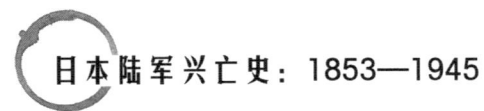

月,牟田口廉也向缅北派遣了援军。

日军的铁道工兵部队通过驱使盟军战俘和当地的强制劳工参与建设,终于在1943年圣诞节开通了一条250英里长的铁路。这条铁路从泰国西南部直达缅甸南部的莫莱(Moulein),并在这里与向北途经曼德勒、直达密支那的铁路干线相连。在修建铁路时,有逾15000名盟军战俘丧生,而当地劳工最后也有超过330000人死亡。可是就算花费了这么多功夫,日军攻打印度所需的后勤运力也并没有提高多少。[30]

可是,这些问题在牟田口廉也眼里都不算什么。他命令第15军就地取食,并依靠缴获敌军物资维持战斗力。为了运载口粮,部队将沿着行军路线驱赶成群的缅甸牛羊一同前进。但这些行动迟缓的牲畜很快就成了士兵的盘中餐。牟田口向一位心存疑惑的师团长保证道,在日军的第一轮齐射后,英国人就会投降。由于日军第5飞行师团的部分兵力被调往新几内亚和菲律宾,所以实力空虚,在对敌时处于1∶4的劣势。但牟田口却向那些满腹狐疑的人保证说:没了空中支援,仗可以照样打。此外,要保障部队行军,也亟须工兵部队的配合,因为他们能筑路、修桥和架桥。但工兵当时也全都被调去增援新几内亚战场了。

在1943年12月末与牟田口廉也举行了一次会谈后,南方军(Sourthern Army)司令部派了一位高级军官去东京陈述第15军的计划。就在这名军官准备返回前线时,他被召到了首相官邸。东条英机坐在一个热气腾腾的浴盆里,向他抛出了一连串问题——也就是过去六个月里各方提出的主要反对意见。那位军官的回应是,上述问题已有应对方法。在得到这样的保证后,东条英机终于批准了英帕尔作战。[31]

1944年1月初,大本营命令第15军的3个师团必须歼灭英帕尔附近的英联邦军,同时占领缅甸东北部的战略要地。与此同时,同样拥有3个师团兵力的第33军将把中国军队逐出缅甸东北部地区,并阻止盟军在印度的行动取得进展。在更远的南方，第28军（2个师团，还有1个师团充当战略预备队）将向阿恰布（Akyab）前沿进攻，以图把盟军预备队从英帕尔吸引过来。[32]

牟田口廉也把进攻日期定在了1944年2月11日（纪元节）。这样，在雨季前——在雨季里是几乎无法开展大规模行动的——他就有一个月的时间来攻打英帕尔。但大本营却推迟了行动日期，因为有一个从中国方向赶来的师团仍在途中。等到牟田口于3月8日发起对印攻势时，他已远远落后于原定的时间表。

就在三天前，温盖特的滑翔机机降部队已在缅北建立了一个空降场。此举不仅威胁到了日军在缅北和缅中的后方交通线，而且也支援了史迪威和蒋介石计划发动的攻势。牟田口廉也手下的指挥官请求他推迟进攻日期，直到盟军的远征部队被完全消灭为止。但他本人却对此置若罔闻。时间已所剩无几，他只顾奋力向前——不论后勤和地形多么糟糕，也不论战场形势如何变化。两支日军分别从东、南两个方向对英帕尔形成合击之势。同时，另一个师团将实施远距离迂回以夺取位于英帕尔以北60英里处的科希马（Kohima）。如若科希马沦陷，英印军的交通线就会被切断，因为英国第14集团军的主要补给基地和铁路终点站就在科希马西北30英里处。

指挥中的障碍也给作战行动增添了新的变数。第15师团长山内正文（Yamauchi Masafumi）少将（译者注：此时应为"中将"）是旧日本陆军中唯一一位毕业于美国堪萨斯州利文沃思堡（Fort Leavenworth）指挥与参谋学校的军官。但对牟田口来说，山内太西化了，是个让他忌讳的人物。而且，牟田口曾称山内是个"懦夫"。另一位师团长——也就是久经沙场的第31师团长佐藤幸德（Sato Kotoku）中将——也受牟田口嫌恶。反过来，佐藤也瞧不上牟田口，所以两个人的关系很不好。第三位师团长——第33师团长柳田元三（Yanagida Kenzo）少将（译者注：此时应为"中将"）——曾是一位优秀的参谋，但没有作战经验。在他眼里，牟田口就是个傻瓜，而牟田口也公开骂柳田是个"胆小的混蛋"。³³ 总体来看，日军指挥团队内矛盾重重，其糟糕程度堪比日俄战争时的情况。在这样的条件下，牟田口挥师出兵，启程征讨印度。

虽然在翻越若开山脉时艰险异常，但到4月6日时，第31师团的前锋部队已占领科希马的部分地区。同时，在更远的南方，柳田元三的第33师团由于缺乏补给和空中掩护，行动异常迟缓。牟田口廉也于是撤了柳田元三的职，随后又以健康不佳为由解除了山内正文的指挥权。但即便如此，日军当时也根本无望夺取英帕尔，原因有三：第一，天公不作美，那年缅甸的雨季比往常来得要早；第二，英军的战术素质精良；第三，英军数次发起反击，打乱了日军计划。更糟的是，当牟田口廉也无法为第31师团提供给养时，性情暴躁的佐藤幸德将军竟在5月31日那天擅自率部撤离了科希马。这在其他日军将官看来是史无前例的惊人之举。佐藤最后被牟田口解了职，但却并未因"临阵脱逃"的罪名而被推上军事法庭。这是因为如果佐藤被起诉，那么也就会暴露牟田口的昏庸无能。所以，缅甸方面军最后宣称佐藤神智状况不佳，然后用船把他送回了日本。³⁴

到5月中旬时，参谋本部对牟田口廉也的困境一清二楚，但没有人——包括东条英机在内——打算取消这次作战行动。河边正三也不愿这么做，但他希望大本营能出面干预。多年以后，牟田口承认自己应该果断放弃英帕尔作战，但他当时没法把那样的话说出口。7月4日，大本营最终下令暂停作战行动，但已经太迟了。此后不久，威廉·斯利姆（William Slim）将军就给予了日军沉重一击，并造成了日本陆军史上前所未有的惨败。之后不久，斯利姆将军就开始率部追击向后溃退的第15军——这支军队现在已是混乱不堪，饱受饥饿的折磨。日军三个师团的损失是：约40000人阵亡、受伤或失踪。此外，在艰难的撤退过程中，可能还有36000人丧生，他们大多来自后勤保障部队。

11. 亚洲—太平洋战争

在所有战区，日军的后勤保障都很糟糕，而在有些战区——比如缅甸——则彻底崩溃了。后来，军事史学家藤原彰（Fujiwara Akira）声称，在亚洲—太平洋战争期间，绝大多数阵亡的日军士兵是死于饥饿，而不是战斗。换句话说，从歼灭日军的"效率"上看，日本陆军的"无能"要明显胜过盟军的火力。在藤原彰曾经服役过的中国战场，后勤工作不是由专业的工兵与辎重兵来管理，而是由他自己所在的步兵大队来负责。虽然近来的一项更为保守的分析压低了藤原彰在日军死因比例方面的估值，但从总体上看，它与藤原彰的判断还是吻合的。[35]

牟田口廉也的失败不仅让他的部队在计划不周的冒险行动中白白流血，而且也让缅甸方面军的处境岌岌可危，因为现在它的战线已过度延伸，极易从三个方向遭到英印军、美军和中国军队的反击。史迪威的部队从1944年5月就开始进攻缅甸西北部，并于8月攻占了密支那。5月中旬，云南省的14个中国师也从东面沿缅甸边界发起了进攻，从而呼应了盟军的西线攻势。及至9月，中国军队已打通了缅甸公路的部分路段。

不仅如此，日本在太平洋西南部的战线也在瓦解。美国和澳大利亚的部队沿新几内亚海岸实施了几次小型登陆行动，迫使日军在1943年9月撤离了莱城。盟军随后缓慢地沿海岸线推进，而麦克阿瑟则全力督导美国第6集团军的建设和训练工作。1944年1月末，第6集团军占领了阿德默勒尔蒂群岛（Admiralty Islands），从而让新不列颠及拉包尔（日军的主要航空和海军基地）的80000名日军士兵和水兵成了瓮中之鳖。陆军参谋本部在2月25日组建了第31军以防守加罗林群岛、马里亚纳群岛、帕琉群岛（Palaus）以及硫磺岛（Iwo Jima），而且还向上述岛屿以及新几内亚的西部地区增派了部队。美军潜艇的作战效率不断提高，它们摧毁了几支开往马里亚纳群岛的护航船队，从而让岛上的日本守军陷入了缺粮少弹、孤立无援的困境。[36]

4月22日，麦克阿瑟在新几内亚东部、日本第18军岸防要塞后方200英里处同时实施了三次大规模两栖登陆。通过夺取荷属新几内亚的霍兰迪亚（Hollandia），麦克阿瑟就把新几内亚的日军部队横刀斩为两截。它不仅切断了新几内亚东部第18军的退路，而且也让新几内亚西部的第2方面军沦落到了束手无策、消极挨打的境地。

马里亚纳群岛的陷落

日本三面受敌——缅甸、中太平洋和西南太平洋。所以，大本营决定集中精力对付主要威胁，即美国。无论美军下次在哪儿登陆，日军都准备强行实施舰队决战，然后沿海岸线歼灭入侵者。5月2日，按参谋本部的看法，美军的主攻方向将是新几内亚和菲律宾一线。马里亚纳群岛的防御固若金汤，而塞班岛最近还得到了一个师团的增援。东条英机吹嘘塞班的防御是"坚不可摧"的。所以，日军判断，贪生怕死的美国人是不会攻击马里亚纳群岛的。次日，联合舰队司令长官下令实施"阿"（A）号作战，目标是在帕琉群岛附近歼灭美军舰队，而作战区域是在菲律宾南部和加罗林群岛之间的某片海域。日方之所以选择这个位置是因为它处于联合舰队的作战半径内，而联合舰队当时就驻泊在菲律宾群岛南部。如果美军真的袭击马里亚纳群岛，日军的舰载和陆基战机也可以消灭它们。但由于缺乏能伴随舰队行动的油船，日军无法在海上进行燃料补给，所以日本舰队的远程水面作战能力受到了限制。[37]

麦克阿瑟的部队于5月末攻入了斯考滕群岛（Schouten Islands，译者注：又译作"实珍群岛"）的比亚克岛（Biak），而这也成了日军"浑"号（Kon）作战的焦点。日军欲以联合兵力增援守岛部队，歼灭美军船队，然后使登陆的美军地面部队陷入绝境。日军的头两次突击都未成功。后来到了6月初，在两艘超级战列舰的支援下，日军的"浑"号作战已准备就绪，企图摧毁美军在比亚克岛上的滩头阵地。可是，大本营随后就接到了情报，并得知马里亚纳群岛即将遭到美军的两栖攻击。海军立刻下令执行"阿"号作战，因为如果马里亚纳群岛失守，东京就会处于美军远程轰炸机的航程之内。

从6月19日到20日，来自关岛、提尼安岛（Tinian）以及加罗林群岛的日军航母舰载机和陆基战机与入侵的美国舰队展开厮杀。虽然日军损失了约400架战机和3艘航母，但美军却并未遭受重大损失。1944年6月15日，2个美国海军陆战师进攻塞班岛，而且还得到了1个美国陆军师的增援。经过血战，双方均付出了巨大代价，但美军最终控制了塞班岛。在日本人眼里，塞班岛应是一个固若金汤的堡垒，但如今却落入敌手。面对这样的现实，日军大本营战争日志的写手不得不承认日本已失去了战争主动权。除非有一场决战能击垮美国人的战争意志，从而扭转战局，否则日本就只有慢慢沉沦、步入毁灭。由于无法获得那样的决战机会，对全体日本人而言，唯一的方法就是效仿阿图岛守军，奋战至死。[38] 然而，塞班岛战役的标志性事件是日军破釜沉舟式的自杀性进攻。7月7日清晨，战斗开始。3000多人参加了最后的冲锋，他们是来自数个日军部队的残存士兵以及部分日本岛民。

在塞班岛上有22000名日本平民，他们很多人都不指望美国入侵者会有怜悯之心，所以在战斗中以及战斗结束后，数百人自杀了。但煽情的宣传却让人觉得好像成千上万的人宁死也不愿被俘受辱。可是实际上，至少有15000名平民在战斗中幸存，而很多平民死难者都是在美军登陆前的轰炸中丧生的。[39] 即便如此，日方的宣传却鼓吹平民以极高的战斗热情配合陆军保卫塞班岛。这一点被日本当局充分利用，大做文章。虽然这明显是拙劣的宣传方式，但其潜藏的目的却令人不寒而栗，因为此举是为了让日本民众确信：如果到了万不得已之时，政府希望他们也会拼死奋战、保卫家园。简言之，陆军将其"决不投降"的准则强加给了普通百姓，从而在全体日本国民面前确立了

"宁死不屈"和"集体自杀"的合理性。

塞班岛的陷落以及6月15日美军B-29轰炸机首次空袭日本本土这两件事导致了东条英机内阁的垮台。退役的陆军将领小矶国昭成了新首相。他于8月初用"最高战争指导会议"（The Supreme Council for the Direction of the War）取代了原先的"大本营政府联络会议"。[40] 尽管从名称上看派头很大，但最高战争指导会议却提供不了任何战略指导，因为军方不仅拒绝当着文官的面讨论作战事务，还不让首相接触有关信息，而且对小矶国昭的建议也置若罔闻。

作战与战术学说的变化

日军在印度边界、马里亚纳群岛以及西南太平洋等地的战败宣告了"绝对国防圈"构想的破产。取而代之的是大本营在7月24日发布的"捷"（Sho）号作战计划。它会覆盖四个防御的方向：（1）菲律宾，（2）台湾及琉球群岛，（3）日本中南部，（4）日本北部和千岛群岛。如果敌人从任何一个方向进攻，日本陆海军都将倾全力与入侵者展开决战。次日，杉山元和梅津美治郎为保险起见，一方面同意了陆军以70%的兵力在1944年取得对美决战胜利的方案，另一方面也要求保留30%的兵力，并以此为骨干，重建陆军，准备进行持久战。[41]

8月19日，首次最高战争指导会议是在天皇莅临的场合下举行的，并批准了"捷"号作战。日本的战略指导方案是，无论德国命运如何——此前盟军在1944年6月实施了诺曼底登陆，而苏联则发起了夏季攻势——日本军队都会保卫本土，将战争进行到底。为了减少伤亡、避免国民经济出现更大混乱，盟军希望及早结束战争，但这恰恰暴露了它们的弱点。而另一方面，日本将调动一切可用资源，努力提振民众士气以应对来自马里亚纳群岛和中国的空袭。此外，外交也是打破困局的一条出路——或许可以请苏联充当调解人。

因此，东京能够通过以上方法扭转不利的国际处境。[42]

陆军也重新考虑了自己的反登陆作战学说。战前，陆军的计划人员从没想过在太平洋环礁或群岛上怎么部署防御。所以，陆军后来就把标准的"河川防御战术"作为岛屿反登陆作战的蓝本。部队将沿海岸线驻防，首先削弱进攻方的兵力，然后再凭借一次反击消灭敌军残部。山崎保代在阿图岛上的冲锋以及塞班岛战役就是这种"滩头防御"的实例。

1944年8月19日，裕仁天皇（中央坐者）主持"最高战争指导会议"的首次会议。坐在他右手边的是陆海军参谋部门的首长以及副手。首相小矶国昭是天皇左手边的第二个人。其他出席者包括陆军大臣杉山元（左边第五位）和军务局长佐藤贤了少将（坐在左边的最后一人）。（版权所有©《读卖新闻》，2008年）

虽然陆军不断分析自己在太平洋战场上的表现，并把得出的经验教训散发给各战地部队，但它最关心的还是其宿敌——苏联。陆军想当然地认为海军能够应付美国人。直到1943年，陆军教育总监才向各军校发布指示，要求调整课程安排。与对苏作战有关的战术、训练和教育科目不再是重点，而对美作战的教学则占到了优先地位。[43]但一些军校校长也提出了异议，指出在涉及美军战术的领域，军内目前缺乏合适的材料与课程，而且教员们也无课可上。一位神情沮丧的教员向自己的学生宣布了教学变动的计划。随后他坦白，就美军战术来说，他根本一窍不通。[44]

1944年上半年，客观形势已不容日军进行滩头防御了，而这也让美国人对日军战术的演变产生了困惑。1944年5月和6月，日军在比亚克岛对美军滩头阵地的反攻失败了。这倒不是因为日军在进攻时心怀杂念、畏缩不前，而是由于当地地形复杂。除此以外，从日军主阵地到美军滩头的距离也过长，所以日军部队根本无法相互协调、合力攻击。在零敲碎打式的进攻受挫后，损兵折将的日军就撤退了。接下来，他们以全岛无数的洞穴为依托顽强作战，拖延迟滞美军的行动。1944年9月，在帕琉岛，日军按最初的战斗计划展开行动，但其坦克和步兵的攻势却未能撕破美国海军陆战队的滩头防线。于是日军被迫转入岛上的珊瑚岩洞，进行持久战。崎岖难行的地形是易守难攻的。所以，原本两三天就可解决的战斗变成了长达两个月的苦战。[45]在美国人看来，日军好像正在调整战术以实施持久战。

可是，大本营直到1944年8月中旬才发布"岛屿守备要领"（Essentials of Island Defense）。这是自1928年以来首次出台的全新战术手册。按照它的规定，日军部队应构筑坚固阵地，准备长期抗战——包括破釜沉舟、战至最后一人。新的战术学说并非鼓吹简单的静态防御，而是宣扬一种"机动防御"思想。也就是说，日军将以筑垒工事和坚固据点为依托，对入侵者发起反击。日军的反两栖战学说现在强调以下几点：巩固工事阵地；把部队化整为零进行，更为分散地部署；隐藏好己方部队的位置；最后——当然——还要让部队保持高昂的战斗士气。[46]

10月，反两栖登陆条令的草案取代了"岛屿守备要领"。基于实战经验和吸取的教训，陆军正式放弃了滩头防御，改而要求守岛日军准备纵深防御。然而日军却无法按照战术手册的建议来构筑多线防御，因为他们既没有时间，也没有相应的工程材料。更重要的是，在陆军士官学校和陆军大学的时代，"坚决推行进攻、白刃格斗制胜"的观念已被日军军官奉为金科玉律、不二法门，而这种根深蒂固的进攻学说不可能在一夜之间就被改变。[47] 例如，迟至1945年4月，连天皇也会质问为什么冲绳守军要弃守沿海阵地，并且不放一枪就把岛上的机场拱手让给敌人。当时大本营和其他主要日军司令部都持这样的看法。另外，很多冲绳岛的日军前线指挥官可能也是这么想的。

当麦克阿瑟率部于10月20日登陆菲律宾莱特岛（Leyte）后，日军长久以来追求的"捷"号作战终于有用武之地了。海军策划了一个富有雄心、复杂且大胆的行动方案。为此，它投入了全部剩余的主力舰，从三个方向对美军滩头阵地发起进攻，而且胜利几乎近在咫尺。但最终海军不仅计划落空，而且还损失了13艘主力舰、3艘轻巡洋舰、8艘驱逐舰以及6艘潜艇。另一方面，陆军原本准备在吕宋岛打一场大型地面战，但大本营和参谋本部不假思索就接受了海军夸大的战报：海军声称自己的飞行员在10月12日至15日的台湾海空战中击沉了数艘美军航母。

参谋本部相信美军航空力量和水面舰只已在随后的海战中损失殆尽，所以它认为麦克阿瑟的部队目前正被困于滩头。大本营无视第14方面军司令官山下奉文中将（译者注：应为"大将"）的建议，命令地面部队增援莱特岛，并指望它们能正式接受麦克阿瑟的投降。7个师团的兵力最终投入了莱特岛战役，但全军覆没。不仅如此，把战略预备队从吕宋岛抽走的决定也不可避免地毁掉了山下奉文保卫菲律宾的全盘计划。[48]

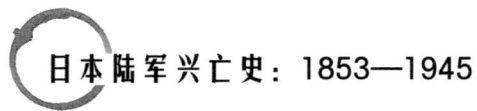

中印缅战场

到1943年时,大本营通常会抽调中国地区的一线师团去增援太平洋以及亚洲西南部的战场,因为那里的日军处境艰难。为了填补中国战场出现的空缺,日本陆军把一些旅团升格为师团,但新师团缺乏机动能力和炮兵支援。这些"替补师团"接管了中国占领区的治安工作,而剩下的一线和二线师团则沿宽大正面发起了一些有限攻势,并利用多支部队向心突击而夺取目标。在华北,陆军为了扰乱中国方面的军事计划、制造民间混乱,全力开展了各种扫荡和破坏活动。由于没有多余部队来驻守新征服的土地,日军最后无一例外都撤退了。而中国共产党或国民政府的军队则一步步、缓慢地收复了满目疮痍的地区。

日军1943年的最后一次重大军事行动是对常德的进攻(11月至12月)。这是那一年日军最具野心的作战行动,参战兵力为6个师团。新成立的"中美空军混合团"(Chinese-American Composite Wing/CACW,译者注:又译"中美空军混合联队")以及美国陆军航空兵为中国军队提供了有效的空中支援,迫使日军地面部队只能在夜间集结和行军。从1942年开始,日本陆军飞行部队就负责在大陆地区执行空中作战。但当美军空中力量出现在中国战场后,日军飞行部队只得被迫转入防御。1943年12月中旬,日本陆军的轰炸机成功地对中国西南部的机场和航空基地实施了袭击,但它们却无法阻止中国军队在12月9日收复常德城。

1944年4月,数个由美国训练和装备的中国师(即"X部队")与美军几支小部队试图在缅甸重新开辟通往中国的公路。该行动是盟军在缅北发动的有限反攻作战的一部分。中美联合部队在5月中旬抵达密支那,迫使日军第33军放弃了缅北地区。面对3个中国师的围攻,密支那的日本守军进行了顽强抵抗,一直坚持到了8月初。日军由此赢得了在离密支那稍远的南部构筑另一道防线的时间。

在密支那围攻战期间，英帕尔—科希马战役也达到了高潮，并威胁到了盟军补给线——包括X部队的补给通道。同时，5月初，中国云南（昆明）的第20集团军（16个师，译者注：这里应指的是中国第二次入缅的远征军，总兵力约20万人，所以除了第20集団军，还应包括第11集団军），以"Y部队"而闻名。中国军队沿宽大正面、在密支那以东100英里的地方跨越怒江，试图从东北方向打通滇缅公路。"Y部队"的目标是把日军第56师团逐出龙陵，然后在缅甸八莫（Bhamo）与"X部队"会师。

6月1日，中国第11集团军从南翼加入战斗，从而使那些日军的山地据点无法相互支援、只能自生自灭。由于日军仍据守着密支那，所以蒋介石无法为"Y部队"提供增援。结果，一系列因素导致中国军队于6月末停止了前进步伐。这些因素包括：日军对中国军队渡河点的反击；日军娴熟地运用丛林覆盖的山峦迟滞中国军队的进攻；雨季的到来；日军对中国南北钳形攻势的南线部队成功地进行了一次反击。9月中旬，日军对怒江西面的中国军队又实施了几次反攻，但均以失败告终。到此为止，日军第15军在印缅边界的灾难性失败已迫使第33军转入战略防御。与此同时，随着中国逐渐摸清日军"一号作战"的实际范围，重庆方面开始把注意力从缅北转回国内战场。

从1944年4月中旬到1945年2月上旬，中国派遣军实施了"一号作战"。它是日本陆军史上规模最大的军事行动，动用了约50万部队（20个师团）——约是中国派遣军总兵力的80%，而且还得到了近800辆坦克、逾1500门火炮、15500多辆汽车以及240架飞机的支援。此次行动的头一个目标是摧毁美军在中国境内能飞抵日本本土的B-29轰炸机基地。另一个目标是用武力开辟一条从朝鲜釜山通往法属印度支那的大陆交通线。战役从1944年4月左右打响。参加"一号作战"的日军替补兵员是从朝鲜和满洲开赴华中的，但很多人的装备都非常低劣。所以，在捡到中国士兵遗弃的武器前，他们不得不

共用几条步枪。[49]

在"一号作战"的第一阶段（1944年4月中旬至5月下旬），日军从南北两个方向发起夹攻，清除了京汉铁路南部的中国军队，并占领了洛阳。到了第二阶段（1944年5月至12月），日军连续发起了一系列大规模攻势。第11军向南推进，占领了长沙与衡阳（中国军队在此进行了拼死抵抗）。第23军则夺取了几个美军航空基地。第21军随后从印度支那北部出发与上述部队会合，从而打通了一条横贯中国南北的大陆交通线。

日本人怀疑印度支那的局势会出现大的变动。所以，为了确保后方无虞，1945年3月初，日本陆军先下手为强，攻击了印度支那境内的法国驻军（5万多人）。在北部发生激战后，法军被逐入华南地区。日军后来还赶走了法国行政官员，并怂恿越南人掌权。但获得"解放"是要付出高昂代价的。这是因为日军没收了越南的稻谷，打乱了粮食分配体系，从而引发了一场饥荒，致使20多万越南人丧生。然而和战争大局相比，这些苦难都不值一提，因为在那个时候，亚洲—太平洋战争已决定性地转入了对日本不利的阶段。

在缅甸，中国军队从10月中旬开始就进展顺利。从密支那南下后，中国军队威胁到了日本第33军的左翼。3个中国师首先在八莫会师，然后转战西南，击退了实力大减的日军。那些日军在12月份的时候已退到了瑞丽江东岸。[50] 虽然"一号作战"确实使一部分中国兵力离开了缅甸，但余下的中国军队仍继续从北缅发动钳形进攻。它们于1945年1月下旬会师，并在2月重新打通了整条滇缅公路。3月中旬，中国军队抵达腊戍。这些行动的成功打破了日军长达五年的对华封锁，并在缅甸实现了一场地面总决战。

虽然日本陆军仍占据着中国多数城市和大片领土，但它已无力继续进攻。在八年侵华战争中，日本付出了亡41万人（在1941年12月后有23万人阵亡）、伤92万人的代价。虽然没有可靠的中国方面的伤亡数据，但可能有多达1000万中国士兵战死，而平民伤亡必然会超过前一个数字。旷日持久的战争也使成千百万的中国百姓流离失所。他们被迫背井离乡，沿路乞讨求生。[51]如果日本陆军当初是为了打破中国战场的僵局才决意在1941年同西方开战的话，那么现在四年过去了，中国战场仍是胶着状态。但也有一个重要区别：日本眼下正面临美军反攻的致命危险。

1945年1月20日，日本陆海军在战争期间首次批准了一份联合作战计划，而且这也实属日本近代军事史上的破天荒之举。"天号（Tengo）作战"的重点在于"特攻"或自杀式战术。日军企图凭借精锐的飞行部队粉碎美军的攻势。而"决号（Ketsugo）作战"则旨在准备抗击对日本本土的入侵。第14方面军将继续在吕宋作战以分散盟军兵力。而作为"天号作战"的一部分，陆海军也强化了小笠原群岛（硫磺岛）以及冲绳岛上的兵力。陆军把这些岛屿防御战当作外围作战以及最终决战——美军入侵日本——的前奏。或许更准确地说，这些作战都属于本土之战，因为在硫磺岛战役和冲绳战役期间，日本本土就已陷入了三重灾难：其一是美国重型轰炸机愈演愈烈的空袭行动；其二是成效日益显著的海上封锁；其三是盟军舰载机和水面舰艇的攻击。[52]

大本营2月中旬的战略评估承认，美国具有压倒性物质优势，并预计美国人会利用自己的英国和中国这两个盟友来拖垮日本的大陆防御。大本营还推测美国会迫使苏联对日开战。但美军目前的交通线太长，极易受到攻击，而且美国人也不愿付出高昂的伤亡代价。因此，如果日本用"出血"（Shukketsu）战略来保卫小笠原群岛和冲绳，陆军就可以争取时间来准备本土防御，并迎接战争的高潮阶段。同时，这也可以让美国人认识到：进攻日本本土是要付出难以想象的代价的。[53]

硫磺岛是个小型火山岛，位于东京和塞班岛之间，而第一次"出血"战役就在此处打响。这个约11平方英里的岛屿限制了部队的机动空间，是防御的理想之所。栗林忠道（Kuribayashi Tadamichi）中将从1944年6月起就努力把这座小岛变成一处"屠宰场"。栗林的计划很简单：他打算尽一切可能坚守，而且时间越长越好。有些崇尚进攻的军官提出了异议，并鼓吹传统的滩头防御，但他仍坚持推行自己的方案。2月19日，3个美国海军陆战师向栗林在硫磺岛构筑的蜂窝状洞穴以及地下战斗据点发起了攻击。这是太平洋战争期间最惨烈的陆战之一。3月16日，栗林忠道向大本营发送了最后一封电报。其中，他承认美军已赢得胜利，但他发誓自己的魂魄会回归故土，并见证日本陆军反败为胜。[54] 在这场战役中，日军有21000人战死，而美国海军陆战队的伤亡则超过26000人，其中阵亡近7000人。在盟军的太平洋反攻阶段，这是头一次：美国作为进攻方的伤亡数字超过了日本守军。"出血"战略奏效了。

尽管血流成河，但硫磺岛的厮杀只是拉开了冲绳战役的序幕。在冲绳，大批平民要面对的是一场完全不同的战役。陆军指挥官决定不顾一切代价坚守岛屿，并无情地从平民中征调人手来服务防御工作。就在美军登陆塞班岛后不久，1944年6月28日，陆军省和内阁批准了从冲绳以及其他受威胁的岛屿撤出非战斗人员的行动。陆军之所以支持迁移人口并非出于人道考虑，而是基于战术方面的原因。第32军参谋长长勇（Cho Isamu）中将很直白地告诉冲绳立法机构：平民越少，战斗部队的机动空间就越大。[55]

冲绳的撤离工作始于一场悲剧。1944年8月中旬，美军潜艇击沉了一艘挤满避难者的运输船，超过700名小学生罹难。冲绳人害怕会有更多的潜艇攻击，而且不那么相信美军会进攻这里，所以他们拒绝撤离家园。但冲绳县当局利用学校教师、社区组织以及村民会议向民众施压，强迫他们离开。后来的事实证明，那艘遇难的船舶是整个撤离行动中唯一的牺牲品。撤离工作持续到了1945年3月中旬，动用了187艘船只，向日本转移了6万名儿童，并向台湾输送了2万名平民。[56] 陆军还下令实施了一次大规模迁移计划，把冲绳南部——也就是预期的主战场——的6万名老人和儿童转移到了荒凉的北部地区。当长勇的新闻社论出现于1945年1月后,陆军对冲绳人的态度就清晰无疑了。他宣称,一旦敌军登陆,陆军就会没收所有食物。他写道:陆军的使命是打胜仗,所以它绝不会为了帮助饥饿的平民而冒战败的风险。[57]

但这还不够。陆军还要求平民服从命令,出人出力。第32军征调或召回了25000名年龄在17到45岁之间的冲绳人,并把他们分配到装备低劣的自卫军或志愿部队。大量中学生也被征召入伍,组成了特别学生部队。初高中的年轻女学生组成了女子学生战地服务队。她们在野战医院里充当护士,并向战斗部队运送口粮和弹药。[58]在战斗中,士兵会杀害那些挡道碍事的平民。他们从饥饿的妇女和儿童那里没收食物,并把那些讲当地语言的岛民当成间谍予以处决。在那些更小的外围岛屿上,狂热的低级军官做事冷酷无情,处决了很多冲绳人。后者要么被指控为间谍,要么被说成是违抗军令。日军在渡嘉敷岛(Tokashiki)上犯下了最骇人听闻的罪行。据称,一名陆军大尉杀害了数十位村民,并逼迫300多名幸存者集体自杀。[59]

第32军在冲绳的防御部署同样充满争议。由于不确定美军的下个目标到底在哪里,大本营把冲绳战斗力最强的师团转移到了台湾,并拒绝提供部队填补留下的空缺。大本营提到了美军潜艇的威胁,所以它宁愿把一个师团留在日本也不愿其葬身大海。这项决定对"天号作战"造成了影响。按原计划,执行特攻任务的"神风"(Kamikaze)飞机将发起一连串攻击以消灭海上的敌军,同时地面部队会击退滩头的敌军。为了执行这一战略,大本营和台湾的第10方面军命令日军必须不惜一切代价守住冲绳各机场,从而为"神风特攻"提供支持。然而,第32军认为空中力量只是次要因素。当大本营拒绝增援机场防御兵力时,第32军觉得自己被出卖了。结果,第32军自作主张放弃了机场以收缩防线。[60]1945年4月1日,美国陆军和海军陆战队开始登陆。美军未遇什么抵抗就迅速夺取了机场,然后即向内陆地区挺进。在那里,美军最终与日军的防御主阵地发生了接触,从而陷入了艰苦的消耗战。

两天后,天皇对弃守机场的决定提出了质疑。大本营和第10方面军于是命令当地日军展开反击,夺回机场,并在滩头歼灭入侵者。但由于第32军高级参谋之间存在分歧,所以那道命令最后成了一张废纸。地面战后来变成了残酷的搏斗。在两个月的拉锯战中,美军伤亡总计超过65000人(其中26000人属于非战斗伤亡)。根据日方资料,日军有65000人阵亡,但还有10万名平民在战斗中遇难,其中包括约24000名冲绳人。这些冲绳人是被强行拉入军队的。而且他们在未经什么像样训练或几乎手无寸铁的情况下就被逼着上战场。[61] 从如此惊人的平民伤亡可以看出当时的战斗有多么野蛮,而日本陆军对普通民众的命运是多么不屑一顾。

旷日持久的战斗也让美国舰队和众多补给船只停在冲绳海域动弹不得,而这也为日本陆海军的神风飞机反复实施的大规模自杀进攻提供了目标。从1945年4月1日到6月30日,约2500架特攻飞机击沉了36艘美国舰船,而受损的船只数量则超过了前者的十倍。近5000名美国水手遇难,另有5000人受伤。正如一位历史学家所言,"就在盟军准备进军日本本土的节骨眼上",如此高昂的美军伤亡代价算是一个"极其不祥的征兆"。[62]

让冲绳之战更恐怖的是第32军的一种信念,那就是:岛民的深重苦难并非毫无价值,因为冲绳只要多撑一天,就能为本土决战多争取一天的准备时间。虽然陆军对待当地平民的苛刻态度可能与本土人对冲绳人的歧视有关,但即便如此,就算把地点换成九州,陆军也不大可能会多么关心百姓的疾苦。归根结底,早在1945年2月,战争日志就记录道:民众必须以陆军规定的最低定量的口粮来维生。[63] 由于太平洋战争的影响,冲绳从一片不为人知的穷乡僻壤变成了最为血腥的屠戮场。另外,它也成了日本陆军冷血与残忍的见证。这支陆军并非日本国民的捍卫者和保护神。相反,它唯一关心的是:如何能为本土防御的巩固和抵抗盟军的入侵争取时间。冲绳和当地百姓一方面成了日本本土防御的牺牲品，另一方面也传递了一条信息，那就是军方希望本土民众也同样具有慷慨赴死的决心。

尾　声

在美军登陆冲绳当天，参谋本部作战部长向首相小矶国昭（他将在一周内辞职）报告说，在占领冲绳后，美军必然会进攻日本本土。[64] 应对美军入侵的准备工作从1945年1月即已启动。从那时起，陆军开始大规模动员和组建新师团。当时，大本营预想：美军将在6月或7月入侵本土；英军将继续沿缅甸前线推进，并于春季在马来亚登陆；缅甸公路的重新开放会增强蒋介石军队的实力；由于苏日中立条约的续约期限是1946年4月，所以苏联可能会按规定提前一年向日方递交废约的通报。如果莫斯科方面觉得日本不堪一击，那么苏联可能会毁约参战。然而，陆海军的联合评估结论是：军方决定就算血战到底也要争取胜利。按照陆军内部几个部门的看法，"德日两国的战争处境岌岌可危"，但它们确信日本的敌人也已"遍体鳞伤"，而全球战争现在已经到了比拼耐力的阶段了。

4月8日，大本营发布了本土防御计划。该计划在很大程度上是靠自杀式攻击来摧毁敌军在主要登陆海岸的运输船。为数不多的日本高层领导人同时也寻求在决战前让苏联出面调停以结束战争。为了保密，所谓的"六巨头"——首相、外相、陆相、海相、参谋总长、军令部总长——在5月11日达成一致，决定通过苏联进行和平试探。他们想一箭双雕：一方面，通过把莫斯科卷入外交活动可以防止苏联参战；另一方面也可以利用苏联的斡旋而结束战争。但直到6月3日，日本外相才向苏联大使传达了日本政府的意图。[65]

当时，冲绳即将失守。大本营于是在6月8日的御前会议上提交了一份经过修改的战略计划。根据大本营为御前会议准备的文件，美军已蒙受了巨大损失（大本营相信半数美军航母已被"神风特攻"击沉）。大本营的结论是，在冲绳之战的拖累下，敌军计划进攻九州的时间已被推迟到8月末。到那时，美军的目标是首先夺取九州的飞行基地，因为在初秋进攻关东平原时，美军需要空中支援。与此同时，陆军的分析报告则认为前景很惨淡。盟军的空中和潜艇攻击已切断了日本的海上交通线，这导致日本全国的粮食供应陷入危机。从马里亚纳群岛起飞的B-29重型轰炸机对日本本土发动的空袭使日本的工业产出大幅下降。美军对60座日本城市展开了的"烈火轰炸"以及冲绳的陷落沉重地打击了公众的士气。日本国民对自己领导人的信心正不断流失。通货膨胀也加剧了民众的不满。盟军的空中力量和海军不断袭击铁路车辆，从而扰乱了日本国内的铁路系统，并进一步加剧了所有领域的物资短缺——造船、钢铁、食品。这意味着日本即便可以生产战争物资，也无法把它们运出去。[66]

陆军大臣阿南惟几大将仍坚持认为，如果日本能挺过1945年，美军在入侵九州时所蒙受的损失会摧垮美国人民的士气以及继续战争的意愿。要知道，中国大片地区仍掌控在520万日本大军的手里。在1945年4月和8月初之间，陆军向九州增派了12个师团以及45万人。这些兵力沿主要登陆海滩进行部署。本土决战的计划工作进展良好，虽然陆军领导人明白他们不可能击退美军的进攻，但他们想给美国造成极其惨痛的损失，从而迫使其同意达成一份以日本条件为基础的谈判协议。所以，为了保存"国体"（由万世一系的皇脉所形成的国家结构）、保卫本土，陆军打算倾全力战斗到底。陆军将领们承认在1945至1946年的冬季可能会爆发大范围的饥荒，而到了1946年春时，日本将无力继续开展军事行动。[67] 6月22日，天皇再次召开御前会议以寻找摆脱困境的良方。他对"六巨头"的指示是：尔等要同心协力，结束战争。然而尽管天皇如此表态，但阿南惟几仍敦促在场的各位要行事谨慎，因为如果表现得过于急切、愿意不惜一切代价结束战争的话，就只会暴露日本的软弱，并诱使苏联人参战。天皇态度坚决，主张应继续推进谈判工作。

　　1944年1月，在大本营批准了"一号作战"后，陆军就不再从中国抽调师团增援太平洋战线了。后来，向太平洋方面增兵的责任落到了满洲关东军身上。及至1945年1月，大本营共从关东军抽调了11个一线师团。6月4日，在冲绳失陷的同时，参谋总长梅津美治郎将军通知关东军和中国派遣军的司令官：本土防御高于一切，所以不要指望再从东京得到任何增援和或支持。从5月份起，关东军就在满洲全境动员预备役以重组兵力。到了7月，关东军已组建了70万人的部队，但大多数都装备低劣。另外，根据新战略，关东军将分阶段向朝鲜边境的筑垒地域撤退，并在那里背水一战，做最后的抵抗。在1945年春季和夏初，陆军的情报显示，苏联正向远东地区增兵。但最后的结论是，苏联要等到1946年春才会进攻满洲。[68]

原子弹爆炸之后

　　8月6日，广岛被原子弹摧毁。三天后，苏联参战。同日早晨，长崎也遭到了原子弹袭击。在这样的背景下，战争出人意料地突然终结了。毫无疑问，原子武器是前所未有的新因素。而且，尽管日本陆军一直监视着苏军的军力建设，但苏联对满洲的进攻还是在行动上打了日军一个措手不及。日军缺乏准备、训练不足、装备不良、寡不敌众，并且在行动神速的苏军坦克和机械化纵队面前全然束手无策，所以很快就土崩瓦解了。而日军计划的"阶段性撤退"也变成了一场大溃败，因为苏联人最后俘虏了60多万名日军士兵。在八天内，苏军就横扫了满洲大部分地区，并在朝鲜北部登陆。约26000名日军官兵战死。而150万定居满洲的日本平民也有多达17万人丧生。据估计，13万日本俘虏在被苏军关押期间死亡，并且还有30万到50万的日方人员依旧下落不明。[69]

　　颇有名气的军事史学家半藤一利（Hando Kazutoshi）评论道：对日本文

官领导人和外交人员来说,苏军的参战消灭了一切谈判议和的可能性,因为已经没有哪个国家可以在停战谈判中扮演调解人的角色。而对陆军领袖们而言,原子弹是个更大的冲击,因为他们没有任何反制措施,所以也就不能再指望通过继续战斗而获得更多有利的终战条件。[70]

在8月9日紧急召开的御前会议上传来了长崎遭到第二枚原子弹袭击的消息,而且美国人还威胁说要投掷更多这类毁灭性武器。但即便面对着上述史无前例的灾难,阿南惟几仍然固执己见。他声称陆军应进行最后的战斗,而且要求:只有在满足他提出的条件后才能展开谈判。他的条件是:必须保存国体;被指控的战犯只能由日本——而不是由盟军——来审判;军方将从海外召回部队;盟军不能占领日本。然而,在场的其他人都明白:一切都完了。在六天的时间里,日本高层人士思前想后、犹豫不决。他们想谋求妥协,但终归万念俱灰。8月14日,天皇终于打破了会议僵局。他宣布:日本将接受美国的条件。

大本营、参谋本部和陆军部向所有远在海外的部队发报,命令它们放下武器。虽然有些部队质疑这道命令,并发出抗命的威胁,但陆军当局在天皇权威的庇佑下还是平息了事态,消除了爆发大规模哗变的可能性。七十七年前,通过乞灵于天皇的权威,日本建立了现代陆军。但现在,日本必须用同样的方法来解散这支军队。

日本的太平洋战争经历了五个清晰可辨的阶段。第一个是攻势阶段,始于1941年12月,而珊瑚海战役的失败——特别是1942年6月的中途岛战役的灾难——宣告了这一阶段的终结。下一个是消耗战阶段,日本试图稳住阵脚或收复失地。到1943年11月,日本已处于战略守势,并在1944年8月那一个月的时间里遭遇了一连串惨败。为了扭转战局、遏制盟军攻势,东京于1944年秋想寻求决战的机会。但日本在菲律宾损失了绝大多数空中、地面和海上力量。因此从那时开始,日本除了苟延残喘已别无他法。最后一个阶段是从

11. 亚洲—太平洋战争

1945年1月开始，直到两座日本城市毁于原子弹的攻击。在硫磺岛和冲绳的战场上，虽然日本陆军给推进中的美军造成了严重损失，但美国也实施了报复，并让日本普通民众蒙受了无以名状的苦难。美国的报复手段包括：无差别空袭战略、无限制潜艇战、海上封锁与布雷、原子弹攻击。或许，上述行动产生的灾难性后果也使这场战争的"太平洋"部分一目了然——日本失败了，美国胜利了。

但在剩下的"亚洲"地区，形势却远没有那么明朗。满洲和朝鲜北部暂时处于苏联的控制之下。虽然被正式命令放下武器，但在华日军依然处于武装状态，并负责维持当地秩序，而且还联手国民党中央军对抗中国共产党的部队。[71] 日军控制着印度支那、马来亚、新加坡。此外，日军还掌握着荷属东印度群岛，并支持那里的民族独立运动。这并不是说当地人民喜欢野蛮的日本占领者——而实情恰恰相反。但日军发挥的作用的确可以解释一个问题，那就是：为什么战后没过多久，亚洲大陆就变得动荡不安呢？日本不仅摧毁了西方强加给亚洲人的殖民体制，而且还让后者声名扫地。而日本自己建立的暴政则使这片大陆的很多地区堕入了无法无天的深渊，并为叛乱与革命提供了温床。日本的占领政策只是让亚洲民众坚定了一个信念：领导大家走向独立之路的绝不会是日本。相反，在亚洲大陆上，众多抵抗运动的领袖掌握了大权，并为此后长达十年的反殖民战争埋下了火种。[72]

[注释]

1. I am indebted to Dr. Stanley L. Falk for these observations.

2. Yoshida Yutaka, Ajia Taiheiyō senso [The Asia-Pacific war] (Iwanami shinsho, 2007), 86.

3. Yoshida Yutaka and Mori Shigeki *Sensō no Nihonshi* [Warfare in Japanese history] 23, *Ajia Taiheiyō sensō* [The Asia-Pacific war] (Yoshikawa kūbunkan, 2007), 109; Ikuda, *Nihon rikugunshi*, 199. In December 1941 the Japanese army had fifty-one divisions; twenty-seven were

engaged in China operations, thirteen were stationed in Manchuria to deter the USSR, and the remaining eleven were homeland strategic reserve, including those positioned in Korea. Five of the strategic reserve units were newly organized and not rated combat ready.

4. Douglas Gillison, *Australia in the War of 1959—1945, series* 3, vol. 1, *Royal Australian Air Force 1939—1942* (Canberra: Australian War Memorial, 1962), 224; Kimata Shirō, *Rikugun kōkū senshi: Mare sakusen kara Okinawa tokkō made* [A history of the army air force: From the Malaya operation to the Okinawa special attack corps] (Keizai oraisha, 1982),10—11.

5. See Stanley L. Falk, *March of Death* (New York: W. W. Norton, 1962) for an excellent account of the Japanese treatment of prisoners of war captured in the Philippines in early 1942.1 am again indebted to Dr. Falk for his comments on this section.

6. Northern Burma had also continued a formal relation of allegiance to China even after the British had colonized the country.

7. Kurogawa, *Gunji senryaku*, 213.

8. Ikuda, *Nihon rikugunshi*, 201.

9. Morimatsu, *Daihon'ei*, 227—229.

10. Kisaka, *Taiheiyō sensō*, 123.

11. I am again grateful to Dr. Falk for these insights.

12. Usui, *Nitchū sensō*, 144—146.

13. Hata, *Taiheiyō sensō roku daikessen (jō)* [Six decisive battles of the Pacific war], *Sakugo no senjō* [Mistaken battlegrounds] (Chūkō bunko, 1998), 93.

14. Daihon'ei seifu renraku kaigi [Imperial general headquarters and government liaison conference], "Sekai jōsei handan" [Estimate of the world situation], November 7, 1942, in Sanbō honbu, ed., *Sugiyama memo, ge* [General Sugiyama Hajime's memoranda, 2] *Meiji hyakunenshi sōsho* [Official history of the Meiji centennial] 17 (Hara shobō, 1967), 161.

15. Kisaka, *Taiheiyō sensō*, 157—158; Hata, Tosuiken, 174.

16. Hata, *Sakugo*, 118; Sugiyama Hajime and Nagano Osamu,"Yōhei jikō ni kanshi sōjō" [Report to the throne on operational troop matters], December 31, 1942, inYamada Akira. *Sensō shidō*, 249—251; see also ibid., 121, 124.

17. Kurogawa, *Gunji senryaku*, 218.

18. Ibid., 216—219.

19. Ōe, *Tennō no guntai*, 293; Kojima Noboru, *Taiheiyō sensō(ge)* [The Pacific war. 2] (Chūkō shinsho, 1966), 35.

20. John W. Dower, *War without Mercy: Race and Power in the Pacific War* (New York: Pantheon, 1986), 231 quote;Yoshida, *Ajia Taiheiyō sensō*, 137;*Yamamuro, Gunshin*, 322.

21. Kojima, *Taiheiyō sensō*, 59; Rikusen gakkai, *Kindai sensōshi gaisetsu, shiryō hen*, 172, table 5—3—3; Ikuda, *Nihon rikugunshi*, 210, 213.

22. Kurogawa, *Gunji senryaku*, 223.

23. Ikuda, *Nihon rikugunshi*, 213.

24. Kurogawa, *Gunji senryaku*, 224.

25. Yoshida, *Ajia Taiheiyō sensō*, 112.

26. Kisaka, *Taiheiyō sensō*, 368;Tobe, *Gyakusetsu*, 328. As for the officer corps, 35 percent were regulars in 1939, and 19 percent were regulars in 1945. By 1945 the army was running short of officers, especially captains. It had an overall officer shortfall of around 25 percent. *Kindai sensōshi gaisetsu*, 38.

27. Ikuda, *Nihon rikugunshi*, 215, 229;Yamaguchi, *Rikugun to kaigun*, 118.

28. Kojima, *Taiheiyō sensō*,119.

29. Joyce C. Lebra, *Japanese-Trained Armies in Southeast Asia* (New York: Columbia University Press, 1977), 24—36.

30. Kojima, *Taiheiyō sensō*, 131—132; Arthur Swinson, *Four Samurai* (London: Hutchinson, 1968), 121.

31. Swinson, *Four Samurai*, 125—126; Louis Allen, *Burma: The Longest War* 1941—45 (New York: St. Martin's Press, 1984), 166.

32. Kojima, *Taiheiyō sensō*, 117.

33. Allen, *Burma*, 164 and ni.

34. Yamauchi died of tuberculosis two months after his relief. Yanagida was retired then recalled to command the Port Arthur fortress. A court-martial declared Sato mentally unstable and seconded him to the reserves. Mutaguchi was seconded to the reserves but during Japan's final mobilization was recalled to command the military preparatory academy. Kawabe was transferred to Tokyo, promoted general, and made commander of the combined air forces.

35. Fujiwara Akira, *Uejini shita eiyutachi* [Starving heroes] (Aoki shoten, 2001), 3,121; Hata Ikuhiko, "Dai niji seikai taisen no Nihonjin senbotsusha zō" [An image of the Japanese war dead in the second world war] *Gunji shigaku* 42:2 (September 2006), 11.

36. Kojima, *Taiheiyō sensō*, 179—180.

37. Ibid., 182—183; Kurogawa, *Gunji senryaku*, 227.

38. Daihon'ei rikugunbu sensō shidō han [Imperial general headquarters, army department, war guidance section], *Kimitsu sensō nisshi (ge)* [Confidential war diary, 2] (Kinseisha, 1998),552,entry for July 1, 1944.

39. Haruko Taya Cook, "The Myth of the Saipan Suicides," *MHQ* 7:3 (Spring 1995), 12—19.

40. Morimatsu, *Daihon'ei*, 233—238.

41. Kojima, *Taiheiyō sensō*, 230, 233.

42. Saikō sensō shidō kaigi [Supreme council for the direction of the war], "Sekai jōsei handan," August 19, 1944; and "Kongō toru beki sensō shido no teikō" [Outline for the future course of war guidance], August 19, 1944: both Sanbō honbu, ed., *Haisen no kiroku* [Record of defeat] *Meiji hyakunenshi sōsho* [Official history of the Meiji centennial] 38 (Hara shobō, 1979), 49—52 and 55—57, respectively. See also Kojima, *Taiheiyō sensō*, 237.

43. Mori and Yoshida, *Ajia Taiheiyō sensō*, 73; Shirai Akio, *Nihon rikugun kunren no kenkyū* [A study of the Japanese army's doctrine] (Fūyō shobō, 2003), 149—150.

44. Kobe Tatsu, "Nanpō sakusen ni okeru rikugun no kyōiku kunren" [Army education and doctrine for southern region operations], *Kenkyū shiryō*, 85 RO-3H mimeo, 1985, 63; Hata Ikuhiko,"Taiheiyō sensō makki ni okeru Nihon rikugun no tai Bei sempō—mizugiwa ka kikyu ka" [The Japanese army's tactics against the Americans in the latter stages of the Pacific war—waterline defense or attrition?] *Nihon hōgaku* 73:2 (December 2007), 703—704.

45.TamuraYōzō, *Gyokusai Biaku shima* [Annihilation at Biak island] (Kōjinsha, 2004), 133,186—187;Takahashi Fumio, *Dai jūyoun shidan shi* [History of the 14th division] (Utsunomiya: Shimano shimbunsha, 1990), 325—328, 350.

46. Kondō Shintsuke, "Taiheiyō sensō ni okeru Nihon rikugun taijōriku sakusen shisō *Kenkyū shiryō*, 92 RO-4H, mimeo, 1992, 131. A first draft was completed in November 1943. Shirai, *Nihon rikugun 'senkun' no kenkyū,"* 215. A fifth edition of the infantry manual was issued in 1940.

47. Kondō, "Taiheiyō sensō ni okeru Nihon rikugun taijōriku,"135.

48. For definitive accounts of the Leyte campaign see Stanley L. Falk, *Decision at Leyte* (New York: W. W. Norton, 1966), and Ōoka Shōhei, *Reite sakusen* [Military record of the Leyte operation] (Chūō kōronsha, 1966).

49. Yoshida and Mori, *Ajia Taiheiyō sensō*, 202; Usui, *Nitchū sensō*, 163.

50. IGHQ had ordered the transfer of the 2d Division from Burma to Saigon because of continuing defeats in the Pacific and southern Burma.

51. Kuroha Kiyotaka, *Nitchū jūgonen sensō* (ge) [The fifteen-year Sino-Japanese war, 3] (Kyōikusha, 1979), 266; Hsi-sheng Ch'i, "The Military Dimension, 1942—1945," in James C. Hsiung and Steven I. Levine, eds., *China's Bitter Victory: The War with Japan*, 1937—1945 (M. E. Sharpe, 1992), 180, table 3.

52. Daihon'ei rikukaigunbu [Imperial general headquarters, army and navy departments], "Teikoku rikukaigun sakusen tairyō" [Outline of imperial army and navy operations], January 20, 1945, in Takagi Sōkichi, *Taiheiyō kaisenshi* [A history of the naval war in the Pacific, rev. ed.] (Iwanami shinsho, 1977), document appendix no. 24, 231—233.

53. Saikō sensō shido kaigi hōkoku, "Sekai jōsei handan" [Estimate of the world situation], February 15, 1945, in Sanbō honbu, *Haisen no Kiroku*, 230—232.

54. Cited in Kumiko Kakehashi, *So Sad to Fall in Battle* (New York: Presidio, 2007), 186.

55. Hara Takeshi, "Okinawasen ni okeru kenmin no kengai sōkai" [The wartime evacuation of Okinawans], in Gunjishi gakkai, ed., *Dai ni ji sekai taisen* (3), 131.

56. Ibid., 124—125.

57. Kisaka, *Taiheiyō sensō*, 378.

58. Kojima Noboru, *Shikkan* (*jō*) [The commanders, 1] (Bunshun bunkō, 1974), 129; Kisaka, *Taiheiyō sensō*, 378.

59. In August 2005 an 88-year-old former army major who commanded the garrison on one island and the 77-year-old younger brother of a deceased army captain who commanded the Tokashiki garrison filed suit, claiming that they issued no such orders and their actions had been intentionally misrepresented. A court rejected their defamation lawsuit in March 2008.

60. Tobe Ryōichi, et al., *Shippai no honshitsu* [The essence of defeat] (Chūkō bunko, 1991), 236, 242.

61. Maeda and Kuwada, *Chizu to dēta*, plate 62.

62. Richard B. Frank, *Downfall: The End of the Imperial Japanese Empire* (New York: Random House, 1999), 71 quote; Thomas M. Huber, *Japan's Battle of Okinawa, April-June* 1945, Leavenworth Paper No.18 (Washington, DC: U.S. Government Printing Office, 1990), 120.

63. Handō Kazutoshi, *Shikkikan to Sanbō* [Commanders and staff officers] (Bungei shūnjū, 1992), 249; *Kimitsu sensō nisshi*, 671, entry for February 20, 1945.

64. *Kimitsu sensō nisshi* (ge), 696, entry for April 4, 1945.

65. Daihon'ei rikukaigunbu, "Daihon'ei ni okeru hondo sakusen jumbi keishō" [Imperial general headquarters' plans for preparations for homeland defense], April 8, 1945, in Takagi,

Taiheiyō kaisenshi, document appendix No. 26, 236—239; Frank, *Downfall*,110—113.

66. Gozen kaigi [Imperial conference],"Kongō torubeki sensō shidō no konpon tairyō" [Fundamental outline of future wartime guidance], June 8,1945; "Seikai jōsei handan," June 8,1945; and "Kokuryoku no genjō" [The present state of national power], June 8,1945; all in Sanbō honbu, *Haisen no kiroku*, 266—270.

67. Frank, *Downfall*, chapters 11, 12, and 13, has a thorough discussion of the Japanese buildup and expectations.

68. Yoshida, *Ajia Taiheiyō sensō*, 139; Coox, *Nomonhan*, 1059; Gomikawa Shumpei, *Shinwa no hōkai* [The collapse of a myth] (Bungei bunko, 1991), 235; Edward J. Drea, "Missing Intentions: Japanese Intelligence and the Soviet Invasion of Manchuria, 1945," *Military Affairs* (April 1984), 66—70.

69. Takamae Eiji, *The Allied Occupation of Japan* (New York: Continuum, 2002), in.

70. Hata Ikuhiko, Handō Kazutoshi, Hosaka Masayuki, and Sakamoto Takao, *Shōwashi no ronten* [Disputed points of Shōwa history] (Bunshun shinsho, 2000), 201.

71. Donald G. Gillin and Charles Etter, "Staying on: Japanese Soldiers and Civilians in China, 1945—1949 "*Journal of Asian Studies* 42:3 (May 1983), 497—500.

72. See Ronald H. Spector, *In the Ruins of Empire: The Japanese Surrender and the Battle for Postwar Asia* (New York: Random House, 2007).

12. 结 语

1945年8月16日，眼看着盟军可能就要占领日本了。冈岛哲（译者注：原文Sugi Shigeru，对应日文汉字应该是"杉茂"或"杉繁"，但查无此人，而从实际行动及其与后文提到的石原贞吉少佐的关系上看，作者此处指的应是冈岛哲少佐）少佐于是带领约100名年轻士兵从茨城县（Ibaraki Prefecture）的陆军航空通信学校（Army's Air Signal Training School）出发前往东京以保护天皇。负责保卫皇宫的近卫师团把他们赶跑了，但这群人却往上野公园集结，而且最后还占领了当地美术馆。由于陆陆续续又有人从通信学校赶来，所以后来聚众人数增至400人左右。他们携带武器，并且都是情绪激动的年轻人。冈岛哲无视高级军官要求他们解散的命令。次日，石原贞吉（Ishihara Sadakichi）少佐——近卫师团的军官，而且也是冈岛哲的故交——受委派来劝说冈岛哲离开。但正当两人谈话时，一位通信学校的少尉却走上前枪杀了石原贞吉。冈岛哲也随即开枪打死了那名少尉。这两起凶杀案浇灭了营救天皇的狂热。此后，幡然醒悟的部队士兵纷纷撤走了。当晚，冈岛哲与其他三名低级军官自杀了。[1] 即便到了1945年，日本陆军于1868年一举战胜德川幕府的荣光似乎还未消散。然而就在这一年，日本陆军却以一种暴力动乱的方式惨淡谢幕了。

激进的青年改革者在1868年创立了新式陆军。他们在战斗中生死与共，私交密切。这些个人纽带形成了一种看不见的联系网络，并超越于新兴的政治、军事和官僚制度之上。第一代领导人不仅身居高位，而且懂得运用权力的方法。他们也具有一种自信的人格魅力。这既博得了某些人的忠心，也招致了另一些人的仇恨。

　　日本陆军在成长阶段就遭遇了因内部派系斗争而产生的分裂问题。各个派系受不同的强人支配。他们你争我斗，而且就陆军的未来各自抱有截然不同的理念。长州—萨摩势力长期占据军中要职，引起了一些人的不满和反抗，并产生了像三浦梧楼和曾我佑准这样坚定的"反山县（有朋）"人士。这两人同时也是军内"法兰西派"的领军人物，并与山县有朋和桂太郎的"普鲁士派"分庭抗礼。哪种兵力结构更具优势？参谋本部到底应具备哪些功能？就这两个问题，在19世纪80年代的大部分时间里，军内人士展开了激烈辩论。虽然陆军成功地适应了师团编制以及参谋本部的组织系统，但它却未能使高层决策程序制度化，并正式确立一套指挥与控制方式。

　　由于缺乏上述机制，陆军领导人不得不依靠天皇来化解纷争、批准政策。自始至终，陆军都要靠与天皇的关系来获得权威与合法性。而且，它还把自身与天皇的联系融入了明治宪法，使之上升到了神圣的高度。尽管陆军稳步地扩张权力，但它只是政府的一个组成部分而已。随着其他部门影响的扩大，陆军唯恐落后，所以竭尽全力想争取获得天皇的认可。起初，陆军领导人利用天皇的象征地位来推动民族主义或一种国家意识。但到了20世纪头十年的早期，他们则开始设法利用天皇的地位来争取扩军和增加预算。及至20世纪30年代，他们又用天皇的感召力来为国内的不法活动和国外的侵略扩张进行辩护。

　　在成长阶段，陆军实现了最迫切的目标，即维持国内秩序。假如日本在19世纪70年代或80年代陷入内乱，那么这个国家可能就会遭遇与中国类似的命运。通过平息国内动乱、粉碎武装暴动，陆军保证了国内稳定，并成了明治寡头政府的坚强后盾。接下来，一系列中期目标引导着日本经历了两次有限地区战争的洗礼。在每场战争中，陆军一开始寻求的目标都只是保卫之前在亚洲大陆攫取的利益，但接二连三的胜利却带来了新的战利品，而这反过

12. 结语

来又需要加以保护，并进一步形成了扩军的需求。

从1868年至1905年，在日本取得"富国强兵"（A Rich Country and A Strong Army）——该口号虽有些模糊，但却广受认可——的战略目标的过程中，陆军扮演了重要角色。至少，"富国强兵"体现了日本开展现代化建设以保家卫国的总体模式。西方帝国主义19世纪的殖民世界井然有序。以此为背景，日本寡头政治家与军事领导人——指的往往是同一批人——推行的保守主义举措是合乎时宜的。在一个界定清晰的国际体系中，以山县有朋为代表的日本领导人小心谨慎地根据时势变化来发展陆军的战略。

为了适应新需求，后继领导人以山县有朋的遗产为基础，致力于改革陆军的体制。而且，他们还以制度化的形式确立了陆军的军事学说、训练以及专业的军事教育。稳步扩大的征兵制把陆军的思想灌输给了青年人，而后者则又将那些价值观进一步带到了故乡的左邻右舍。由此，普通民众也把陆军看作是社会整体不可分割的一部分。但第二代领导人却面临一个问题，那就是如何延续过去寡头政治时代所取得的共识。然而要完成这个任务是不可能的，因为其他强有力的竞争对手——官僚、政党和大企业中的精英——正在崛起。新精英要求获得更大的权力和影响力，由此必然会改变国内事务的重点和外交政策的方向。

此外，日本一旦实现明治维新的目标就必然需要新的战略共识。然而，新共识却从未形成。陆军也做出了回应，但它制定的战略方案反映的只是狭隘的部门利益，而非国家的整体利益。陆军的部门文化日益倾向于以国家福祉为代价来保护军方的私利。有人可能会说陆军一直以来就是把自己放在第一位的，但1905年后，这种"自我中心"的意识得到了进一步的强化，因为日本的精英集团无法就下述问题达成一致：谁才是共同的对手？战略方向在何方？兵力结构的需求是多少？

到日俄战争的时候，陆军内部就日本何去何从这个问题展开了激烈争论。日本是应该甘心做一个仅有小型本土部队的小国，还是扩充陆海军，立志变成一个支配亚洲的大国？[2] 经天皇批准的1907年"国防方针"选择了后一条道路。这是因为日本首先担心俄国会寻求复仇，而美国当时的反日情绪也正不断高涨。除此以外，在付出巨大的生命和财富的代价后，日本执意要保护自己在大陆取得的利益。国际压力在一定程度上塑造了日本陆军，但内部争执、分裂与冲突或许才是左右陆军整体演变的决定性因素。换句话说，军事战略的制定、军事学说的发展以及军内政策的变化决定了陆军以及日本的命运。

日本在1905年后致力于实现区域安全，同时也扩大了陆军的义务范围。除了基本职责，陆军还需要在朝鲜和满洲的铁路沿线执行驻兵和治安的任务。陆军在1907年的"国防方针"中强调其目标是保卫那些新近获取的利益，而方法是针对重新崛起俄国实施攻势作战。海军则想向南扩张，并视美国为自己的潜在对手。这样一来，日本就无法形成统一的军事目标和长期的军事战略。陆军内部各势力就兵力结构问题仅达成了折中方案，而陆海军之间围绕预算份额和战略方向的纷争则形成了"各说各话"的僵局，谁也没能说服谁。

1907年后，长期的战略规划往往要为军种的短期目标让路，因为陆海军一方面都想保护自己的预算份额，另一方面也希望解决内部在理论学说与哲学观念上的分歧。在从事正式战略规划时，各方首要关心的不是国家利益，而是不同军种的利益。由此，军事战略的基础通常都是不切实际的计划。说它"不切实际"是因为日本根本无力承担那样的重负。再者，军事战略也从未被整合进一个综合全面的国家战略，而且自上而下也从未得到充分的协调。日本内阁最后一次取得共同见解是在1904年的对俄战争期间。但即便在那时，陆海军也没有就如何作战达成协议。日本的决策很少能出现举国一致的情况，而无法形成公认的国家战略才是常态。

由于不能——同时也不愿——解决根本分歧，陆海军只好各择其路，分别制订作战计划、评估兵力需求。但如果真的把上述计划都付诸实施,日本就会破产。认识到这一点后,日本国会和政党于是不断否决陆军日益激进的、要求增加拨款的法案。这种局面一直持续到20世纪20年代。当时,全球局势瞬息万变,超过了前人想象。在这样一个时代,内部分裂损害了陆军的计划工作和各项行动。而在外部,陆军也时而与国会、宫廷以及大众发生摩擦。以此为背景,陆军根本无望实施扩军。

经济紧缩的形势也激化了派系之争。各方——田中义一、宇垣一成和上原勇作——围绕战略和兵力结构问题爆发了激烈冲突。这些分歧并不是关于师团数量的抽象争论,而是从根本上反映了截然不同的未来战争观。换句话说,陆军派系已走出了其19世纪以领袖个人为基础的旧模式。新派系均以专业化为特征,而其领导人就未来战争也各自持有水火不容、大相径庭的见解。传统派认为日本无须拥有西方的技术水平,因为日本的下一场战争是在东北亚,而不是西欧。过度依赖技术会让军队丢掉尚武精神和战斗意志。于是,两种背道而驰的方案成了非此即彼的选择。陆军的钱要么用于增加兵员,要么用于部队的现代化改造。

一战后的国际势力重组——特别是在东北亚地区——重新激发了陆军的使命感。在战后崭新的国际格局下,日本面临的是如下形势:中国的民族主义情绪日益高涨;苏维埃俄国在东北亚重新崛起;西方世界对亚洲事务的掌控正渐趋松动。共产主义、民主主义以及民族自决主义等新兴意识形态对陆军的核心价值理念构成了威胁,因为它们都对天皇制度的合理性提出了质疑。在一战战时和战后,国家安全的需求发生了变化,从而改写了国际关系中的支配性规则。联盟(Alliance)曾是国际稳定的基石,但如今其价值却受到了怀疑。而削减军备或保障商业机会的条约则似乎成了他国用来反日的工具。最重要的是,现代战争成了"总体战"(Total War)——其准备工作必须超越国境。因此,对于一个国家来说,它也就不可能并行推进以下两种政策：其一是在井然有序的国际框架下推行稳健的外交政策，其二是为了发动总体战而获取自给自足的军事资源。总之，这意味着必须有所取舍。

日本新一代的战争理论家认为：能否获取中国的资源对于日本来说是攸关生死的。所以，陆军的战略把"中国"提升到了一个核心位置。陆军军官对中国的态度日益咄咄逼人、强硬专横，而且他们还经常单方面做出一些激进的、事关国家安全的决定。如此一来，防御性的传统战略就被蜕变成了贪婪的侵略野心。这一决定性的战略转型使日本走上了一条挑战战后国际秩序的道路。陆军军官1927年和1928年的两次在华单边行动都失败了，但陆军1931年震惊世界的"奉天阴谋"让满洲和华北成了日本国家利益的重中之重。从常理上来讲，国家是军队的主人，军队为国家利益服务。但对于20世纪30年代的日本来说，情况却是恰恰相反的，因为军队才是真正的主人。[3]

可是，陆军高级军官却在两个问题上分歧严重，无法达成共识。这两个问题是：第一，大陆扩张的界限到底在哪里？第二，在战争方式不断变化的背景下，日本到底需要打造一支什么样的军队？同时，荒木贞夫与永田铁山就对苏开战的时间点以及陆军革新改造这两个问题爆发了激烈冲突。二人的分歧最终并未得到解决。相反，它在石原莞尔与梅津美治郎的争论中得到了延续。具体来讲，石原和梅津的分歧涉及三个方面：中国政策、重整军备、战争类型（"短期战"或"长期战"）。除此以外，在西伯利亚远征、中国事变以及讨论1941年对苏开战的时候，陆军省和参谋本部往往也会在战略决策的问题上意见相左。到了亚洲-太平洋战争时，情况依然如此。陆军省和参谋本部在这一时期的辩论话题包括：是否应该坚守一条漫长的防线？是否要实施缅甸作战？如何准备本土防御？但话说回来，陆军在面对海军、国会、政党和外务省时依然是团结一致的，所以其内部争吵也就这样被遮掩了起来。虽然陆军领导人不喜欢和上述势力打交道，但即便在战时，他们为了达到自己的目的也不得不去和这些竞争对手谈判、妥协、讨价还价。

12. 结语

在1916年至1945年之间，六位陆军将领当过首相。其中，只有东条英机有能力控制下属、管理内阁。但他强化统御力的企图也在陆军中制造了很多敌人，而这伙人最终勾结起来把他赶下了台。寺内正毅曾是一位有权势的陆军大臣，但他的首相生涯却因"米骚动"而终结。田中义一是在张作霖被谋杀后辞职的。林铣十郎担任首相后没多久就匆匆离职走人了。一些时事评论员因此给他的那届政府起了个外号，叫"吃饱就跑"内阁。阿部信行的首相任期很短，无甚出彩之处。小矶国昭无法协调军事和国家战略，因此在菲律宾和硫磺岛战役失败后也选择辞职了。

1937年全面爆发的侵华战争终结了陆军原本宏大的革新改造和再军备计划。但陆军并没有沉迷于过去的战争和胜利。相反，它也确实为未来的战争做了周密规划，但只是选错了敌人。日本无法一面放手让满洲的陆军筹划对苏战备，而另一面听任海军着手对美战备。易言之，陆海军总是制定一些日本无力实施的军事战略。要执行一种跨越全球陆地和海洋的军事战略必须具备相应的资源和工业实力，而当时只有美国达到了这样的"标准"。所以，日本选择的是一个它永远无法打败的对手。日本军方希望用武士道精神来抵消美国的物质优势，但那只是让一群残酷无情的人凭血肉之躯去和冷冰冰的钢铁机器厮杀。最终，原子弹爆炸的废墟为这场野蛮的战争画上了句号。

自杀式战术、战至最后一人以及亚洲—太平洋战争里的暴行成了日本第一支现代化军队的遗产。然而真正意义上的"战斗到死"的概念直到20世纪30年代末才被日本大众普遍接受，而且直到1941年才以制度化的形式固定下来。在戊辰战争和西南战争后，战败的叛军并没有实施大规模自杀的行为。戊辰战争中16名白虎队成员的集体自杀是一场悲剧，其意义非同寻常，而此事也深深嵌入了大众的记忆中。明治时代的领导人确实给叛军头目和煽动者施以酷刑，但新政府也煞费苦心地让那些昔日的造反者重新融入社会。日俄战争期间，政府大力开展宣传动员，并对战争英雄予以神化膜拜。而当时日本民众也渐渐地从对西方价值观的痴迷中醒悟过来。于是有人宣扬要复兴从武士道衍生出的某些理念，并不知怎么就开始把它们当作真正的日本精神。由此，新的战场行为规则出现了。这种态度上的变化最后也影响到了战术和作战的理论学说。慢慢地，日军禁止部队投降，并强迫士兵战斗到死。最终，它还批准了1944年至1945年犹如困兽之斗的"神风特攻"行动。

起初，普通士兵不会拼死战斗，即便他们与武士有共同的祖先或尚武传统。最大的悖论是新一代明治领导人只信任一种武士，那就是他们自己。日本的新军是通过从全国各地征集士兵而组建起来的。然而当时无论是文官还是军方领导人都瞧不起平民军队。政府和陆军之所以乞灵于带有神秘色彩的武士精神，是因为它们想依靠这种方法来提振这帮"乌合之众"的士气。

从宏观层面说，日军士兵之所以会冲锋陷阵是因为日本的教育体制向他们灌输了一种民族认同感以及对国家的责任心、爱国激情和尊皇思想。而陆军也反过来利用了这一点，并进一步以陆军的价值观来"教化"顺从的士兵。从微观层面看，日军士兵在绝望之下之所以能继续奋战也是出于几个制度和个人原因。陆军心理专家认为，艰苦的训练、稳固的组织、教条的灌输以及小部队的坚强领导是让日军即便在极端情况下也可以同心同德的重要因素。[4]而个人原因就可以说是五花八门了。有些人是为家族荣誉而战（通常是老兵的后代），另一些人仅仅是为了能活下来，而大多数人是为了支援战友。根据最新的一项初步研究，和西方军队相比，日军低级军官（尉官和士官）与手下士兵的团结一致在激发战斗积极性方面发挥了更大作用。[5]

如果有人要对日本陆军在亚洲—太平洋战争期间的表现做一个泛泛总结，那他就要留神了，因为事实没有那么简单。确实有过日军几乎"全员玉碎"的战斗或战役，但那通常是在日军被包围（像诺门坎战役那样）或者日军防守孤立的岛礁（例如帛琉岛或像阿图岛、塞班岛和硫磺岛那样更小的岛屿）时发生的事，因为他们无路可退。反过来看，在瓜岛、新几内亚、吕宋以及中国，大批陆军部队为了保存实力也曾实施过战术性和作战中的撤退。没错，那些部队确实遭受了重创，但这种情况通常是在日军后勤系统崩溃之后才会出现。还有几次案例的情形——比如在莱特岛——是这样的：日军虽然可以选择撤退，但高级指挥官坚决要抵抗到底，同时普通士兵也纷纷俯首听命，所以最后造成了可想而知的灾难性后果。牟田口廉也指挥的缅甸战役可能是这方面最著名的灾难性案例了，但即便是他手下的残兵败将也没有战斗到最后一人。

要评价日本陆军的话，也必须讨论它残忍的暴行。陆军在戊辰战争、西南战争以及台湾远征中的某些行径是应受谴责的，但其反映的却是东西方行为模式的结合——一边是日本传统武士阶层的习惯，另一边是19世纪后期西方殖民者平定土著居民叛乱的政策。然而，在1894年，第2军对中国旅顺民众的屠杀却逾越了公认的国际准则。但陆军最后并没有惩罚凶手，而是选择保护私利。仅仅数年后，在镇压义和团运动期间，日军士兵显得纪律严明，堪称良好品行的典范。可是，这是为了向西方盟国证明日军是开化文明之师。即使人们从这个案例中得不出其他结论，这段历史也至少可以说明：如果陆军发觉"规行矩步"是有利的，那么它是有能力去严格贯彻战场纪律的。陆军在日俄战争时的表现同样可算是楷模：战俘受到了优待，旅顺的欧洲侨民毫发无损，而国际陆战规则也得到了遵守。与之类似，十年后，在青岛被俘的德国官兵也获得了良好待遇。陆军在西伯利亚干涉期间有时表现得很残暴，但那或许是易于理解的，因为在广阔的荒原上同神出鬼没的游击队作战，没有严厉的举措也是很难成事的。

似乎可以说从20世纪20年代开始，陆军在对待平民和战俘的态度上发生了巨变。"总体战"的观念认为，平民人口是敌国总体战争能力的关键组成部分。因此，当时所有主要军事大国都在某种程度上把平民当作合法的攻击目标。20世纪30年代，陆军日益鄙视那些举手投降的敌人，因此也助长了其在处置战俘时的恶劣态度。私下施暴在日军军营里是家常便饭，而这是为了用优胜劣汰的观念来锻炼士兵的坚毅性格。同时，国民教育体制也大力宣扬尚武精神。由此，日本社会逐渐开始军国主义化，并催生了一种道德上和种族上的优越感。有关中国人阴险狡诈的刻板印象非常流行，[6]并渗透到了日军的野战手册中。当1937年中日战争全面爆发后，日军各级军官都允许或纵容手下士兵杀人、强奸、纵火和抢劫。

所有军队都可能会犯下战争罪，但日军暴行的恶劣程度和波及范围却超乎想象。同时，凶手获得的惩罚却惊人的轻微。因此日军根本无法拿别国案例来为自己泯灭人性的滔天罪行寻找任何道德上的借口。比如在中国，从1937年7月到1944年11月期间，日本陆军军事法庭审判了约9000名因各式犯罪而被指控的军人，其中大多数都是与冒犯上级军官或离队开小差的案例有关。这说明维系内部纪律才是陆军更关心的事，而相比之下，对外界的暴力犯罪则不算什么。[7]

到了20世纪30年代末，日本陆军想靠暴力来迫使中国军队和民众放弃抵抗、缴械投降。陆军在处置占领区的民众时是冷酷无情的，但它在与本国同胞（冲绳是个案例）打交道时也是一样的作风，因为它永远只把自己的威望放在第一位。而为了维护威望，它可以设法为自己的不法行径找到辩解的理由。旅顺大屠杀的事后处理是其首场"表演"。从此以后，这一倾向在20世纪20年代后期获得了加速，并出现了一连串事件：战场抗命（1927年的山东）、暗杀（1928年的张作霖事件）、不法阴谋（1931年的满洲、1932年的上海以及1936年的内蒙古）和从1937年7月到1945年8月对中国的洗劫。有关日军虐待盟军战俘和侵犯平民的报告不断出现，但日本政府、陆军和海军却往往视而不见。这是因为它们优先考虑的不是国家利益，而是如何能让陆军地位永固。

残忍暴行因时因地而不同，具体则取决于日军指挥官的态度和命令。

日军高级军官时常下令处决俘虏和平民，摧毁村庄和城镇，而且允许或怂恿手下士兵去奸淫掳掠。低级军官一般是奉命行事的（或干脆放心大胆地肆意妄为，因为他们知道不会因此受罚）。到了普通士兵这一层则是"上行下效"，所以也跟在长官后头为非作歹，并把他们的失望和愤怒情绪发泄在了那些茫然无助的人身上。并非所有日军士兵在战时都参与了犯罪，但那些确实犯下战争罪的人却并不能以诸如"执行命令"或"只是做了其他人也做过的事"这样的理由来乞求赦免。是的，他们也只是"普通人"，但在特殊条件下，他们却可以变成十恶不赦的狂魔。[8]

从8月15日停火到9月2日日本正式投降的这段时间里，内阁命令所有部门销毁各自档案记录。该命令的效力很快也扩展到日本全国的各个地方政府。陆军试图掩盖其不光彩的历史，特别是其在亚洲各地犯下的累累罪行。陆军省和参谋本部花了长达一周的时间来焚毁那些最敏感，也最有可能成为控诉材料的文件。大本营还向海外部队拍发了"阅毕即烧掉"的电报，命令它们销毁与虐待盟军战俘相关的记录，把慰安妇装扮成随军护士，同时焚毁任何"有损日本利益"的东西。[9]最后，一些前陆军军官背着美国占领当局藏匿了大量重要文件。他们的计划是在占领期结束后写一部有关所谓"大东亚战争"的"公正"历史。

在战争期间，陆军经常殴打俘虏，并让他们挨饿，而且杀害了成千上万的白人俘虏以及数以十万计的亚洲囚徒。战后，有关日军暴行的大量证据得以曝光，并让日本外相重光葵（Shigemitsu Mamoru）头痛不已。9月中旬，他向驻欧洲中立国家的日本外交官传达了自己就此事的想法："既然美国人最近把我们虐待战俘的事炒得沸沸扬扬，那么我想我们也应该在宣传中好好利用'原子弹袭击'这张牌。"[10] 重光葵不想着如何正视日本战争罪行，反而想方设法转移大众的注意力。这就是日本政府自此以后一直效仿的先例。

盟国对日本战犯的搜捕工作覆盖了东亚大部分地区，识别并惩罚了那

日本陆军兴亡史：1853—1945

些在日占区犯下战争罪的日本人。除了28位因策划侵略战争而被定为"甲级战犯"（包括14名陆军将领）的日本领导人外，还有5700名日本人以乙级和丙级战犯的身份接受了审判。这些人的罪名包括一般犯罪、违反战争法、强奸、谋杀、虐待战俘等。约4300人被判有罪，近1000人被判死刑，还有几百人被判终身监禁。[11]

剩下的人则逃脱了正义的审判。最臭名昭著的例子就是"731部队"。它是满洲日军的一支生物战部队，用其自行研制的病菌在俘虏身上做人体试验。在战争结束时，这支部队摧毁了总部和细菌战设施。而指挥官石井四郎（Ishii Shiro）中将和他手下的高级军官则在苏联军队赶到前设法逃回了日本。石井四郎后来用自己保存的文件与盟军驻日最高司令官（SCAP）做了一笔交易，从而免于被当成战犯而遭到起诉。[12]

尽管日军极力鼓吹"遵从武士道精神乃个人之责任"，但到头来只有约600名军官因日本战败和国家灾难而悔恨不已、自杀谢罪。在1501名陆军将官中，只有区区22人自杀了。[13] 其余将领在亚洲大陆和太平洋地区纷纷率部缴械投降。他们依据的是8月17日东京发给各地司令部的通告。该通告指出：投降的士兵将不会被当作战俘；同时，仍要继续维持军令和纪律。[14]

迫在眉睫的军事问题是如何把海外的日军士兵接回国，并解散陆军。就算日本人予以配合，那也是艰巨的任务。在本土外有超过660万日本人（一半以上是陆海军士兵）。另外在战时还有100万中国人和朝鲜人被作为强制劳工带到日本，而他们现在也必须返乡。在满洲有200万左右的日本人，在朝鲜和台湾地区有100万，而在中国内地也大概有150万。其余的日本人则散布在东南亚、太平洋西南部和中部以及菲律宾等地区。[15] 在1945年至1947年之间展开了大规模人口迁移工作。美国海军和日本的船只都参与了此次行动，而且很多船上的海员都是日本人。人口遣返和士兵复原工作进展顺利，格哈特·温伯格（Gerhard Weinberg）注意到了一个似非而是的现象。日本战败后，亚洲各地局势动荡不安。而与此形成对照的是，尽管战后条件恶劣，日本国内反而维持了相对稳定、平安无事的局面。[16]

　　1945年9月中旬，盟军驻日最高司令官解散了大本营，并让陆军省和海军省负责武装部队的遣散工作。及至1945年12月，陆军省和海军省解散了日本本土的全部武装力量。盟军驻日最高司令官随后把两省改为"第一复员省"和"第二复员省"，并继续负责海外归国部队的遣散工作。这个职能一直存续到了1947年10月。而从那以后，两省本身也停止了运转。曾经在一代人的时间里，抗命、阴谋和不法勾当充斥着日本陆军。但现在，日军军官不仅服从了命令，而且还亲手解散了自己的军队。这绝对是第二次世界大战中最出乎意料的事情之一。或许，对日本陆军来说，没有比让它自行消亡更好的事了。

　　面对逆境，日本第一支现代陆军的快速崛起堪称一项伟大成就。抉择不易，因为摆在陆军领导人面前的都是后果无法预知的选项。他们的取舍为陆军的未来奠定了基础。同时，外来威胁、关键人物以及国内局势的发展也影响了陆军前进的方向。然而在20世纪30年代，"堕落"成了陆军的主打词，因为它变得日益野蛮霸道、残酷无情，而其影响至今仍能在亚洲很多地方感受得到。这将是困扰旧日本陆军的永恒遗产。

[注释]

　　1. Ōtani Keijirō, *Shōwa kempeishi* [A history of the military police during the Showa era] (Tokyo: Misuzu shobō, 1966), 532. Major Ishiwara had participated in the murder of the 1st Division commander on the night of August 14—15.

　　2. Hata, *Tosuiken*, 178.

　　3. I am indebted to Dr. Robert H. Berlin for this insight. My reference is to Takehiko Yoshihashi, *Conspiracy at Mukden: The Rise of the Japanese Military* (New Haven, CT: Yale University Press, 1963).

4. Senjō shinri chōsa hōkoku [Report of the investigation of battlefield psychology], "Senjo shinri chōsa ni motozuku shōken" [Opinions based on the study of battlefield psychology], 1939, JDA; Kawano Hitoshi, "*Gyokusai" no guntai, "senhen" no guntai* [An army for annihilation; an army for returning alive] (Kodansha sensho mechiya, 2001), 174—175.

5. Kawano Hitoshi, "Nitchū sensō ni okeru sentō no rekishishakaigakuteki kōsatsu" [A historical sociology of combat in the Sino-Japanese war: combat morale in the 37th division], Gunjishi Gakkai, ed., *Nitchū sensō no shosō* [Various aspects of the Sino-Japanese war] special issue of *Gunjishi* 33:2—3,197—216.

6. Rikugun hohei gakkō [Army infantry school], *Tai-Shinagun sentōhō no kenkyū* [A study of tactical principles against the Chinese army], January 1933, JDA.

7. Tobe,*Gyakusetsu*, 334, table; ŌhamaTetsuya and Ozawa Ikurou, *Teikoku rikukaigun jiten* [A dictionary of the imperial army and navy] (Dōdaisha, 1984), 19—20, tables 8 and 9.

8. Christopher R. Browning, *Ordinary Men: Reserve Police Battalion 101 and the Final Solution in Poland* (New York: HarperPerennial, 1993), 188—189.

9. Cited in Robert Hanyok, "Wartime COMINT Records in the National Archives about Japanese War Crimes in the Asia and Pacific Theaters, 1978—1997," in Nazi War Crimes and Japanese Imperial Government Records Interagency Working Group, ed., *Researching Japanese War Crimes* (Washington, DC: National Archives and Records Administration, 2006), 135.

10. War Dept. ACS, G-2, "MAGIC"—Diplomatic Summary, No. 1269, September 15, 1945,11.

11. Edward J. Drea, "Introduction," in *Researching Japanese War Crimes*, 7. Among the B and C class war criminals were 173 Taiwanese and 148 Koreans.

12. In late 1949 the Soviet Union tried several members of Unit 731 that had been captured during the Manchurian campaign in August 1945.

13. *Kindai sensōshi gaisetsu, shiryō hen*, 38; Ōe, *Tennō no guntai*, 51. Five navy admirals also committed suicide.

14. GHQ, USAFP, MIS, GS, ULTRA Intelligence Summary, No. 128, Aug 19/20,1945.

15. Takemae,*Allied Occupation of Japan*, 110; Hosaka, *Shōwa rikugun no kenkyū*, 463; Maeda and Kuwada, *Chizu to dēta*, plate 67.

16. Weinberg, *A World at Arms*, 894.

附录一　历代陆军大臣和陆军参谋总长名录

太政大臣官制下的陆军首长

1. 兵部省时期（兵部大辅）

    1）　大村益次郎　　　　　1869年7月—1869年9月

    2）　前原一诚　　　　　　1869年12月—1870年9月

    3）　（空缺）

    4）　山县有朋 中将　　　 1871年7月—1873年2月

2. 陆军省（陆军卿）

    1）　（空缺）

    2）　山县有朋 中将　　　 1873年6月—1874年2月

    3）　（空缺）

    4）　津田出 少将　　　　 1874年4月—1874年6月　（陆军卿代理）

    5）　山县有朋 中将　　　 1874年6月—1878年12月

    6）　西乡从道 中将　　　 1877年2月—1877年11月　（陆军卿代理）

    7）　西乡从道 中将　　　 1878年9月—1878年11月　（陆军卿代理）

    8）　西乡从道 中将　　　 1878年12月—1880年2月

    9）　大山岩 中将　　　　 1880年2月—1885年12月

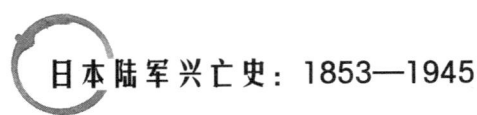

内阁官制下，首相、陆军大臣和陆军参谋总长的就职时间 1885年—1945年

首　相	陆军大臣	参谋总长
伊藤博文 1885年12月	大山岩 中将 1885年12月	有栖川宫炽仁亲王 1886年3月
黑田清隆 1888年4月		小泽武雄 中将 1889年5月
山县有朋 1889年12月		有栖川宫炽仁亲王 1890年3月
松方正义 1891年5月	高岛鞆之助 1891年5月	小松宫彰仁亲王 1895年1月
伊藤博文 1892年8月	大山岩 大将 1892年8月	
松方正义 1896年9月	西乡从道 大将（代理） 1894年10月	
	山县有朋 1895年3月	
	西乡从道 海军大将（代理） 1895年4月	
	大山岩 大将 1895年5月	
	高岛鞆之助 中将 1896年9月	
伊藤博文 1898年1月	桂太郎 中将 1898年1月	川上操六 中将 1898年1月
大隈重信 1898年6月		

附录一　历代陆军大臣和陆军参谋总长名录

续　表

首　相	陆军大臣	参谋总长
山县有朋 1898年11月	儿玉源太郎 中将 1900年12月	大山岩 大将 1899年5月
伊藤博文 1900年10月		
桂太郎 1901年6月	寺内正毅 中将 1902年3月	山县有朋 1904年6月
西园寺公望 1806年1月		儿玉源太郎 大将 1906年4月
桂太郎 1908年7月		奥保巩 大将 1906年7月
西园寺公望 1911年8月	石本新六 中将 1911年8月	长谷川好道 大将 1912年1月
桂太郎 1912年12月	上原勇作 中将 1912年4月	
山本权兵卫 1913年2月	木越安纲 中将 1912年1月	
	楠濑幸彦 中将 1913年6月	
大隈重信 1914年4月	冈市之助 中将 1914年4月	上原勇作 大将 1915年12月
寺内正毅 1916年10月	大岛健一 中将 1915年8月	
原敬 1918年9月	田中义一 中将 1918年9月	
高桥是清 1921年11月	山梨半造 中将 1921年6月	

续表

首 相	陆军大臣	参谋总长
加藤友三郎 1922年6月	田中义一 大将 1923年9月	河合操 大将 1923年3月
山本权兵卫 1923年9月	宇垣一成 中将 1924年1月	
清浦奎吾 1924年1月		
加藤高明 1925年6月		
若槻礼次郎 1926年1月	白川义则 大将 1927年4月	铃木庄六 大将 1926年3月
田中义一 1927年4月		
滨口雄幸 1929年7月	宇垣一成 大将 1929年7月	金谷范三 大将 1930年2月
若槻礼次郎 1931年4月	阿部信行 中将 1930年6月 （代理） 南次郎 大将 1931年4月	
犬养毅 1931年12月	荒木贞夫 中将 1931年12月	闲院宫载仁亲王 1931年12月
斋藤实 1932年5月	林铣十郎 大将 1934年1月	
冈田启介 1934年7月	川岛义之 大将 1935年9月	
广田弘毅 1936年3月	寺内寿一 大将 1936年3月	

续 表

首 相	陆军大臣	参谋总长
林铣十郎 1937年2月	中村孝太郎 中将 1937年2月	
近卫文麿 1937年6月	杉山元 大将 1937年2月	
平沼骐一郎 1939年1月	板垣征四郎 中将 1938年6月	
阿部信行 1939年8月	畑俊六 大将 1939年8月	
米内光政 1940年1月		
近卫文麿 1940年7月	东条英机 中将 1940年7月	杉山元 大将 1940年10月
近卫文麿 1941年7月		
东条英机 1941年10月		东条英机 大将 1944年2月
小矶国昭 1944年7月	杉山元 大将 1944年7月	梅津美治郎 大将 1944年7月
铃木贯太郎 1945年4月	阿南惟几 大将 1945年4月	
东久迩宫稔彦王	东久迩宫稔彦王 1945年8月（代理）	
币原喜重郎 1945年10月	下村定 大将 1945年8月	

附录二 日本陆军在华司令部之变动：1937—1939年

日　期	司令部
1937年8月26日	撤销"中国驻屯军"；组建"华北方面军"。
1937年8月15日	"上海派遣军"成立（1938年3月14日被撤销）。
1937年8月26日	"华北方面军"成立。
1937年11月7日	大本营以上海派遣军和第10军为基干组建"华中方面军"（暂定）；后来变成"华中派遣军"（于1937年12月1日正式组建）。
1938年9月19日	为了加强华南方向的作战，大本营组建了第21军。
1938年12月15日	第2军的建制单位被编入了第11军；第2军返回日本后即被解散。
1939年9月23日	"华中派遣军"被废止，同日"中国派遣军"（1939年9月12日）与第13军一并成立。
1939年9月23日	"华北方面军"成立。

续表

日　期	司令部
1939年9月	中国派遣军 　　华北方面军（所有驻军单位） 　　　　第1军 　　　　第12军 　　　　驻蒙军 　　　　3个方面军的直属师团 　　中国派遣军的直属部队 　　　　第11军 　　　　第13军 　　　　第21军 　　　　第3飞行集团

参考文献

Japanese-Language Books (all published in Tokyo, Japan)

Amemiya Shoichi. *Kindai Nihon no sensō shido* [Modern Japan's wartime leadership], Yoshikawa Kobunkan, 1997.

Bōeichō, Bōeikenshūjō, senshibu, ed. *Senshi sōsho* [Official military history],Vol. 8, *Daihon' ei rikugunbu* [Imperial general headquarters],part i.Asagumo shimbunsha, 1967.

——.Vol. 27, *Kantōgun* [The Kwantung army], part 1.Asagumo shimbunsha, 1969.

——.Vol. 51, *Hondo kessen jumbi* [Preparations for the defense of the homeland], part 1.Asagumo shimbunsha, 1971.

——.Vol. 57, *Hondo kessen jumbi* [Preparations for the defense of the homeland], part 2.Asagumo shimbunsha, 1972.

——.Vol. 73, *Kantōgun* [The Kwantung army], part 2. Asagumo shimbunsha, 1974.

——.Vol. 86, *Shim jihen rikugun sakusen* [Army operations during the China incident],part i.Asagumo shimbunsha, 1975.

——.Vol. 89, *Shina jihen rikugun sakusen* [Army operations during the China incident],part 2. Asagumo shimbunsha, 1976.

——.Vol.102, Rikukaigun nenpyō [A chronology of the army and navy]. Asagumo shimbunsha, 1980.

Dōdai kurabu kōenshu, ed. *Shōwa gunji hiwa* [Secret tales of the Shōwa military], 3 vols. Dōdai keizai kōndankai,1997.

Endō Yoshinobu. *Kindai Nihon guntai kyōikushi kenkyū* [A study of modern Japan's military education history]. Aoki shoten, 1994.

Fujimura Michio. *Nisshin sensō* [The Sino-Japanese war]. Iwanami shinsho, 1973.

Fujioka Kenjirō, ed. *Nihon rekishi chimeijiten* [Geographical dictionary of Japanese history], Tokyotō shuppan, 1981.

Fujiwara Akira. *Chūgoku sensen jūgunki* [Record of wartime service on the China front].

Ōtsuki shoten, 2002.

——. *Nihongendaishi taikei* [Systematized Japanese contemporary history]. *Gunjishi* [Military history],Tōyō keizai shinpōsha, 1961.

——.*Nihon gunjishi* [A military history of japan]. 2 vols. Nihon hyōronsha, 1987.

——. *Showa no rekishi* [A history of the Shōwa reign] .Vol. 5, *Nitchū zenmen sensō* [Japan and China's total war]. Shogakkan, 1982.

——. *Uejini shita eiyutachi* [Starving heroes]. Aoki shoten, 2001.

Furuya Tetsuo. *Nichi-Ro sensō* [The Russo-Japanese war], Chūkō shinsho, 1966.

——. *Nitchū sensō* [The Sino-Japanese war], Iwanami shinsho, 1989.

Gaimusho, ed. *Nihon gaikō nenpyō narabi ni shuyō bunsho* [A chronology of Japan's diplomacy, with major documents], *Meiji hyakunenshi sōsho* [Official history of the Meiji centennial], vols. I and 2. Hara shobō, 1965.

Gomikawa Junpei. *Cozen kaigi* [The imperial conferences], Bunshūn bunkō, 1984.

——. *Nomonhan* [Nomonhan], 2 vols. Bunshūn bunkō, 1978.

——. *Shinwa no hōkai* [The collapse of a myth]. Bungei bunko, 1991.

Gunjishi gakkai, ed. *Kimitsu sensō nisshi* [Confidential war diary of imperial general headquarters]. 2 vols. Kinseisha, 1998.

——. *Nichi-Ro sensō* [The Russo-Japanese war]. 2 vols. Kinseisha, 2005.

Handō Kazutoshi. *Nomonhan no natsu* [Nomonhan summer], Bungei shūnjū, 1998.

——. *Shikkan to sanbō* [Commanders and staff officers]. Bunshūn bunko, 1992.

——. *Shdwashi*, 1926—1945 [A history of the Shōwa reign, 1926—1945]. Heibonsha, 2004.

Hara Kiyoshi. *Boshin sensō* [The Boshin war]. Hanawa shobō, 1963.

Hara Takeshi. *Meijiki kokudo bōeishi* [A history of homeland defense during the Meiji period], Kinseisha, 2002.

——. "Okinawasen ni okeru kenmin no kengai sōkai" [Forced evacuation of civilians from Okinawa], *Gunjishi gakkai*, ed., *Dai ni ji sekai taisen: shūsen*, vol. 3. Kinseisha, 1995.

Harada Keiichi. *Kokumingun no shinwa* [The myth of the people's army], Yoshikawa Kōbunkan, 2001.

——. *Nisshin Nichi-Ro sensō* [The Sino-Japanese and Russo-Japanese wars] .Vol. 3, Shirizū *Nihon kingendaishi* [Japan's modern and contemporary history series]. Iwanami shinsho, 2007.

Hata Ikuhiko. *Gunfashizumu undō shi* [The military fascist movement]. Kawade shobō shinsha, 1972.

———. *Nankyō jiken* [The Nanjing incident]. Chūkō shinsho, 1986.

———. *Nihon no horyo* [Japan's prisoners of war], 2 vols. Hara shobō, 1998.

———. *Nihon rikukaigun sōgō jiten* [A comprehensive dictionary of Japan's army and navy]. Tokyo daigaku shuppansha, 1991.

———. *Nitchū sensōshi* [A history of the Sino-Japanese war], Kawade shobō shinsha, 1972.

———. *Rokōkyō jihen no kenkyū* [Research about the Marco Polo bridge incident]. Tokyo daigaku shuppansha, 1996.

———. *Shōwashi no gunjintachi* [Military men of Shōwa history], Bungei shūnjū, 1982.

———. *Taiheiyō sensō roku daikessen* [Six major decisions during the Pacific war]. 2 vols. Chūkō bunko, 1998.

———. *Tōsuiken to teikoku rikukaigun no jidai* [The age of the prerogative of supreme command and the imperial army and navy]. Heibonsha shinsho, 2006.

Hayashi Shigeru. *Nihon no rekishi* [A history of Japan] .Vol. 25, Taiheiyō sensō [The Pacific war], Chūō kōronsha, 1967.

Heiyama Kanki. "Nihon rikugun ni okeru sakusen jō no yōkyū to kenkyū kaihatsu no kankei: yasenhō wo shutai toshite" [The relationship between the Japanese army's operational requirements and developmental research—on the subject of field artillery],]]Boeichō bōei senshibu kenkyū shiryō, 85 RO-2H, mimeo, 1985.

Hirao Michio. *Boshin sensōshi* [A history of the Boshin war]. Misaki shobō, 1971.

Hosaka Masayasu. *Shōwa rikugun no kenkyū* [Research about the Shōwa army]. 2 vols. Asahi bunko, 2006.

Hoshikawa Takeo, ed. *Rekishi gunzō shirizū tōkubetsu henshi* [Special edition—military group history], *"Kettei han" Zusetsu Bakumatsu Boshin Seinan sensō*[Definitive edition—Illustrated account of the bakumatsu, Boshin, and Satsuma wars], Gakushu kenkyūsha, 2006.

HōyaTōru. *Sensō no Nishonshi* [Warfare in Japanese history] .Vol. 18, *Boston sensō* [The Boshin war]. Yoshikawa Kōbunkan, 2007.

Ichinose Toshiya. *Kindai Nihon no chōheisei to shakai* [Conscription and society in modern Japan] .Yoshikawa Kōbunkan, 2004.

———. *Meiji Taishō Shōwa guntai manyūaru* [Military pamphlets of the Meiji, Taishō, and Shōwa periods]. Kōbunsha shinsho, 2004.

Ichisaka Tarō. *Chōshū kiheitai* [The Chōshū kiheitai], Chūkō shinsho, 2002.

Iguchi Kazuki. *Nichi-Ro sensō no jidai* [The age of the Russo-Japanese war]. Yoshikawa Kobunkan, 1998.

IkaiToshiaki. *Seinan sensō: sensō no taigi to dōin sareru minshu* [The Satsuma war: A just war and the masses who were mobilized] .Yoshikawa Kōbunkan, 2008.

Ikō Toshiya. *Sensō Nihonshi* [Warfare in Japanese history]. Vol. 22, *Manshū jihen kara Nitchū zenmen sensō e* [From the Manchurian incident to a full-scale Sino-Japanese war], Yoshikawa Kōbunkan, 2007.

Ikuda Makoto. *Nihon rikugunshi* [A history of Japan's army]. Kyōikusha rekishi shinsho,1980.

Inoki Masamichi. *Gunkoku Nihon no kōbō* [The rise and fall of militarist Japan], Chūkō shinsho, 1995.

Inoue Kiyoshi. *Nihon no rekishi* [A history of Japan], Vol. 20, *Meiji ishin* [The Meiji restoration] . Chūō kōronsha, 1966.

Itō Takashi. *Nihon no rekishi* [A history of Japan].Vol. 30 *Jūgotien sensō* [The fifteen years war], Shogakkan, 1976.

ltō Takashi and Momose Takashi .*Jiten: Shōwa senzen no Nihon* [A dictionary of prewar Shōwa Japan] .Yoshikawa Kōbunkan, 1990.

Kaneko Tsunenori. *Heiki to senjutsu no Nihonshi* [A history of Japanese weapons and tactics]. Hara shobō, 1982.

Kasahara Hidehiko. *Meiji tennō* [The Meiji emperor]. Chūkō shinsho, 2006.

Katō Yōko. *Chōheisei to kindai Nihon,* 1868—1945 [The conscription system and modern Japan,1868—1945].Yoshikawa Kōbunkan, 1996.

Katogawa Kōtarō. *Rikugun no hanshō* [Reflections on the army], 2 vols. Kenpakusha, 1996.

——. *Sanjūpachi hoheiju* [The type-38 infantry rifle], Shirogane shobō, 1975.

——. *Teikoku rikugun kikōbutai* [The imperial army's armored units]. Rev. ed. Hara shobō,1981.

Kawano Hitoshi. *"Gyokusai" no guntai—"seikan " no guntai* [An annihilated army—an army returning alive]. Kōdansha, 2001.

Kawashima [?]. "Gundōin no seidō to jissai" [The military mobilization system and its reality], *Bōeichō boei senshibu kenkyū shiryō* 95 RO-4H, mimeo, 1980.

Kido Kōichi kenkyūkai, eds. *Kido Kōichi tiikki* [Kido Kōichi diary]. 2 vols. Tokyo daigaku shuppansha, 1966.

Kisaka Junichirō. *Shōwa no rekishi* [A history of the Shōwa reign]. Vol. 7, *Taiheiyō sensō* [The Pacific war], Shogakkan, 1989.

Kita Hiroaki. *Nitchū kaisen* [The beginning of the Sino-Japanese war], Chūkō shinsho, 1994.

Kitaoka Shinichi. *Nihon no kindai* [Modern Japan] .Vol. 5, *Seitō kara gunbu* e 1924—1941 [From political parties to military cliques, 1924—1941]. Chūō kōronsha, 1999.

Kobayashi Hiroharu. *Sensō no Nihonshi*. [Warfare in Japanese history]. Vol. 21, *Sōryokusen to demokurashi* [Total war and democracy]. Yoshikawa Kōbunsha, 2008.

Kobe Tatsu. "Nanpō sakusen ni okeru rikugun no kyōiku kunren" [Army education and training for southern area operations]. *Bōeichō bōei senshibu kenkyū shiryō*, 85 RO-3H, mimeo, 1985.

Kojima Keizō. *Boshin sensō kara Seinan sensō e* [From the Boshin war to the Satsuma war]. Chūkō shinsho, 1996.

Kojima Noboru. *Nitchu sensō* [The Sino-Japanese war]. 5 vols. Bunshūn bunkō, 1988.

——. *Sanbō* [The staff officers]. 2 vols. Bunshūn bunko, 1975.

——. *Shikkikan* [The commanders], 2 vols. Bunshūn bunko, 1974.

——. *Taiheiyō sensō* [The Pacific war], 2 vols. Chūkō shinsho, 1966.

——. *Tennō* [The emperor]. 5 vols. Bungei shūnjū, 1974.

Kōketsu Atsushi. *Nihon kaigun no shūsen kōsaku* [The Japanese navy's war termination stratagems]. Chūkō shinsho, 1996.

Kondō Shintsuke. "Taiheiyō sensō ni okeru Nihon rikugun taijōriku sakusen shisō" [The Japanese army's thinking on counter-amphibious operations during the Pacific war]. *Bōe-ichō bōei senshibu kenkyu shiryō*, 92 RO-4H, mimeo, 1992.

Konishi Shirō. *Nihon no rekishi* [A history of Japan], Vol. 19, *Kaikoku to jōi* [Open the country and expel the barbarians], Chūō kōron, 1966.

Kumagai Mikahisa. "Kyū rikukaigun shōkō no senbetsu to kyōiku" [The selection and education of officers in the former army and navy]. *Boeichō bōei senshibu kenkyū shiryō* 80 RO-12H, mimeo, 1980.

——. *Nihongun no jinteki seidō to mondaiten no kenkyū* [The Japanese military's personnel system and research about its problem areas]. Kokusho kankōkai, 1995.

Kumagai Tadasu [Mikahisa], *Teikoku rikukaigun no kiso chishiki* [A basic knowledge of the imperial army and navy]. Kōjinsha NF bunko, 2007.

Kurogawa Yuzō. *Kindai Nihon no gunji senryaku gaisetsu* [An outline of modern Japan's military strategy]. Fūyō shobō, 2003.

Kuroha Kiyotaka. *Nitchu 15 nen sensō* [The 15-year Sino-Japanese war]. 3 vols. Kyōikusha rekishi shinsho, 1977—1979.

Kurono Taeru. *Dai Nihon teikoku no seizon senryaku* [The greater Japanese empire's survival strategy], Kōdansha, 2004.

——. *Nihon 0 horoboshita kokubō hōshin* [National defense policies that destroyed Japan]. Bungei shinsho, 2002.

——. *Sanbō honbu to rikugun daigaku* [The general staff and the army general staff school]. Kōdansha gendai shinsho, 2004.

——. *Teikoku kokubō hōshin no kenkyū* [Research about imperial defense policy]. Sowasha, 2000.

——. *Teikoku rikugun no "kaikaku to teikō"* [Reform and opposition in the imperial army]. Kōdansha gendai shinsho, 2006.

Kurosawa Fumitaka. *Daisen kanki no Nihon rikugun* [The period of the great war and the Japanese army], Misuzu shobō, 2000.

Kuwada Etsu and Maebara Toshio. *Nihon no sensō zukai to dēta* [Japan's wars—maps and data]. Hara shobō, 1982.

Kyū sanbō honbu hensan, *eds. Nichi-Ro sensō* [The Russo-Japanese war], 2 vols. Tokuma shoten, 1994.

——. *Nisshin sensō* [The Sino-Japanese war], Tokuma shoten, 1995.

Maebara Toshio. "Nihon rikugun no 'kōbō' ni kakawaru riron to kyōgi" [Theories and deliberations concerning the Japanese army's offensive and defensive]. *Bōeicho bōei senshibu kenkyū shiryō* 86 RO-5H, mimeo, 1986.

Mainichi shimbunsha, eds. *Ichiokunin no Shōwashi: Nihon no sensō* [100 millions' Shōwa history: The wars of Japan], 6 vols. Mainichi shimbunsha, 1978.

Maruyama Shigeo. *Inparu sakusen jūgunki* [Diary of a military correspondent on the Imphal operation], Iwanami shinsho, 1984.

Masumi Junnosuke. *Shōwa tennō to sono jidai* [The Shōwa emperor and that age]. Yamakawa shuppansha, 1998.

Matsushita Yoshio. *Meiji no guntai* [The Meiji military], Shibundō, 1963.

——. *Nihon kokubō no higeki* [The tragedy of japan's national defense]. Fūyō shobō, 1976.

Miller, Terasaki Mariko. *Shōwa tennō dokuhakuroku Terasaki Hidenari Goyōgakari nikki*

[The Shōwa emperor's soliloquy: unattached court official Terasaki Hidenari's diary]. Bungei shunjū, 1991.

Mōri Toshihiko. *Taiwan shuppei* [The Taiwan expedition], Chūkō shinsho, 1996.

Morimatsu Toshio. *Daihon'ei* [Imperial general headquarters], Kyōikusha rekishi shinsho, 1980.

Nakano Hideo. *Shōwashi no genten* [The origins of Shōwa history]. 4 vols. Kōdansha,1973—1975.

Nihon kokusai seiji gakkai, eds. *Taiheiyō sensō e no michi* [The road to the Pacific war]. 8 vols. Asahi shibunsha, 1963.

Noguchi Takehiko. *Chōshū sensō* [The Chōshū wars]. Chūkō shinsho, 2006.

Ōe Shinobu. *Chō Saku Rin bakusatsu* [The assassination of Zhang Zuolin]. Chūkō shinsho, 1989.

——. *Cozen kaigi* [The imperial conference], Chūkō shinsho, 1991.

——. *Heishitachi no Nichi-Ro sensō* [The soldiers of the Russo-Japanese war]. Asahi shimbunsha, 1988.

——. *Nichi-Ro sensō no gunjishiteki kenkyū* [The Russo-Japanese war and military research].Iwanami shoten, 1976.

——. *Nichi-Ro sensō to Nihon guntai* [The Russo-Japanese war and the Japanese military]. Rippu shobō, 1987.

——. *Nihon no sanbō honbu* [Japan's general staff]. Chūkō shinsho, 1985.

——. *Shōwa no rekishi* [A history of the Showa reign]. Vol. 3, *Tennō no guntai* [The emperor's army]. Shogakkan, 1982.

——. *Yasukuni jinja* [The Yasukuni shrine]. Iwanami shinsho, 1984.

Ogawara Masamichi. *Seinan sensō: Saigo Takamori to Nihon saigō no naisen* [The Satsuma war: Saigō Takamori and Japan's final civil war]. Chūkō shinsho, 2007.

Ōhama Tetsuya and Ozawa Ikurou. *Teikoku rikukaigun jiten* [A dictionary of the imperial army and navy], Dōseisha, 1984.

Okumura Fusao and Kuwada Etsu, eds. *Kindai Nihon sensōshi* [A history of modern Japan's wars].Vol. 1, *Nisshin Nichi-Ro sensō* [The Sino-Japanese and Russo-Japanese wars]. Dōdai keizai kōdankai, 1996.

Ōoka Shōhei. *Reite sakusen* [Military record of the Leyte operation], Chūō kōronsha, 1966.

Ōsugi Kazuo. *Nitchū jūgotten sensōshi* [A history of the fifteen years war]. Chūkō shinsho,

1996.

Ōtani Keijirō. *Shōwa kempeishi* [A history of the military police during the Shōwa era], Misuzu shobō, 1966.

Ōuchi Tsutomu. *Nihon no rekishi* [A history of Japan], Vol. 23, *Taishō demokurashi* [Taishō democracy], Chūō kōronsha, 1966.

Rekishigaku kenkyūkai, ed. *Nihonshi nenpyō* [Chronology of Japanese history], Iwanami shoten, 1966.

Rikusen gakkai, ed. *Kindai sensō gaisetsu* [An outline of modern warfare]. 2 vols. Rikusen gakkai, 1984.

———. *Kindai sensōshi gaisetsu shiryō hen* [An outline of modern warfare—Documentary appendix], Rikusen gakkai, 1984.

Rikusenshi kenkyū fukyūkai, ed. *Rikusen shishu* [Collected land warfare history]. Vol.11, *Ryōjun yōsai kōrakusen* [The reduction of the Port Arthur fortress], Hara shobō, 1969.

Saitō Seiji. *Nisshin sensō no gunji senryaku* [The military strategy of the Sino-Japanese war], Fūyō shobō, 2003.

Sanbō honbu, ed. *Haisen no kiroku* [Record of a lost war]. Vol. 38, *Meiji hyakunenshi sōsho* [Official history of the Meiji centennial]. Hara shobō, 1979.

———. Sugiyama memo (General Sugiyama Hajime's notes). 2 parts. *Meiji hyakunenshi sōsho*[Official history of the Meiji centennial], vols. 16 and 17. Hara shobō, 1967.

Sasaki Suguru. *Boshin sensō* [The Boshin war], Chūkō shinsho, 1990.

Sayama Jirō. *Taihō nyūmon* [Introduction to artillery weapons], Kōjinsha NF bunko, 1999.

Shimada Toshihiko. *Kantōgun* [The Kwantung army]. Chūkō shinsho, 1965.

Shimanuki Shigeyoshi. *Senryaku: Nichi-Ro sensō* [Strategy:The Russo-Japanese war]. 2 vols. Hara shobō, 1980.

Shirai Akio. *Nihon rikugun kunren no kenkyū* [Research concerning the Japanese army training], Fūyō shobō, 2003.

Suekuni Masao and Koike I'ichi, eds. *Kaigunshi jiten* [Dictionary of naval history], Kokusho kankōkai, 1985.

Suzuki Akira. *Shiba Ryōtarō to mitsu no sensō* [Shiba Ryōtarō and three wars]. Asahi shimbunsha, 2004.

Takahashi Masae. *Ni ni rokujiken* [The 2—26 incident]. Rev. ed. Chūkō shinsho, 1994.

———. *Shōwa no gunbatsu* [The military cliques of the Shōwa reign], Chūkō shinsho, 1969.

Takaki Sōkichi. *Taiheiyō sensōshi* [A history of the Pacific war]. Rev. ed. Iwanami shinsho, 1977.

TamuraYōzō. *Biaku shima gyokusai* [Annihilation at Biak island], Kōjinsha NF bunko, 2004.

Tanaka Keimi. *Rikugun jinji seidō gaisetsu* [An outline of the army's personnel system, pt. 1] *Bōeichō bōei senshibu kenkyū shiryō* 80 RO-1H [Japan, self-defense agency, self-defense military history department, research document 80-1H] mimeo, 1981.

Tanaka Ryūkichi. *Nihon gunbatsu antōshi* [Japan's military cliques'secret feuds]. Chūkō bunko, 1988.

Tani Hisao. *Kimitsu Nichi-Ro senshi* [Confidential history of the Russo-Japanese war]. Vol. 3, *Meiji hyakunenshi sōsho* [Official history of the Meiji centennial]. Hara shobō, 1971.

Tobe Ryōichi. *Nihon no kindai* [Modern Japan], Vol. 9, *Gyakusetsu no guntai* [The military paradox]. Chūō kōronsha, 1998.

——. *Nihon rikugun to Chūgoku* [The Japanese army and China], Kōdansha, 1999.

Tobe Ryōichi et al. *Shippai no honshitsu* [The essence of defeat], Chūkō bunko, 1991.

Toyama Saburō. *Nihon kaigunshi* [A history of the Japanese navy]. Kyōikusha rekishi shinsho, 1980.

Toyama Shigeki and Adachi Yoshiko, eds. *Kindai Nihon seijishi hikkei* [A handbook of modern Japan's political history]. Iwanami shoten, 1961.

Toyoda Jō. *Kaigun gunreibu* [The naval general staff]. Kōdansha bunkō, 1993.

Usui Katsumi. *Mattshu jihen* [The Manchurian incident], Chūkō shinsho, 1974.

——. *Nitchū sensō* [The Sino-Japanese war]. 1967. Rev. ed., Chūkō shinsho, 2000.

Wagamatsu Sakai, ed. *Nihon seiji saiban shiroku, Meiji—zen* [A documentary account of Japan's political trials—the first half of the Meiji period]. Dai ichi hōki shuppan kabushiki kaisha, 1968.

——. *Nihon seiji saiban shiroku Meiji—go* [A documentary account of Japans political trials—the second half of the Meiji period], Dai ichi hōki shuppan kabushiki kaisha, 1969.

Watanabe Yukio. *Ugaki Kazushige* [Ugaki Kazushige], Chūkō shinsho, 1993.

Yamada Akira. *Daigensui Shōwa tennō* [Generalissimo Shōwa emperor]. Shin Nihon shuppansha, 1994.

——. *Shōwa tennō no gunji shisho to senryaku* [The Shōwa emperor's ideas and military strategy]. Kokura shobō, 2002.

Yamaguchi Muneyuki. *Rikugun to kaigun—rikukaigun shōkōshi no kenkyū* [Army and navy— research about the army's and navy's officers]. Seibundō, 2000.

Yamamoto Daisei. *Shōhai no kōzō: Nichi-Ro senshi 0 kagaku suru* [The structure of victory or defeat: A scientific approach to the Russo-Japanese war]. Hara shobō, 1981.

Yamamuro Kentoku. *Gunshin* [War gods]. Chūō shinsho, 2007.

Yoshida Toshio. *Nihon rikukaigun no shōgai* [The lifetime ofjapan's army and navy]. Bunshūn bunko, 2001.

Yoshida Yutaka. *Ajia Taiheiyō sensō* [The Asia-Pacific war]. Iwanami shinsho, 2007.

———. *Nihon no guntai* [The Japanese military]. Iwanami shinsho, 2002.

———."Nihon no guntai" [The Japanese military]. In Ōe Shinobu et al., eds., Iwanami kōza *Nihon tsushi* [Iwanami's lectures on common Japanese history]. Vol. 17, Kindai 2 [The modern period]. Iwanami shoten, 1994.

———. *Shōwa tennō no shūsenshi* [A history of the Shōwa emperor's war termination], Iwanami shinsho, 1992.

Yoshida Yutaka and Mori Shigeki. *Sensō no Nihonshi* [Warfare in Japanese history]. Vol. 23, *Ajia Taiheiyō sensō* [The Asia-Pacific war] .Yoshikawa kūbunkan, 2007.

Yui Masaomi, Fujiwara Akira, and Yoshida Yutaka, eds. *Nihon kindai shishō taikei* [An outline of modern Japanese thought]—Vol. 4, Guntai heishi [The military and the soldiery], Iwanami shoten, 1989.

Japanese-Language Periodicals

Asakawa Michio. "Ishin kengunki ni okeru Nihon rikugun no yōhei shisō" [Strategic and tactical thought in the Japanese army in its formative period]. *Gunji shigaku* 38:2 (September 2002), 4—19.

———. "Shinbi chōhei ni kansuru hitotsu kenkyū" [Research concerning the 1871 conscription ordinance], *Gunji shigaku* 32:1 (June 1996), 20—37.

Hara Takeshi. "Nisshin sensō ni okeru hondo bōei" [Homeland defense during the Sino-Japanese war], *Gunji shigaku* 30:3 (December 1994), 35—46.

———."Hohei chūshin no hakuhei shūgi no keisei" [The evolution of hand-to-hand combat as the basis of infantry tactics]. Special Issue, *Gunji shigaku* 41:1—2 (June 2005), 271—287.

Hashimoto Masaki."Tabaruzaka-gunki soshitsu zenya" [The batde ofTabaruzaka on the eve of the loss of the regimental colors], part 1. *Rekishi to jimbutsu* (October 1971), 227—245.

Hata Ikuhiko."Dai niji sekai taisen no Nihonjin sembotsusha zō" [A study of the numbers of Jap-anese war dead during the Second World War], *Gunji shigaku* 42:2 (September 2006), 4—27.

Hori Shigeru."'Chōbatsu'no sūchiteki jittai ni kansuru hitotsu kyōsai" [A statistical study of the Choshu clique], *Gunji shigaku* 43:1 (June 2007), 20—35.

Ishige Shin'ichi. "Chū ko itchi ni okeru guntai shisō to kyōiku shisō" [Military thought and educational thought regarding loyalty and filial piety]. *Gunji shigaku* 37:4 (March 2002), 4—17.

Kikegawa Hiromasa. "Boshin sensō kenkyū no seikō to kadai" [A reassessment of Japanese scholarship on the Boshin war], *Gunji shigaku* 32:1 (June 1996), 38—57.

Kurono Taeru. "'Teikoku kokubō hōshin' senryaku sakusen yōheikō" [Strategic and operational considerations for the 1907 "imperial defense policy"]. *Gunji shigaku* 31:4 (March 1996), 4—18.

Kuwada Etsu."Nisshin sensō mae no Nihongun no tairiku shinkō junbi setsu ni tsuite" [The Japanese military's invasion preparations before the Sino-Japanese war], *Gunji shigaku* 30:3 (December 1994), 4—18.

Kuzuhara Kazumi."'Sentō kōyō' no kyōgi no keisei to kōchiku ka" [Principles of Combat: From formation to ossification], *Gunji shigaku* 40:1 (June 2004), 19—37.

Muranaka Tomoyuki. "Yamagata Aritomo no 'riekisen' gainen [Yamagata Aritomo's line of interests], *Gunji shigaku* 42:1 (June 2006), 76—92.

Nara Takeji. "Nara Takeji Jijūbukancho nikki (shō)" [Imperial aide-de-camp Nara Takeiji's diary]. *Chūō koron* (September 1990), 324—360.

Ono Keishi. "Nisshin sensō ato keieiki no gunji shishutsu to zaisei seikaku" [The management of military expenditures and financial policies after the Sino-Japanese War]. *Gunji shigaku* 40:2—3 (December 2004), 45—60.

Ōshima Akiko. "Iwayuru Takebashi jihen no 'yōha' ni tsuite" [Concerning the after-effects of the so-called Takebashi incident]. *Gunji shigaku* 32:3 (December 1996), 34—47.

Ōyama Hiroshi. "Kyū Nagoyaken Shōshū no Tokyo chindaihei ni kansuru jitsotsu kyōsai" [Conscripts from the former Nagoya prefecture serving in the Tokyo garrison], *Gunji shigaku* 32:1 0une 1996), 58—70.

Shimanuki Takeji. "Dai 1 ji sekai daisen igo no kokubō hōshin, shoyō heiryoku, yōhei kōryō no hensen" [National defense policy, force structure, and operational research in the post-World War I period], part 2. *Gunjishi gaku* 9:1 (June 1973), 65—75.

Shonohara Masato. "Meiji rikugun to Tamura Iyozō" [The Meiji army and Tamura Iyozō].

Gunji shigaku 32:2 (September 1996), 30—44.

Takemoto Tomoyuki. "Ōmura Masajirō ni okeru Yōshiki heihyōnron no keisei" [Ōmura Masajirō 's formulation of western-style military theories]. *Gunji shigaku* 38:2 (September 2002), 20—34.

——. "Ōmura Masajirō no kengun kōsō" [Ōmura Masajirō's ideas on military construction], *Gunji shigaku* 42:1 (June 2006), 22—40.

English-Language Books

Allen, Louis. *Burma: The Longest War*, 1941—45. New York: St. Martin's, 1984.

——. *The End of the War in Asia*. New York: Beekman/Esanu, 1976.

Barnhart, Michael A. *Japan Prepares for Total War: The Search for Economic Security*, 1919—1941. Ithaca, NY: Cornell University Press, 1987.

——. *Japan and the World since* 1868. London: Edward Arnold, 1995.

Bergamini, David. *Japan's Imperial Conspiracy*. New York: Pocket Books, 1972.

Berger, Gordon M. *Parties out of Power in Japan*, 1931—1941. Princeton, NJ: Princeton University Press, 1977.

Bix, Herbert P. *Hirohito and the Making of Modern Japan*. New York: HarperCollins, 2000.

Boyle, John Hunter. *China and Japan at War*, 1937—1945. Stanford, CA: Stanford University Press, 1974.

Browning, Christopher R. *Ordinary Men: Reserve Police Battalion 101 and the Final Solution in Poland*. New York: HarperPerennial, 1993.

Butow, Robert J. C. *Tojo and the Coming of the War*. Stanford, CA: Stanford University Press, 1960.

Coble, Parks. *Facing Japan: Chinese Politics and Japanese Imperialism*, 1931—1937. Cambridge, MA: Harvard University Press, 1991.

Conroy, Hillary. *The Japanese Seizure of Korea*, 1868—1910. Philadelphia: University of Pennsylvania Press, 1960.

Cook, Haruko Taya, and Theodore Cook. *Japan at War: An Oral History*. New York: New Press, 1992.

Coox, Alvin D. *The Anatomy of a Small War: The Sovietjapanese Struggle for Changkuofeng/Khasan*, 1938. Westport, CT: Greenwood, 1977.

——. *Nomonhan: Japan against Russia*. 2 vols. Stanford, CA: Stanford University Press, 1985.

Crowley, James B. *Japan's Quest for Autonomy*. Princeton, NJ: Princeton University Press, 1968.

Dower, John W. *War without Mercy: Race and Power in the Pacific War*. New York: Pantheon, 1986.

Drea, Edward J. *In The Service of the Emperor: Essays on the Imperial Japanese Army*. Lincoln: University of Nebraska Press, 1998.

Dreyer, Edward L. *China at War*, 1901—1949. New York: Longman, 1995.

Duus, Peter. *The Abacus and the Sword: The Japanese Penetration of Korea*, 1895—1910. Berkeley: University of California Press, 1995.

Fairbank, John K., Edwin O. Reischauer, and Albert M. Craig. *East Asia: The Modern Transformation*. Boston: Houghton Mifflin, 1965.

Falk, Stanley L. *Bataan: The March of Death*. New York: W.W. Norton, 1962.

———. *Decision at Leyte*. New York: W. W. Norton, 1966.

———. *Seventy Days to Singapore*. New York: Putnam, 1975.

Frank, Richard B. *Downfall*. New York: Random House, 1999.

Gluck, Carol. *Japan's Modern Myths*. Princeton, NJ: Princeton University Press, 1985.

Gordon, Andrew. *A Modern History of Japan from Tokugawa Times to the Present*. New York: Oxford University Press, 2003.

Hackett, Roger F. *Yamagata Aritomo in the Rise of Modern Japan*, 1838—1922. Cambridge, MA: Harvard University Press, 1971.

Hall, John Whitney. "A Monarch for Modern Japan," in Robert E. Ward, ed., *Political Development in Modern Japan*. Princeton, NJ: Princeton University Press, 1968.

Hane, Mikiso. *Peasants, Rebels, and Outcasts: The Underside of Modern Japan*. New York: Pantheon, 1982.

Harries, Meirion, and Susie Meirion. *Soldiers of the Sun*. New York: Random House, 1992.

Havens, Thomas. *Valley of Darkness*. New York: W.W. Norton, 1978.

Hayashi, Saburo. *Kogun: The Japanese Army in the Pacific War*. Westport, CT: Greenwood, 1978.

Honjo, Shigeru. *Emperor Hirohito and His Chief Aide-de-Camp: The Honjo Diary*, 1933—36. Translated by Mikiso Hane. Tokyo: University of Tokyo Press, 1982.

Hsiung, James C, and Steven I. Levine, eds. *China's Bitter Victory. The War with Japan*, 1937—1945. New York: M. E. Sharpe, 1992.

Huber, Thomas M. *Japan's Battle of Okinawa, April—June* 1945. Leavenworth Papers No. 18. Washington, DC: U.S. Government Printing Office, 1990.

Humphreys, Leonard A. *The Way of the Heavenly Sword: The Japanese Army in the 1920s*. Stanford, CA: Stanford University Press, 1995.

Hunter, Janet E. *The Emergence of Modern Japan: An Introductory History since* 1853. London: Longman Group UK, 1989.

Ienaga, Saburo. *The Pacific War*. New York: Pantheon, 1978.

Ike, Nobutaka. *Japan's Decision for War*. Stanford, CA: Stanford University Press, 1967.

——. "War and Modernization," in Robert E. Ward, ed., *Political Development in Modern Japan*. Princeton, NJ: Princeton University Press, 1968.

Jordan, Donald A. *China's Trial by Fire: The Shanghai War of* 1932. Ann Arbor: University of Michigan Press, 2001.

Kakehashi, Kumiko. *So Sad to Fall in Battle*. New York: Presidio, 2007.

Large, Stephen S. *Emperor Hirohito and Shōwa Japan: A Political Biography*. London and New York: Roudedge, 1992.

Lary, Diana, and Stephen MacKinnon, eds. *Scars of War: The Impact of Warfare on Modem China*. Vancouver: UBC Press, 2001.

Lebra, Joyce C. *Japanese-Trained Armies in Southeast Asia*. New York: Columbia University Press, 1977.

Lifton, Robert Jay, Shuichi Kato, and Michael R. Reich. *Six Lives Six Deaths*. New Haven, CT: Yale University Press, 1977.

Lone, Stewart. *Army, Empire, and Politics in Meiji Japan*. London: St. Martin's, 2000.

——. *Japan's First Modern War*. London: St. Martin's, 1994.

Lory, Hills. *Japan's Military Masters*. New York: Viking, 1943.

Matsusaka, Yoshihisa Tak. "Human Bullets, General Nogi, and the Myth of Port Arthur," in John W. Steinberg, et al., eds., *The Russo-Japanese War in Global Perspective*. Leiden, Netherlands: Brill, 2005.

Maxon, Yale Candee. *Control of Japanese Foreign Policy: A Study of Civil-Military Rivalry*, 1930—1945. Berkeley and Los Angeles: University of California Press, 1957.

Morley, James William, ed. *The China Quagmire*. New York: Columbia University Press, 1983.

——. *The Fateful Choice*. New York: Columbia University Press, 1980.

———.*Japan Erupts*. New York: Columbia University Press, 1984.

———. *The Japanese Thrust into Siberia*, 1918. New York: Columbia University Press, 1957.

Morris, Ivan. *The Nobility of Failure: Tragic Fleroes in the History of Japan*. New York: Holt, Reinhart, and Winston, 1975.

Mutsu, Munemitsu. *Kekkenroku*. Edited and translated by Gordon M. Berger. Princeton, NJ: Princeton University Press, 1982.

Nish, Ian, ed. *Anglo-Japanese Alienation, 1919—1952: Papers of the Anglo-Japanese Conference on the History of the Second World War*. Cambridge, UK: Cambridge University Press, 1982.

Okamoto, Shumpei. *The Japanese Oligarchy and the Russo-Japanese War*. New York: Columbia University Press, 1970.

Paine, S. C. M. *The Sino-Japanese War of* 1894—1895. Cambridge, UK: Cambridge University Press, 2003.

Peattie, Mark R. *Ishiwara Kanji and Japan's Confrontation with the West*. Princeton, NJ: Princeton University Press, 1975.

Peattie, Mark R., and David Evans. *Kaigun*. Annapolis, MD: Naval Institute Press, 1997.

Pelz, Stephen E. *Race to Pearl Harbor*. Cambridge, MA: Harvard University Press, 1974.

Presseisen, Ernst L. *Before Aggression: Europeans Prepare the Japanese Army*. Tucson: University of Arizona Press, 1965.

Schencking, Charles J. *Making Waves: Politics, Propaganda, and the Emergence of the Imperial Japanese Navy*, 1868—1922. Stanford, CA: Stanford University Press, 2005.

Sheldon, Charles D. "The Politics of the Civil War of 1868," in W. G. Beasley, ed., *Modern Japan: Aspects of History, Literature, and Society*. Rudedge, VT: Charles E. Tutde, 1976.

Shillony, Ben-Ami. *Politics and Culture in Wartime Japan*. Oxford: Clarendon, 1981.

———. *Revolt in Japan*. Princeton, NJ: Princeton University Press, 1973.

Shiroyama, Saburō. *War Criminal: The Life and Death of Hirota Kōki*. Translated by John Bester. Tokyo: Kōdansha, 1977.

Sims, Richard. *French Policy towards the Bakufu and Meiji Japan, 1854—95. Meiji Japan Series* 3. Surrey, UK: Curzon, 1998.

Smethurst, Richard J. *A Social Basis for Prewar Japanese Militarism : The Army and the Rural Com-munity*. Berkeley, CA: University of California Press, 1974.

Spector, Ronald H. *Eagle against the Sun*. New York: Free Press, 1985.

Steele, William M. "The Rise and Fall of the Shogitai: A Social Drama," in Tetsuo Najita and J. Victor Koschmann, eds., *Conflict in Modern Japanese History*. Princeton, NJ: Princeton University Press, 1982.

Steinberg, John W., Bruce W Menning, David Schimmelpermick van der Oye, David Wolff, and Shinji Yokote, eds. *The Russo-Japanese War in Global Perspective*. 2 vols. Leiden, Netherlands: Brill, 2005, 2007.

Straus, Ulrich. *The Anguish of Surrender. Seatde*: University of Washington Press, 2003.

Supreme Commander for the Allied Powers. *Reports of General MacArthur*, vol. 1 and *Supple-ment*, vol. 2, parts 1 and 2. Washington, DC: SCAP, 1966.

Swinson, Arthur. *Four Samurai*. London: Hutchinson, 1968.

Takamae, Eiji. *The Allied Occupation of Japan*. New York: Continuum, 2002.

Titus, David Anson. *Palace and Politics in Prewar Japan*. New York: Columbia University Press,1974.

Tohmatsu, Haruo, and H. P. Willmott. *A Gathering Darkness.The Coming of War to the Far East and the Pacific, 1921—1942*. Lanham, MD: SR Books, 2005.

Toland, John. The *Rising Sun*. New York: Random House, 1970.

Tsuji, Masanobu.*Japan's Greatest Victory, Britain's Worst Defeat*.Translated by Margaret E. Lake. New York: Sarpedon, 1993.

Warner, Denis, and Peggy Warner. *The Tide at Sunrise: A History of the Russo-Japanese War, 1904—1905*. New York: Charterhouse, 1974.

Weinberg, Gerhard. *A World at Arms*. Cambridge, UK: Cambridge University Press, 1994.

Wells, David, and Sandra Wilson, eds. *The Russo-Japanese War in Cultural Perspective, 1904—05*. New York: St. Martin's, 1999.

Yamamoto, Masahiro. *Nanking: Anatomy of an Atrocity*. Westport, CT: Praeger, 2000.

Yoshihashi.Takehiko. *Conspiracy at Mukden*. New Haven, CT.Yale University Press, 1963.

English-Language Periodicals

Bolitho, Harold."The EichigoWar, 1868!' *Monument# Nipponica* 34:3 (Autumn 1979), 259—277.

Boyd, James. "In Pursuit of an Obsession: Japan in Inner Mongolia in the 1930s." *Japanese Studies* 22:3 (2002), 289—303.

Buck, James H. "The Satsuma Rebellion of 1877: From Kagoshima through the Siege of Kumamoto Casde." *Monumenta Nipponica* 28:4 (Winter 1973), 427—446.

Cook, Haruko Taya. "The Myth of the Saipan Suicides." *MHQ* 7:3 (Spring 1995), 12—19.

Drea, Edward J. "In the Army Barracks of Imperial Japan." *Armed Forces and Society* 15:3 (1989), 329—348.

——. "Missing Intentions: Japanese Intelligence and the Soviet Invasion of Manchuria,1945." *Military Affairs* (April 1984), 66—70.

Friday, Karl F. "Bushidō or Bull? A Medieval Historian's Perspective on the Imperial Army and the Japanese Warrior Tradition." *History Teacher* 27:3 (May 1994), 339—349.

Gillin, Donald G., and Charles Etter. "Staying on: Japanese Soldiers and Civilians in China, 1945—1949."*Journal of Asian Studies*, 42:3 (May 1983), 497—517.

Humphreys, Leonard A. "Crisis and Reaction: The Japanese Army in the 'Liberal' Twenties." *Armed Forces and Society* 5:1 (Fall 1978), 73—92.

Kitaoka, Shin'ichi. "The Army as Bureaucracy: Japanese Militarism Revisited." *Journal Military History*, Special Issue, 57:5 (October 1993).

Large, Stephen S. "Nationalist Extremism in Early Shōwa Japan: Inoue Nissho and the 'Blood-Pledge Corps Incident,' 1932." *Modern Asian Studies* 35:3 (2001), 533—564.

Lary, Diana. "Drowned Earth:The Strategic Breaching of the Yellow River Dyke, 1938."*War in History* 8:2 (2001), 191—207.

Lone, Stewart. "Between Bushidō and Black Humor." *History Today* 55:9 (September 2005) 20—27.

——. "The Sino-Japanese War, 1894—95, and the Evolution of the Japanese Monarchy." *Japan and China: Miscellaneous Papers*. Suntory-Toyota International Centre for Economics and Relate Disciplines, London School of Economics and Political Science, 1993.

MacKinnon, Stephen. "The Tragedy of Wuhan, 1938." *Modern Asian Studies* 30:4 (1966), 931—943.

Nakamura, Yoshihisa, and Ryoichi Tobe. "The Imperial Japanese Army and Politics." *Armed Forces and Society* 14:4 (Summer 1988), 511—525.

Nish, Ian. "Japan's Indecision during the Boxer Disturbances." *Journal of Asian Studies* 20:4 (August 1961), 449—461.

Shimazu, Naoko. "The Myth of the 'Patriotic Soldier': Japanese Attitudes Towards Death in the Russo-Japanese War." *War & Society* 19:2 (October 2001), 69—89.

Van Slyke, Lyman P. "The Batde of the Hundred Regiments: Problems of Coordination and Control during the Sino-Japanese War." *Modem Asian Studies* 30:4 (October 1996), 979—1005.

Yokoyama, Hisayuki. "Military Technological Strategy and Armaments Concepts of [the] Japanese Imperial Army—Around the Post-WWI Period." National Institute for Defense Studies (NIDS), *NIDS Security Reports*, No. 2 (March 2001).